城市轨道交通运营管理

主　编　黎茂盛
副主编　陈聪聪　黎新华　罗端高
主　审　李　永　陈　浩

中南大学出版社
www.csupress.com.cn

图书在版编目(CIP)数据

城市轨道交通运营管理/黎茂盛主编.—长沙:中南大学出版社,
2015.1(2021.7 重印)

　　ISBN 978-7-5487-1251-0

　　Ⅰ.城…　Ⅱ.黎…　Ⅲ.城市铁路—交通运输管理

Ⅳ.U239.5

　　中国版本图书馆 CIP 数据核字(2014)第 300303 号

城市轨道交通运营管理

主编　黎茂盛

□责任编辑	刘颖维		
□责任印制	唐　曦		
□出版发行	中南大学出版社		
	社址:长沙市麓山南路	邮编:410083	
	发行科电话:0731-88876770	传真:0731-88710482	
□印　　装	长沙市宏发印刷有限公司		

□开　　本	787 mm×1092 mm 1/16	□印张 19.25	□字数 489 千字
□版　　次	2015 年 1 月第 1 版	□2021 年 7 月第 4 次印刷	
□书　　号	ISBN 978-7-5487-1251-0		
□定　　价	48.00 元		

总　序

交通运输业是国民经济体系的重要组成部分，也是促进国民经济发展的重要基础产业和推动社会发展的先决条件。在最近的30年里，我国交通运输业整体上取得飞速发展，交通基础设施、现代化运输装备、客货运量总量和规模等都迅猛扩大，大量的新技术、新设备在铁路等交通运输方式中被投入应用。同时，通过大量的交通基础设施建设，特别是近年来我国高速铁路的不断投入使用，使我国的交通供需矛盾得到了一定的缓解，我国交通运输网络的结构也得到了明显改善，颇具规模的现代化综合型交通运输网络已经初步形成。

我国交通运输业日新月异的发展，不仅对专业人才提出了迫切的需求，更使其教材建设成为专业建设的重点和难点之一。为解决当前国内高校交通运输类专业教材内容落后于专业与学科科技发展实际的难题，由中南大学出版社组织国内交通运输领域内的一批专家学者，协同编写了这套交通运输类"十二五"规划教材。参与规划和编写这套教材的人员都是长期从事交通运输专业的科研、教学和管理实践的一线专家学者，他们不仅拥有丰富的教学和科研经验，同时还对我国交通运输相关科学技术的发展和变革也有深入的了解和掌握。这套教材比较全面、系统地介绍了目前国内交通运输领域尤其是高速铁路的客货运输管理、运营技术、车站设计、载运工具、交通信息与控制、道路与铁道工程等方面的内容，在编写时也注意吸收了国内外业界最新的实践和理论成果，突出了实用性和操作性，适合本科及部分大专院校交通运输类以及相关专业的培养目标和教学需求，是较为系统和完整的交通运输类系列教材。该套教材不仅可以作为普通高校交通运输专业课程的教材，同时还可以作为各类、各层次学历教育和短期培训的首选教材，也比较适合作为广大交通运输从业人员的学习参考用书。

由于我们的水平和经验所限，这套教材的编写也有不尽如人意的地方，敬请读者朋友不吝赐教。编者在一定时期之后会根据读者意见以及学科发展和教学等的实际需要，再对教材进行认真的修订，以期保持这套教材的时代性和实用性。

最后衷心感谢参与这套教材编写的全体同仁，正是由于他们的辛勤劳动，编写工作才得以顺利完成。我们还应该真诚感谢中南大学出版社的领导和同志们，正是由于他们的大力支持和认真督促，这套教材才能够如期与读者见面。

中南大学副校长、教授

前　言

为满足城市社会、经济快速发展的需要，我国大城市的轨道交通建设步伐呈现稳健加快的趋势，不少特大城市轨道交通系统也已经迈向网络化运营阶段，大量的新技术、新设备在城市轨道交通系统中投入使用。因此，培养具有线路、车辆、供电、通信、信号等专业基础知识、懂得车站机电设备运营与维护、精于城市轨道交通运营管理方面的大批专业人才，这样才能支撑我国城市轨道交通系统的正常运营和有序发展。

在项目的前期工作、工程设计、工程施工、运营管理各个阶段，城市轨道交通建设与运营进程中都有严格的国家规范，保证城市轨道交通系统一旦开通运营，就能提供高度安全、可靠和人性化的服务。因而保持城市轨道交通运营管理课程内容与国家颁布的《城市轨道交通试运营基本条件》（GBT 30013—2013）、《城市轨道交通运营管理规范》（GBT 30012—2013）要求相一致，是本教材编写的初衷。在教材编写过程中，我们始终坚持"源于实践、高于实践"原则，形成适合于大学本科阶段教学、城市轨道交通各专业工种高级培训用的教材。

本书是"十二五"规划教材。全书分为绪论篇、运作篇和维护篇三部分，共15章：绪论、城市轨道交通运输计划、列车调度指挥与运行图编制、列车运行组织、车站管理与通行能力运用、应急管理、列车运行控制、城市轨道交通通行能力分析、城市轨道交通运行过程仿真与分析、安全隐患排查、社区服务与对外宣传、城市轨道交通系统运营经济效益分析、土建设施维护管理、车辆及其设施管理和设施设备运行及其维护管理。

本书是交通运输专业本科生的必修专业课教材，也可作为其他相近专业的城市轨道交通运营管理课程教材，亦可供城市轨道交通各专业工种高级培训参考使用。

本教材由黎茂盛担任主编，陈聪聪、黎新华、罗端高担任副主编，李永、陈浩担任主审。各章编写分工如下：

第1、6、10章：陈聪聪和邓涛成；第2章：黎茂盛、崔灿和刘振秋；第3、4、5、6、8章：黎茂盛、张永红和刘振秋；第7章：黎茂盛和刘振秋；第9章：魏堂建；第11章：黎茂盛和丁阳；第12章：罗端高、陈琳莉和薛红丽；第13、14、15章：黎新华和江伟、黎茂盛。

在编写过程中，得到了杭州地铁张劲峰、邱凯云、周阳、熊群，长沙地铁李淑萍，以及中南大学出版社刘颖维、刘辉编辑的大力支持，在此表示诚挚的谢意！同时，本教材在编写过程中参考了国内、外大量的文献资料，在此谨向文献作者表示崇高的敬意和衷心的感谢！

限于水平，书中难免有不足之处，敬请广大读者给予批评指正，特此致谢！

编　者

2014 年 11 月于长沙

前言

目　录

第三篇　维护篇

第一篇

绪 论 篇

第 1 章
绪　论

　　城市人口数量体现了城市化程度，城市化程度是一个国家经济发展，特别是工业生产发展程度的一个重要标志。中国城市化进程起步较晚，目前处于世界中等水平，但是具有发展速度快的特征。根据中国六次人口普查数据，历次人口普查城市化水平依次为：12.84%，17.58%，20.43%，25.84%，35.39%，49.68%。2011 年中国城市城镇人口占总人口的比重首次超过 50%。

　　以城市为载体的城市经济在聚集的城市空间中，促进了二、三产业繁荣发展，优化了经济结构，使资本、技术、劳动力、信息等生产要素高度聚集，产生出十分突出的规模效应、聚集效应和扩散效应，成为地区和国家经济的强大引擎。

　　繁荣的城市经济离不开发达的城市交通支撑。纵观世界各国城市交通发展史，不难发现：在过去的 120 年里，两种交通方式深刻地影响着城市的经济和生活：19 世纪 90 年代发明的有轨电车和地铁，提供了比步行和马车速度快、效率高、安全性高的交通方式；20 世纪中叶之后，汽车在部分西方发达国家城市得到普及，导致了城市规模和特征方面的重大变化。汽车在城市里繁荣的同时，也带来了城市交通拥堵以及城市人居环境品质下降的严重后果。这种"调整城市以适应小汽车"的城市发展模式不能解决过度依赖私家车所产生的问题，交通拥堵持续并且加剧。这时，人们又重新审视发明时间较早的有轨电车和地铁等公共交通方式，并提出"平衡多种交通方式实现城市宜居"的理念。

　　从资源利用角度看，不同运输方式每平方米宽度可通过的旅客数量为小客车 200 人/h、自行车 75 人/h、巴士 1500 人/h、行人 3600 人/h、城市轨道交通 9000 人/h。无论从交通效率还是交通可持续性要求来看，城市轨道交通都是特大城市、大城市解决城市交通问题的重要选择方式。

　　自 20 世纪 60 年代北京建成第一条地铁线路以来，经过 40 多年的发展，中国进入了城市轨道交通的蓬勃发展时期。截至 2012 年 12 月 31 日，在中国内地有 17 个城市拥有了 64 条建成并正式运营的城市轨道交通线路，总里程达 2008 km。2012 年末，全国有 29 个城市 82 条线路（含续建段）正在紧张建设中，总里程超过 1900 km。中国内地共有 53 个城市正在建设或规划新的城市轨道交通线路，总规划里程超过 14000 km。目前，北京、上海等大城市的轨道交通已经从单线运营进入了网络化运营阶段。为保证城市轨道交通高效运转、优质服务和安全运营，不仅需要优质高效的硬件设备，还要有与系统规模相适应的运营管理机构和高素质的管理人才。

1.1　城市轨道交通发展概况

列车进入城市中心的设想催生了城市地铁。1863 年 1 月 10 日,世界上第一条地铁在伦敦正式通车运营,线路总长 6.5 km,用蒸汽机车牵引。1879 年电力驱动的机车研制成功,使城市地铁的面貌得以焕然一新,为人口密集的大城市大力发展城市地铁奠定了坚实的技术基础,地铁从此显示出其为发展城市经济、解决城市交通拥堵、环境污染问题具有的强大生命力。世界上一些著名大都市相继建造了地铁,但是城市轨道交通发展也经历了一个曲折的过程,可以大致分为以下几个阶段。

1. 城市轨道交通的生成期

生成期在时间跨度上主要包括城市轨道交通的产生及发展的初期。大约在 2000 年前,人类社会开始了城市化历程,城市交通的爆发导致城市轨道交通的产生。生成期的城市轨道交通具有以下主要特点:①轨道交通设计简单,技术装备水平低。生成期的城市轨道交通是建立在传统交通工具(马车)的基础上的,其动力为畜力,运行路线固定在轨道上。承载能力较传统的马车有较大提高,但与现代城市轨道交通相比,则不可同日而语。②轨道交通在城市交通中所占份额有限。在生成期,城市内部交通虽然开始爆发,但主要是通过私人交通工具来解决的。同时,由于公共交通工具收费较昂贵,普通市民往往难以承受,比如在1850 年,巴黎、伦敦公共交通工具的乘客主要是中产阶级和上层人士,其票价相当于城市工人 1 h 的工资。

2. 城市轨道交通的成长期

自工业革命以后的城市规划无不把城市交通放到了极为重要的地位,同时城市交通的侧重点从城市的外部交通逐渐转移到城市内部交通,特别是轨道交通上来。先进的交通工具也随即从外部交通转到内部交通中来。比如,伦敦、巴黎、纽约、东京和柏林都曾把部分市际铁路改造为市郊铁路,甚至把蒸汽牵引方式也一度引入城市内部交通之中。城市内部交通的含义中,关于城市轨道交通的成分比例也越来越大。这一过程是与城市化的步伐紧密相连的。

城市化要求城市交通系统的规模与其发展的规模相适应。随着城市化进程的加快和城市规模的扩大,除了要保证城市内部人员的正常出行需要,并发展相应的城市客运交通工具以外,交通工具的规模即承运能力必须与城市化本身发展的规模相适应。从马车、马拉轨道车向有轨电车、地铁方向的发展,不仅仅表现为交通工具的变革,最主要的还是承运能力的变革。

成长期的城市轨道交通系统已相当完备,在城市交通中所占的比重越来越大。进入成长期后,国外城市内部交通系统迅速发展,各国在很短时间里就把由工业革命带来的技术进步用到了城市交通系统中来,尤其是市内交通部分。在交通工具的更新与改造方面,更是不遗余力。

城市化的发展必然对城市轨道交通的发展提出各种新的要求。在轨道交通走向成长期的过程中出现的较重要的思想是要求系统在硬件和软件方面不断地、尽快地研究和采用先进技术。成长期的城市轨道交通具有以下主要特点:①在硬件方面,先进技术的采用主要表现为城市轨道交通运输工具的更新与完善。以工业革命驱动的城市化进程及现代城市的诞生,促使了人与物针对城市空间运动流量的迅速扩大及在城市内部流量的增大。与城市经济功能及经济结构的完善，城市规模的扩大及人与物在城市内部空间运动流量的增加相对应，城市公共交通系统得到了迅速的发展与完善。交通运输工具迅速由传统向现代进化。对伦敦、纽约、柏林等城市的研究分析表明，城市轨道交通及其技术装备水平在成长期得到了前所未有的创新和发展。而轨道交通及公共交通系统的快速发展和日臻完善，反过来又极大地推动了城市化进程和现代城市社会与经济功能的进一步强化。②在软件方面，先进技术的采用主要表现在城市规划与城市交通布局及轨道交通网络的发展开始以先进的设计思想为指导。比如，索里亚在马德里的城市改建方案中，就对轨道交通在城市规划中的系统布置提出了较为科学的看法。他的"线状城市"方案认为城市的形状应采用线状，同时轨道交通应以地下、地面和高架相结合的方式进行规划、建设。之所以提出如此设想，是因为他认为轨道交通（铁路、地铁和有轨电车）是能够做到安全、高速、高效和经济的最好交通工具，而城市以其为轴作线性发展，可以使二者得到良好的匹配及发展。

索里亚的思想至今基本上被沿袭了下来。特别是关于城市有轨交通建设可采用地下、地面、高架三种方式结合的方法，正是目前世界各大城市所普遍采用的。

3. 城市轨道交通的成熟期

城市轨道交通和任何事物的变化规律一样，也有一个发生、发展、成熟的过程，这其中除了技术因素外，更重要的是社会因素。第二次世界大战以后，世界各国的经济进入了一个新的发展期。在二战前城市化水平比较高的国家，在战争后又迅速进入城市化发展比较成熟的阶段。而不少在二战前城市化水平并非很高的国家或地区，由于城市经济的飞跃发展也迅速达到了城市化比较成熟的阶段。由城市化发展与城市交通发展的紧密关系所决定，一些发达国家或地区的城市交通，特别是轨道交通发展也进入了成熟期。

由工业革命推动的城市化，在一些发达国家经过近一个世纪的加速发展后，先后于20世纪七八十年代进入稳定期。从总体上说，城市化人口所占比例达到80%左右就基本上处于稳定状态了。它既标志着城市化发展已基本上进入了稳定成熟期，也标志着人与物向城市空间运动的规模流量积沉达到了空前的水平，同时市际交通与市内交通的规模也达到了空前水平。

促使城市交通进入成熟期的因素是多方面的，但总的说来可归结为两个方面：一个方面是城市经济的进一步发展，并最终把城市化发展推向了成熟阶段；另一个方面则是城市交通本身的进一步发展，使其不仅在城市对内与对外交通需求方面得到了进一步满足，而且在交通系统及运输手段革新方面也有了极大的发展和完善，从而保证了城市轨道交通的发展在一些发达城市进入了成熟期。

成熟期城市轨道交通系统的结构已较为完善，在公共交通中的主导作用日益显著。其主要交通工具包括地下铁道、轻轨、高架独轨、市郊铁路、新交通系统、有轨电车、索道缆车等。

处于成熟期高级阶段的轨道交通主要具有以下基本特征：①城市交通体系不再单一，更注重公交协调合作的作用，强调大小公交的衔接和一体化，大容量快速轨道交通与传统汽、电车地面交通两大类运输方式形成全方位、立体化、多层次的格局。城市客运交通是一个整体化的设计，轨道交通与公共汽、电车在车站的衔接上非常紧密，使乘客换乘极其方便，促使更多的人使用公交而少用私人交通工具。②随着城市化发展速度变慢，人与物向城市空间运动的加速度也变慢，导致人与物的空间运动量在城市中积沉量的增加量逐渐减少，空间运动规模不再扩大，这样，城市内部轨道交通的压力将得到一定程度的缓解；但是由于城市分解和过度市郊化造成的市郊轨道交通问题开始逐渐突出。③城市轨道交通的发展使得人们对城市交通的地位重新认识，使其从为城市居住、劳动、休息等功能服务的附属性地位上升到与居住、劳动、休息同等重要的主要功能地位，并体现在城市规划与城市建设之中。④城市轨道交通的发展不再以满足数量上的需求为主要功能定位，而是转向以质量上的改进作为新的功能定位，从而使城市轨道向安全、快速、舒适、便利和捷运方向转变。这会促使城市按主要交通轴线呈带状分布的形成，使城市化进入一个新阶段，促使城市文明的进一步扩散；还会促使城市人口向城市周围地区移动，形成人口在城市中的均匀分布及城市功能和经济结构的优化调整。

从世界各大城市的交通发展趋势来看，城市轨道交通以其绿色、环保、节能、快速和大运量等特点，与常规公共交通一起成为未来城市交通发展的骨架和主要形式。随着经济的快速发展，迅速增长的交通量使城市交通问题日益严重，城市轨道交通对城市的积极影响被越来越多的国家和城市所重视。近年来，我国城市轨道交通进入了快速发展的阶段，成为世界上轨道交通发展最快、规模最大的国家。

1.1.1 国外轨道交通发展概况

目前，世界上机动化水平较高的城市大多有比较成熟与完整的轨道交通系统，有些城市的轨道交通的运量占城市公交运量的 60% ~ 80%。接下来将对几个城市的轨道交通发展现状进行介绍。

1. 纽约概况

纽约是美国最大城市及第一大港口，位于美国大西洋海岸的东北部。该市由曼哈顿、皇后、布鲁克林、布朗克斯和斯塔滕岛 5 个区组成。纽约市总面积为 1214.4 km²，其中土地面积为 789.4 km²，水面积为 428.8 km²，2009 年人口数量估计约有 839 万人。纽约都会区是全美最大的都会区，也是全世界最大都会区之一，整个纽约都会区由 23 个郡组成，总面积为 17405 km²，2009 年估计人口约 1907 万人。美国行政管理和预算局将纽约都会区定义为纽约—新泽西北—长岛、纽约州—新泽西州—宾夕法尼亚州都会统计区，纽约都会统计区又分为 4 个都会小分区。

根据上下班通勤方式，美国行政管理和预算局还定义了一个范围更广的、由纽约都市区和邻近 5 个都市区组成的区域，也称为纽约—纽瓦克—布里奇波特、纽约州—新泽西州—康涅狄格州—宾夕法尼亚州联合统计区，也常被称为纽约、纽泽西和康州三角区，这个区域的总面积为 30671 km²，2009 年时的估计总人口约 2223 万人。

与美国其他任何一个主要城市不同的是，公共交通是纽约最受欢迎的交通模式。2005 年 54.6% 的纽约人上、下班通勤乘坐的是公共交通工具。纽约的轨道交通系统分为两个独立的系统——地铁网和通勤铁路网。地铁网为纽约中心城服务，覆盖范围为中心城的 4 个区，目前共有线路 25 条，长度 370 km，运营车辆 6700 余辆，占全美地铁车辆的 2/3，地铁工作日日均客流量 350 万乘次。通勤铁路网为纽约大都市提供通勤服务，它的铁路网络把位于纽约、纽泽西和康州三角区区域的郊区与纽约市区连接在一起。通勤铁路网络由长岛铁路，大都会北方铁路和纽泽西运输铁路构成，整个系统覆盖了包括大中央车站及宾夕法尼亚车站在内的 254 个车站以及 20 条铁路线，总长 1057 km，工作日平均客流量约 48 万乘次。

2. 伦敦概况

大伦敦由伦敦市、内伦敦和外伦敦构成，总面积 1579 km²，人口 751 万人，密度 4758 人/km²。伦敦市位于大伦敦地区正中央，面积 2.9 km²，人口约 1 万人，密度 3966 人/ km²；位于大伦敦中央的 12 个区构成了内伦敦，面积 319 km²，人口 299 万人；此区域外的其他 20 个区构成了外伦敦，面积 1254 km²，人口 454 万人。此外，伦敦大都市区包括大伦敦在内的英格兰东南地区，总面积 27224 km²，人口 1805 万人。其中，近郊区处于大伦敦外围，面积 8807 km²，人口约 480 万人；远郊区是受大伦敦影响的英国东南地区的其他区域，面积 16839 km²，人口约 600 万人。

在轨道交通方面，伦敦地铁建设最早、网络形成比较早，是世界上网络规模最大的地铁系统。目前，伦敦地铁是城市公共交通的核心，轨道交通呈放射状布置，轨道线路总长 1225 km，其中，国铁 788 km、地铁 408 km、轻轨 29 km。伦敦地铁全长 408 km，共有 275 个站，平均每天运送旅客约 300 万人次，年客运量约 100 万人。伦敦公共汽车线网也是全世界覆盖面积最大最复杂的城市交通系统。平均每星期有 6800 辆公共汽车、在 700 多条不同线路上、承载大约 6 百万的乘客。

3. 东京概况

东京最早的地铁线路建成于 1927 年，到 20 世纪 40 年代，已建成 4 条线路。此后由于战争的影响，直到战后 60 年代大规模道路交通建设才又一次起步。战后东京轨道交通建设为满足城市交通需求的快速增长，主要进行了连接东京城市中心线路和车站的建设，即山手线、主要枢纽站、市郊区以及东京与周边城市之间的城市内、城市间的轨道交通线路建造。在城市快速发展的六七十年代，除国家和地方政府的公共项目之外，大量私营企业财团参与了城市轨道交通项目的开发建设，如东武、西武等都是非常具有实力的大型私营轨道交通公司。此外，为了加强首都圈的通勤运输能力，政府以直接投资或对私营线路以改造费补助的方式投入巨资，对已有城市轨道交通进行了增设线路等技术改造，实现了旅客列车、货运列车、近距离列车、快速列车、慢行列车等分道行驶，以及长编组化和高速化，大幅度提高了输送能力和运行速度。东京城市轨道交通的快速发展不仅有效地解决了首都圈内数千万人的通勤问题，同时极大地促进了城市人口和产业人口向郊区转移，郊区化的快速发展和城市间联系的日益紧密，使得东京与其周边的其他城市逐渐形成了区域一体化的大型都市圈。

东京的轨道交通系统经过多年的开发和经营，目前已经形成了纵横交错、四通八达的现代化轨道交通网络；运营线路总长约 2300 km，车站数量多达 500 多个。东京地铁系统由都营地铁和东京 Metro 两家公司运营，其中都营地铁有 4 条线路总长 107 km，东京 Metro 有 9 条线路总长 195.4 km，共计 13 条线路 302.4 km，主要服务于东京中心城。私营铁路以国家铁路 JR 山手线为起点，向都市圈外围辐射，长度接近 1000 km；国家铁路 JR 主要承担东京大都市圈内、市际间及市内的交通功能，总长度近 900 km。从轨道交通密度来看，东京都平均轨道密度达到了约 300 m/km²，在东京都内的 23 区，轨道网络密度更是高达 1010 m/km²。从这些指标来看，东京轨道交通的发达程度甚至超过了纽约、伦敦、巴黎等其他世界级城市，可以说东京是世界上轨道交通网络最为发达的城市。

4. 巴黎概况

巴黎市是法国的首都和最大城市，也是法国的政治文化中心。巴黎同时也是法国的第 75 个省，属于法兰西岛大区。截至 2007 年 1 月，巴黎市内人口为 219 万人，都会区的人口则超过 1183 万人，为欧洲最大的都会区之一。

巴黎地铁是地下轨道交通系统,于1900年起运行至今。目前巴黎地铁总长度214 km,居世界第十一位(位列上海、伦敦、纽约、北京、首尔、东京、莫斯科、马德里、广州和中国香港之后),年客流量达13.88亿(2007年),居世界第七位(位列东京、莫斯科、首尔、纽约、墨西哥城和北京之后)。有14条主线和2条支线,合计300个车站(384个站厅)和62个交汇站。

如今,巴黎地铁路网的扩展放缓了脚步。公众资金的短缺限制了相关项目投资,原有线路的速度低,载客容量不足使得巴黎地铁无力再向郊外作更多的延伸。

5. 莫斯科概况

莫斯科是俄罗斯联邦的首都,一直是政治、经济、科学、文化及交通中心。整个莫斯科人口达到了14612602人(市区人口:10472629人),是欧洲人口最多的城市,占据了全国总人口的1/10。莫斯科总面积108100 km²,地区面积1081 km²,市区东西边长40 km。

1991年以后,莫斯科市被划分为10个行政区,分别是:①中央行政区;②北行政区;③东北行政区;④东行政区;⑤东南行政区;⑥南行政区;⑦西南行政区;⑧西行政区;⑨西北行政区;⑩绿城行政区;每个行政区划再细分为小行政区。

莫斯科地铁全称为列宁莫斯科市地铁系统,是世界上使用率第二高的地下轨道系统,仅次于日本东京地铁。其中不少车站卓越的设计风格以及大理石立柱的设计使得莫斯科地铁的富丽堂皇的程度,也是世界上首屈一指的。

1.1.2 国内轨道交通发展概况

1. 我国轨道交通发展概况

截至2013年底,我国有37个城市获批建设城市轨道交通系统,开通运营的城市轨道交通线路达2400 km左右,居世界第一位;至2020年建成通车的城市轨道交通里程将达7395 km(尚不包括2020年前计划建设的2500 km现代有轨电车线),投资额超过3.7万亿元;同期建设的城际轨道交通则高达9871.5 km。我国城市、城际轨道交通进入了快速发展期,建设过程将持续10~20年。

未来3年,至少还有10个以上城市将获得批准建设城市轨道交通系统,至2020年我国城市轨道交通(地铁、轻轨)累计营业里程将达到7395 km,以平均每公里5亿元造价计算,保守估计需要新增3万亿元的财政投入。

根据国务院批准的地铁建设指标来看,我国有50个城市满足地铁建设的标准,未来我国大约有229个城市有发展轨道交通的潜力,2050年规划的线路总里程数已达到14700 km左右。表1-1为中国内地53个城市线网总体规划统计。

表1-1　中国内地53个城市线网总体规划统计

序号	城市	规划期	线路条数	长度(km)	序号	城市	规划期	线路条数	长度(km)
1	北京	2007—2016年	19	664	28	福州	2009—2050年	9	230.52
2	上海	2010—2015年	18	850.88	29	贵阳	2010—2030年	4	142
3	广州	2010—2020年	19	815.2	30	石家庄	2012—2020年	6	241.7
4	天津	2005—2020年	9	234	31	乌鲁木齐	2008—2020年	7	211.4
5	深圳	2010—2020年	16	596.9	32	厦门	2011—2020年	3	75.3
6	南京	2050年	22	784	33	兰州	远期	6	202

续表 1 – 1

序号	城市	规划期	线路条数	长度(km)	序号	城市	规划期	线路条数	长度(km)
7	重庆	2012—2020 年	18	820	34	济南	2010—2050 年	6	255
8	长春	2010—2050 年	11	350.98	35	太原	2005—2020 年	7	233.6
9	武汉	2010—2017 年	7	215.3	36	温州	2050 年	5	264.3
10	大连	2003—2020 年	6	193.1	37	西宁	远期	3	65
11	沈阳	2003—2050 年	18	618	38	徐州	2012—2050 年	5	151.9
12	成都	2010—2050 年	36	1606	39	珠海	2050 年	3	57
13	佛山	2010—2050 年	8	264.3	40	惠州	2050 年	7	271.2
14	西安	2006—2020 年	6	251.8	41	常州	2011—2018 年	2	53.88
15	苏州	2010—2015 年	4	164.6	42	鞍山	远期	3	140
16	杭州	2050 年	8	278	43	洛阳	2012 年之后	4	102.7
17	昆明	远期	9	296.7	44	邯郸	2008—2020 年	2	88
18	哈尔滨	2008—2020 年	10	340	45	济宁	2011 年—远期	8	412.67
19	宁波	2013—2020 年	5	100.11	46	阜新	远期	3	
20	郑州	2008—2050 年	26	938	47	银川	远期	4	126
21	青岛	远期	19	814.5	48	包头	远期	5	
22	东莞	2012—2022 年	4	218.3	49	唐山	2011—2020 年		
23	无锡	2012—2017 年	5	157.77	50	芜湖	2016—2030 年	3	75.1
24	合肥	2009—2050 年	19	537.8	51	保定	2011—2030 年	4	
25	南昌	2005—2050 年	7	218.6	52	柳州	2010—2020 年		
26	南宁	2010—2050 年	16	494.7	53	大理	远期	10	
27	长沙	2012—2050 年	18	598.13					

　　除传统的地铁、轻轨之外，近年来我国现代有轨电车轨道交通的发展也非常迅速。截至 2013 年 8 月，全国有 20 多个城市规划了 5000 km 余的有轨电车建设项目，2020 年要建成 2500 km，是目前运营里程的 25 倍之多。

　　2.我国城市轨道交通发展趋势

　　(1)建设规模进一步扩大

　　2012 年，原铁道部对新建城际铁路放权，主导权归地方政府，城际铁路由审批制变成备案制；2013 年，按照《国务院关于取消和下放一批行政审批项目等事项的决定》，城市轨道交通项目的核准权限已下放至省级投资主管部门，自核准权下放以来到 2013 年 12 月，已有重庆、深圳、兰州、杭州、苏州等城市轨道交通的 10 个项目获得地方政府的核准，里程 280 多千米，投资总规模 1900 多亿元；2013 年，国家启动了新型城镇化建设。在上述城际、城市轨道交通建设项目审批权下放、社会资本进入市政基础设施建设等因素的影响下，以及新型城镇化建设的带动下，预计内需拉动的城际、城市轨道交通建设规模有望进一步扩大，并保持稳定增长趋势。

　　(2)轨道交通模式趋于多样化，技术高新化除了传统的地铁和轻轨交通，城际、低地板有轨电车、独轨、磁悬浮等形式的轨道交通也得到了快速发展，轨道交通模式趋于多样化。复杂地质条件下隧道施工技术、径向转向架、直线电机驱动、磁悬浮推进、复合式制动、ATC/CBTC 信号系统、智能信息系统和综合监控系统等的发展与应用，则显示了轨道交通技术高新化趋势。

1.1.3 城市轨道交通系统概念与分类

1. 概念

城市轨道交通系统是一个技术复杂、涉及面广、庞大的系统工程。由轨道交通方式、轨道交通技术、轨道交通运营管理系统等技术和系统集成。可大体分为硬件系统和软件系统两部分。硬件系统部分通常由轨道线路、车站、车辆、维护检修基地、供变电、通信信号、指挥控制中心等组成。软件系统包括决策咨询机构、运营管理系统、行车调度系统、售票系统、应急预防与安全保护系统和市场开发机制等组成，如图 1-1 所示。

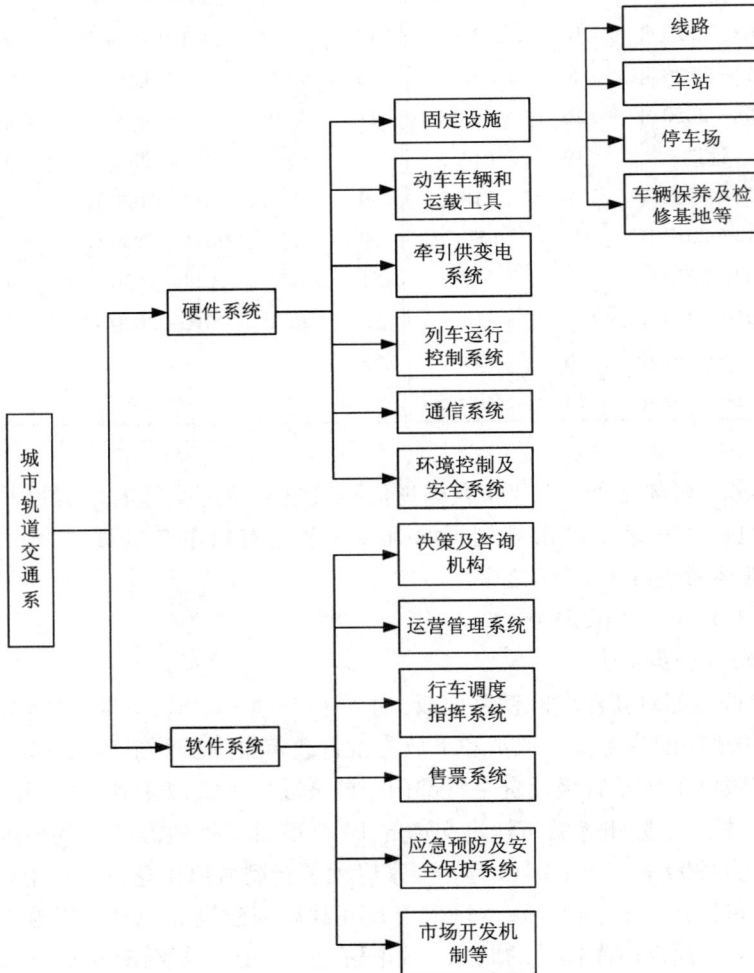

图 1-1 城市轨道交通系统分类

2. 分类

城市轨道交通种类繁多，技术指标差异较大，各个国家的评价标准不一，无严格的分类标准。如德国、奥地利等国家将城市轨道交通简单分为两大类：①U – bahn：城市内的轨道交通，如地下铁道、轻轨；②S – bahn：如郊区通勤铁路、铁路在城市内的延伸线等。

通常可以根据以下标准对城市轨道交通进行基本分类。

（1）按照轨道交通的技术特征进行分类

①轨道交通技术特征。综合轨道交通不同技术特点，我国轨道交通的分级方法及技术指标见表 1 – 2。

②轨道交通按照其分布地点和技术特征类型可分为市郊铁路、地下铁道、轻轨交通、独轨交通及新交通系统等类型。

表 1 – 2　中国城市轨道交通技术等级及指标

系统类型		Ⅰ级	Ⅱ级	Ⅲ级	Ⅳ级	Ⅴ级
		高运量地铁	大运量地铁	中运量轻轨	次中运量轻轨	低运量轻轨
适用车辆类型		A 型车	B 型车	C – Ⅰ、Ⅱ型车	C – Ⅱ型车	现代有轨电车
最大客运量（单向）（万人次/h）		4.5 ~ 7.5	3.0 ~ 5.5	1.0 ~ 3.0	0.8 ~ 2.5	0.6 ~ 1.0
线路	线路状态	隧道为主	隧道为主	地面或高架	地面为主	地面
	路用情况	专用	专用	专用	隔离或少量混用	混用为主
车站	平均站距（m）	800 ~ 1500	800 ~ 1200	600 ~ 1000	600 ~ 1000	600 ~ 1000
	站台长度（m）	200	200	120	< 100	< 60
	站台高低	高	高	高	低（高）	低
车辆	车辆宽度（m）	3	2.8	2.6	2.6	2.6
	车辆定员（站 6 人/m²）	310	240	220	220	104 ~ 202
	最大轴重（t）	16	14	11	10	9
	最大时速（km/h）	80 ~ 100	80	80	70	45 ~ 60
	平均运行速度（km/h）	34 ~ 40	32 ~ 40	30 ~ 40	25 ~ 35	15 ~ 25
	轨距（mm）	1435	1435	1435	1435	1435
供电	额定电压（V）	DC1500	DC750	DC750	DC750（600）	DC750（600）
	受电方式	架空线	第三轨	架空线/第三轨	架空线	架空线
信号	列车自动保护	有	有	有	有/无	无
	列车运行	ATO/司机驾驶	ATO/司机驾驶	ATO/司机驾驶	司机驾驶	司机驾驶
	列车控制技术	ATC	ATC	ATP/ATS	ATP/ATS	ATP/CTC
运营	列车编组	6 ~ 8	6 ~ 8	4 ~ 6	2 ~ 4	2
	列车最小行车间隔（s）	120	120	120	150	300

（2）按照交通容量分类

交通容量即运送能力，指单向高峰小时的断面乘客通过量。按照不同的交通容量，轨道交通可以分为特大、大、中、小容量四个系统，如表1-3所示。

表1-3　按照交通容量划分的轨道交通类型

交通容量(万人/h)	>5	2~5	1.5~3	0.5~1.5
分类	特大	大	中	小

（3）按照路权分类

路权是指轨道交通系统运行线路与其他交通的隔离程度。按照路权分类，可以将轨道交通系统分为A、B、C三种基本类型。C类为开放式系统，代表地面混合交通，不具有实体分割，轨道交通与其他交通混合出行，在路口按照规定驾停，也可享有一定的优先权。有轨电车通常采用此种形式。B类为半封闭系统，沿行车路线方向采用缘石、隔离栅、高差等措施与其他交通实体隔离，但在交叉路口仍与横向的人流、车流平交混行，受信号系统控制。A类是完全封闭系统，与其他交通完全隔离，不受人流、车流干扰。这三种形式即我们通常所说的不隔离、半隔离、全隔离三种系统。

（4）按照导向方式分类

根据不同的导向方式，轨道交通系统可分为轮轨导向和导向轮导向类型，钢轮系统属于轮轨导向，启动较快；单轨及新交通系统等胶轮车辆属于后一类型。

（5）按照轮轨支撑形式分类

轮轨支撑形式，即车辆与转移车道表面的垂直接触方式与运行方式。从轮轨的支撑形式可以将轨道交通系统分为钢轮钢轨系统、胶轮混凝土轨系统以及特殊系统。钢轮轮轨系统包括郊区铁路、地铁、轻轨、有轨电车；胶轮混凝土轨系统主要是指单轨及新交通系统；特殊系统则包括支撑面置于车辆之上的悬挂式单轨系统、磁悬浮式轨道交通系统等。按轮轨数又可分为双轨系统和单轨系统。

（6）按照牵引方式分类

可分为旋转式直流、交流电机牵引和直线电机牵引。

（7）按照敷设方式分类

分为隧道(地下、水下)、高架、地面三种形式。大容量轨道交通在较为繁忙的地区采用隧道(地下、水下)、高架形式；中运量的轨道交通三种兼有之，且不与机动车混行；小容量采用地面形式，与机动车混行，效率低。

1.2　城市轨道交通运营概述

1.城市轨道交通运营功能分类

城市轨道交通系统是一个庞大的系统，涉及土建、机械、电机电器、高新电子技术、自动控制、信息传输等方面。从运营功能上看大体可以分为三大系统。

①车辆运行系统：隧道、站台、线路、车辆、牵引供电、信号、通信、控制中心、车站行车等。

②客运服务系统：车站及照明、售检票及计算机中心、车站导向标志及预告措施、消防、环控、自动扶梯、升降机和车站服务等。

③检修保障系统：为保障设备性能良好，能随时启动重新投入运行而具备的检修手段及检修能力等。

2.城市轨道交通运营系统的特性

（1）系统联动性

城市轨道交通系统建设和运营的目的是为市民提供快速、安全、准时、舒适、便利的运输服务，使乘客能够便利地进站购票乘车、安全而舒适地旅行、快速而准确地到达目的地。

安全运行和优质服务的基础是城市轨道交通三大系统同时正常、协调地运行。

如何保证城市轨道交通三大系统 30 余项不同的专业设施、设备每天 18～24 h 正常而协调地运行是摆在运营组织者面前的难题，解决的途径应该是从基础入手，以目标为依据，结合时间、空间等因素，系统而协调地组织运营。

车辆和设备之间，各种设备之间在正常运行时均有相互依托的关系，这些关系的存在要求它们之间有严格的技术配合。如列车和钢轨，列车和接触网，列车和信号，列车和通信，供电和通信，通信和信号，供电和自动售检票等。在列车运行时，它们互相之间环环相扣、共同保证列车正常运行和良好服务。

（2）时空关联性

列车的开行是根据乘客的出行需求进行安排的，高速度、高密度的列车运行可以为市民提供更好的出行服务。城市轨道交通系统的产品是人的移动，这使得时间和空间的概念变得尤为重要。由于时间以及其相对应的空间是城市轨道交通运行中不可存储的，一旦失去势必造成列车运行的晚点，严重时就会发生事故。

具体来说，一旦运行的车辆、设备影响到列车的正常运行，必须尽快处理，尽快恢复正常，确保行车安全。安装在车站的设备，白天检修与故障处理也要定时、定点；线路设备检修、巡视等工作一般安排在夜间进行。城市轨道交通系统的夜间段是各专业检修、施工繁忙的时间段。由于各专业维修均在夜间作业，夜间允许检修工作的时间又很短，有时还需要开行施工列车或者停电等，因此，维修作业需要统一组织，并按时间完成，否则就有可能发生人员或设备事故，影响正常行车。因此，对于城市轨道交通运营企业，时间和空间的概念是必备的基本概念。

（3）调度指挥集中性

多专业多工种联合运行，时间和空间的概念要求很高，一旦发生故障，后果及影响都很严重。控制中心就是为此而设置的。调度指挥中心一般设置在适合的车站附近，信号系统、供电系统、环控系统、主机及显示屏都设于调度指挥中心内。列车运行时，由行车调度员、电力调度员、环控调度员分别担任行车系统、供电系统及环控系统的调度指挥。

正常情况下，城市轨道交通上述的三个自动化系统均有系统主机按照列车运行图、供电及环控模式自动控制信号、供电及环控系统正常运行，列车也在驾驶员的监护及操作下正常行驶。同时运行信息均可在显示屏上实时显示，调度员可以随时监视、掌握列车及有关系统运行状况。调度员还可以利用有线及无线通信系统随时和有关人员进行通话了解情况。

无论是列车运行图、各设备系统的正常运行模式，还是事故处理预案等，都是运营公司决策机构经过市场调查及服务水平的要求，阶段性研究制订的。除特殊情况外，调度中心晚上无权进行改变的。因此，严格地说，运营决策机构和调度中心的有机结合形成了城市轨道交通的运营统一指挥中心。

(4)管理的严格性

信息技术的采用使传统技术时代许多人工操作被技术设备所取代，从而在更加安全的基础上增加了效率。如列车的自动驾驶、信号设备的自动化、售检票系统的自动化以及其他设备的远程控制等，但是无论设备再先进也无法取代管理。对于城市轨道交通运营企业而言，技术管理的核心是规章制度，它是规范人员生产活动行为的准则，各岗位人员只有严格执行规章制度才能使得规模庞大而技术复杂的系统有序、安全、高效运转。反之，系统运转就会遇到阻碍从而降低效率，甚至发生事故，造成严重后果。

企业规章制度也是有层次的，如具有"企业宪法"性质的是《技术管理规程》(简称《技规》)，其内容规定了城市轨道交通的运营宗旨、企业精神、技术规范、服务要求、管理规则、指挥系统等运营系统的规则及带有规律性的问题，以统领和规范列车运行、客运服务、检修保障三大系统的生产活动。

具有系统性规范性质的企业规章制度有："行车组织规则"、"客运组织规则"、"调度规则"、"安全规则"、"事故处理规则"以及设备、设施的"运行检修规则"等。这些规则应该在"技规"原则的指导之下，在各系统设备技术基础上制订，以规范各系统日常生产活动。如"行车组织规则"是列车运行系统的行为规则，可以在列车、线路、车站设施、信号及通信系统的技术基础上，在列车不同的运行模式(如正常、晚点、故障等)下规范调度员、列车驾驶员、车站及各设备系统值班人员的活动，以及进行活动所必须办理的手续(如调度命令)。

此外还有各专业、各工种、各单项作业更为具体的、详细的、针对性、操作性更强的技术管理方法的制度、工艺、方法等。

一系列的规章制度系统地涵盖了运营系统的每一个技术环节，使得日常的运营和故障的处理均有章可循，从而保证地铁运营这一庞大的联动运输机构的正常运行，更好地保证"城市动脉"的畅通和社会的发展。

(5)服务的安全可靠性

城市轨道交通系统每天要面对上百万计的乘客，并负责将他们从其出发站输送到目的站，同时使每一位乘客在从购票乘车到下车出站的全过程中感到满意，这是城市轨道交通运营的宗旨。因此运营企业必须在每一个环节为乘客提供优良服务。

首先，在线运行的列车必须按照运行图的规定安全、准时地运行，以保证乘客顺利地完成出行，这是城市列车运行系统人员，包括从调度员的指挥到列车驾驶员的操作应该完成的任务，可以说这是优良服务的一个根本环节。

其次，根据市场需求和客流规律及其变化，制订不同的运行图，以使运行能适应运量的需求，至少使乘客能够及时乘车。和城市间客流规律不同，城市客流上下班时段特征比较明显、不定期的大型公告活动时段客流集中及双休、节假日客流集中等特点，运营管理决策层应据此制订不同的运行图满足需要。

换乘问题是城市轨道交通从单线运营发展到网络运营不能回避的问题。正确的考虑应该是从规划建设城市第一条城市轨道交通线路开始，就从网络规划的角度，从网络运营组织的角度，从服务乘客的角度出发考虑换乘问题，而不是从投资、工期或者其他来进行考虑。

从乘客进站到上车、下车到出站，这两个环节的服务应该是以售检票和乘客导向为中心的。自动售检票系统(AFC)的使用在技术基础上将服务质量提高了一个层次;车站出入口外街区、出入口、进站后的通道、站厅售检票及查询服务设施、换乘方向等均应有明显的、不间断的乘客导向和指定标志,引导乘客顺利地进站、购票、检票或换乘出站。

总之,三大系统组成的城市轨道交通运营是一个整体,是一个联合运输的大系统,共同承担安全运营、服务乘客的重任。

1.3 城市轨道交通管理模式演化与发展趋势

1.3.1 世界城市轨道交通运营管理模式

城市轨道交通的运营管理模式在世界各国呈现了多样化的趋势。由于世界各个城市发展城市轨道交通的历史条件和经营环境不同,形成了各种各样的城市轨道交通管理模式。按资产属性及运营企业性质划分,世界城市轨道交通的运营管理模式主要可以分为以下六种:

1. 有竞争条件下的官办官营模式

有竞争条件下的官办官营模式,线路为政府所有,两家或两家以上的运营单位通过招标方式获得经营权。韩国首尔采用了这种模式。首尔的城市轨道交通系统由政府出资修建,委托国有企业运营;在同一个城市内有两家以上的城市轨道交通运输企业,它们通过招投标的方式获得新线路的建设及经营权。

首尔的城市轨道交通网络包括首尔地铁系统和首尔铁路系统两部分,分别由首尔地下铁公司(SMSC)、首尔快速城市轨道交通公司(SMRT)和韩国国家铁路公司(KNR)三家国有公司运营。地铁从运输税务系统中得到补助金,但每年有亏损。燃料税是运输税务系统资金的主要来源。为弥补亏损,市政府不得不注入额外的资金发行债券。地铁系统获得不动产和注册方面是免税的,也不用上缴公司所得税、城市建设税和营业税。

有竞争条件下的官办官营是一种带有计划性质的市场竞争。在此模式下,政府作为业主给企业的补助较为优厚。官办性质的企业不能过分重视盈利,所以票价带有福利性;但是由于创造了一定的竞争环境,客观上提高了企业的主观能动性。

2. 无竞争条件下的官办官营模式

无竞争条件下的官办官营模式,线路为政府所有,一家单位独立经营,或两家以上的单位按行政区域划分经营范围。伦敦、纽约、北京、广州、柏林、巴黎的地铁运营管理都是属于这种模式。

这种模式的特点是城市轨道交通运营者由政府指定,政府给予相应的补贴。如纽约的地下铁系统在纽约市运输局的管理下,该局是纽约政府的下属机构,负责管理纽约市内的公共交通系统。运输局的董事会成员基本都由纽约州政府指定,其余部分由纽约市市长或郊区各县的官员指定。自1950年以来,纽约的所有城市轨道交通系统的补助资金都来自市政府、州政府和联邦政府的拨款。运营费用占总拨款的65%,不足的部分由州和联邦政府补贴,用税收收入补贴运营所需的资金。

欧美国家多是采用无竞争条件下的官办官营模式,主要是因为欧美国家的城市轨道交通系统客流密度比较低,系统少有盈利的可能性。这些城市一般由非营利性的公共团体代表政府管理城市轨道交通;票价带有极大的福利性,运营收入不能抵偿运营成本,主要靠补助金支持日常开销。

3. 官办半民营模式

官办半民营模式，线路为政府所有，交由政府股份占主导地位的上市公司经营。中国香港地铁的运营管理采用这种模式。香港地铁公司是一家上市公司，它的第一大股东为香港政府。虽是市场化运作，但是香港政府为地铁公司提供担保，从多个方面干涉地铁公司的经营。因此，香港地铁不能算是完全民营的模式，只能算是半民营。

政府委任有关人员组成香港地铁公司董事局后，就让其按商业原则运作，政府主要靠法律手段规范市场主体行为。2000 年，香港政府又对地铁公司进行股份制改造，让高层主管及员工持股，该公司 10% 的股份通过上市私有化。

4. 官办民营模式

官办民营模式，线路为政府所有，交由民间股份占主导的上市公司经营。

新加坡的地铁运营管理属于这种模式。新加坡城市快速轨道交通公司负责新加坡地铁的运营，公司的最大股东为一家私人企业。新加坡国土运输局拥有城市轨道交通的所有权和建设权并承担建设费用，同时还是运输规则的制定者。它制定规则确保系统的正常运营和养护维修等工作。运输局通过与新加坡城市快速轨道交通公司签订租借合同授予地铁线路的经营权，并对新加坡城市快速轨道交通公司的运输行为进行约束。

新加坡的地铁线路成环状网络，总长度达 109 km。新加坡规划有四条地铁线，即南北线、东西线、东北线和环线。其中南北线和东西线，总长 83 km，纵横穿越新加坡岛全境，是地铁网络中最主要的干线。全国超过一半人口的居住和就业中心是在该两条线路两侧 1 km 范围内。乘东西线的支线（长 6 km）还可以到达樟宜国际机场。东北线是一条主要的地铁放射线，总长度 20 km，于 2003 年建成。而环线正在建设中，另外新加坡有 29 km 长的轻轨（LRT），一般设置在城郊新镇，可与地铁进行换乘。

新加坡地铁是把建设和运营分开的模式，所有线路都在国土运输局建设完成以后交付运营公司使用。它的主要特点是：①地铁作为福利由政府负担建设费用；②淡化运营公司的职能，运营公司没有线路的所有权，政府不干涉运营收入也不对运营开支进行补贴；③运营公司完全民营，第一大股东为私人投资公司；④由政府指定运营水平和规则，以此保证城市轨道交通的公共福利性质。但是，新加坡地铁是以盈利为目的的，某些时候或许会提高票价，让市民承受高额成本。

5. 多种经济成分构成的模式

多种经济成分构成的模式即公私合营，线路归政府和地方公共团体所共有，同样由政府和地方公共团体组织人员经营。

东京的城市轨道交通系统很早就引入了多种经济成分。例如有政府投资、商业贷款、民间投资、交通债券等多种形式，充分开拓了融资渠道。以帝都高速交通运营集团为例，它的资金由日本政府和东京都政府分摊，运营补助金 50% 以上来自地方公共团体，贷款来源于政府的公共基金、运输设备整备事业团的无息贷款、民间借入金和交通债券等。政府对帝都高速交通运营集团的控制在于高层人员的任免（董事长由东京都政府任命）。帝都高速交通运营集团的管理委员会是真正的实权机构，它决定收支预算、营业计划和资金计划等。管理委员会共有 5 名成员，其中 4 名由国土交通局任命，1 人由出资的地方公共团体推荐。

6. 私办私营模式

私办私营模式, 线路由私人集团投资兴建, 由私人集团经营, 政府无权干涉私人工作。以曼谷轻轨为例, 曼谷轻轨的建设和运营由一家私人企业控股的公司——曼谷大众公共交通系统有限公司负责。泰国政府通过合同形式对轻轨建设和运营以及该公司的股本结构进行约束。

在这种模式下能最大限度地激发私人投资者的兴趣, 但在票价、线路走向等敏感问题上, 政府与私人投资者不可避免地发生冲突, 政府难以保证城市轨道交通作为公共福利事业的本质。城市轨道交通的投资回收期长, 这种模式会激发私人投资者严格控制建设和运营成本。

总体而言, 西方国家的城市轨道交通线路几乎都是国家政府或市政府所有, 由政府机构直接运营或是交给公有性质的企业运营; 而东方国家城市的情况就比较复杂。

1.3.2 国内典型城市轨道交通运营管理模式

1. 广州模式——一体化模式

广州地铁是由广州市政府投资, 并委托广州市地下铁道总公司(简称广州地铁)全权负责建设、运营、资源开发等职能。其模式如图1-2所示。

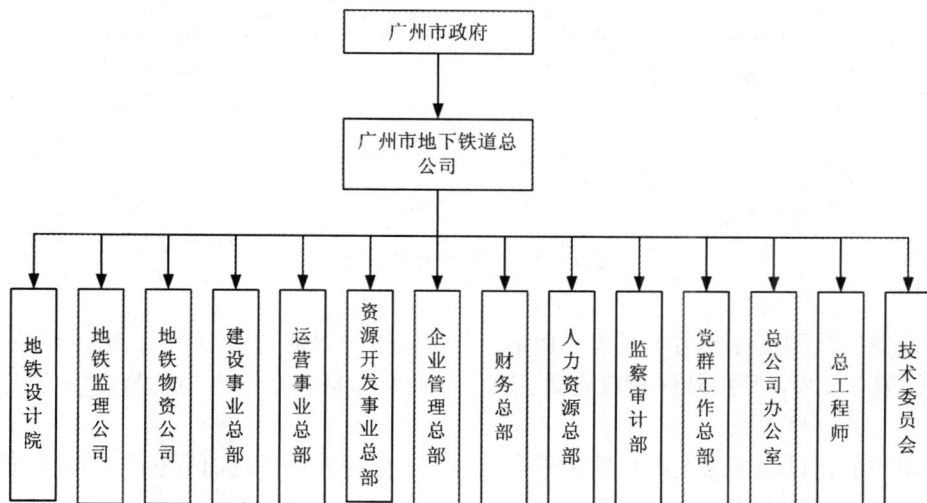

图 1-2 广州一体化模式

广州地铁对建设事业总部、运营事业总部、资源开发事业总部实行一体化经营管理, 在保证运营的前提下, 不断控制成本, 增加收入, 即开源节流。

"开源", 即体现在运营收入和资源开发业务收入上, 广州地铁借鉴香港地铁"以业养铁"的模式, 对地铁附属资源进行大力开发, 坚持以房地产业务为首, 同时加强广告、通信、商贸等核心业务的开发经营, 由此带动了地铁沿线经济, 而高密度的土地利用, 反过来又为地铁提供了充足的客流, 增加了票务收益, 使运营与资源开发形成良性循环。

"节流", 在建设方面, 与地铁一号线相比, 二号线实现了70%机电设备国产化率, 大大减少了进口设备的高费用支出, 并且积极采用新工艺、新技术降低地铁造价; 在建设初期购置方面, 广州地铁公司在满足运营条件的前提下, 采用全面预警机制, 物资采购启用比质比价程序, 设立最低或零库存定额, 建设供货商数据库等一系列成本控制方法; 在运营设备运用上，三号线采用的移动闭塞信号系统大大提升了三号线的运营效率，降低了运营成本。四号线采用线性电机，使车辆转弯半径减小，大大缩减车辆运用综合维修基地的用地面积，使投资成本得以控制。

除此之外，广州地铁在建设方面提供施工配合，对相关商业等各类社会资源进行整合，实现资源开发最大经济效益，广州地铁在 2001 年通过票务收益和地铁资源综合利用，实现可弥补运营亏损的经营利润 6100 余万元，抵减运营亏损后（不计折旧、房产税和土地利用税）税前盈余 2400 多万元。

2. 上海模式——专业化模式

2000 年 4 月 28 日，上海轨道交通正式启动了"投资、建设、运营、监管"的四分开体制，在纵向四分开的同时实行横向适度竞争原则。管理模式如图 1-3 所示。

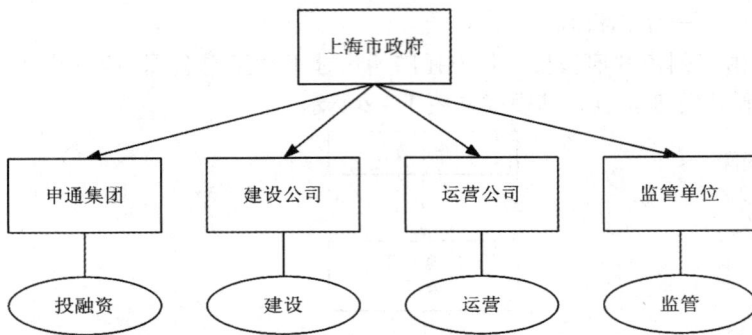

图 1-3　上海专业化模式

上海地铁的投融资业务由申通集团负责，申通集团主要通过政府注资、沿线开发、多元投资、发行地方债券、利用外国政府贷款、国际金融组织贷款及国内银行贷款等方式解决资金筹措。

上海地铁的建设任务由上海地铁建设有限公司、久创建设管理有限公司、港铁建设管理有限公司以及中国铁道建设总公司等通过投标方式获得。

上海地铁运营业务由上海地铁运营有限公司与上海现代轨道交通股份有限公司通过投标的方式获得地铁某号线的运营管理权，由于实行横向竞争，2001 年上海申通集团成功对上海凌桥股份有限公司进行股权收购，将其改名为申通地铁，成功将上海地铁一号线从上海地铁运营有限公司中剥离出来注入申通地铁。

上海地铁监管业务由城市交通管理局及下属的轨道交通管理处起草轨道交通有关规范、条例，对地铁建设、运营进行监督管理。

上海模式的优点为：专业化运作，加快了建设步伐；有利于解决融资以及形成建设、运营的专业化市场及引入竞争机制，实现了内部分工和相互监督，有利于提高服务质量和管理效率。缺点为：出资人无法自己对建设实行有效管理，建设银行运营衔接比较困难，投资方偏重于控制投资和压缩成本，不能为建设提供良好的资金条件。

3. 香港模式——PPP 模式

香港地铁作为世界上先进的地铁系统之一，其成功在于采用了 PPP 运营模式。香港地铁的投资、建设及运营均由香港地铁有限公司承担，香港政府只投入了不足 1/3 的资金，其余资金通过各种融资渠道获得，如股票、债券和融资租赁等。其运营模式如图 1-4 所示。

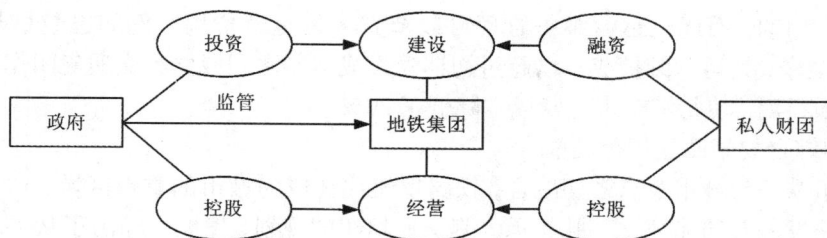

图 1-4 香港 PPP 模式

香港地铁 1979 年投入营运，1991 年达到年度盈亏平衡，1996 年后收回投资，在 2000 年实现纯利润 40 多亿港元，并于当年上市，率先打破地铁不能盈利的神话，成为世界上屈指可数的盈利地铁之一。

我国城市轨道交通作为基础设施，多采用国有国营模式（香港除外），但是从投融资、建设、运营、监管这四项业务的管理方式上可分为一体化模式和专业化模式。

1.3.3 城市轨道交通运营模式发展趋势

1. 国外城市轨道交通长于规划，精于运营管理

（1）法国高效管理的城市轨道交通项目

法国城市轨道交通项目的有效管理得益于明确的交通管理机构和有效的交通政策、灵活的票务机制以及轨道项目注重长期发展的管理思路。

巴黎交通通畅的秘诀无疑与发达的公共交通系统建设有关。巴黎的公共交通系统由地铁、郊区快轨、有轨电车、巴士组成。其中，地铁有 14 条，市区内每 400~500 m 就有一个地铁站，共有换乘站 129 座。郊区快轨有 5 条，主要连接城区和郊区，具有快捷、载客量大、换乘方便等特点。此外，还有 4 条有轨电车线，主要服务于巴黎市外围；8000 辆巴士则恰如其分地发挥了短途交通的作用，并和轨道交通形成了很好的互补关系。

这样的公共交通体系，对于一个拥有 1200 万人口、500 万辆汽车的世界大都市来说，已经成为支撑其有条不紊运转的核心部分。最关键是，除了特殊情况外，即使在巴黎的繁华路段也很少出现堵车的现象。

法国交通管理机构职能明确，如巴黎交通管理委员会能够从全局出发制订交通政策，并能有效协调其他相关部门。委员会不仅能够综合考虑各种交通模式和各项相关服务，如步行、自行车、公共交通、私家车、停车场、换乘中心等，同时还要确保交通系统符合当地的实际需要。

法国率先实行了灵活的票务机制，并为其他国家所仿效。在巴黎，车票的种类可谓多种多样，乘客的选择也多元化，如其车票有日票、周票、月票、年票之分，按区域不同还有市区票和郊区票之分。巴黎也是最先实行"一票通"的城市，其"一票通"可以在巴士、地铁、有轨电车上通用。

　　要使轨道交通项目获得长远发展，还必须注重运营管理的重要性。法国的经验之一是：好的运营商与好的投资商同样重要。虽然建设质量影响后期的项目运行，但地铁基建投资巨大，运营商的早期介入能够有效节约项目运营成本。也就是说，地铁日常运营维护工作将影响项目的生命周期，而优化运营维护管理可以节省大量运营费用。例如巴黎最早的地铁从1900年运行至今，其运营维护成本已超过初期建设成本。法国威立雅交通集团作为运营商介入德国地铁项目后，使每车千米运营成本降低了30%。

　　(2)日本综合规划凸显城市功能

　　日本城市铁路与城市节点密切融合，铁路枢纽往往成为城市的重点区域，这一点与世界大都市的铁路发展及功能演化一脉相承。其交通枢纽的规划、发展也经历了从关注特殊交通功能到注重交通功能与城市功能一体化的过程。

　　日本城市铁路分为两类：一类是国有铁路，如日本国铁的主要任务是运输；另一类是民营铁路，其主要任务是经营，包括运输能力的提升和参与枢纽地区的开发建设等。在初期阶段，日本的交通枢纽缺乏综合规划，各个项目所属单位不同，各单位又独立进行开发建设，因此在相互协作、协调方面较为薄弱。其交通枢纽地面站与地下站换乘距离长即为典型代表，东京和大阪的大型交通枢纽为此还不得不投入巨额资金进行再度开发。

　　日本交通枢纽规划更注重构建交通功能与城市功能有机融合的综合交通体系。对于一个交通枢纽来说，要把车站、站前广场、一体化建筑物综合考虑，必须进行包括理念、引进功能、空间、景观、流线等在内的一系列的规划。

　　其中，理念规划侧重地区特征，站点周边土地利用、利用者特征、地区发展等内容，是为反映地区及车辆利用者特征而进行的主题、功能、未来愿景等方面的规划。引进功能规划不仅包括以往的交通功能，还需要结合新的、多样化的需求进行功能规划，这些多样化的需求包括城市门户的功能、城市服务功能等。此外，更重要的是流线规划，即按照步行者流线，把铁路设施、站前广场、车站建筑、私营建筑进行一体化流线规划，这也是日本综合交通枢纽未来建设的主导思路之一。

　　在日本，铁路对城市功能有着引导作用，并推动其发展。新宿站地区是日本最大的交通枢纽地区，日输送旅客358万人次。随着城市规模的不断扩大和旅客量的增长，该地区相继修建了多条轨道线路。这里作为铁路的终点站，集中了诸多城市功能，各站点之间的换乘旅客带动了商业、文化娱乐业的发展，使这里成为东京的城市副中心地区。

　　2. 中国城市轨道交通运营管理的发展趋势

　　我国城市轨道交通的建设尚处于一个有计划、有步骤的初始发展阶段，尽管城市轨道交通近几年发展迅速，但是现有城市轨道交通运营技术、运营管理和市场营销战略等方面严重滞后，运营机制不健全，企业缺乏自主经营权，不适应现代市场经济发展的大环境。这表现在对内，线路运营相对独立，联通联运尚无；对外，单独运营，自成体系，尚未构成综合城市交通网络，与民航、铁路、公路网的协调与配合差；市内交通，规划衔接不好，很少考虑投资回报问题。随着我国城市轨道交通的进一步发展，运营模式必将发生重大变化，主要表现在以下几个方面。

　　(1)由一条线路独立运营向网络化运营管理过渡

　　在我国一些大城市如北京、上海、广州等，城市轨道交通建设已经成为了轨道交通网络。多个城市正在如火如荼地修建地铁，总投资超过2万亿元，多线联通、联运，进而形成网络和网络运营,是未来城市轨道交通建设和发展的必然趋势。

由一条线路独立运营向多线甚至网络化运营管理时,对技术装备有如下要求:

①在线路间实现联通联运。以相邻两线为宜,最多 3 线,不宜更多线路,否则会使运营管理复杂化。列车跨线运行时,需要铺画跨线运行图,并拟订列车跨线行车安全规则。

②车辆段配置。不再是一线一段,在相邻线路可以实现两线一段,或者多线一段,以实现车辆统一调配、统一运转、统一计划维修,从而达到车辆运用和维修资源共享的目的。

③信号制式要一致,不可再出现如现在上海地铁 1 号线、2 号线、城轨 3 号线、5 号线 4 条线路 4 个 ATC 制式,而应该采用统一的信号制式,实现各线的联通联运,为网络化运营管理创造条件。

④通信制式要一致。通信传输网络可以使用开放运输网络(OTN 网),或者使用同步数字系列方式、接入线方式,以传递整个系统的信息、图像、文字及多媒体等公用信息,保障多线运营或网络运营中的行车指挥、列车控制、牵引供电以及对控制中心中系统监控的执行、维修人员、办公室工作人员、车辆段、车站、车库、隧道内部电话等方面基础网络系统的通信联络需要。

⑤运营指挥中心(OCC)的运作方法将发生变化,除原有的一线一运营指挥中心外,还将设置一处总指挥中心,以宏观调控各联网线路的分指挥中心中的列车运行调度、电力监控、车辆调度、防灾报警、乘客服务、票务自动关停、列车自动控制等。分运营指挥中心受总运营指挥中心的业务指导和领导。

⑥联通联运后,在线路的连接站都形成正线平面连接,从而构成平面交叉,对行车将构成直接威胁。为保证行车的安全,需在其中的一条线上,在连接处分别设置上行和下行的安全线,同时在该衔接站设置行车线路所,负责 2 条线路上的列车过轨而需要办理的行车闭塞、操纵联锁信号和道岔。

(2)城市轨道交通与铁路枢纽实行过轨运输

为了减少乘客换乘,实现零换乘,提高直达率,给乘客提供方便的出行条件,国外许多国家都有地铁轻轨与铁路枢纽过轨运输的范例,从而扩大了城市轨道交通的吸引范围和乘客的出行范围。较为典型的例子是日本东京有 7 条地铁线路与 13 条地面铁路线过轨联运,形成了 37 条直通线路。这种方法充分合理地利用了轻轨与干线铁路的运输资源。

我国各大城市基本都有充足的铁路枢纽线路,有城市轨道交通与铁路枢纽线路过轨的条件。

(3)城市轨道交通列车运行组织将发生较大变化

在我国城市轨道交通中的列车运行组织一般来说都是追踪运行,没有快慢车越行,一样的速度和站点停靠。随着市域快线的修建,列车速度将有所变化,而不是一律最高速度,今后完全有可能实现不同的行车区域有不同的最高运行速度。如美国纽约地铁,在运营管理方面,采取开行越站停车的快车,站站停车的慢车。

(4)城市轨道交通与城市公共交通将实行一体化管理

随着我国大型城市公共交通换乘枢纽的建立,为城市轨道交通与城市公共交通实行一体化管理创造了条件。如北京的西直门、四惠、东直门,上海的新客站、上海南站,广州火车站和广州东站等,在这些大型公交枢纽站上,有多条城市轨道交通线路汇聚,地铁、国铁、机场快速铁路、公共电气车、出租车等形成了立体公交网络,为乘客的零距离换乘创造了条件。

为了有效地利用这些资源与方便乘客的乘车，有必要对城市轨道交通、市郊铁路、地面公交车、通往机场的快速铁路，建立起一体化的管理机构和统一的管理机制。如统一运行图(时刻表)、统一票价制、无缝衔接。可以参考欧美国家，由城市交通管理部门牵头组织。

(5)城市轨道交通票务管理规模将扩大，管理层次将增加

多线形成线网后，由于各线管理体制不同，所属公司不一，线路票价存在差异，届时将会增加线路间的票款核算问题。因此，票务管理的内容和管理层次有所增加，管理规模有所扩大，将由现行的车站、线路二级管理统一结算，变为车站、线路、市级联运公司的多级管理，分别结算。这样，从管理内容而言，将增加公司间的财务清算、联运公司的票款收入、运营指标的计算、统计、年度财务核算、经济评价等管理内容。

(6)城市轨道交通站务管理向综合化、集成化、智能化方向发展

现行地铁站务管理主要表现在客流组织上，当一些运量较为繁忙的地铁线路或多线运营或成网运营后，随着列车密度的增加和客流的增多，行车指挥趋于复杂化，站务管理将会把所有设备，包括防灾报警系统以及由电梯、空调、通风、供水、排水等设备组成的环控系统、电力监控系统一起构成车站综合监控系统，对所有设备进行集中监控，实现综合自动化，以提高设备的安全性、可靠性、稳定性。

一些城市的地铁线路正在努力追赶先进管理水平，形成了包括车站所有监控设备、自动售检票系统、通信、信号设施、信息化服务设施等更为综合的监控系统，以代替车站设备监控系统。已经开通使用的新加坡地铁东北线，其列车综合监控系统目前处于世界最高水平，改进系统集成了列车自动控制系统和列车自动保护系统、设备监控系统等，总共有500多个电脑监控系统来操作。在这一监控系统的支持下，新加坡地铁成为世界上实现了智能型自动化操作运行的地铁线路之一。

管理的智能化、集成化也是城市轨道交通的发展趋势，智能化技术如今在交通运输的技术装备、运营管理上都有所应用，且发展很快。它也一定能在城市轨道交通运输中得到广泛运用。城市轨道交通智能化系统包括综合监控系统、乘客咨询系统、综合安防系统、通信系统、自动售检票系统和信号系统。

重点与难点

重点：(1)城市轨道交通运营概述；(2)城市轨道交通系统的运营特性；(3)国内外运营管理模式及其性质及特点；(4)中国城市轨道交通运营管理的发展趋势。

难点：(1)分析城市轨道交通发展的三个阶段各自的特点，及其发展变化；(2)城市轨道交通系统的组成及分类；(3)城市轨道交通运营功能分类，及运营系统的特性。

思考与练习

1.简述国内外城市轨道交通发展态势。
2.世界轨道交通运营管理模式分为哪几种？
3.我国常见的轨道交通有哪几种形式？各自特点是什么？
4.我国中小城市对轨道交通形式选择上应注意哪些事项？

第二篇
运作篇

第 2 章

城市轨道交通运输计划

　　运输计划是轨道交通系统日常运输组织的基础。从社会服务效益看，轨道交通系统应充分发挥运量大和服务有规律的特点，安全、迅速、正点和舒适地运送乘客。从企业经济效益看，轨道交通系统的运营应实现高效率和低成本，达到这些目标，轨道交通系统的运输组织必须以运输计划作为基础，即根据客流的特点，合理编制运输计划、组织列车运行、实现按运输计划运营。

　　轨道交通运输计划主要包括客流计划、全日行车计划、车辆配备计划和列车交路计划等内容。运输计划在保证城市轨道交通运营各部门相互配合、协调运作上发挥着重要的作用。

2.1　客流计划

2.1.1　客流计划的定义及其变化特征

　　客流指城市轨道交通运营线路上旅客在固定方向上的数量之和，因为类似于水流，所以称之为客流。客流既有数量上的、也有方向上的差别。

　　客流计划：运营部门需要了解未来一定时期内客流的情况，因此需要对客流作出相应的规划，这个规划就是我们常提到的客流计划。客流计划是运输计划编制阶段对轨道交通线路客流的规划，是全日行车计划、车辆配备计划和列车交路计划编制的基础。客流计划的编制一般分为新运营线路和既有线路两种情况：对新投入运营的线路，客流计划根据客流预测资料进行编制；既有运营线路的客流计划根据客流调查资料和客流预测资料进行编制。

　　客流的变化主要体现在空间分布和时间分布的变化：

①一日内各小时的客流变化。

②一周内每日客流的变化。

③季节性或短期性客流的变化。

④各条线路客流的不均衡。

⑤各个方向客流的不均衡。

⑥各个断面客流的不均衡。

⑦各车站乘降人数的不均衡。

2.1.2　客流计划的主要内容

　　客流计划是对未来客流情况的一种规划，它是编制运输计划的基础。对未投入运营的城市轨道交通来说,客流计划的编制需要非常复杂的预测才能够得出误差较小的客流量。在已运营一段时间的线路上,客流计划的编制需要每天详细的运营数据作为参考得出未来的客流量。客流计划的主要内容为各站到发客流量、各站分方向发送人数、全日分时段断面客流分布和全日高峰小时断面客流分布。

为满足广大市民的出行需求以及经济有效、有条不紊地使用运营设备和组织安排运输任务,编制客流计划十分必要。

1. 沿线各站到发客流量

沿线各站到发客流量可以通过统计各站的到发客流量,整理成 OD 矩阵的形式表现出来,并且这为其他客流计划的内容奠定了数据基础。表 2-1 是一个五站间的 OD 矩阵。

表 2-1　五站间的 OD 表(人)

始发\到达	A	B	C	D	E
A	—	3260	22000	1980	1950
B	2100	—	21900	2330	6530
C	5800	4900	—	3220	4600
D	5420	4100	3200	—	4390
E	1200	4320	7860	3420	—

2. 各站分方向上、下车人数

根据表 2-1 可以统计各站上、下车人数。计算方法十分简单,在表 2-1 的上三角形或下三角形中的每列之和为下车人数,每行之和为上车人数。方向的确定还要看当地的运营部门的具体规定。各区间断面客流量如表 2-2 所示。

表 2-2　各区间断面客流量

下行上车人数(人)	下行下车人数(人)	站名	上行上车人数(人)	上行下车人数(人)
29190	0	A	0	14520
30760	3260	B	2100	13320
7820	43900	C	10700	11060
4390	7530	D	9520	3420
0	17470	E	13380	0

3. 全日、高峰小时、低峰小时断面客流量

断面客流量的计算公式为

$$P_{i+1} = P_i - P_x + P_s \tag{2-1}$$

式中:P_{i+1} 为第 $i+1$ 个断面客流量;P_i 为第 i 个断面客流量;P_x 为在车站下车人数;P_s 为在车站上车人数。

比如计算 A—B 区间下行方向断面客流,根据公式(2-1)需知道 A—B 之前的区间的断面客流量和在 A 站上车、下车的人数。

下行：$P_{A—B} = 0 - P_{Ax} + P_{As} = 0 - 0 + 29190 = 29190$。断面客流也可用表 2 - 3 表示，高峰小时的断面客流可以通过高峰小时的 OD 矩阵来推算。北京地铁 2 号线模拟断面客流分布图如图 2 - 1 所示。

表 2 - 3　各区间断面客流量

上行（人）	区间	下行（人）
14520	A—B	29190
25740	B—C	56690
26100	C—D	20610
16800	D—E	17470

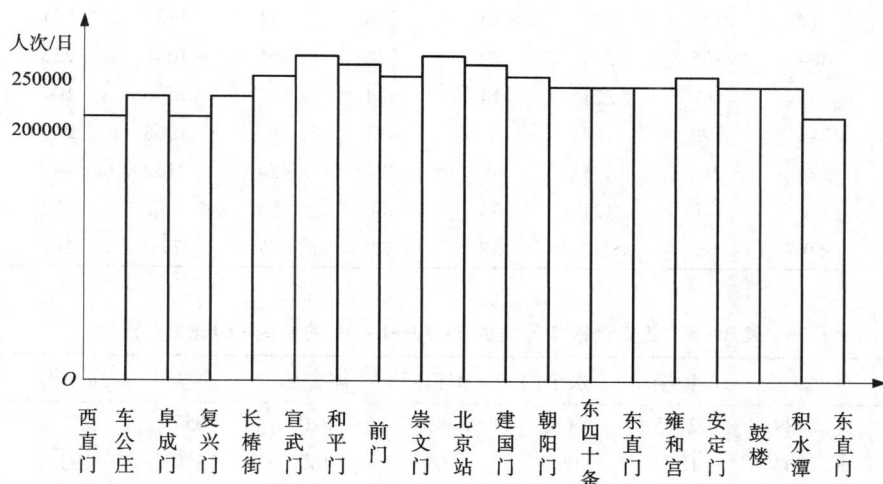

图 2 - 1　北京地铁 2 号线模拟断面客流分布图

4. 全日分时段最大断面客流

城市轨道交通的各站间客流 OD 表示计算全日分时段最大断面客流量的基础数据。根据表中的数据先做出各站分方向别发送人数，根据此表，做出各断面的客流分布，从中搜索出客流量最大的断面即可。

2.1.3　客流计划编制实例

客流计划可以分为四种情况，即工作日、周休息日、节假日和突发事件的客流计划。

1. 工作日客流计划

本节采用西安地铁 2 号线 10 个工作日的模拟客流数据，用平均趋势外推法预测未来一个星期中每一天的客流量，以预测日客流数据进行客流计划的编制，下面是具体的客流计划。

表 2 - 4、表 2 - 5 是西安地铁 2 号线上预测的 7：30—8：30 之间的站间 OD 表。

表 2 - 4　西安地铁 2 号线的 7：30—8：30 的站间 OD 表(人)

O\D	北客站	北苑	运动公园	行政中心	凤城五路	市图书馆	大明宫西	龙首原	安远门
北客站	0	23	62	7	123	201	1346	347	199
北苑	21	0	55	4	112	165	985	243	201
运动公园	54	32	0	5	98	90	89	86	43
行政中心	4	15	2	0	11	4	65	98	86
凤城五路	21	45	44	2	0	86	482	66	57
市图书馆	196	62	128	12	15	0	348	93	512
大明宫西	2906	96	509	29	314	239	0	6	82
龙首原	415	125	142	56	235	111	5	0	2
安远门	893	29	332	38	450	125	56	128	0
北大街	685	26	294	18	483	172	568	123	18
钟楼	519	143	96	35	378	211	1120	501	3
永宁门	684	185	564	10	328	156	1648	235	564
南稍门	752	23	221	14	424	301	1506	104	421
体育场	244	122	124	1	414	587	1368	247	564
小寨	891	215	471	4	294	454	2132	447	214
纬一街	68	47	421	74	89	295	453	127	239
会展中心	59	86	86	58	77	457	771	161	19

表 2 - 5　西安地铁 2 号线的 7：30—8：30 的站间 OD 表(人)

O\D	北大街	钟楼	永宁门	南稍门	体育场	小寨	纬一街	会展中心
北客站	2489	2105	652	89	620	1654	232	11
北苑	1503	1803	268	65	439	1510	191	6
运动公园	2100	1521	519	34	789	1218	256	7
行政中心	650	1023	59	21	159	1143	56	3
凤城五路	576	1935	98	77	362	1689	218	8
市图书馆	804	1764	265	55	736	1246	365	23
大明宫西	2321	1639	547	71	419	1234	316	9
龙首原	694	1106	356	101	523	928	333	8
安远门	713	1054	225	86	842	1536	145	17
北大街	0	1713	452	210	105	1348	392	21
钟楼	45	0	1124	53	210	1361	329	10
永宁门	1642	3021	0	53	213	1427	102	2
南稍门	1530	1600	632	0	327	1741	165	39
体育场	2655	1752	295	55	0	89	125	3
小寨	1840	1270	427	61	32	0	45	1
纬一街	1436	966	447	46	78	189	0	1
会展中心	32	61	78	98	75	983	21	0

（1）沿线各站到发客流量

西安地铁 2 号线的 7：30—8：30 沿线各站到发量如表 2 – 6 所示。

表 2 – 6　西安地铁 2 号线的 7：30—8：30 沿线各站到发量

出发人数（人）	站名	到达人数（人）
10160	北客站	8353
7571	北苑	1188
6941	运动公园	3465
3399	行政中心	309
5766	凤城五路	3768
6624	市图书馆	3197
10737	大明宫西	12171
5140	龙首原	2851
6669	安远门	3205
6628	北大街	20998
6138	钟楼	24272
10834	永宁门	6366
9800	南稍门	1077
8645	体育场	5854
8798	小寨	18313
4976	纬一街	3270
3122	会展中心	169

（2）各站分方向别发送人数

西安地铁 2 号线的 7：30—8：30 各站分方向别发送人数如表 2 – 7 所示。

表 2 – 7　西安地铁 2 号线的 7：30—8：30 各站分方向别发送人数

上行上车人数（人）	上行下车人数（人）	站名	下行上车人数（人）	下行下车人数（人）
0	8353	北客站	10160	0
21	1165	北苑	7550	23
86	3348	运动公园	6855	117
21	293	行政中心	3378	16
112	3424	凤城五路	5654	344
413	3108	市图书馆	6211	546
4093	9627	大明宫西	6644	3315
1089	2073	龙首原	4051	939
2051	2042	安远门	4618	1182
2387	9180	北大街	4241	11850
3051	8670	钟楼	3087	15663
9037	1879	永宁门	1797	4565
7528	260	南稍门	2272	915
8428	185	体育场	217	5744
8752	1172	小寨	46	18124
4975	21	纬一街	1	3249
3122	0	会展中心	0	169

（3）全日分时段断面客流分布

以安远门—北大街断面为例，来计算该断面的全日分时段断面客流分布。其他断面的全日分时段断面客流分布与安远门—北大街断面的计算方法一样，就不一一列出。

整理基础数据，得到如表 2－8 和表 2－9 的安远门—北大街断面的全日分时段断面客流分布比例表，该比例为研究时段断面客流量与高峰小时(7：30—8：30)客流量的比。

表 2－8　下行安远门—北大街断面的全日分时段断面客流分布比例表

时段	比例	时段	比例
6：30—7：30	0.42	15：30—16：30	0.65
7：30—8：30	1	16：30—17：30	0.69
8：30—9：30	0.74	17：30—18：30	0.84
9：30—10：30	0.49	18：30—19：30	0.54
10：30—11：30	0.52	19：30—20：30	0.38
11：30—12：30	0.64	20：30—21：30	0.25
12：30—13：30	0.59	21：30—22：30	0.18
13：30—14：30	0.57	22：30—23：30	0.13
14：30—15：30	0.63		

表 2－9　上行安远门—北大街断面的全日分时段断面客流分布比例表

时段	比例	时段	比例
6：30—7：30	0.39	15：30—16：30	0.61
7：30—8：30	1	16：30—17：30	0.62
8：30—9：30	0.70	17：30—18：30	0.87
9：30—10：30	0.46	18：30—19：30	0.49
10：30—11：30	0.55	19：30—20：30	0.31
11：30—12：30	0.60	20：30—21：30	0.28
12：30—13：30	0.48	21：30—22：30	0.15
13：30—14：30	0.52	22：30—23：30	0.13
14：30—15：30	0.57		

（4）全日分时段最大断面客流

计算全日分时段最大断面客流，首先应将每个断面的全日分时段断面客流算出，再将每一个时段所有断面的客流量进行比较，选出这个时段中断面客流量最大的客流量作为该时段的最大断面客流，这样就可以得到全日分时段最大断面客流，如表 2－10 所示。

2.周休息日客流计划

本节采用西安地铁 2 号线 10 个周休息日的模拟客流数据，同样用平均趋势外推法预测未来一个星期中每个周休息日的客流数据，以预测好的客流数据进行客流计划的编制。下面是具体的客流计划。

表 2-10　西安地铁 2 号线全日分时段最大断面客流分布

上行(人)	时段	下行(人)	上行(人)	时段	下行(人)
5748	6：30—7：30	9282	21460	15：30—16：30	25766
38321	7：30—8：30	48639	19927	16：30—17：30	23054
26441	8：30—9：30	34354	32573	17：30—18：30	40231
25675	9：30—10：30	30738	24142	18：30—19：30	31190
22993	10：30—11：30	28930	19161	19：30—20：30	24410
22226	11：30—12：30	25766	14562	20：30—21：30	15369
14945	12：30—13：30	16002	9197	21：30—22：30	11753
14179	13：30—14：30	17629	4665	22：30—23：30	8137
18777	14：30—15：30	21697			

表 2-11、表 2-12 是西安地铁 2 号线预测出的周休息日 8：30—9：30 的站间 OD 表。

表 2-11　西安地铁 2 号线周休息日 8：30—9：30 的站间 OD 表(人)

O\D	北客站	北苑	运动公园	行政中心	凤城五路	市图书馆	大明宫西	龙首原	安远门
北客站	0	26	80	4	129	219	1376	369	223
北苑	29	0	75	2	110	188	1002	273	219
运动公园	61	43	0	3	95	107	117	106	56
行政中心	9	10	8	0	13	9	11	121	104
凤城五路	27	36	62	1	0	100	498	89	70
市图书馆	210	60	140	9	12	0	362	117	531
大明宫西	2967	81	528	21	319	240	0	19	93
龙首原	460	132	160	49	243	125	17	0	7
安远门	935	40	351	32	439	140	80	145	0
北大街	706	21	315	11	490	190	587	160	34
钟楼	540	162	110	28	371	231	1145	557	9
永宁门	710	171	586	6	332	172	1680	262	585
南稍门	770	16	248	11	420	321	1589	128	460
体育场	260	101	145	1	427	598	1406	274	589
小寨	921	228	490	3	288	470	2190	478	247
纬一街	80	40	452	61	99	300	492	146	266
会展中心	78	91	95	40	71	450	815	193	36

表 2 - 12　西安地铁 2 号线周休息日 8：30—9：30 的站间 OD 表（人）

O\D	北大街	钟楼	永宁门	南稍门	体育场	小寨	纬一街	会展中心
北客站	2531	2201	667	79	643	1681	243	16
北苑	1552	1889	279	58	461	1501	180	4
运动公园	2157	1612	510	45	803	1233	238	12
行政中心	662	1118	45	29	142	1167	63	2
凤城五路	597	2015	88	68	380	1705	201	13
市图书馆	835	1839	273	50	721	1224	387	18
大明宫西	2369	1736	562	63	431	1250	339	17
龙首原	730	1197	338	123	509	941	319	5
安远门	748	1148	242	74	834	1542	126	13
北大街	0	1796	476	229	117	1321	410	30
钟楼	56	0	1103	57	229	1339	324	7
永宁门	1689	3237	0	61	199	1413	126	5
南稍门	1580	1689	649	0	336	1765	138	49
体育场	2723	1862	276	49	0	81	107	10
小寨	1890	1380	450	53	42	0	60	1
纬一街	1487	1125	436	40	73	170	0	5
会展中心	51	97	73	116	69	102	17	0

（1）沿线各站到发客流量

西安地铁 2 号线周休息日 8：30—9：30 沿线各站到发量如表 2 - 13 所示。

表 2 - 13　西安地铁 2 号线周休息日 8：30—9：30 沿线各站到发量

出发人数（人）	站名	到达人数（人）
10487	北客站	8763
7822	北苑	1258
7198	运动公园	3845
3513	行政中心	282
5950	凤城五路	3858
6788	市图书馆	3860
11035	大明宫西	13367
5355	龙首原	3437
6889	安远门	3529
6893	北大街	21657
6268	钟楼	25941
11234	永宁门	6467
10169	南稍门	1194
8909	体育场	5989
9191	小寨	18435
5272	纬一街	3278
2394	会展中心	207

（2）各站分方向别发送人数

西安地铁 2 号线休息日 8：30—9：30 沿线各站到发量如表 2 - 14 所示。

表 2 - 14　西安地铁 2 号线休息日 8：30—9：30 沿线各站到发量

上行上车人数（人）	上行下车人数（人）	站名	下行上车人数（人）	下行下车人数（人）
0	8763	北客站	10487	0
29	1232	北苑	7793	26
104	3690	运动公园	7094	155
27	273	行政中心	3486	9
126	3511	凤城五路	5824	347
431	3237	市图书馆	6357	623
4156	10001	大明宫西	6879	3366
1186	2343	龙首原	4169	1094
2162	2226	安远门	4727	1303
2514	9476	北大街	3059	12181
3209	9390	钟楼	4379	16551
9430	1884	永宁门	1804	4583
7881	258	南稍门	2288	936
8711	184	体育场	198	5805
9130	272	小寨	61	18163
5267	17	纬一街	5	3261
2394	0	会展中心	0	207

（3）全日分时段断面客流分布

以安远门—北大街断面为例，来计算该断面的全日分时段断面客流分布。其他断面的全日分时段断面客流分布与安远门—北大街断面的计算方法一样，就不一一写出。

通过对基础数据的整理，得到如表 2 - 15 和表 2 - 16 所示的安远门—北大街断面的全日分时段断面客流分布比例表。

表 2 - 15　下行安远门—北大街断面周休息日全日分时段断面客流分布比例表

时段	比例	时段	比例
6：30—7：30	0.35	15：30—16：30	0.67
7：30—8：30	0.58	16：30—17：30	0.70
8：30—9：30	1	17：30—18：30	0.71
9：30—10：30	0.52	18：30—19：30	0.85
10：30—11：30	0.61	19：30—20：30	0.40
11：30—12：30	0.69	20：30—21：30	0.29
12：30—13：30	0.60	21：30—22：30	0.28
13：30—14：30	0.55	22：30—23：30	0.19
14：30—15：30	0.59		

表 2 – 16　上行安远门—北大街周休息日断面全日分时段断面客流分布比例表

时段	比例	时段	比例
6：30—7：30	0.33	15：30—16：30	0.62
7：30—8：30	0.57	16：30—17：30	0.67
8：30—9：30	1	17：30—18：30	0.69
9：30—10：30	0.59	18：30—19：30	0.87
10：30—11：30	0.53	19：30—20：30	0.35
11：30—12：30	0.64	20：30—21：30	0.34
12：30—13：30	0.69	21：30—22：30	0.26
13：30—14：30	0.48	22：30—23：30	0.17
14：30—15：30	0.52		

（4）全日分时段最大断面客流

计算全日分时段最大断面客流，首先应将每个断面的全日分时段断面客流按如上所示方法做出，再将每一个时段的所有断面的客流量进行比较，选出这个时段中断面客流量最大的客流量作为该时段的最大断面客流，这样就可以得到全日分时段最大断面客流，如表 2 – 17 所示。

表 2 – 17　西安地铁 2 号线周休息日全日分时段最大断面客流分布

上行（人）	时段	下行（人）	上行（人）	时段	下行（人）
8504	6：30—7：30	13569	21462	15：30—16：30	27443
27594	7：30—8：30	28074	19951	16：30—17：30	29010
38325	8：30—9：30	49893	32576	17：30—18：30	32285
25678	9：30—10：30	25700	29108	18：30—19：30	41175
22995	10：30—11：30	26202	19929	19：30—20：30	20473
21462	11：30—12：30	29478	12647	20：30—21：30	14973
15272	12：30—13：30	21991	9581	21：30—22：30	7620
15372	13：30—14：30	20120	4216	22：30—23：30	6534
22240	14：30—15：30	29478			

3. 节假日客流计划

本节采用西安地铁 2 号线往年 4 个十月一日的客流数据，用平均趋势外推法预测预测年 10 月 1 日的客流数据，以预测好的客流数据进行客流计划的编制，下面是具体的客流计划。

表 2 – 18、表 2 – 19 是西安地铁 2 号线预测的预测年 10 月 1 日 8：30—9：30 时间段站间 OD 表。

表 2 – 18　西安地铁 2 号线预测年 10 月 1 日 8：30—9：30 时间段站间 OD 表（人）

O\D	北客站	北苑	运动公园	行政中心	凤城五路	市图书馆	大明宫西	龙首原	安远门
北客站	0	33	80	9	136	221	1503	390	230
北苑	22	0	67	2	133	190	985	349	251
运动公园	53	33	0	8	92	92	62	110	60
行政中心	2	15	6	0	13	2	65	130	102
凤城五路	29	49	71	0	0	81	489	70	76
市图书馆	126	62	188	12	10	0	398	130	590
大明宫西	2999	110	680	21	314	232	0	13	112
龙首原	515	125	177	66	236	141	5	0	3
安远门	810	32	412	39	450	129	56	149	0
北大街	685	20	510	18	423	190	560	176	30
钟楼	599	143	128	35	378	211	1320	550	5
永宁门	684	145	730	13	329	158	1648	279	589
南稍门	702	22	370	14	424	324	1588	151	508
体育场	300	141	192	6	414	587	1368	260	621
小寨	891	215	601	4	264	450	2132	490	270
纬一街	91	49	599	70	70	315	488	178	302
会展中心	62	81	103	52	72	478	791	189	38

表 2 – 19　西安地铁 2 号线预测年 10 月 1 日 8：30—9：30 时间段站间 OD 表（人）

O\D	北大街	钟楼	永宁门	南稍门	体育场	小寨	纬一街	会展中心
北客站	3109	2691	678	83	632	1688	301	13
北苑	1943	2297	298	75	501	1600	182	7
运动公园	2709	1895	607	39	748	1211	270	5
行政中心	799	1693	88	22	170	1109	61	2
凤城五路	783	2285	125	72	342	1766	229	11
市图书馆	1192	1999	289	54	736	1246	372	23
大明宫西	2783	2193	599	77	410	1234	330	9
龙首原	879	1774	437	112	540	908	313	10
安远门	956	1632	279	89	832	1522	142	13
北大街	0	2188	552	220	105	1240	392	24
钟楼	70	0	1564	66	223	1261	349	12
永宁门	1806	3860	0	53	211	1427	123	1
南稍门	1799	1893	732	0	340	1733	169	36
体育场	3088	2115	420	58	0	99	129	6
小寨	2147	1698	499	61	31	0	45	3
纬一街	1779	1100	486	51	83	219	0	2
会展中心	51	79	102	92	84	963	27	0

(1)沿线各站到发客流量

西安地铁 2 号线 10 月 1 日 8：30—9：30 时间段沿线各站到发量见表 2 - 20。

表 2 - 20　西安地铁 2 号线预测年 10 月 1 日 8：30—9：30 时间段沿线各站到发量

出发人数(人)	站名	到达人数(人)
8570	北客站	11797
1275	北苑	8902
4914	运动公园	7994
369	行政中心	4279
3758	凤城五路	6478
3801	市图书馆	7427
13458	大明宫西	12116
3614	龙首原	6241
3787	安远门	7542
25893	北大街	7333
31392	钟楼	6914
7755	永宁门	12056
1224	南稍门	10805
5988	体育场	9804
19226	小寨	9801
3434	纬一街	5882
177	会展中心	3264

(2)各站分方向别发送人数

西安地铁 2 号线 10 月 1 日 8：30—9：30 各站分方向别发送人数见表 2 - 21。

表 2 - 21　西安地铁 2 号线预测年 10 月 1 日 8：30—9：30 各站分方向别发送人数

上行上车人数(人)	上行下车人数(人)	站名	下行上车人数(人)	下行下车人数(人)
0	8570	北客站	11797	0
22	1242	北苑	8880	33
86	4767	运动公园	7906	147
23	350	行政中心	4256	19
149	3384	凤城五路	6329	374
398	3215	市图书馆	7029	586
4356	9956	大明宫西	7760	3502
1265	2422	龙首原	4976	1192
2077	2363	安远门	5465	1424
2612	10470	北大街	4721	15153
3439	10745	钟楼	3475	20647
10241	2239	永宁门	1815	5516
8527	262	南稍门	2278	962
9570	198	体育场	234	5790
9753	1182	小寨	48	18044
5880	27	纬一街	2	3407
3264	0	会展中心	0	177

（3）全日分时段断面客流分布

以安远门—北大街断面为例，来计算该断面的全日分时段断面客流分布。其他断面的全日分时段断面客流分布与安远门—北大街断面的计算方法一样，就不一一写出。

通过对基础数据的整理，得到如表 2 - 22 和表 2 - 23 所示的安远门—北大街断面的全日分时段断面客流分布比例表。

表 2 - 22　下行安远门—北大街断面 10 月 1 日全日分时段断面客流分布比例表

时段	比例	时段	比例
6：30—7：30	0.34	15：30—16：30	0.69
7：30—8：30	0.61	16：30—17：30	0.72
8：30—9：30	1	17：30—18：30	0.68
9：30—10：30	0.53	18：30—19：30	0.78
10：30—11：30	0.65	19：30—20：30	0.45
11：30—12：30	0.70	20：30—21：30	0.32
12：30—13：30	0.59	21：30—22：30	0.28
13：30—14：30	0.54	22：30—23：30	0.19
14：30—15：30	0.62		

表 2 - 23　上行行安远门—北大街断面的全日分时段断面客流分布比例表

时间	比例	时间	比例
6：30—7：30	0.32	15：30—16：30	0.65
7：30—8：30	0.54	16：30—17：30	0.67
8：30—9：30	1	17：30—18：30	0.69
9：30—10：30	0.59	18：30—19：30	0.74
10：30—11：30	0.51	19：30—20：30	0.56
11：30—12：30	0.61	20：30—21：30	0.35
12：30—13：30	0.63	21：30—22：30	0.26
13：30—14：30	0.48	22：30—23：30	0.17
14：30—15：30	0.52		

（4）全日分时段最大断面客流

计算全日分时段最大断面客流，首先应将每个断面的全日分时段断面客流按如上所示方法做出，再将每一个时段的所有断面的客流量进行比较，选出这个时段中断面客流量最大的客流量作为该时段的最大断面客流，这样就可以得到全日分时段最大断面客流，如表 2 - 24 所示。

表 2－24　西安地铁 2 号线 10 月 1 日全日分时段最大断面客流分布

上行（人）	时段	下行（人）	上行（人）	时段	下行（人）
10086	6：30—7：30	19109	24263	15：30—16：30	32535
31195	7：30—8：30	30256	22333	16：30—17：30	35033
43327	8：30—9：30	57121	36828	17：30—18：30	35564
29029	9：30—10：30	31317	32059	18：30—19：30	47241
25996	10：30—11：30	29725	22530	19：30—20：30	28099
24263	11：30—12：30	33440	14298	20：30—21：30	21168
17309	12：30—13：30	26009	10832	21：30—22：30	11710
21252	13：30—14：30	28132	4766	22：30—23：30	7431
24494	14：30—15：30	34502			

4. 未运营的地铁线的客流计划

　　未运营的地铁线没有客流基础数据，因此只能进行适当的预测，而与运营数据有关的预测方法都不适用于这种情况。必须根据当地的地理条件、经济发展水平以及人们平时出行的习惯等规律来预测客流量。四阶段客流预测方法是解决这种问题的有效途径。四阶段客流预测方法包括四个阶段：即交通量产生与吸引、交通分布、交通方式划分和交通流分配四个阶段。

　　我们以某市将要运营的地铁 X 号线为例，只考虑一条地铁线可以吸引多少客流量。

　　图 2－2 是该市的交通小区分布、公共交通线路分布图。

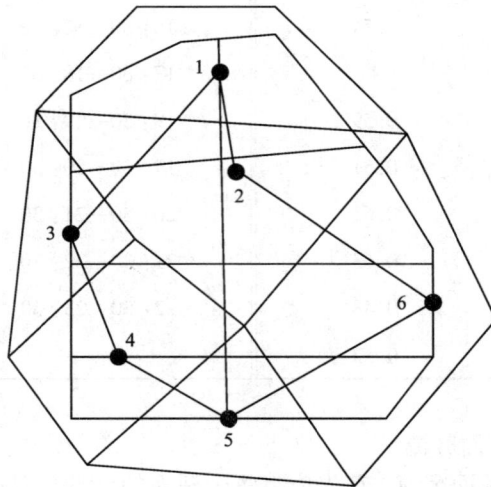

图 2－2　某市交通小区、公共交通线网分布图

（1）交通量产生与吸引

本节采用回归分析法，所用的影响因子有居民数、平均车辆拥有量、平均收入、就业岗位数和用地规模五个因素。这五个因素的数据采用 2008—2013 年 6 年的数据。所用模型如下所示：

$$P_i = b_0 + b_1 x_{i0} + b_2 x_{i1} + b_3 x_{i2} + b_4 x_{i3} + b_5 x_{i4} + \varepsilon_i \tag{2-2}$$

式中：P_i 为交通小区 i 的交通发生量或吸引量；$b_k (k = 1, 2, \cdots, 5)$ 为待定系数（偏回归系数）；$x_{ik} (k = 1, 2, \cdots, 4)$ 为交通小区 i 的第 k 个交通量影响因素；ε_i 为残差项，表示未考虑因素的综合效果。

已知预测好的 2014 年的各项影响因素的数据，如表 2-25 所示。

表 2-25　2014 年的各项影响因素的数据

	居民数（人）	平均收入（元/年）	平均车辆拥有量（辆/人）	就业岗位数	用地规模（km²）
1	1115369	73000	0.2	868508	116
2	2616895	99123	0.1	2468780	178
3	2151026	133589	0.4	2095057	125
4	2175401	128680	0.2	1667344	139
5	2243670	89489	0.3	1874892	178
6	1563698	271489	0.7	1385364	249

通过往年的数据以及预测好的数据，可以得到 2014 年各小区交通吸引量与发生量，如表 2-26 所示。

表 2-26　2014 年各小区的交通吸引量与出行量

小区编号	1	2	3	4	5	6
吸引量（人）	740282	2170675	1747080	1656521	2276405	1526241
发生量（人）	794892	1996648	1865882	1851495	1738743	1869545

（2）交通的分布

上一节已经预测出 2014 年各交通小区的交通发生量与吸引量，这时还需要 2013 年的现状客流 OD 表。此处就交通分布的方法采用佛尼斯法，计算出 2014 年预测的各小区间的客流 OD 表。

佛尼斯法的客流 OD 表计算过程如下：

Step1：令计算次数 $m = 0$。

Step2：给定现状 OD 表中 q_{ij}^m、O_i^m、D_j^m、T^m 及将来 OD 中的 U_i、V_j、X。

Step3：求出各小区的发生与吸引交通量的增长率 F_{oi}^m、F_{Di}^m。

$$f_{FN}^1 (F_{oi}^m、F_{Di}^m) = F_{oi}^m \tag{2-3}$$
$$f_{FN}^2 (F_{oi}^m、F_{Di}^m) = F_{Di}^m \tag{2-4}$$

Step4：求第 $m+1$ 次分布交通量的近似值 q_{ij}^{m+1}

$$q_{ij}^{m+1} = q_{ij}^m \cdot f(F_{oi}^m 、 F_{Di}^m) \tag{2-5}$$

Step5：收敛判别

$$O_i^{m+1} = \sum_i q_{ij}^{m+1} \tag{2-6}$$

$$D_i^{m+1} = \sum_i q_{ij}^{m+1} \tag{2-7}$$

$$1-\varepsilon < F_{oi}^{m+1} = \frac{U_i}{O_i^{m+1}} < 1+\varepsilon \tag{2-8}$$

$$1-\varepsilon < F_{Di}^{m+1} = \frac{V_j}{D_i^{m+1}} < 1+\varepsilon \tag{2-9}$$

式中：U_i 为将来 OD 表中的发生交通量；V_j 为将来 OD 表中的吸引交通量；X 为将来 OD 表中的生成交通量；F_{oi}^m 为 i 小区的第 m 次计算发生增长系数；F_{Di}^m 为 j 小区的第 m 次计算发生增长系数；ε 为任意给定的误差常数。

若满足要求，则迭代停止。否则，令 $m=m+1$，返回步骤 4 继续迭代。2013 年现状 OD 数据(见表 2-27)和最后预测结果(见表 2-28)。

表 2-27　2013 年现状客流 OD 表(人)

O\D	1	2	3	4	5	6	发生量
1	101565	253687	97524	82321	213123	37391	785611
2	108898	537894	312487	425687	321879	271925	1978770
3	101654	428954	397554	547548	115647	267587	1858944
4	96879	228797	225478	115648	354789	264055	1285646
5	111254	489877	354486	254898	131547	107502	1449564
6	210753	236445	352889	210707	413224	106027	1530045
吸引量	731003	2175654	1740418	1636809	1550209	1054487	8888580

表 2-28　2014 年客流 OD 表(人)

O\D	1	2	3	4	5	6	发生量
1	97180	197236	89784	83239	212850	58778	739067
2	113754	456560	314073	469914	350953	466667	2171922
3	90099	308929	339034	512859	106989	389646	1747555
4	112868	216593	252753	142384	431440	505412	1661450
5	176281	630714	540434	426814	217561	279846	2271650
6	204710	186616	329804	216285	418949	169197	1525561
吸引量	794892	1996648	1865882	1851495	1738743	1869545	10117205

（3）交通方式的划分

本节采用 Logit 模型解决交通方式的划分，先依据现状交通方式预测将来交通方式的划分，再通过抽样调查，统计分析出原有交通方式转移到城市轨道交通的转化率，最后得出未来各种交通方式的划分率。其模型如下所示：

$$p_{ij}^m = \frac{\exp\{V_{ij}^m\}}{\sum_k \exp\{V_{ij}^k\}} \qquad (2-10)$$

$$V_{ij}^m = \alpha \cdot t_{ij}^m + \beta c_{ij}^m + \gamma_m \qquad (2-11)$$

式中：p_{ij}^m 为第 m 种交通方式在 i 小区到 j 小区的分担率；V_{ij}^m 为第 m 种交通方式在 i 小区到 j 小区的效用函数；t_{ij}^m 为第 m 种交通方式在 i 小区到 j 小区的出行时间；c_{ij}^m 为第 m 种交通方式在 i 小区到 j 小区的出行费用；α 为第 m 种交通方式在 i 小区到 j 小区的出行时间的参数；β 为第 m 种交通方式在 i 小区到 j 小区的出行费用的参数；γ 为第 m 种交通方式在 i 小区到 j 小区相对于公共汽车的魅力度。

这里为举例方便，仅假设该市原来只有公共汽车和私人小汽车两种交通方式（如表 2-29 ～表 2-32 所示为 2013 年交通方式现状资料。）

表 2-29　2013 年公共汽车行驶时间和私人小汽车行驶时间（min）

t_{ij}^{bus}	1	2	3	4	5	6	t_{ij}^{car}	1	2	3	4	5	6
1	10	16	20	25	35	40	1	7	13	16	19	32	35
2	12	10	13	15	18	17	2	11	8	12	12	14	14
3	17	16	10	15	23	22	3	14	13	8	11	21	17
4	23	16	13	11	13	20	4	19	14	10	7	13	17
5	33	18	24	14	10	13	5	30	13	20	12	6	10
6	37	19	25	20	14	12	6	33	16	23	18	11	8

表 2-30　2013 年公共汽车行驶费用和私人小汽车行驶费用（min）

c_{ij}^{bus}	1	2	3	4	5	6	c_{ij}^{car}	1	2	3	4	5	6
1	1	2	2	3	3	2	1	10	19	20	28	29	17
2	2	1	2	2	2	2	2	19	9	16	19	20	20
3	2	2	1	2	3	4	3	20	16	8	18	30	40
4	3	2	2	1	2	3	4	28	19	18	9	20	30
5	3	2	3	2	1	2	5	29	20	30	20	10	20
6	2	2	4	3	2	1	6	17	20	40	30	20	11

表 2 − 31　　2013 年公共汽车交通方式划分率

p_{ij}^{bus}	1	2	3	4	5	6
1	0.671	0.665	0.615	0.636	0.598	0.578
2	0.651	0.612	0.605	0.614	0.603	0.589
3	0.659	0.639	0.667	0.678	0.657	0.654
4	0.698	0.646	0.638	0.599	0.671	0.664
5	0.668	0.658	0.675	0.702	0.615	0.637
6	0.636	0.691	0.664	0.654	0.674	0.618

表 2 − 32　　2013 年私人小汽车交通方式划分率

p_{ij}^{car}	1	2	3	4	5	6
1	0.329	0.335	0.385	0.364	0.402	0.422
2	0.349	0.388	0.395	0.386	0.397	0.411
3	0.341	0.361	0.333	0.322	0.343	0.346
4	0.302	0.354	0.362	0.401	0.329	0.336
5	0.332	0.342	0.325	0.298	0.385	0.363
6	0.364	0.309	0.336	0.346	0.326	0.382

　　经过调查两种交通方式的参数 α、β 的值基本一致，因此根据公式可得如下线性回归方程：

$$\ln\left(\frac{p_{ij}^{\mathrm{car}}}{p_{ij}^{\mathrm{bus}}}\right) = \alpha(t_{ij}^{\mathrm{car}} - t_{ij}^{\mathrm{bus}}) + \beta(c_{ij}^{\mathrm{car}} - c_{ij}^{\mathrm{bus}}) + \gamma \qquad (2-12)$$

　　将上述数据代入线性回归方程，并使用最小二乘法拟合参数 α、β 和 γ，得 $\alpha = -0.0259$，$\beta = -0.0063$，$\gamma = -0.5608$。

　　经过预测，将来的公共汽车和私人小汽车 2014 年的数据如表 2 − 33 和表 2 − 34 所示。

表 2 − 33　　2014 年公共汽车行驶时间和私人小汽车行驶时间(min)

t_{ij}^{bus}	1	2	3	4	5	6	t_{ij}^{car}	1	2	3	4	5	6
1	10	15	20	25	35	40	1	6	13	16	19	32	35
2	11	10	13	16	18	17	2	12	8	11	13	14	15
3	15	16	9	15	23	21	3	13	13	8	11	20	17
4	23	16	13	10	13	20	4	18	14	8	7	12	15
5	33	18	20	14	11	12	5	28	13	18	12	6	12
6	36	19	25	20	14	12	6	32	15	23	18	13	8

表 2 - 34　2014 年公共汽车行驶费用和私人小汽车行驶费用(min)

c_{ij}^{bus}	1	2	3	4	5	6	c_{ij}^{car}	1	2	3	4	5	6
1	1	2	2	3	3	2	1	10	18	19	28	29	17
2	2	1	2	2	2	2	2	18	9	15	19	20	20
3	2	2	1	2	3	4	3	19	15	8	18	30	40
4	3	2	2	1	2	3	4	28	19	18	9	21	30
5	3	2	3	2	1	2	5	29	20	30	21	10	20
6	2	2	4	3	2	1	6	17	20	40	30	20	11

将数据代入 Logit 模型得出公共汽车和私人小汽车的划分率,如表 2 - 35 和表 2 - 36 所示。

表 2 - 35　2014 年公共汽车交通方式划分率

p_{ij}^{bus}	1	2	3	4	5	6
1	0.626	0.648	0.637	0.637	0.656	0.629
2	0.665	0.636	0.644	0.643	0.639	0.651
3	0.649	0.638	0.641	0.636	0.658	0.665
4	0.643	0.649	0.630	0.630	0.658	0.646
5	0.645	0.633	0.664	0.652	0.620	0.662
6	0.635	0.639	0.676	0.664	0.657	0.627

表 2 - 36　2014 年私人小汽车交通方式划分率

p_{ij}^{bus}	1	2	3	4	5	6
1	0.374	0.352	0.363	0.363	0.344	0.371
2	0.335	0.364	0.356	0.357	0.361	0.349
3	0.351	0.362	0.359	0.364	0.342	0.335
4	0.357	0.351	0.370	0.370	0.342	0.354
5	0.355	0.367	0.336	0.348	0.380	0.338
6	0.365	0.361	0.324	0.336	0.343	0.373

经过大量的调查问卷以及统计分析,可以得出公共汽车对城市轨道交通的转移率为 50%,私人小汽车对城市轨道交通的转移率为 12.6%。那么将来的交通方式划分率如表 2 - 37,表 2 - 38,表 2 - 39 所示。

表 2 – 37   2014 年地铁最终交通方式划分率

p_{ij}^{metro}	1	2	3	4	5	6
1	0.36	0.368	0.364	0.364	0.371	0.361
2	0.374	0.364	0.367	0.366	0.364	0.369
3	0.368	0.365	0.365	0.364	0.372	0.374
4	0.366	0.368	0.362	0.362	0.372	0.368
5	0.367	0.362	0.374	0.37	0.358	0.374
6	0.363	0.364	0.379	0.374	0.371	0.36

表 2 – 38   2014 年公共汽车最终交通方式划分率

p_{ij}^{bus}	1	2	3	4	5	6
1	0.313	0.324	0.319	0.319	0.328	0.315
2	0.333	0.318	0.322	0.322	0.320	0.326
3	0.325	0.319	0.321	0.318	0.329	0.333
4	0.322	0.325	0.315	0.315	0.329	0.323
5	0.323	0.317	0.332	0.326	0.310	0.331
6	0.318	0.320	0.338	0.332	0.329	0.314

表 2 – 39   2014 年小汽车最终交通方式划分率

p_{ij}^{car}	1	2	3	4	5	6
1	0.327	0.308	0.317	0.317	0.301	0.324
2	0.293	0.318	0.311	0.312	0.316	0.305
3	0.307	0.316	0.314	0.318	0.299	0.293
4	0.312	0.307	0.323	0.323	0.299	0.309
5	0.310	0.321	0.294	0.304	0.332	0.295
6	0.319	0.316	0.283	0.294	0.300	0.326

4. 交通流的分配

因为本节的例子比较特殊，轨道交通只在未来开一条线，而且每个交通小区只有一个站，并且前几节预测出了每个小区的交通发生与吸引量以及城市轨道交通的划分率，那么只要两者相乘就可以得到所需的城市轨道交通的全日站间客流 OD 表，如表 2 – 40 所示。

表 2 - 40　某市新建地铁线全日站间客流 OD 表(人)

O\D	A	B	C	D	E	F
A	0	72583	32681	30299	78967	21219
B	42658	0	115265	172458	128098	172200
C	33247	112450	0	186681	39800	146117
D	41423	79923	91497	0	160496	185992
E	64695	228949	202122	157921	0	104662
F	74310	68115	124996	80891	155849	0

经过统计现状高峰小时的各交通小区的客流 OD,并用以上所示的四阶段法可以预测出未来城市轨道交通高峰小时的客流站间 OD 表。如表 2 - 41 所示。

表 2 - 41　某市新建地铁线高峰小时站间客流 OD 表(人)

O\D	A	B	C	D	E	F
A	0	16694	7517	6969	18162	4880
B	9811	0	26511	39665	29463	39606
C	7647	25864	0	42937	9154	33607
D	9527	18382	21044	0	36914	42778
E	14880	52658	46488	36322	0	24072
F	17091	15666	28749	18605	35845	0

于是用前面介绍的客流计划编制的方法可以得到未来的客流计划。

(1)沿线各站到发客流量

某市新建地铁线 7:30—8:30 沿线各站到发客流量如表 2 - 42 所示。

表 2 - 42　某市新建地铁线 7:30—8:30 沿线各站到发客流量

出发人数(人)	站名	到达人数(人)
54222	A	58956
145056	B	129264
119209	C	130309
128645	D	144498
174420	E	129538
115956	F	144943

(2)各站分方向别发送人数

某市新建地铁线 7:30—8:30 各站分方向别发送人数如表 2 - 43 所示。

表 2 - 43　某市新建地铁线 7：30—8：30 各站分方向别发送人数

下行上车人数（人）	下行下车人数（人）	站名	上行上车人数（人）	上行下车人数（人）
54222	0	A	0	58956
135245	16694	B	9811	112570
85698	34028	C	33511	96281
79692	68056	D	48953	54927
24072	136112	E	150348	35845
0	272224	F	115956	0

（3）全日分时段断面客流分布

B - C 断面的全日分时段断面客流分布如表 2 - 44 所示。

表 2 - 44　B - C 断面的全日分时段断面客流分布

上行（人）	时段	下行（人）	上行（人）	时段	下行（人）
51749	6：30—7：30	58743	105115	15：30—16：30	119213
161715	7：30—8：30	172773	108349	16：30—17：30	124397
87326	8：30—9：30	105392	111583	17：30—18：30	117486
95412	9：30—10：30	91570	119669	18：30—19：30	134763
82475	10：30—11：30	112302	90560	19：30—20：30	77748
98646	11：30—12：30	120941	56600	20：30—21：30	55287
101880	12：30—13：30	101936	42046	21：30—22：30	48376
77623	13：30—14：30	93297	27492	22：30—23：30	32827
84092	14：30—15：30	107119			

（4）全日分时段最大断面客流

某市新建地铁线全日分时段最大断面客流如表 2 - 45 所示。

表 2 - 45　某市新建地铁线全日分时段最大断面客流

上行（人）	时段	下行（人）	上行（人）	时段	下行（人）
82965	6：30—7：30	84988	135971	15：30—16：30	139287
230459	7：30—8：30	236079	149798	16：30—17：30	153451
140580	8：30—9：30	139287	163626	17：30—18：30	167616
133666	9：30—10：30	136926	200499	18：30—19：30	205389
124448	10：30—11：30	127483	82965	19：30—20：30	84988
154408	11：30—12：30	158173	64529	20：30—21：30	66102
122143	12：30—13：30	125122	46092	21：30—22：30	47216
159017	13：30—14：30	162895	25350	22：30—23：30	25969
138275	14：30—15：30	141647			

2.2　全日行车计划

全日行车计划是在每天运营期间每个小时运行的列车对数计划。它规定了轨道交通线路的日常作业任务，是科学地组织运送乘客的办法，它的编制以客流计划数据为基础，为编制车辆配备、运用与检修计划、日常调整计划等做铺垫。

全日行车计划编制的基础是客流计划。全日行车计划是根据营业时间内各个小时的最大断面客流量、列车定员人数、车辆满载率和希望达到的服务水平综合考虑进行编制的。

2.2.1　全日行车计划编制资料

1. 营业时间

城市轨道交通系统营业时间的安排主要考虑了两个因素：一是考虑乘客的出行特征，方便旅客进行各种日常活动。二是考虑各项设备需要维护，必须留出适当的时间进行检修。

2. 全日分时段最大断面客流量

站间 OD 客流数据是计算最大断面客流量的原始资料，根据站间 OD 客流数据首先计算出多站上、下车人数，然后计算出断面客流量，最后得到最大断面客流量。

3. 列车定员数

列车定员数是列车编组辆数和车辆定员数的乘积。列车编组辆数的确定以高峰小时最大断面客流量作为基本依据。

在客流量非常大时，为了解决乘客拥挤问题，除了可以采用提高行车密度外，还可以在条件允许的情况下加挂车辆提高列车定员数。然而在车流密度已经很大时，为了适应客流的增加，通常采用后者。

不同车型有着不同的体积和内饰布置，是决定各类型车辆定员的因素。因此购置什么样的车型也成为决定列车定员的一个必不可少的因素。

4. 线路断面满载率

线路断面满载率是指在单位时间内某个指定断面上列车搭载乘客的效率，在日常工作中，用来表示高峰小时或客流最大断面的线路断面满载率。计算公式如下：

$$\beta = \frac{P_{\max}}{C_{\max}} \tag{2-13}$$

式中：β 为线路断面满载率；$P_{\max}$ 为单向最大断面客流量（人）；$C_{\max}$ 为高峰小时线路输送能力（人）。

线路断面满载率不仅体现了最大客流量断面的载客效率，还体现了列车给乘客带来舒适的程度。

在实际工作中不仅要考虑乘客是否满意，还要考虑城市轨道交通运营的成本，为了经济有效地进行运输组织，可以采用在高峰小时适量地进行超载运输。

2.2.2　全日行车计划的编制程序

1. 计算营业时间内每小时应开列车数

计算公式：

$$n_i = \frac{P_{max}}{P_{列}\beta} \tag{2-14}$$

式中：n_i 为全日分时开行列车数（列或对）；$P_{列}$ 为列车定员数（人）。

2. 计算行车间隔时间

计算公式：

$$t_{间隔} = \frac{3600}{n_i} \tag{2-15}$$

式中：$t_{间隔}$ 为行车间隔时间（s）。

2.2.3　确定全日行车计划

通过上面所述的公式可以求出每个小时开行列车的对数，以及每辆列车的发车间隔，此时还应该再根据具体情况进行调整，避免客流的聚集。

如果一味地考虑运营成本，把发车间隔规定得太长，会使乘客焦躁不安，不愿意乘坐地铁，这样会造成地铁客流量的损失。因此在高峰小时，行车间隔一般不大于 7 min，其余时间段发车间隔最好不大于 10 min。

2.2.4　全日行车计划的实例

以西安地铁 2 号线的全日行车计划的编制为实例，展示全日行车计划的编制过程。

1. 计算全日分时段最大断面客流量

计算全日分时段最大断面客流量，应先根据每个时段的站间 OD 客流表，计算出每个断面的全日分时段客流分布，再通过比较每个时段中所有断面的客流量，确定出每个时段的单向最大客流量作为全日分时段最大断面客流量。如表 2-46 所示。

表 2-46　西安地铁 2 号线全日分时段最大断面客流量

时段	最大断面客流量（人）	时段	最大断面客流量（人）
6：30—7：30	9282	15：30—16：30	25766
7：30—8：30	48639	16：30—17：30	23054
8：30—9：30	34354	17：30—18：30	40231
9：30—10：30	30738	18：30—19：30	31190
10：30—11：30	28930	19：30—20：30	24410
11：30—12：30	25766	20：30—21：30	15369
12：30—13：30	16002	21：30—22：30	11753
13：30—14：30	17629	22：30—23：30	8137
14：30—15：30	21697		

2. 营业时间、列车定员、线路满载率的确定

西安地铁 2 号线的营业时间为 6：30—23：30，共 17 h。列车为 6 辆编组，车辆定员为

244 人。根据公式(2−13)计算出早、晚高峰线路满载率为 1.1，其他运营时间为 0.9。

3.全日行车计划的确定

根据全日分时段最大断面客流量、列车定员数与线路满载率，通过公式(2−14)计算分时段开行列车数，通过公式(2−15)计算出分时段行车间隔。同时还要注意调整非高峰时间过长的行车间隔，增加开行列车数，保持一定的服务水平。西安地铁 2 号线的全日行车计划如表 2−47 所示。

表 2−47　西安地铁 2 号线全日行车计划

时段	开行列车数	行车间隔
6：30—7：30	7	8min34s
7：30—8：30	30	2min
8：30—9：30	26	2min18s
9：30—10：30	23	2min37s
10：30—11：30	22	2min44s
11：30—12：30	20	3min
12：30—13：30	12	5min
13：30—14：30	13	4min37s
14：30—15：30	16	3min45s
15：30—16：30	20	3min
16：30—17：30	17	3min32s
17：30—18：30	25	2min24s
18：30—19：30	24	2min30s
19：30—20：30	19	3min9s
20：30—21：30	12	5min
21：30—22：30	9	6min40s
22：30—23：30	6	10min

2.3　车辆配备、运用与检修计划

为了完成乘客的运送任务，城市轨道交通系统必须保有一定数量的车辆。因此，需要制订车辆配备计划，车辆配备计划是为完成全日行车计划而制订的车辆保有数安排计划。

车辆配备、运用与检修计划指为完成全线全日行车计划所需要的车辆保有数量计划。车辆保有数量计划包括运用车数、在修车辆数和备用车辆数三部分。

2.3.1　车辆运用

城市轨道交通的技术非常复杂，属于系统工程的范畴，涉及的专业领域众多。合理、有效地组织这样一个庞大的联动系统，必须掌握好车辆运用的组织方法。车辆运用组织是按照运行图完成作业的任务。

列车运转流程包括列车出车、列车正线运行、列车回库收车及列车场内检修及整备作业。他们必须按照车辆运用部门发出的命令、配合完成各项任务。

1.列车出车

列车出车工作流程分为制订发车计划、出乘作业及发车作业三部分，从制订发车计划开始到列车发车作业结束。其中制订发车计划可分为编制下达发车计划、检修交车确认计划两个环节。出乘作业可细分为驾驶员出勤、出车前检查、列车出库三个环节。出车工作流程图如图 2－3所示。

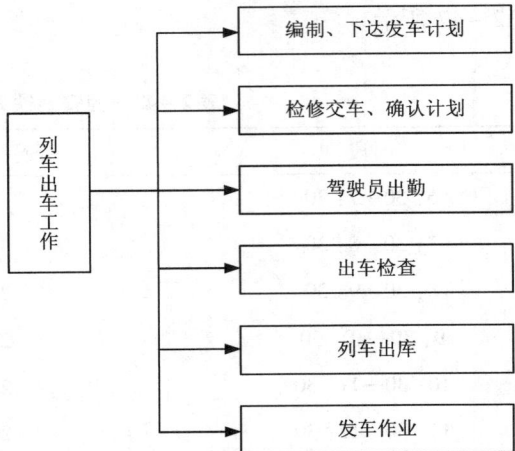

图 2－3　出车工作流程图

2.列车正线运行

列车正线运行主要由乘务员来完成。主要工作内容包括正线运行中的信息交流、正线交接班作业。

（1）正线运行中的信息流转

①正线列车或其他行车设备发生故障时，驾驶员应及时报告行车调度员故障车次、故障时间、故障现象及处理结果。

②行车调度员将故障车次、车号、故障情况及其他相关信息通报维修部门。

③驾驶员除汇报行车调度员有关故障信息外，还应将故障信息在报单上记录备案。

④对运营中列车因故障而导致下线，行车调度员应及时通知运转值班员。

（2）正线交接班有关规定

①驾驶员在正线交接班时应提前 20 min 至有关地点出勤，出勤方式按部门制订的相应规定执行。

②驾驶员在途中交接班时必须向接班人员说明列车的运行技术状态及有关行车注意事项，并填写在驾驶员报单上，内容包括制动性能、故障情况、线路情况、当前有效调度命令及执行情况、以及其他必须交接的情况。

3.列车收车工作

列车回库收车工作流程分为接车及回库作业，其中回库作业可分为列车入库、回库检查及收车、驾驶员退勤三个环节。如图 2－4所示。

2.3.2　列车保有数计划

为保障城市轨道交通系统正常的运营工作，城市轨道交通必须存储一些备用车辆。车辆

按现场运用上的区别，可以分为运用车、检修车和
备用车。

2.3.3　运用车辆数

为了保障城市轨道交通系统正常的运营、防止
因为意外事故而造成线路长时间的中断，需要储备
状态优秀的车辆，这些车被称为运用车。其数量需
要根据列车旅行速度、折返站停留时间以及高峰小
时开行对数等因素确定，并按如下公式计算：

$$N = \frac{n_{高峰}\theta_{列}m}{3600} \qquad (2-16)$$

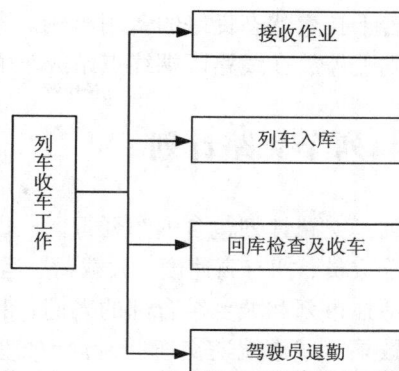

图 2-4　列车回库收车工作流程图

式中：N 为运用车辆数（辆）；$n_{高峰}$ 为高峰小时开行列车数（对）；$\theta_{列}$ 为列车周转时间（s）；m 为
列车编组辆数（辆）。

列车周转时间是列车在线路上往返一次所需要的全部时间。它不仅包括列车在中间站停
车供乘客乘降、折返站进行折返作业时间，还包括列车在区间运行的全过程所需要的时间。

$$\theta_{列} = \sum t_{运} + \sum t_{站} + \sum t_{折停} \qquad (2-17)$$

式中：$\sum t_{运}$ 为列车在线路上往返一次各区间运行时间的和（s）；$\sum t_{站}$ 为列车在线路上往返
一次各中间站停站时间的和（s）；$\sum t_{折停}$ 为列车在折返站停留时间的和（s）。

当列车在折返站的出发间隔时间大于高峰小时的行车间隔时间时，必须在折返线上预先
布置一列列车用于周转，因此运用车的数量也要相应增加。

2.3.4　检修车辆数

检修车是指处于定期检修状态的车辆。车辆的定期检修是一项有计划的预防性维修制
度。车辆经过一段时间的运用后，各部件会产生磨耗、变形或损坏，为保证车辆技术状态良
好和延长车辆的使用寿命，需要定期对车辆进行检修。检修计划表如表 5-48 所示。

表 2-48　检修计划表

检修级别	运用时间	走行千米	检修停时
双周检	2 周	4000 km	4 h
双月检	2 月	20000 km	2 h
定修	1 年	100000 km	10 d
架修	5 年	500000 km	25 d
大修	10 年	1000000 km	40 d

2.3.5　备用车辆数

为了适应客流变化、确保完成临时紧急的运输任务以及预防运用车发生故障，必须保有

预备若干技术状态良好的备用车辆。备用车的数量一般控制在运用车数的10%左右。备用车原则上停放在线路两端终点站或车辆段内。

2.4　列车交路计划

列车交路计划包含列车开行区段以及折返站等内容。城市轨道交通是城市公共交通系统的骨干成员，拥有高速度、大载荷、运距长等特点，可以保障大量乘客的出行需要。尤其是对生活在市郊和城乡结合部的人们，带来了极大的方便。对城市的交通拥堵问题有着显著的缓解效果。城市轨道交通的运营十分复杂，列车交路计划的制订也十分不易，必须依据大量的基础数据才能做出最后的决定。一般来说，列车交路计划必须遵守以下五条原则：

①最大程度的使客流顺畅。
②把城市轨道交通的高速度和远距运输能力发挥得淋漓尽致。
③满足城市轨道交通运营设备载荷的要求。
④与其他城市轨道交通线路配合安排。
⑤考虑实际工作中的可行性。

2.4.1　交路模式及其优缺点

1. 单一交路模式

全线单一交路是指列车在城市轨道交通某线路上每站都停，并在线路的起讫点折返，为每个站的旅客提供运输服务。该交路是最简单、最基础的交路，适用于每个断面的客流量比较均衡的情况。如图2-5所示。

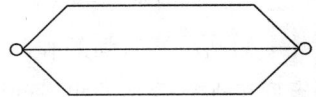

图2-5　单一交路模式

2. 衔接交路模式

衔接交路是指列车只在规定的某个区段内运行，并不跑完全程，在城市轨道交通线路中的某一个中间站和终点站折返。这种交路可以满足几个断面客流量有着明显不同区段的需要，同时还可以降低运输成本。如图2-6所示。

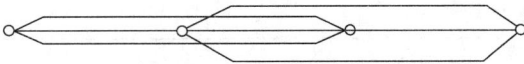

图2-6　衔接交路模式

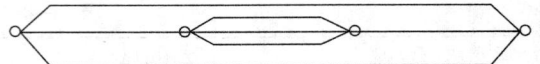

图2-7　大小交路嵌套模式

3. 大小交路嵌套模式

大小交路嵌套是指有的列车只在规定的两个中间站之间运行，其他的列车每站都停并在线路两端折返。该列车交路计划可以用于中间几个车站断面的客流与其他断面有着非常明显的区别的情况。如图2-7所示。

2.4.2　不同列车交路比较

采用符合实际情况的列车交路计划，可以提高城市轨道交通的运营效率，降低运营成本，在保证原有的服务水平上提高列车的运载能力。单一交路可以使每个站的可达性十分均衡，但是有时会造成列车运载能力的浪费。大小嵌套交路和衔接交路较单一交路可以提高运输组织效率，并且节约成本，但是对列车的组织要求非常高。

2.4.3　列车交路计划的确定

列车交路计划的确定，首先需要所有断面客流量的数据并加以详细地分析，然后考虑各种计划实施的可行性，最后制订列车交路计划。

首先，对所有断面的客流在时间和空间上进行细致的分析，总结出每个断面客流的特征，再进行不均衡性分析，所有的这些分析都是列车交路计划制订的基础。

其次，由于建设成本的关系，每个城市轨道交通车站不会都修建用于折返的线路，而且由于行车条件的限制，不同的发车间隔会制约某些交路上列车的运行，因此必须对这两方面因素加以充分考虑。

再次，车站的客运服务程度是必须考虑的因素之一。车站的客运服务如果做得好，会在较短的时间内疏散大量的客流，可以为列车运行图的铺画创造有利条件，同时为列车交路计划的确定提供更宽松的环境。相反，如果客运服务做得差，会影响列车的停站时间，打乱整个的运输计划和列车交路计划。因此在制订列车交路计划之前一定要调查清楚每个车站客运服务的情况。

─────── 重点与难点 ───────

重点：(1)客流计划。分别就客流计划的定义、变化特征、主要内容做了详细介绍。客流计划的重点在其主要内容方面，具体包含各站到发客流量，各站分方向发送人数，全日分时段断面客流分布和全日高峰小时断面客流分布四方面。书中给出了此四部分的数据表现形式和具体计算方法，并以实例进行演示。在实例计算中，考虑到不同时段对于旅客出行有所影响，按照工作日、周休日、节假日和突发事件(书中以未运营的地铁线为例)分情况予以讨论。(2)全日行车计划。分别以全日行车计划影响因素、编制程序、确定和实例演示叙述。(3)车辆配备计划。包括运用车数、在修车辆数和备用车辆数三部分。(4)列车交路计划。各交路模式及其优缺点、不同列车交路比较、列车交路计划的确定进行探讨。

难点：本章的难点在于客流计划的编制。用平均趋势外推法预测未来日客流数据作为模拟数据。其中，较为特殊的是对于尚未运营的地铁线的客流基础数据，需要使用四阶段法进行预测。此为本章一大难点。第一阶段交通量的产生与吸引采用方法为回归分析法，交通分布采用佛尼斯法，交通方式划分采用 Logit 模型，进而得出交通流分配结果，用于预测尚未运营地铁线开通时的客流量。

─────── 思考与练习 ───────

1. 城市轨道交通运输计划一般包含哪些方面的内容？
2. 简述车辆运用工作的重要内容。
3. 什么是列车交路？一般有哪几种形式？

第 3 章
列车调度指挥与运行图编制

　　本章首先介绍列车日常调度的工作内容，主要介绍了运输调度生产系统，以及两种主要的行车调度方式，即集中调度、行车指挥自动化；其次介绍列车运行图的编制，包括列车运行图概述、要素、指标以及列车运行图的编制。

3.1　列车调度指挥

　　列车调度指挥是城市轨道交通系统运营管理的核心内容，调度指挥的水平高低，直接影响到城市轨道交通运营企业的经营效益和运营安全性，本节将从列车调度指挥的层次、列车编号规则、列车行车闭塞方式、列车行车指挥方式和行车调度几个方面综合介绍列车指挥调度的过程和方法。

3.1.1　列车调度指挥层次

　　轨道交通调度指挥实行集中领导、单一指挥，轨道交通调度指挥的核心内容是行车指挥，其层次如图 3-1 所示。

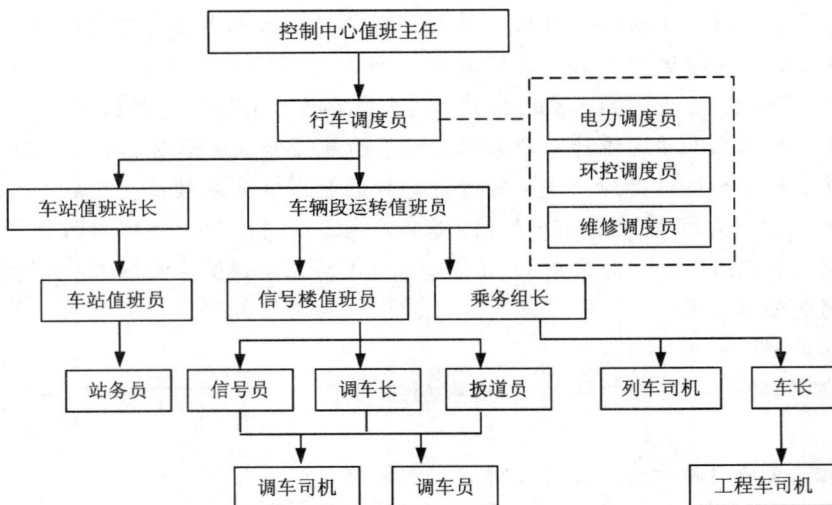

图 3-1　轨道交通指挥调度层次图

　　控制中心代表运营公司总经理领导、指挥日常运营工作。控制中心值班主任(调度长)是调度班组工作的组织者和领导者,其主要工作职责是传达、贯通和执行上级有关文件、命令及指示,负责完成本班组各项运输指标,主持接班会,提示有关注意事项,检查安全生产情况,掌握列车运行图执行情况,负责施工和救援工作的把关,主持事故分析会等。行车调度员是列车运行的组织、领导和指挥者,所有与列车运行有关的作业人员都必须服从行车调度员指挥、执行行车调度员命令,行车调度员应严格按图指挥行车。车站值班站长领导车站行车组织工作,车站值班员具体落实指挥。在车辆段和停车辆段,行车组织工作由信息楼行车值班员负责,办理调车进路和列车进路,调车作业由调度长指挥。列车在区间时,客运列车由司机指挥,施工列车由车长指挥。列车在车站时,接受行车调度员或车站值班员指挥;行车设备在运营时间内发生故障时,由行车调度员通知维修调度组织抢修。

3.1.2　列车编号规则

　　列车是指以正线运行为目的、按规定辆数编成并具有列车标志的车组,列车标志包括列车两端的标志灯、列车前端的车次号与列车目的地标志符。

　　列车运行主要是指列车在正线上的运行。在双线行车时,地铁、轻轨列车按右侧单向运行,而市郊列车则是按左侧单项运行。

　　按列车用途分类,列车分为:专运列车、图定客运列车、加开客运列车、调试列车、空驾列车、救援列车和施工列车。各种列车可根据不同的车次号来识别,表 3-1 是国内几条轨道交通线路列车车次号的使用规定及比较,列车车次号规定的不同与行车调度指挥设备对列车描述的不同有关。

表 3-1　列车车次号使用规定及比较

	北京地铁 1 号线	上海轨道交通 1 号线	广州地铁 2 号线
车次号位数	4	5	6
使用规定	第 1 位:上、下行方向 第 2 位:列车种类 后 2 位:列车运行次序	前 3 位:列车种类与运行号 后 2 位:列车目的地	前 2 位:列车目的地 中间 2 位:列车种类 后 2 位:列车运行次序

3.1.3　列车行车闭塞法

　　为了保证列车运行的安全,在组织列车运行时,通过设备或人工控制,使连续发车列车保持一定间隔距离安全行车的办法,称为行车闭塞法。

　　保持列车间隔距离的方法有两大类:一类是空间间隔法,按一定的空间间隔开行列车,即在闭塞分区内没有列车的时候,才准许驶入列车;或者是前后行列车间必须保持一个列车制动距离和安全防护距离。另一类是时间间隔法,按一定的时间间隔开行列车,即第一列车发出后,需经过一定的时间才发出下一列车。由于按时间间隔法发车不易严格保持前后行列车间的安全间隔,如果进路办理疏忽或司机操作不当,容易发生追尾事故。因此,正常情况下,轨道交通采用空间间隔法行车。只有在特殊情况下,如一切电话中断时才准许采用时间间隔法，并且要有安全保证措施。

　　按空间间隔法行车时，行车闭塞法有基本闭塞法和代用闭塞法两类。基本闭塞法是使用基本设备时采用的行车闭塞法。在自动闭塞设备线路上，基本闭塞法是连续发出列车以闭塞分区、轨道电路区段，或者以列车制动距离加上安全防护距离作为安全间隔运行。在非自动闭塞设备线路上，基本闭塞法是连续发车列车以站间区间作为安全间隔运行；代用闭塞法是指基本闭塞设备因故不能使用时临时采用的列车闭塞法。电话闭塞是常用的代用闭塞法。

　　轨道交通采用的基本闭塞设备主要是自动闭塞设备，自动闭塞信号系统有固定闭塞和移动闭塞两种。

　　1. 固定闭塞

　　固定闭塞的概念是在控制系统的发展中由于信号工程的技术限制而出现的。固定闭塞的概念有一个漫长的演变过程，从一百年前的臂板信号机和分区电报到轨道电路控制的自动闭塞和目前在伦敦地铁的 Victoria 线及 Docklands 轻轨上已安装的自动控制，固定闭塞系统已经成为一种安全、可靠和成熟的铁路运行控制方式。

　　固定闭塞是采用地面固定信号机将铁路线路分成若干个闭塞分区，每个闭塞分区只能被一辆列车占用。而且闭塞分区的长度与司机确认信号和制动停车所需要的距离有关。在所有固定闭塞系统中，列车位置是通过它所占有的闭塞分区长度来确定的，因此闭塞分区的长度和数量决定了线路的能力。

　　最简单的二显示固定闭塞系统中，信号机只给出“行进”（绿）及“禁止”（红）信息。

　　最短间隔是两个空闲的闭塞分区，这些闭塞分区长度应大于一个制动距离和一个安全距离。

　　安全距离包括三个部分：①瞭望距离；②驾驶员及设备的反应时间；③部分制动失效时的富裕量。

　　固定闭塞系统在多年的应用中取得了良好效果，但和更先进的系统相比还存在四个缺点：①因为相邻列车之间的间隔距离通常是多个闭塞分区的长度，这样就造成了线路设备的空闲程度很大；②闭塞分区长度的确定必须按照最差性能的列车来考虑，这对许多性能好的列车是一种浪费；③通过改善车辆性能等方式，闭塞分区的长度可以相应缩小，但是闭塞分区长度的调整却比较困难；④运行调整弹性小。

　　2. 移动闭塞

　　移动闭塞是在保持传统设计安全性的前提下，通过改进列车定位分辨率和移动授权更新频率来减少列车间隔距离，从而提供更大的通过能力，它是基于通信技术的列车控制（communication based train control, CBTC）模式。它可以连续、频繁地计算距前方列车的安全距离及每一列车的容许速度、制动率、加速率，并将结果发送到有关列车以实施必要的控制，是一种移动自动闭塞运行控制模式（moving autoblock system CBTC, CBTC - MAS）。其闭塞分区有三个特点：①闭塞分区长度是可变的，它是依据列车本身参数及其坐标地段参数实时计算出来的；②闭塞分区随列车运行而移动；③在 CBTC - MAS 中闭塞分区已经不再应用地面信号，而且也不需要地面信号，它在车载显示屏上，指示本车距前行列车的距离，或距离下一个车站的距离等。

　　移动闭塞是目前线路能力利用效率最高的列车闭塞方式，前行车对后行车的速度限制成为一个连续函数：

$$V_{d,\max} = f(d, v_{i,\text{forward}}) \qquad\qquad (3-1)$$

即前行车对后行车的限速是前后行列车间距 d 及前行列车速度 $v_{i,\text{forward}}$ 的函数。前行车速度越高，后行车的速度限速值也越大；前后行列车间距越大，后行车的限速也就越大。这种闭塞制度最大限度地利用了列车间的时间和空间资源，使得线路能力可得到充分利用。

移动闭塞系统的优点：①移动闭塞可以根据列车的动态运行确定更小的列车间隔，是目前线路能力利用效率最高的闭塞方式；②与固定闭塞方式相比，它使得列车间的安全信息传递得更为频繁、及时和详细；③可以减少维修费用。

为了保证行车安全，现在很多轨道线路采用移动闭塞＋地面信号的信号控制，地面信号主要采用基于计轴技术方式。

3.1.4　列车行车指挥方式

城市轨道交通系统的基本行车调度控制方式主要有调度集中和行车指挥自动化两种。车站控制是在特殊情况下采用的辅助方式。采用何种行车调度控制方式与采用的行车调度指挥设备类型有关。

1. 行车指挥自动化

在行车调度员的监督下，由双机冗余计算机组等设备构成的列车自动监控子系统（ATS）完成列车运行的控制任务。这时，基本闭塞方法为自动闭塞，通常还采用列车自动防护（automatic train protection，ATP）和列车自动运行（automatic train operation，ATO）子系统，三个子系统构成列车自动控制系统（automatic train control，ATC），ATC 具有列车运行自动化和行车指挥自动功能。在 ATS 子系统因故不能使用时，改为调度集中控制。

ATS 子系统的主要功能有：①列车时刻表（列车运行图）的编辑、修改，如由基本时刻表或计划时刻表生成使用时刻表；②自动或人工控制车站的发车表示器、道岔，排列列车进路；③实时显示车站发车表示器、道岔的状态和进路占用情况，自动追踪列车运行与列车车次号；③自动或人工进行列车运行调整；④站台列车到达信息显示；⑤绘制实绩列车运行图和生成运营统计报告；⑥离线模拟或复示列车的在线运行，用于系统的调试、演示和人员培训。

2. 调度集中

采用调度集中设备的轨道交通线路，行车指挥实行调度集中控制。调度集中设备是指挥列车运行的一种远程遥控设备，由控制中心的调度集中总机、进路控制终端、显示盘和列车运行记录仪、闭塞设备、调度集中分机和数据传输设备以及联锁设备等组成。

行车调度员通过调度集中控制设备控制所管辖线路上的信号和道岔，办理列车进路，组织和指挥列车运行。这时，基本闭塞方法为自动闭塞法，列车运行以驾驶员操纵为主。在调度集中控制因故不能实现时，改为车站控制。车站值班员在列车调度员的指挥下，办理列车进路，接发列车。

集中调度的主要功能有：①行车调度员可直接控制车站的信号机、道岔，排列列车进路；②控制中心能实时显示车站信号机、道岔的状态、进路占用情况、列车车辆和列车运行状态等；③绘制实绩列车运行图和生成运营统计报告。

3. 调度监督

采用调度监督设备的轨道交通线路，行车指挥实行调度监督控制，调度监督设备是指挥列车运行的一种远程监控设备，由控制中心的调度监督设备、显示盘、闭塞设备、调度集中分机和数据传输设备以及联锁设备等组成。调度监督和调度集中的区别是只能监督、间接控制，不能直接控制。

调度监督的主要功能有：①控制中心能实时显示车站信号、道岔的状态、进路占用情况、列车车次和列车运行状态等；②打印实绩列车时刻表和生成运营统计报告。

3.1.5　行车调度

轨道交通是一个复杂的、技术密集型的城市公共交通系统，具有各项作业环节紧密联系和各部门、各工种协同工作的特点，实行运输生产活动集中领导、单一指挥和实行有效监控，轨道交通必须设立调度机构，即控制中心（operation control central，OCC）。

1. 调度机构

调度机构是轨道交通日常运输工作的指挥中枢，凡与列车运行有关的各部门、各工种都必须在调度机构的统一指挥下进行日常运输生产活动。

调度机构的基本任务是合理运用技术设备、组织指挥与列车运行有关的各部门、各工种协同作业，确保实现列车运行图、完成运输生产任务，保证行车安全和乘客安全，提高运输效率和经济效益。

调度机构根据运输生产活动性质设置不同的调度工种，实行分工管理。调度机构通常设置值班主任、行车调度员、电力调度员、环控调度员和信息调度员等调度工种，轨道交通控制中心的组织系统见图3-2。

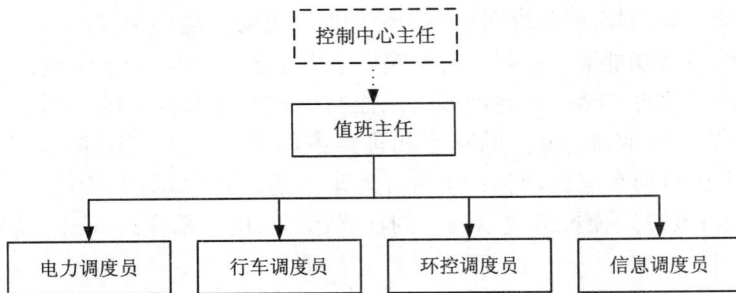

图3-2　轨道交通控制中心的组织系统图

2. 行车调度工作

行车调度室是运输调度工作的核心部门，肩负着指挥列车运行、贯彻安全生产、实现列车运行图、完成运输计划的重要任务。行车调度是列车运行的统一指挥者，负责监控或操纵列车运行控制设备，掌握列车运行、到发情况，发布调度命令，检查各站、段执行和完成行车计划情况，在列车晚点或运行秩序紊乱时采取有效措施尽快恢复按图行车，负责施工要点登记，发生行车事故要迅速采取救援措施，并向上级和有关部门报告，填写各种报表。

列车运行是城市轨道交通系统日常运输生产活动的重要内容，行车调度员有指挥列车安全、正点运行的责任。作为一个合格胜任的行车调度员，必须熟悉各种与运输有关的设备运用情况和动态信息。

（1）行车调度员基本职责

行车调度员是列车运行的组织者和指挥者,其基本职责是:①组织指挥各部门、各工种严格按照列车运行图的规定和要求进行工作;②监督列车到发和途中运行,监控行车设备运用情况,在调度集中控制时人工排列进路;③根据客流变化,及时调整列车开行计划;④在列车晚点、运行秩序紊乱时,通过自动或人工进行列车运行调整,尽快恢复按图行车;⑤发生行车事故时,按规定程序立即向上级和有关部门报告,迅速采取救援措施,最大限度减少人员伤亡,减少或降低事故损失和防止事故升级;⑥安排各类检修作业,组织施工列车开行。

(2)行车调度员岗位要求

鉴于行车调度员肩负的重要责任,为了保证行车调度员的素质和业务水平,应高度重视行车调度员队伍的建设。

行车调度员应接受调度工作流程、行车组织规程、客运组织规程、施工管理规程和各类情况下的运营组织方案等内容的培训。为了保证行车调度员工作的相对稳定性,行车调度员的工作岗位不宜随意调换。为提高行车调度员的组织指挥水平,应有计划地经常组织行车调度员深入现场熟悉设备与人员情况,交换工作意见,改进工作作风,解决好日常行车中存在的问题。作为一个合格、胜任的行车调度员,必须熟悉人、车、天、地、图等各种与运营有关的情况。

(3)调度命令

在进行某些行车作业前,行车调度员应该按规定发布调度命令,以强调进行有关作业的严肃性、强制性和授权性。指挥列车运行的口头和书面调度命令,只能由行车调度员发布。行车调度员在发布调度命令之前,应详细了解现场情况,并认真听取有关人员的意见。调度命令发布后,有关行车作业人员必须严格执行。

调度命令必须一事一命,先拟后发。调度命令包括书面命令和口头命令。在无线录音设备正常时,调度命令可以口头命令形式下达;但在无线录音设备故障停用、封锁或开通区间、停止或恢复基本闭塞法、列车反方向运行、进行列车救援等情形时,调度命令应以书面命令形式下达。调度命令的内容包括命令号、受令处所、受令人、受令内容、发令日期与时间、发令人及复诵人姓名。

调度命令日期的划分以零时为界。命令号每日按 1~100 顺序循环使用,每一循环期间不得跳号与重号使用。调度命令中的各项内容必须正确完整、用语标准、简明扼要。

发收调度命令时,必须填写《调度命令登记簿》,并由行车调度员指定受令人员中一人复诵。受令人员在抄送命令中如有遗漏或不清楚之处,应及时向发令行车调度员提出核对并更正。

行车调度员向司机发布调度命令时:如列车在车辆段,调度命令由车辆段负责传达;如果列车已离开车辆段,调度命令由列车始发站或进入关系区间前的车站负责传达。在列车运行过程中,如无法将书面命令及时转交给司机,应适时完成调度命令的补交手续。传达给司机的书面命令应盖有车辆段或车站的行车专用章。司机在运行途中换班时,应将调度命令内容交接清楚。

3. 主要行车规章

主要的行车规章包括《行车组织规则》《行车调度工作规则》《车站行车工作细则》《车辆段行车工作细则》《ATC 系统操作手册》《列车操纵规则》《检修施工作业管理办法》《行车事故处理规则》《安全生产管理制度》和《突发事件应急处理办法》等内容。

3.2　运行图编制

3.2.1　列车运行图概述

1. 列车运行图的定义

列车运行图是运用坐标原理来表示列车运行时空关系的一种形式，其另一种输出方式为列车时刻表。它规定了各次列车占用区间的顺序、列车在一个车站到达和出发（通过）的时刻、列车在车站的停站时分、列车在区间的运行时分、折返站列车折返作业的时间及列车出入段的时间，它是列车运营状态的一种图解表示方法。

此外，列车运行图是城市轨道交通系统的综合性计划，城市轨道交通运营的各业务部门都需要根据列车运行图来安排工作。例如，控制中心根据列车运行图调度、指挥和监控列车运行；车站根据运行图组织行车、客运和其他站内工作；车辆段则需要根据列车运行图安排相关工作，维修部门每天要做好上线列车的整备工作，运转部门要确定上线列车数、车辆段出入段顺序及时间、乘务员作息时间和列检等；机电、供电、信号和工务等部门应根据列车运行图的规定来安排施工计划和维修计划。总之，围绕着城市轨道交通运营的各个业务部门都要遵循"按图办事"的原则。列车运行图对保证城市轨道交通运营各部门的相互配合和协调起着重要的作用。

2. 列车运行图的形式

列车运行图有两种输出形式：时刻表和图解表。其中图解表又称为时距图，它利用坐标原理表示列车运行状况和行车时刻，将列车看作一个质点，斜线就是列车运行的轨迹，代表列车的运行线。其坐标系有两种表示方法，如图 3 - 3 所示。

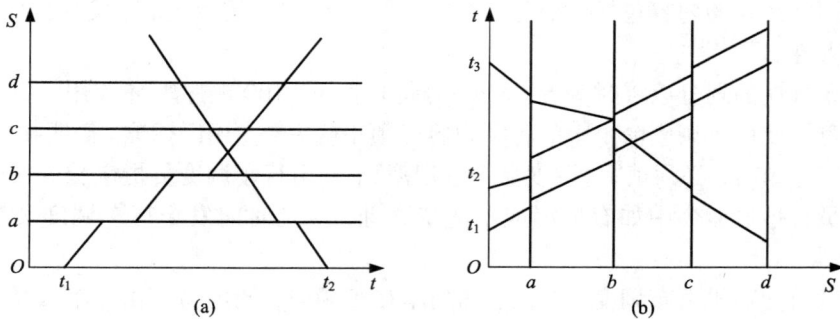

图 3 - 3　列车运行图图解表示

在图 3 - 3(a)中，横坐标表示时间，纵坐标表示距离。这时，运行图上的水平线表示车站的中心线，垂直线表示时间；水平线间的间隔表示车站间的距离，垂直线间的间隔表示时间的单位。

图 3 - 3(b)的表示方法正好与图 3 - 3(a)相反，以横坐标表示距离，纵坐标表示时间。这时，列车运行图上的水平线表示时间，垂直线表示车站的中心线，水平线间的间隔表示时

间的单位，垂直线间的间隔表示车站间的距离。

时刻表规定了运营线路的每个运营周期（一般为每天）的起止时间、高峰期起止时间、各次列车占用区间的顺序、列车在一个车站到达和出发（通过）的时刻、列车在区间的运行时分、列车在车站的停站时分、折返站列车折返作业时间及列车出入车辆段的时刻。

3.2.2　列车运行图的要素

城市轨道交通列车运行图的组成要素分为三类：时间要素、数量要素、其他相关要素。

1. 时间要素

（1）区间运行时分

区间运行时分指列车在两个相邻车站之间的运行时间标准时分。由于上、下行方向线路断面条件以及列车运行速度的不同，区间运行时分应按上、下行方向和各种列车分别由车辆部门采用牵引计算和实绩试验相结合的方法进行查定。其计算公式为：$T_{运} = t_{纯运} + t_{起} + t_{停}$，式中：$T_{运}$ 为列车区间运行时分（min）；$t_{纯运}$ 为列车不停车通过两个相邻车站所需的运行时分；$t_{起}$ 为起车附加时分（min）；$t_{停}$ 停为停车附加时分（min）。

计算确定列车区间运行时间的基本参数是区间距离，运行速度，加、减速度和线面的平面、纵断面条件等。列车区间运行时分的运行距离为车站中心线之间的距离。由于上、下行方向的线路平面、断面条件和列车编成辆数可能不相同，所以列车区间运行时分应按各种列车和上、下行方向分别查定。此外，列车区间运行时分还应根据列车在每一区间两个车站上、不停车通过和停车两种情况分别查定（见图 3 - 4）列车到站停车的停车附加时分和停站后出发的启动附加时分，应根据动车组类型、列车编成辆数以及进出站线路平纵断面条件查定。

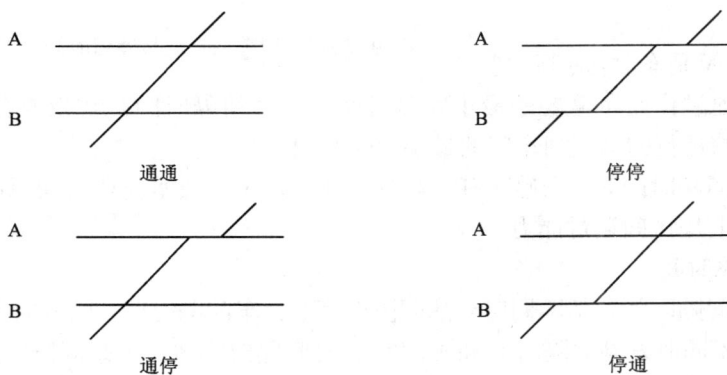

图 3 - 4　列车的不同区间运行方式

（2）停站时间

停站时间是组织乘客上、下车，主要指列车停站作业（包括开关车门等）、乘客上、下车所需时间的总和。具体计算应从列车停稳开始，包括列车开门时间、乘客上、下车时间、确认站台情况时间、关门时间等。

列车停站时间长短服从于乘客乘降的需要，因而主要取决于车站的乘客集散量、车辆的车门数和座位布置以及车站的疏导与管理措施等。为了乘客的安全，车辆在停稳状态时才能开关车门。车门开关的时间依据车辆的不同而略有不同，开门在 5 s 左右，关门在 3～5 s，当站台上装有屏蔽门时还应考虑屏蔽门与车门开关的不同步所产生的时差。乘客的上、下车时间与高峰小时每列车的上、下车人数、车辆的车门数和宽度、站台的疏导管理密切相关，具体可以通过计算来确定。

（3）最小行车间隔

一般来说，行车间隔时间的最小值取决于信号系统、车辆性能、折返能力、旅行时间、停站时间、投入运行的列车数等诸多因素。在技术设备和工程投资一定的条件下，停站时间往往成为制约因素。最小行车间隔应留有一定的余量，在列车运行秩序稍有紊乱时，信号系统和列车折返系统应有潜力缩短行车间隔时间，使整个系统的列车运行秩序尽快恢复正常。在城市轨道交通系统的高峰小时内，线路上个别车站的客流量大，上、下车时间较长。

（4）折返作业时分

折返作业时分指列车到达终点站或在中间站进行折返作业的时间总和（见图 3－5），包括列车在车站开关门时间，乘客上、下车时间，确认信号时间，出入折返线时间，司机换岗时间等。折返作业时间受折返线的折返方式、列车长度、列车制动能力、信号设备水平、司机操作水平等诸多因素影响。

（5）列车间隔时间

列车间隔时间是列车运行图的重要组成要素和计算区间通过能力的主要依据。列车间隔时间分为列车在车站的间隔时间（简称车站间隔时间）和追踪列车间隔时间（简称追踪间隔时间）。

图 3－5　列车在折返站停留时间（站后折返）

车站间隔时间是车站办理两列车到达、出发或通过作业所需要的最小间隔时间。追踪间隔时间是在设有自动闭塞的线路上，同一方向追踪运行的两列列车间的最小间隔时间。

在查定列车间隔时间时，应遵守有关规章的规定及车站技术作业时间标准，以保证行车安全和最有效地利用区间通过能力。

（6）车站间隔时间

常用的车站间隔时间包括不同时到达间隔时间、会车间隔时间、同方向列车连发间隔时间、同方向列车不同时发到间隔时间和不同时到发间隔时间等，车站间隔时间在市郊铁路、城际铁路等轨道交通系统中使用。在地铁、轻轨等系统中，只在运行调整和线路或者信号设备不完善的情况下使用。其值的大小与车站信号、道岔操纵方法，车站邻接区间的行车闭塞方法，以及车站类型，接近车站线路的平、纵断面情况，牵引动力，列车类型，列车编成辆数和长度等因素有关。

以下主要介绍不同时到达间隔时间和会车间隔时间。

1）不同时到达间隔时间。

在单线区段，来自相对方向的两列车在车站交会时，从某一方向列车到达车站时起，至相对方向列车到达或通过该站时止的最小间隔时间，称为不同时到达间隔时间（见图 3－6）。

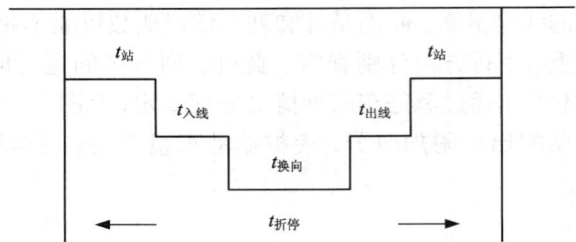

为了提高列车的旅行速度，除上、下行列车在同一车站上都有作业需要停站外，原则上应使交会的两列车中的一列通过车站，因此在运行图上较常采用的是一列停车、一列通过的不同时到达间隔时间。

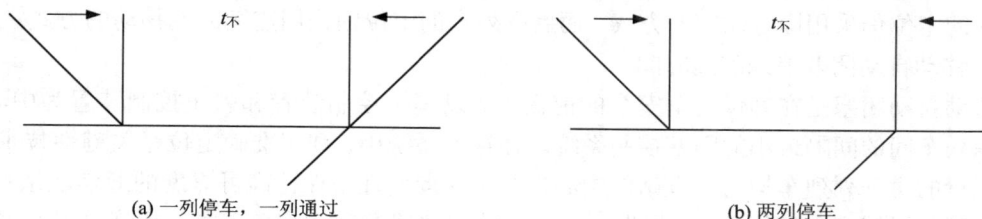

(a) 一列停车，一列通过　　　　　　　(b) 两列停车

图 3 - 6　不同时到达间隔时间

不同时到达间隔时间由两个部分组成：第一部分为第一列车到达车站后，车站办理必要作业所需要的时间；第二部分为对向列车通过进站距离所需要的时间。每一车站必须对上、下行方向的列车分别查定其不同时到达间隔时间。车站办理必要作业所需时间，根据各站信联闭设备条件及其作业内容来查定。

2）会车间隔时间。

在单线区段，自列车到达或通过车站时起，至该站向同一区间发出另一对向列车时止的最小间隔时间，称为会车间隔时间（见图 3 - 7 所示）。

图 3 - 7　会车间隔时间

会车间隔时间由车站值班员监督列车到达或通过时起计算，到向同一区间发出另一列车所需办理必要作业的作业时止的时间，可根据各站信联闭设备条件及其作业内容来查定。

（7）追踪间隔时间

在自动闭塞区段，一个站间区间内同方向可有两列及以上列车，以固定或非固定的闭塞分区间隔运行，称为追踪运行。追踪运行列车之间的最小间隔时间称为追踪列车间隔时间。追踪间隔时间决定于同方向列车间隔距离、列车运行速度及信联闭设备类型。

1）固定闭塞追踪间隔时间。

固定闭塞将线路划分为固定的区段，前后列车的位置间距都是用固定的地面设备来检测的。列车定位是以固定区段的长度为单位的，如闭塞分区长度较长，且一个分区只能被一列列车占用，则不利于缩短列车运行间隔。固定闭塞追踪间隔时间又可分为以下两种类型。

①三显示自动闭塞区段追踪间隔时间。在使用三显示自动闭塞的区段，追踪列车之间的间隔，通常情况下需要相隔三个闭塞分区。这样，可以保证后行列车经常能看到绿灯显示，使列车保持高速运行。当列车在长大上坡道上运行时，由于运行速度较低，追踪间隔时间也可以按照前后列车间隔两个闭塞分区的条件来确定。

②四显示自动闭塞区间追踪间隔时间。通过色灯信号机显示红、黄、绿黄和绿四种灯光信号的自动闭塞为四显示自动闭塞。在国外，四显示自动闭塞通常用在速度低、列车发车时间集中的市郊列车运行，同时还在有直快和特快等快速列车运行的运输繁忙的铁路上或列车

速度高、制动距离长、运输繁忙的高速铁路上采用。

2）准移动自动闭塞追踪间隔时间。

准移动自动闭塞是预先设定列车的安全追踪间隔距离，根据前方目标状态设定列车的可行车距离和运行速度，它是介于固定闭塞和移动闭塞之间的一种闭塞方式。准移动闭塞对前行列车的定位仍采用固定闭塞的方式，而后续列车的定位则采用连续的或移动的方式。

3）移动自动闭塞追踪间隔时间。

移动自动闭塞是在确保行车安全的前提下，以车站控制装置和列车控制装置为中心的、使追踪列车间的间隔最小的闭塞控制系统。在这一系统中，列车准确定位是关键性技术。区间内运行的每一列列车均与前方站的中心控制装置周期性地保持高可靠度的通信联系；车站中心控制装置接到列车信息后，根据列车牵引特性曲线及区间相关参数，计算出每一追踪列车的允许最大运行速度并发送给列车，而对于接近进站的列车，则根据调度命令发出允许该列车进站及进入股道等信号。采用移动自动闭塞系统可以有效地压缩追踪间隔时间，提高区间通过能力。

（8）出入车辆段作业时间

出入车辆段作业时间指列车从车辆段到达与其相接的正线车站或返回的作业时间。

（9）运营时间

运营时间指城市轨道交通运营线路运送乘客的时间。一般各城市轨道交通系统均留有一定的非运营时间（主要在 00：00—06：00），主要用来进行线路、设备的检修和维护。

（10）停送电时间

停送电时间指每天运营开始前送电和运营结束后停电所需的操作和确认的时间。

2. 数量要素

（1）全日分时段客流分布

全日分时段客流分布是列车运行图的一个要素。通过对全日分时段客流分布进行预测、调查分析，确定高峰、低谷时段客流量，从而可对列车运行列数等相关因素进行合理安排。

（2）列车满载率

列车满载率是指列车实际载客量与列车定员数之比。编制列车运行图时，既要保证一定列车满载率，又要留有一定余地，以满足某些不可预测因素带来的客流量波动的需要，同时也要考虑乘客的舒适度。

（3）出入段能力

由于车辆段与车站之间的出入段线路有限，加之出入段列车进入正线受正线通过能力影响，因此，每单位时段通过出入段线进入运营线的最大列车数，即出入段能力，是列车行图的一个不可或缺的要素。

（4）列车最大载客量

列车最大载客量即一列车按车厢定员数计算所能允许载运的最大乘客数。分为定员载客量和超员载客量。

3. 其他相关要素

（1）与其他交通方式的衔接

其中包括大交通系统如铁路、港口、机场、公路交通枢纽等。

（2）与大型体育场所、娱乐中心、商业中心的衔接这些场所会有突发性的大量客流,从而冲击城市轨道交通系统,造成车站一时的运力和人力安排的困难。

(3)列车检修作业

为保证列车状态完好,须均衡安排列车运行与检修时间,既保证每列列车日常维护保养时间,又使各列列车日走行公里数较为接近。

(4)列车试车作业

检修完的列车除了在车辆段试验线试车外,某些项目有可能在正线上试车,这就需要在编制列车运行图时考虑周全。

(5)司机作息时间

应根据司机作息制度、交接班地点与方式、途中用餐等因素,均衡安排各列车的运行线。

(6)车站的存车能力

线路的车站多数无存车线,在终点站、区间个别车站设有停车线,可存放一定数量的列车,在日常运行时可作为停车维护使用,在夜间可存放列车,以减少空驶里程,均衡早上运营发车秩序。

(7)电客车的能耗

在计算、查定电动列车的区间运行时分时,要协调区间的运行等级、限速与给电时间的关系,使之尽可能达到最佳。同时,也要使同一区段内同时启动的列车最少。

4.列车运行图部分要素的计算

(1)列车停站时间

列车停站时间是指列车停站的作业时间,它的计算方法是从列车对准停车标准时刻起至列车从本站发出(不再停下)的时刻止。对客车来说一般指开关门和乘客上、下车所需时间的总和。

影响列车停站时间的主要因素有:①车门/屏蔽门的开关时间;②列车满员和乘客拥挤程度,即车站上、下车人数;③车门和屏蔽门不同步开关时间;④司机确认车门/屏蔽门关好时间;⑤平均上下一个乘客所需时间。

列车停站时间的计算公式为:

$$t_{停} = \frac{(p_上 + p_下)t_{上(下)}}{n_{高峰}md} + t_{开关} + t_{不同} + t_{确认} \tag{3-1}$$

式中:$t_{停}$ 为列车停站时间(s);$p_上$ 为高峰小时车站上车人数(人);$p_下$ 为高峰小时车站下车人数(人);$t_{上(下)}$ 为平均每上(下)一个乘客所需时间(s);$n_{高峰}$ 为高峰小时开行列车数(列);m 为列车编成辆数(辆);d 为每车每侧门数(扇);$t_{开关}$ 为开关车门时间(s);$t_{不同}$ 为车门和屏蔽门开关不同步时间(s);$t_{确认}$ 为确认车门关妥与信号显示时间(s)。

由于应用该公式计算出的列车停站时间是理论值,应考虑 5 s 以上的预留时间,一般对计算出来的列车停站时间值会调整为 5 的整数倍。一般在编制列车运行图时根据设备能力和列车停站作业程序计算出列车停站时间最小值,有屏蔽门的车站一般不少于 20 s,客流较大的车站可放宽至 30~50 s。

(2)列车运行周期(列车周转时间)

列车运行周期是指列车在运营线路上完成一次周转所消耗的时间(不包括回库、检修等时间),其计算公式为:

$$T_{周} = t^{A-B} + t^{B-A} + t_{折}^{A} + t_{折}^{B} + \sum_{i=A,B} t_i \tag{3-2}$$

式中：t^{A-B} 为 A 端折返站至 B 端折返站间行驶时间（min）；t^{B-A} 为 B 端折返站至 A 端返站间的行驶时间（min）；$t_{折}^{A}$、$t_{折}^{B}$ 为 AB 两端折返站折返时间（min）；$\sum_{i=A,B}(t_i)$ 为沿途 A 端、B 端到所有停站时间（min）。

（3）行车间隔

行车间隔是指列车更替时间，通俗地说是两列同方向载客列车间隔时间。行车间隔的计算公式为：

$$I = \frac{T_{周}}{N_{运用}} \tag{3-3}$$

式中：I 为行车间隔（min／列）；$T_{周}$ 为列车运行周期（min）；$N_{运用}$ 为运用列车数（列）。

（4）列车运送速度（旅行速度）

列车运送速度是指城市轨道交通列车在运营线路上运载乘客时从始发站出发至抵达折返站的平均运行速度。其计算公式为：

$$v_{旅} = \frac{L_{单} \times 60}{\sum t_{单}} \tag{3-4}$$

式中：$v_{旅}$ 为运送速度（km／h）；$L_{单}$ 为单程运营线路长度（km）；$\sum t_{单}$ 为单程行驶时间，包括途中各区间运行时间及中途各站停站时间（min）。

3.2.3　列车运行图的指标

1. 列车运行图的质量检查

列车运行图编制完毕后，应对列车运行图的编制质量进行检查。检查的主要内容有：①开行列车数、折返列车数及列车折返站是否符合要求；②列车运行线的铺画是否符合规定的各项时间标准；③停在折返站上的列车数是否超过该站的折返线数；④换乘站的列车到发是否均衡。

2. 列车运行图的指标计算

在检查并确认列车运行图完全满足规定的要求后，接着就可计算列车运行图的各项指标：主要包括总开行列车数、技术速度、满载率、输送能力、高峰小时运用列车数全日车辆总走行千米和车辆日均走行千米。

（1）总开行列车次数

凡列车在运营线路上行驶一个单程，无论是全程行驶还是短交路折返，均计入总开行列车次数。总开行列车数＝载客列车数＋空驶列车数（列）。

（2）技术速度

技术速度是列车在运行线路上运行（不包括列车各站的停站时间）的速度。它包括列车在各区间运行时间，即列车启动加速、在区间纯运行、慢行以及制动停车的时间，但不包括列车在运营线路上的停站时间和列车在线路两端的折返停留时间。其计算公式为：

$$v_{技} = \frac{L}{t_{运} - t_{站}} \tag{3-5}$$

式中：$v_技$ 为技术速度；L 为运营线路长度；$t_运$ 为列车单程行驶时间；$t_站$ 为列车停站时间。

　3. 满载率

　满载率是客运周转量与客位千米之比，表示车辆客位的利用程度。也可以使用实际载客量与列车定员数之比来计算。满载率 = （客运周转量/客运千米）× 100%。

　4. 输送能力

　输送能力 = $\sum$（载客列车数 × 列车定员）。

　5. 高峰小时运用列车数

　高峰小时运用列车数计算公式为：

$$N = \frac{n_{高峰}\theta_{列}m}{3600}（辆） \qquad (3-6)$$

式中：N 为运用车辆数（辆）；$n_{高峰}$ 为开行列车数（辆）；m 为列车编组辆数（辆）；$\theta_{列}$ 为高峰小时开行列车数周转时间（s）。

　6. 全日车辆总走行千米

　全日车辆总走行千米是指轨道交通车辆为运送乘客在运营线路上所走行的里程，包括车辆空驶里程、由于某种原因列车在中途清客或列车在少数车站通过后仍继续载客的车辆空驶里程。全日车辆总走行千米 = $\sum$（旅客列车数 × 列车编组辆数 × 列车运行距离）。

　7. 车辆日均走行千米（又称日车千米）

　即每一运用车辆每日平均走行千米数，其中全日运用车辆数可采用早高峰小时的运用车辆数。车辆日均走行千米 = 全日车辆总走行千米/$\sum$ 全日车辆运用数。通过编制好的详图还可确定的指标包括：列车运营行驶里程、不同季节对外运营时间等指标。

3.2.4　列车运行图的编制

　城市轨道交通系统中，由于运营列车均为旅客列车，而且目前大多数均为动车组，列车速度差异很小，因此列车运行图基本上都是平行运行图。从线路条件来说，运营线路都是双线，且车站大都没有配线，列车的停车基本上都是在车站正线上进行，越行、会让很少见，因此城市轨道交通系统的列车运行图铺画相对铁路运输而言要简单一些。

　1. 列车运行图编制原则

　在新线投入运营，既有线技术设备、客运量或行车组织方法发生较大变化时均需要进行列车运行图的重新编制。

　（1）编图要求

　列车运行图编制应符合下列要求：

　1）确保行车安全。

　列车运行图应符合运营单位各种行车规章的有关规定，严格遵守行车作业程序和各项时间标准。

　2）合理运用设备。

　列车运行图应流线结合，充分利用线路通过能力。在满足客流需求的同时，注意提高车辆满载率和旅行速度。为避免牵引供电设备超负荷，对供电区段内同时启动的列车数应加以限制。

3）优化运输产品。

列车运行图应根据客流特点，开行列车间隔、编组辆数、列车交路和旅行速度不同的列车。列车运行图应合理规定列车到达换乘站时刻，减少乘客换乘时间；合理规定运营非高峰时段的列车间隔，减少乘客候车时间。此外，列车运行图应注意轨道交通与其他交通方式的相互衔接。

4）配合站段工作。

为使换乘站的客运作业能均衡进行，列车运行图应安排列车交错到达换乘站。在车辆段未设置专用试车线的情况下，列车运行图上应预留调试列车运行线。

（2）编制列车运行图所需资料

在编制列车运行图前，必须搜集下列编图资料：

①线路通过能力和车站折返能力。

②车站的换乘能力。

③追踪列车间隔时间。

④列车区间运行时分。

⑤列车停站时间标准。

⑥列车在折返站停留时间标准。

⑦列车出入车辆段作业时间标准。

⑧能够提供的运用车数。

⑨列车编组辆数。

⑩轨道交通营运时间。

⑪全日分时行车量。

⑫列车交路计划。

⑬车辆连续运用圈数和乘务工作制度。

⑭供电部门停送电时间。

⑮现行列车运行图完成情况的分析。

（3）编图步骤

列车运行图的编制，应由轨道交通运营部门负责做好具体工作，编制过程大体经过研究讨论、编制方案、铺画详图和计算指标四个阶段。轨道交通列车运行图编制的具体步骤如下：

①按上级要求和编图目标确定编图注意事项。

②搜集资料，对有关问题组织调查研究和试验。

③总结分析现行列车运行图的完成情况和存在问题，提出改进意见。

④编制列车运行方案。

⑤征求调度、车站、乘务、车辆部门对列车运行方案的意见，并进行必要的调整。

⑥根据列车运行方案优化详图，编制列车运行图、列车时刻表。

⑦对列车运行图的编制质量进行全面的检查，并计算列车运行图指标。

⑧将编制完毕的列车运行图、列车时刻表与编制说明等文件报送有关部门审核批准。

为适应客流量波动和人工驾驶需要，轨道交通通常还编制分号运行图。所谓分号运行图是在基本列车运行图以外另行编制的运行图，它包括双休日运行图、节假日运行图和人工驾驶运行图等。例如，双休日运行图和基本列车运行图在客流量、高峰小时出现时段上都有所不同。

2.列车运行图的铺画

列车运行图铺画分两步进行。第一步，编制列车运行方案，着重解决列车的全面布局问题；第二步，铺画列车运行图详图，即详细规定每一列列车在各站的到达、出发或通过时刻。在铺画列车运行图前，首先应确定车站中心线的位置。

（1）列车运行图车站中心线的确定方法

车站中心线有以下两种确定方法：

1）按区间实际里程比率确定。

按区间实际里程比率确定，即按整个区段内各车站间实际里程的比例来确定车站中心线。采用这种方法时，列车运行图上的站间距能反映实际情况，能明显地表示出站间距离的大小。但由于各区间的线路和横、纵断面不一样，使列车在各区间的运行速度有所不同，这样列车在整个区段的运行线往往是一条斜折线，既不整齐，也不易发现列车在区间运行时分上的差错。

2）按区间运行时分比率确定。

按区间运行时分比率确定，即按整个区段内各车站间列车运行时分的比例来确定车站中心线。采用这种方法时，可以使列车在整个区段运行线基本上是一条斜直线，既整齐美观，也容易发现列车在区间运行时分上的差错。

例如，假设某城市轨道交通线路下行列车全程运行时间为 35 min，首先在运行图上确定该线路下行方向是始发站 A 和终点站 B 的位置，在代表终点站 B 的横线上向右截取等于 35 min 的线段，得分割点 E，连接 A、E 两点，然后自始发站开始，根据各区间下行列车的纯运行时分，在表示终点站 B 的横线上向右依次截取相应的线段，得到相应的各分割点；接着以各分割点作为基点作横轴的垂直线，得到垂直线与斜直线的各交点；最后通过各交点作横轴的平行线，得到该线路 AB 间 a、b、c、d、e、f、g 各站的车站中心线（如图 3-8 所示）。

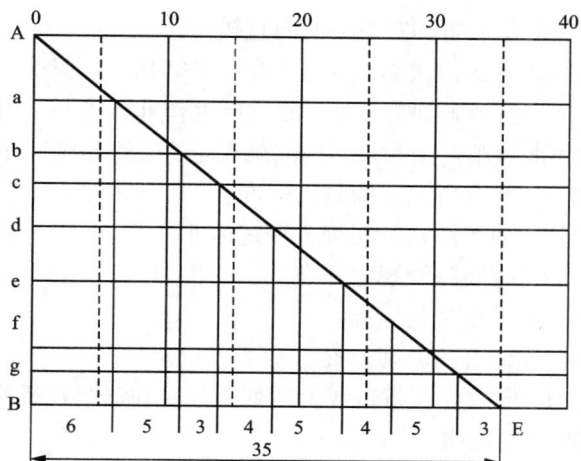

图 3-8　按区间运行时分比率确定车站中心线位置

列车运行图上的列车运行线与站中心线的交点，即为列车到达、出发通过车站的时刻。

根据列车运行图的格式的不同有不同的表示办法。所有这些表示时刻的数字或符号都填写在列车运行线与横线相交的钝角处，下行列车填在横线的下方，上行列车填在横线的上方。

（2）编制列车运行方案

编制列车方案时应考虑以下问题：

1）方便乘客。

为方便乘客应合理安排列车始、末班车的到达、出发时间；合理规定列车的停站时间，合理安排高峰时间段；考虑列车在换乘站的合理衔接。

2）列车运行与折返站作业协调。

列车在中间站单项折返时，有可能产生短交路列车折返作业与长交路列车到发作业的进路干扰；列车在中间站双向折返时，有可能产生两个方向短交路列车折返作业的进路干扰。因此，在编制列车运行方案时，应调整列车在折返站的到发间隔，尽可能安排平行作业，最大限度地避免上述进路干扰，提高列车折返能力。

3）列车运行与换乘站作业协调。

在客流高峰时间，如果各线列车同时到达换乘站，由于大客流集中到达。会造成站台、收费区和非收费区的拥挤。为避免车站设备运用紧张与客运作业秩序混乱，在编制列车运行方案时应安排各线列车交错到达换乘站。

4）列车运行与车辆段作业协调。

为保证运用车技术状态良好，应均衡安排列检作业时间；在安排列车回段检修时，应考虑列检的能力；在车辆段未设置专用试车线时，应预备调试列车运营线，调试列车一般应安排在客流非高峰时间开行。

（3）铺画列车运行图详图

在一分格或二分格列车运行图上精确铺画每条列车运行线，详细规定列车在每个车站的到达、出发和通过时刻，在折返站的停留时间等。列车运行图上的列车运行线按其列车运行方向的规定可分为上行列车运行线和下行列车运行线。上行列车运行线是由左下角向右上角铺画的斜直线，而下行是由左上角到右下角的斜直线。

列车铺画顺序按照列车等级依次为：专用列车、旅客列车、调试列车和回空列车。自列车出车辆段起，从始发站一直铺画到折返站，经过折返作业停留后，由折返站出发向区间铺画。在铺画详图时，为确保行车安全和乘客的乘降安全，应注意以下几点：

①列车追踪运行时分应符合所规定的时间标准。

②列车区间运行时分和列车停站时间符合规定标准。

③列车在折返站的停留时间符合规定标准。

④列车出入段作业时间符合规定标准。

⑤遵守客车司机工作和休息的时间标准。

⑥列车在车站折返时，同时停在折返线上的列车数应和该车站折返线数相适应。

（4）列车运行图编制的自动化

在城市轨道交通运输中，正常情况下的列车运行图均能实现计算机自动绘制，但在信号系统出现故障的情况下，还需行车调度人员按照上述铺画原则进行铺面。

为了大家对列车运行图有个直观的了解，下面就以某城市轨道交通运营单位为例具体介绍如何解读列车运行图。

1）列车运行线的表示方法。

在实际列车运行图中，列车运行线的表示方法如下所示：

①普通客车，表示方法为红实线：————————————。

②空客车，表示方法为红虚线：– – – – – – – – – – – –。

③调试列车，表示方法为红实线＋短竖红实线：——|————|——。

④专列，表示方法为红实线＋方向箭头：———→————→。

⑤救援列车，表示方法为红实线＋红圈：————○————。

⑥工程车表示方法为蓝实线：————————————。

⑦轨道车表示方法为蓝实线＋蓝圈：————○————。

2）列车运行状态表示符号。

在列车运行图中，列车运行状态的表示符号如下所示：

①列车始发：　　　　　　　站名线。

②列车终到：　　　　　　　站名线。

③列车折返：　　　　　　　站名线。

④列车在区间停车：　　　　站名线　　站名线。

⑤列车在车站通过：　　通　站名线。

⑥列车在区间折返：　　　　站名线　　站名线。

⑦列车反向运行：　反　站名线　向　站名线　站名线　站名线。

重点与难点

重点：列车调度、列车行车闭塞、运行图的要素以及运行图的编制。（1）列车调度指挥是城市轨道交通运营管理的核心内容，调度指挥的水平高低，直接影响到城市轨道交通运营企业的经营效益和运营安全性；（2）行车闭塞是为了保证列车运行安全，在组织列车运行时，通过设备或人工控制，使连续发车列车保持一定间隔距离安全行车，因而行车闭塞对列车运行安全是至关重要的；（3）列车运行图的各要素决定了运行图的质量和行车的效率；（4）列车运行图的编制是在新线投入运营，既有线技术设备、客货运量、行车组织发生较大变化时对列车运行图进行重新编制的过程。

难点：本章的难点集中在列车调度指挥的方法和指挥方式，运行图的编制过程和方法。（1）调度的主要两种方式为集中调度和行车指挥自动化。列车行车闭塞法主要包括空间间隔法和时间间隔法。轨道交通基本闭塞设备信号系统包括固定闭塞、准移动闭塞和移动闭塞几种系统形式。（2）列车运行图的编制要满足编制的四大原则，准备充分的编制资料，然后按照一定的步骤进行铺画。铺画的过程较为复杂，一般首先要编制列车运行方案，解决布局问题；接着才能开始铺画列车运行图的详图；最后计算列车运行图的各项指标，评价列车运行图的质量。

思考与练习

1. 列车运行图的要素分为几类？分别是什么？
2. 列车运行图的分类方式有几种？
3. 影响列车停站时间的主要因素是什么？
4. 列车运行图编制应符合哪些要求？
5. 对列车运行图的编制完成时，应该检查的主要内容是什么？

第 4 章

列车运行组织

　　城市轨道交通运营管理是综合利用相关设施为旅客提供优质服务的保证，列车运行组织是城市轨道交通运行组织的核心工作，列车运行图是城市轨道交通指挥调度的图解形式，它利用坐标来表示列车运行时空关系，是列车在各区间运行及在各车站停车或通过状态的二维，又称为时距图（distance – time diagram）。它规定了线路、站场、车辆和通信信号等设备的运用和有关各部门的工作时序关系，影响了城市轨道交通系统各个部门、单位按一定程序协调生产，因而直接决定了城市轨道交通运营企业的生产效率和经济效益。城市轨道交通列车运行组织是城市轨道交通运营中运输生产组织过程，可以分为正常情况下的列车运行组织和非正常情况下的列车运行组织两种不同运行组织模式。

4.1　正常情况下的列车运行组织

　　城市轨道交通的行车组织工作是指在运输生产的过程中，为完成运送乘客的任务所进行的一系列与运输有关的工作。行车组织工作是整个轨道交通运输生产的核心内容，组织工作的好坏，直接影响乘客的选择意愿，甚至威胁乘客的生命财产安全。

　　城市轨道交通系统与铁路相比，其技术设备自动化程度较高，因此城市轨道交通系统的运输组织和运营工作都比铁路简单。正常情况下的城市轨道交通行车组织工作是指在设备及客流比较稳定的情况下，列车运行采用基本行车闭塞法和自动化的行车指挥方式，能实现行车指挥自动化、调度集中和调度监督功能，行车工作状态正常。

4.1.1　正常情况下的列车运行组织概述

　　行车组织工作包括列车进出车辆段、正线列车运行组织和车站接发列车三部分，分别由控制中心、车站和车辆段三地协调完成。城市轨道交通列车运行由控制中心统一指挥，车站和车辆段作为二级调度，按照控制中心的指挥组织列车运行。

　　为统一指挥日常运输生产工作，城市轨道交通的行车工作必须坚持"高度集中、统一指挥、逐级负责"的原则。城市轨道交通具有行车密度高、运行间隔小、安全运营要求高等特点。根据信号设备所提供的运行条件，一般分为调度监督下的自动运行控制、调度集中控制和调度监督下的半自动运行控制三种方式，按照列车运行图规定的行车计划组织列车运行。

　　1. 调度监督下的自动运行控制

　　列车自动运行控制是城市轨道交通列车运行组织的主要控制方式，自动运行控制方式利用计算机技术对列车运行实行自动指挥和自动运行监护，并有列车运行保护系统可以提高行车安全系数。在正常情况下，系统根据列车运行图自动排列列车进路，列车以自动驾驶模式运行；在非正常情况下，按调度指令调整行车计划。调度监督下的自动运行控制可实现的基本条件如下：

①计算机系统可输入及储存多套列车运行图，并可根据设定的列车运行图实现行车指挥功能。

②对正线运行列车实行自动跟踪，显示进路、道岔位置、区间及线路占用情况。

③可自动或人工对列车运行进行调整，可人工对进路排列、信号开放、道岔转换进行控制。

④提供中央及车站两级运行控制模式，并可根据需要进行控制权转换。

⑤列车运行自动保护系统对列车运行设定防护区段，控制前后列车运行的安全间距。

⑥列车可使用自动驾驶功能，也可采用人工驾驶，列车占用区间的凭证是列车收到的速度码。

⑦通过计算机系统自动绘制列车实际运行图，并进行有关运营数据统计。

该模式下的列车运行控制步骤：

（1）设置控制模式

设置控制模式是指对中央控制或车站控制模式的设置。在车站控制时，系统处于运行监督状态，所有对车站进路的控制功能均不能执行。在中央控制时，系统能执行它的所有控制功能。控制模式的转换必须经过控制中心和车站双方确认后方能进行。

（2）设置自动控制

设置自动控制是指启动、取消或恢复系统对列车的自动控制。系统对列车的自动控制分为两个方面：一个是自动调度列车出车辆段，进入正线运行；另一个是对正线运行的列车进行自动控制。图定列车取消自动控制后，该列车将暂时地从列车时刻表中删除，变为非图定列车；恢复自动控制后，该列车又进入列车时刻表，变为图定列车，系统恢复对它的自动控制。

（3）设置信号控制

设置信号控制是指自动信号、通过信号的设置或取消。自动信号是指以该信号机为始端的进路为自动进路，车站联锁设备根据列车的目的地号，自动为列车排列进路。通过信号是指以该信号机为始端的进路为通过进路，列车通过该进路后，进路将再次自动排列。为了安全起见，系统不直接控制信号机的开闭，信号机随进路的排列而开放，随进路的占用而关闭。

（4）设置进路控制

设置进路控制是指设置或取消列车进路。为安全起见，系统不直接控制道岔转换，系统也不直接自动排列进路，而是通过设置通过信号或自动信号，由车站联锁设备自动排列进路。行车调度员可采用人工进路控制功能，通过系统终端方式设置或取消进路。

（5）设置折返模式

设置折返模式是指选择折返站的列车折返进路。在设置了折返模式和相应的自动信号后，车站联锁设备将根据列车的目的地号，自动为折返列车排列进路。通常，系统采用优先设定的折返模式。

（6）设置折返顺序

设置折返顺序针对系统的自动控制功能而言，有列车模式和顺序模式两种。列车模式是指在折返站按列车的车次号调度列车，顺序模式是指在折返站按列车的先后顺序调度列车。

（7）呼叫车站

呼叫车站是指使车站控制台上的铃响，以提醒车站值班员与行车调度员联系。这是一种辅助功能，只能在行车调度员想与车站值班员通话，而电话又联系不上时才使用。

该模式下的列车运行调整步骤：

（1）设置调整模式

根据系统自动控制功能实现的程度，列车运行调整可设置四种模式：①全人工模式：在系统没有自动控制功能情况下，人工进行列车运行调整；②人工调度模式：在系统具有自动排列进路功能，以及具有对列车时刻表和车次号进行管理的功能情况下，人工进行列车运行调整；③非自动调整模式：在系统具有人工调度模式全部功能，以及还具有自动调度列车终点站（包括车辆段出口处）出发的功能情况下，人工进行列车运行调整；④自动调整模式：在系统具有自动控制功能情况下，自动进行列车运行调整。

（2）设置调整措施

设置调整措施是指对列车运行调整措施的选择。设置调整措施的具体功能包括：①显示正在起作用的列车停站时间和运行等级；②设置列车停站时间：有人工和自动两个选项。如选择人工选项，则可以人工设定一个新的停站时间。如选择自动选项，则停站时间由系统根据列车时刻表和列车早、晚点情况自动设定；③设置列车运行等级：有人工和自动两个选项，如选择人工选项，则可以人工设定一个新的运行等级。如选择自动选项，则运行等级由系统根据列车时刻表和列车早、晚点情况自动设定；④设置列车跳停：设置或取消列车在某个站不停车通过，跳停功能必须在列车由前一车站发车前设置才有效；⑤扣车和终止停站：扣车是指使发车表示器不显示，列车不能发车。终止停站则是指行车调度员进行催发车，发车表示器显示发车信号。组合使用这两个功能能控制列车停站时间。

2. 调度集中控制

调度集中控制下的行车组织方式，是在控制中心行车调度员的统一指挥下，利用行车设备对列车在车站的到达、出发、折返等作业进行人工控制及调整的行车组织方式。调度集中控制下的行车组织指挥由行车调度员实施。在大多数情况下，车站不直接参与行车组织工作。调度集中控制可实现的基本条件如下：

①应具有微机联锁和电气集中联锁设备，实现远程控制功能，并从设备方面提供列车的运行安全保障。

②通过控制屏或显示器可监护全线列车运行状态、信号显示、道岔位置及线路占用情况。

③应能利用微机联锁或电气集中联锁设备转换道岔、排列进路、开放信号、指挥和调整列车运行。

④应能自动或人工绘制列车实际运行图。

3. 调度监督下的半自动运行控制

此方式是在控制中心行车调度员的统一指挥和监督下，由车站行车值班员操作车站微机联锁设备、电气集中联锁设备或临时信号设备控制列车运行。在一些新线上，由于信号系统尚未安装调试完毕，在过渡期运营时会采取这种方式进行行车组织。在信号设备完全安装完毕的条件下，当中央列车自动监控子系统设备发生故障时，或在特殊情况下，也可采取此种方式。调度监督下的半自动运行控制可实现的功能有：

①车站信号控制系统具有联锁功能，可对进路排列、道岔转换、信号开放实行人工操作。

②可实时反映进路占用、信号及道岔等工作状态，对线路上的列车运行进行监护。

③可储存信号开放时刻、道岔动作、列车运行等各类运行资料，并根据需要调用。

④车站根据调度指令对列车运行进行调整。

⑤计算机自动绘制或人工绘制列车实际运行图。

4.1.2 控制中心模式

控制中心是轨道交通日常运营管理、设备维修、行车组织的指挥中心，也是轨道交通系统的信息收发中心、通信联络中心。

在正常情况下控制中心监控列车运行，维持正线列车运行秩序，确保列车运行安全、正点。控制中心代表运营公司负责与外界及各运营机构的协调联络工作。

当运营过程出现紧急事件时，控制中心分析影响程度、记录处理经过、通报故障及延误情况，及时调整列车运行，尽快恢复正常运营，减少损失。

运营控制中心岗位通常设有调度主任、行车调度员、电力调度员、环控调度员、信息调度员、维修调度员（维修调度员有设在控制中心的，也有设在维修部门的，不同城市的轨道交通公司有不同的做法）。

按中央调度实施地点的不同，控制中心可分为分散式控制中心、集中式控制中心和区域式控制中心。

分散式控制中心：在每条或两条线路上设置运营控制中心，负责本线的中央调度监控和指挥，同时把运营信息上报有关部门。

集中式控制中心：集中式控制中心是指轨道交通所有线路的运营监控和指挥集中到一个统一的控制中心，集中式控制中心负责全部线路的协调指挥工作。

区域式控制中心：在轨道交通网络中，区域式控制中心负责其中几条线路的运营监控和指挥，一般每3条线左右设立运营控制中心，负责这几条线的运营调度监控和指挥工作，并接受线网指挥中心的统一指挥。

1. 控制中心设备及其功能

控制中心主要设有通信、列车自动运行控制系统、供电、环控系统的中央监控终端设备，以及其他一些监控设备终端，实现对列车的自动运行控制。为便于了解控制中心的运作，首先对控制中心的布置作一个介绍。

控制中心采用一面墙布置大屏幕，主要作用就是为行车指挥人员提供直观画面，便于及时掌握列车运行动态，为指挥工作提供依据。

大屏幕一般分几个区域，分别是闭路电视监控、环控、电力监控系统、列车自动运行控制系统的列车自动监控子系统等，用以显示各设备系统运作情况以及各车站的现场情况等信息。列车自动监控子系统主要有轨道电路、信号平面布置图、正线线路及各车站的简图，显示区分为信号层、车次层和轨道层。

在控制中心设有列车自动监控子系统的人机接口（man - machine interface，MMI；human - machine interface，HMI）调度员工作站，安装在行车调度员的控制台上。它具有显示和控制功能，可以显示列车自动监控子系统功能现状、以往的操作和报警信息，它实现了对正线列车的调整,并可对正线的道岔、信号机和进路进行操纵和控制。

在列车自动监控子系统正常情况下,行车调度员通过 MMI 实现中央控制,在需要车站操作或列车自动监控子系统不能正常使用时,可授权联锁站实行车站级控制。

中央联锁工作站(central - local operator workstation,C - LOW),实现对所管辖线路各联锁区的操作,在 MMI 发生故障或不能正常使用时,行车调度员可以使用 C - LOW 对本线路联锁区内列车进路及列车运行状态进行监督和控制。信号系统正常时,行车调度员可在 C - LOW 上监督列车进路排列、列车运行状态。在正常情况下,行车调度员对全线列车的监控以 MMI 为主,C - LOW 为辅,如图 4 - 1 所示。

运营控制中心的调度大厅是所有调度设备和人员相对集中的场所。其工作中使用的设备包括中央监控设备和中央通信设备两大类。其中中央监控设备又包括中央行车调度系统监控设备、中央电力调度系统监控设备和中央环控调度系统设备。中央通信设备又包括调度电话、广播系统、闭路电视监视系统、调度命令打印系统、施工作业管理系统。

(1)中央监控设备

1)中央行车调度系统监控设备。

中央行车调度系统监控设备,主要包括列车自动监控子系统的人机接口调度员工作站和中央联锁工作站(C - LOW)。

ATS - MMI(automatic train supervision - MMI)具备时刻表输入及储存,列车运行实时跟踪,列车晚点显示,运行图打印,列车运行调整中的扣停、跳停,车次变更设置等功能。

中央联锁工作站具备人工对进路排列、信号开放、道岔转换进行控制的功能,还具备列车扣停、提前释放运营停车点等功能。

当中央行车调度系统处在正常情况下时,列车的运行处于控制中心的信号设备自动监控状态。联锁系统根据自动列车监控系统的指令自动设置进路,列车在自动列车保护系统的安全保护下,按照自动列车监控系统的指令由自动列车驾驶系统自动驾驶列车,满足设计的行车、折返间隔及列车出、入段线等作业的要求,并实现列车运行的自动调整。行车调度员负责监督列车及设备的运行,当运行被打乱而不能自动处理或遇其他特殊情况时可人工介入,运用联锁控制、调度调整和运行图数据应用等功能。当信号系统设备发生故障无法实现中央控制时,行车设备控制权下放到车站;当车站级信号设备无法控制现场设备时,采用就地控制,并按有关规定处理。

2)中央电力调度系统监控设备。

中央电力调度系统监控设备的主要功能是对轨道交通各变电所、接触网设备进行实时监控和数据采集,使调度人员通过监控系统实时监控供电系统设备的运行情况,及时掌握和处理供电系统的各种故障、警报事件,准确实施调度指挥、事故抢修和故障处理,保证供电的可靠性、安全性。系统具有完成控制范围内的所有断路器、电动隔离开关的控制操作功能,完成控制范围内数个开关的倒闸作业功能,完成信息采集和处理功能,完成数据归档和统计报表功能,并且还具有自检和维护扩展功能。

3)中央环控调度系统设备。

中央环控调度系统设备可监视全线各车站的通风与空调系统、给排水系统、自动扶梯、防淹门、屏蔽门的运行状态,监视、记录各车站主要设备的运行状态,统计设备累计运行时间,并将操作信息、报警信息进行记录和分析,自动生成日、周、月报表。同时,具备火警监

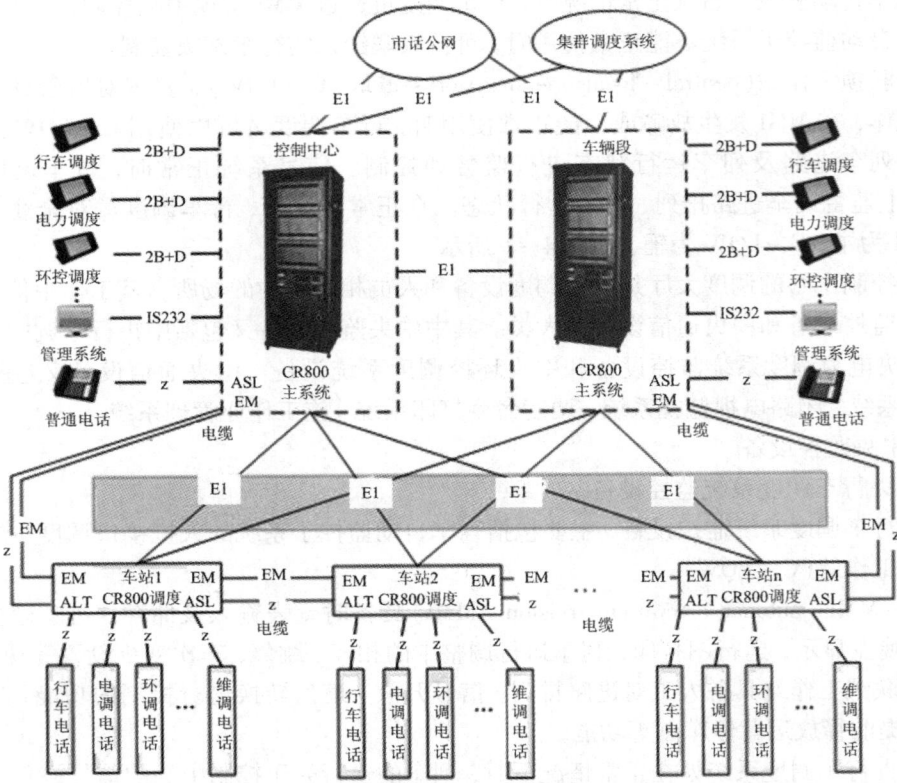

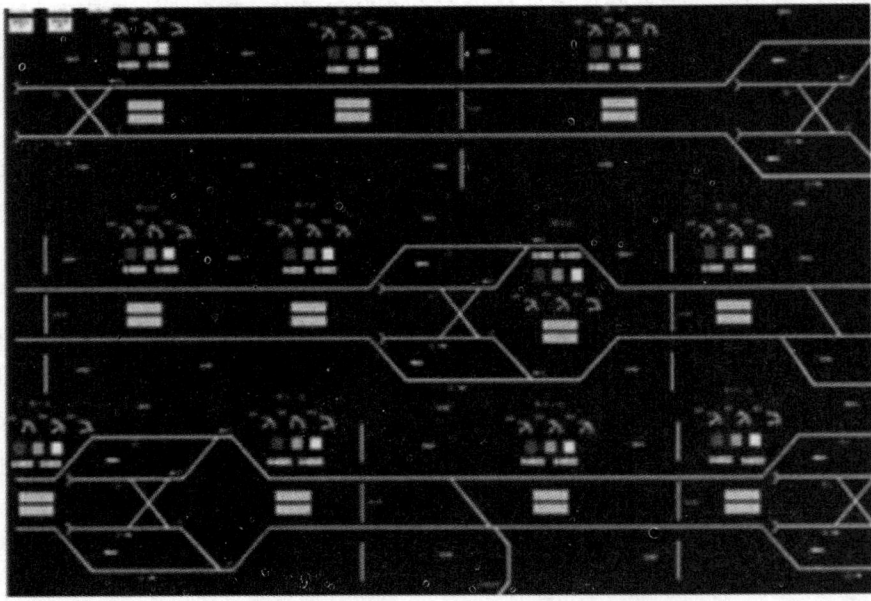

图 4 – 1　MMI(上)、C – LOW(下)界面图

控功能，主要对轨道交通车站(站厅、站台、设备房)、变电所、控制中心大楼、车辆段等监管场所进行消防监控，为运营安全提供有力的保障。

(2)中央通信设备

1)调度电话。

调度电话是为行车调度、电力调度、维修调度等提供指挥命令传递的工具。调度电话分为有线和无线两种，具有对本系统的用户进行单呼、组呼、全呼和紧急呼叫，和各调度总机间通话时录音的功能。

2)广播系统。

控制中心的广播系统，可在事故抢险中组织指挥、疏导乘客和工作人员安全撤离时使用。

3)闭路电视监视系统。

闭路电视监视系统是轨道交通运营管理现代化的配套设备，可供控制中心调度员实施监视车站客流、列车出入站、乘客上、下车及设备运作等情况，以提高运营组织管理效率，保证列车安全、正点运送乘客。控制中心闭路电视监视系统必须有录像、放映功能。

4)调度命令打印系统。

调度命令打印系统用于行车调度员向车站或车辆段调度员发布调度命令、传递信息等，由行车调度员或信息发布员在计算机上填好相关命令后，单击相应按钮，向车站或车辆段调度员发布相关命令，此时在车站或车辆段的终端打印机会将其直接打印出来。

5)施工作业管理系统。

施工作业管理系统具备施工作业计划的申报、审批、作业计划的请点、销点等功能。通过该系统可大大减少施工作业请点、销点的通信时间。

2. 运营前准备

每天运营前在规定时间内，行车调度员根据"正线施工登记"，检查当晚的所有维修、施工及调试作业是否完毕及销点，线路巡视工作是否完成，确认线路出清并符合行车条件后进行下列运营前的准备工作。

(1)试验道岔

每天运营开始前规定时间(各地铁公司根据设备情况对时间标准规定有所不同)，行车调度员通知各联锁站(一般指设有联锁设备的车站)的行车值班员试验道岔，调度主任、行车调度员察看列车自动监控子系统的人机接口调度员工作站及行车调度员模拟屏的显示。联锁站试验完毕，行车调度员收回控制权。调度主任、行车调度员使用调度员工作站试验进路、道岔的操作，使有关道岔处于正确位置。如果发现道岔不能正常使用，及时通知维修调度，派人检查抢修。

(2)检查和准备

运营前主要检查行车值班人员到岗情况，站台是否有异物侵入限界，行车设备是否正常，备品是否齐全、完好，当日运用车、备用车的安排及司机配备等情况。行车调度员检查完毕，于运营开始前规定时间通知电力调度员、牵引系统送电。同时，行车调度员需按车辆段调度提供的当日上线列车及备用车编辑无线调度台动态组以便调度。

(3)装入列车运行图

由于城市轨道交通一般根据客流规律采用分号运行图，故在每天运营前规定时间控制中心调度主任在 MMI 上"装入当天"使用的列车运行图。当日使用的列车运行图装入后,必须检查是否有效。通常运营部门都会编制最少两个不同的列车运行图,一个是工作日运行图,一个是周末运行图,如表 4 - 1、表 4 - 2 所示。除此以外,有些运营公司还编制节假日运行图。

表 4 - 1　周一至周五列车行车间隔

峰期	时间段	间隔
高峰	07:30—09:30,16:00—18:30	4 分 50 秒
平峰	06:30—07:30,9:30—16:00,18:30—23:00	7 分 30 秒

表 4 - 2　周六、周日列车行车间隔

峰期	时间段	间隔
高峰	15:00—19:00	4 分 50 秒
次高峰	11:00—15:00	5 分 10 秒
平峰	06:30—11:00,19:00—23:00	7 分 30 秒

(4)核对时钟时间

行车调度员、电力调度员在开始行车前与各站(含车辆段)、各变电所(站)核对日期和时钟时间(对表);行车调度员与车辆段派班员核对时钟时间、服务号和注意事项。

(5)核对列车出库计划

根据当日列车运行图,与车辆段调度员核对列车出库计划是否准确。

(6)首班车组织

开行首班车,应特别注意开行时间,严格按照列车运行图组织行车,按时开出,避免晚点发车。

3. 运营期间

运营期间行车调度员应充分使用各项调度指挥设备,组织指挥列车按照计划运行图安全、正点运行,尽量均衡在线列车的运行间隔。运营期间调度员的主要工作有列车运行监控,电力供应、环境控制、防灾救护及设备维修施工等的调度指挥,监视各站情况,与相关单位进行信息沟通,列车运行调整,末班车组织等。

(1)列车运行监控

通过行车调度员模拟显示屏,掌握调度区域范围内信号系统设备(轨道电路、信号机等)状况,列车占用线路情况,各次列车运行位置的动态显示。必要时,人工介入进行列车调整,如发现列车车次变化,可通过系统予以改正。

(2)调度指挥

进行电力供应、环境控制、防灾救护及设备维修施工等的调度指挥工作。

(3)监视各站情况

通过监视器监视各站的站厅、站台情况,发现异常可进行录像分析。

（4）与相关单位进行信息沟通

运用调度电话与车站值班员、车辆段调度员、运转值班队长保持联系，发布调度命令，实现对列车运行的调度指挥。调度员在日常的工作中，为了确保进行安全、高效的调度指挥，提高各调度的沟通技巧、工作效果，确保调度指令能够迅速准确地下达和执行，必须使用标准用语。调度工作用语使用标准普通话，受令者必须复诵，严禁使用"明白"代替。说话者吐字要清晰，语速适中。发令完毕后，发令人应说"完毕"，再给出调度代码，要求使用调度标准用语。

（5）列车运营调整

由于各种因素的影响，列车在运行过程中实际运行图与计划运行图存在偏差，需自动或人工介入进行调整。因此，列车运行调整一般分为系统自动调整和人工调整。

1）系统自动调整。

当列车运行偏离计划运行图时，系统可自动调整列车的区间运行时间。轨道交通信号系统的列车自动监控子系统一般具有列车运行调整的功能。由于列车运行一般很少采取无驾驶员的方式，因此，信号系统只对列车区间运行的时间在系统能力范围内进行调整。列车自动运行调整可根据列车偏离计划运行图的程度大小自动决定所采用的调整策略。由于车辆性能、线路条件和站停时间等因素的制约，当这种误差较大时，往往不可能一次性调整到位。因此，系统需要采取弹性的调整策略，通过改变前后多趟列车的运行状态，逐步消除当前列车的运行偏差对系统总体的影响。

2）人工调整。

当列车运行的偏离误差较大时，可由调度员人工介入，通过调整列车的停站时间和区间运行时间，来达到实现计划运行图的目的。列车运行晚点或早点，可采用在车站设置扣车命令或设置列车跳停命令、使下一列车不停站通过等方式进行调整。在遇到线路中断、堵塞时，行车调度员通过采取小交路、单线双向等特殊组织措施来维持一定水平的运行组织。

3）列车人工调整原则。

①坚持按图行车，提高列车正点率。列车正点率是衡量城市轨道交通运行质量的重要指标，是运输管理水平的综合体现。在列车运行调整中，要提高调度指挥水平，严格按图行车，提高列车正点率，确保列车正点运行，重点抓好特殊时段（如上下班高峰、大型活动时）的运行组织工作。

②单一指挥。行车调度员要努力提高调度指挥的科学性。在列车运行调整的过程中，与行车有关的各部门的工作人员，必须服从行车调度员集中统一的指挥，各级领导和主管领导对列车运行的指示，要通过所在区段的行车调度员去实现，坚决杜绝"令出多口"或"多头指挥"，维护调度命令的严肃性和权威性。

③下级调度服从上级调度指挥。在列车运行调整中，必须严肃调度纪律，下级调度必须服从上级调度的指挥，车站调度员（值班员）必须听从行车调度员的指挥，对不认真执行命令和指示、影响列车运行者，要追究责任，严肃处理。

④安全生产。调度指挥必须坚持安全生产，正确及时地指挥列车运行。杜绝因调度指挥不当造成事故隐患。当出现危及行车安全的情况时，要正确、及时、妥善处理，提高应变能力。行车调度员必须正确、及时、清晰地发布调度命令，以保证列车安全为重点组织列车安全运行。

4）列车人工调整的主要方法。

①提前或推迟发车。始发站提前或推迟发出列车，以保证列车按照既定的列车运行图运行。

②提高车速。根据车辆的技术状况、驾驶员驾驶水平和线路允许速度，组织列车加速运行，恢复正点运行。

③缩短停站时间。组织列车站快速作业，压缩列车停站时间。

④跳停。组织列车跳站停车运行，也就是个别或部分站不停车通过。一般情况下不采取此措施，只有某一列车因晚点造成后续列车大量拥堵，且在短时间内无法恢复，造成行车秩序紊乱，系统无法及时调整时，行车调度员才可以适当安排该列车不停车通过某些车站，使该列车缩短运行时间，减少对后续列车的影响，恢复列车的正常运营秩序。

⑤加开备用列车。当出现列车晚点、客流异常、列车故障、开行专列等情况时，可以使用加开备用车的调整方法。通过正线备用车或库内备用车进入正线运营，从而提高运能，解决运输瓶颈。该方法已经成为一种常用的调整方法，可以有效地解决短时运力紧张的问题。

⑥变更列车运行交路。组织列车在具备条件的中间站折返，以确保列车均衡和按图行车。这种方法一般在前方线路拥堵的情况下采用。

⑦组织列车反方向运行。在双线线路上，如果一个方向列车密度较大，而另一方向列车密度较小，为了恢复正点运行，可利用有道岔车站的渡线，将列车转到列车密度较小的线路上反方向运行。

⑧扣车。当一条线路的列车由于车辆及其他设备故障或某种原因不能正常运营，造成换乘站台上乘客拥挤时，行车调度员应采取扣车措施，即将另一条线路的上、下行列车扣在换乘站附近的各个车站，以缓解换乘站的压力。

⑨停运列车。即部分线路停止运营服务，通常在列车中断行车及降级模式时实施。行车调度员对列车运行调整方法的选择，取决于列车运行的具体情况。在实际工作中，几种列车运行调整方法可以结合运用。

⑩末班车组织。根据列车运行图，组织末班车正点运行，结束客车服务。需要特别注意的是，禁止末班车早点开出。

4. 运营结束后

每天运营结束后，调度员要对当天的行车工作进行分析、总结。运营结束后，除了打印当日计划和实际运行图外，调度员的作业还主要包括以下几方面。

①编写运营情况日报表。运营情况日报表的主要内容包括当天完成运送客运量、客车开行情况、兑现率及正点率和月度累计指标等；运用客车数及投入使用客车数；客车加开、停运及中途退出服务的情况；耗电量和温度、湿度情况；客车服务情况，包括事故、故障和列车运行延误及处理。有关工程列车、试验列车运行方面的信息。

②组织施工计划的实施。根据施工计划及施工申请，对需要停电区段的接触网通知调度停电，根据线路情况和施工负责人清点情况，批准开始施工。作业完毕后，确认人员出清，同意办理销点。

③运营指标统计。运营指标主要包括客车运行统计、客运量统计、工程车统计、调试列车统计、检修施工作业统计、用电量统计及设备故障情况统计等内容。一般运营指标的计算基本实现由专门的系统自动统计。

（1）客车运行统计

①在运营结束后，由行车调度员提供以下数据，调度主任负责进行当日的客车统计。统计的内容包括：计划开行列数、实际开行列数、救援列次、清客列次、下线列次、抽线列次、晚点列数、正点率和运营里程。这些数据由行车调度员向车辆段调度员搜集。

②运营晚点统计。根据《行车组织规则》规定，比照列车运行图统计单程每列晚点时间，因接待工作需要或调整列车运行导致的晚点，不列入晚点指标；行车调度员对发生晚点的客车记录晚点原因。

③对客车晚点原因进行分类，晚点原因分为车辆故障、线路故障、供电故障、通信故障、信号故障、客流过大、调度不当以及其他故障问题。

（2）客运量统计

调度主任根据车站计算机的客流数据和行车调度员向车站收取的免票客流数据，对分站客运量、总客运量、换乘客运量等进行统计，并填写"运营日报"。

（3）工程车统计

工程车统计，要求根据当天工程车开行情况进行统计，统计的内容包括工程车列数、实际进出车辆段的时间。

（4）调试列车统计

行车调度员根据当天调试列车开行情况，统计实际开行调试列车的列数。

（5）检修施工作业统计

①对本班正线、辅助线的检修计划件数和完成情况进行统计，对检修施工完成情况进行分析。

②各检修施工单位月计划、周计划、日变更计划、临时抢修计划件数统计。

③检修施工作业清点总件数的统计。

（6）用电量统计

电力调度员每天凌晨运营开始前统计好牵引、动力照明和总用电量数据，供调度主任填写"运营日报"。如发现用电量异常时电力调度员应及时查找原因并报调度主任，同时在"运营日报"上说明。

（7）设备故障情况统计

调度员负责所管辖线路范围内影响列车运行、客运组织、票务运作等设备故障情况的统计。

4.1.3　车站模式

车站是乘客乘降列车的主要场所，同时还是轨道交通系统行车组织指挥的二级调度所在，其主要任务是在调度的指挥下完成接发列车工作，保证列车按照列车运行图安全、正点地运行。

通常来说，车站的管理由统一的一家运营公司负责管理，但在一些城市轨道交通中，由于涉及几家运营公司，换乘站和一些枢纽站的管理方式有多种，主要有集中式管理、分散式管理和混合式管理三种。

集中式管理：由其中一家运营公司统一管理，所有人员归属一家运营公司，接受单一控制中心的指挥。

分散式管理：在车站范围内将双方运营公司的管理范围划分清楚，在各自范围内运作，分别接受本运营公司控制中心的统一指挥。

混合式管理：以一家运营单位为主，另一家安排工作人员听从主运营单位的指挥共同参与车站的管理。在通常情况下，车站接受双方控制中心的双重指挥。

车站行车指挥系统一般设有值班站长、车站控制室行车值班员和站台工作人员等岗位。值班站长负责全站行车组织、客运组织的指挥工作，而具体行车组织工作的实施和指挥由车站控制室行车值班员完成。行车值班员主要负责列车运行监控、接收调度命令、按调度要求组织行车，以及设备状态的监控。站台工作人员主要负责列车监控，乘客上、下车组织，设备监控及处理设备故障。

1. 车站控制室的设备及功能

车站控制室一般设有信号系统终端操作设备、通信设备、环境控制设备等。

（1）信号系统终端操作设备

该设备主要设置在车站控制盘（MCP/IBP）上，通常具有扣车、设置紧急停车、解除扣车、取消紧急停车、故障报警等功能。在联锁站一般还设有信号系统现场操作站，通常具备人工排列进路、信号开放、道岔转换列车扣停、提前释放运营停车点等功能。

（2）通信设备

调度电话：车站调度电话可与行车调度、电力调度、维修调度及相邻车站间进行通话。

广播系统：车站的广播系统只能对车站区域进行广播，可实现人工广播和语音广播。

闭路电视监视系统：车站闭路电视监视系统只能对车站区域摄像头范围内的情况进行监视、录像。

调度命令打印系统：车站调度命令打印系统只设终端打印机，将控制中心的命令直接打印出来。

施工作业管理系统：车站施工作业管理系统与中央控制中心的功能一致，只是在审批权限上有所区别。

（3）环境控制设备

其功能与中央环境调度系统相同，唯一的区别是车站只监控本站的设备系统，而中央环境控制调度系统可监控全线车站的设备系统。环境控制设备对冷水机组、风机组及空调机组、通风系统、给排水系统、照明系统、屏蔽门系统、系统环境变化等进行监视和控制。

1）对冷水机组的监控。

对冷水机组可实现以下功能：

①实时控制。按时间程序，自动启动、停止。

②启动/停止顺序控制。根据操作或设备要求对冷水机组、冷冻水泵、冷却水泵、冷却塔实施按顺序联锁启动、停止。

③节能及优化启停控制。根据冷冻供水、回水温度差及回水流量，计算出实际冷负荷，用来确定冷水机组开启的台数。冷水机组的启停顺序是根据机组运行时间来确定的，累计运行时间少的先启动，运行时间长的先停止，保证各机组具有均匀的运行时间。以上控制能使冷水机组始终在最优化的状态下工作，从而达到节能和延长设备机械平均使用寿命的目的。

④压差控制。设于供水、回水管间的旁通阀的开度会自动调节。当机组运行后，根据供回水压差自动调节相关阀门开度，保持供回水压差平衡。

⑤监视功能。监视冷水机组各设备工作状态、事故状态，并累计设备运行时间。

⑥显示、打印，包括被监控参数、设备状态、报警、动态流程图的显示及打印。

2）对风机组及空调机组的监控。

①实时控制。按时间程序，自动启动、停止。

②温度控制。测量回风或送风温度并与设定值比较，按比例积分规律输出相应的控制信号。

③调节电动阀的开度，使回风和送风温度控制在设定值范围内。

④电动阀冬季、夏季工作模式自动转换。此功能只用在北方冬季需采暖地区。

⑤冬季湿度控制。测量回风湿度，调节蒸汽流量，使湿度控制在设定范围内。

⑥监视功能。监视风机运行状态、故障状态，并累计运行时间，发出过滤器阻塞报警及送风温度超限报警。

⑦显示、打印，包括被监控参数、状态、报警、动态流程图的显示及打印。

3）对通风系统的监控。

①实时控制。各送风机、排风机实时启动、停止。在火灾时，也可实现启动排烟系统的功能。

②监视功能。监视风机的运行状态和故障状态，并累计运行时间。

4）对给排水系统的监控。

①监视各类水池、水箱的水位上下限，并根据上下限水位启动、停止相关水泵。

②监视各类水泵的运行状态、故障状态，并累计运行时间，根据累计时间自动调整水泵的常用、备用状态。

5）对照明系统的监控。

①监视功能。监视照明系统工作状态和故障状态，根据时间表控制及客流控制等方式实现照明系统节能运行，以及在灾害模式下，切换照明系统用电及指导应急疏散导向系统。其主要监控功能如下：监控照明回路开关状态和故障状态；监控照明模式运行状态；监控应急照明电源系统的电压、电流、功率因数、用电量，以及开关状态，并发出故障报警。

②显示、打印，包括参数、状态、报警、动态流程图的显示及打印。

6）对屏蔽门系统的监控。

监视屏蔽门系统运行状态、故障状态、紧急开关门状态，根据模式控制要求输出屏蔽门控制指令等。

7）对系统环境变化的监控。

进行温度、湿度检测以及空气质量检测，控制相应的空调系统以实现对环境的控制。

2. 运营前准备

车站每天运营前应在规定时间根据"施工登记表"检查当晚的所有维修施工及调试作业是否完毕及销点，线路巡视工作是否完成，确认线路出清并符合行车条件后进行下列运营前的准备工作。

(1) 试验道岔

每天运营开始前规定时间(各地铁公司根据设备情况对时间标准规定有所不同)，各联锁站(一般指有联锁设备的车站)的行车值班员按照行车调度员要求试验道岔。试验完毕将控制权交回行车调度员。如果发现道岔不能正常使用，及时通知维修调度员派人来检查抢修。

（2）检查和准备

主要检查车站值班人员到岗情况，检查站台区域轨行区是否有异物侵入限界，开关屏蔽门以检查屏蔽门状态。

3.运营期间

车站行车组织工作由车站当班值班站长统一负责，行车值班员具体负责。值班站长必须服从行车调度员的统一指挥，执行行车调度员命令。正常情况下车站的行车组织作业主要包括首班车组织及末班车组织、运营期间的接发列车作业和向行车调度员报告几方面。

以下主要介绍首班车组织、接发列车作业和末班车组织。

（1）首班车的组织

开行首班车前，车站各岗位工作人员要准时开门、开启电扶梯及照明、巡视车站等。

首班客车发车前规定时间内开始向乘客广播第一列车的到达时间及注意事项。

（2）接发列车作业

1）采用调度监督下的自动控制组织行车。

采用调度监督下的自动运行控制组织行车时，列车是自动运行控制，除了站台客流疏导和运行监控外，车站基本不参与组织行车。

2）采用调度集中控制下的组织行车。

采用调度集中控制下的组织行车时，在大多数情况下，车站不参与行车组织的工作。列车以规定速度进站，车站不显示接车信号，车站原则上不办理接发列车作业，值班站长（或行车值班员）根据列车所处状态播放录音广播，做好乘客服务工作，监视站台乘客候车秩序，以确保站台安全。

3）采用调度监督下的半自动控制组织行车。

采用调度监督下的半自动控制组织行车时，由车站行车值班员操作车站微机联锁设备、电气集中联锁设备或临时信号设备控制列车运行。为保证列车运行安全，车站需办理接发车手续。

一般的城市轨道交通车站接发列车的基本程序为：办理闭塞、布置与准备进路、排列进路、接送列车、车站报点（也作为开通区间的同步作业）五个步骤。具体接发列车作业程序与信号联锁设备及其状态有关。

①办理闭塞。闭塞的实质是同一区段在同一时间内只允许一列车占用。办理闭塞实际上就是使出发点列车取得占用区间的许可权。闭塞区段有以联锁范围为一闭塞区段划分，也有以相邻两车站间为一闭塞区段划分，一般情况下视行车间隔和运行效率不同来划分的。

办理闭塞时，由区间两端车站行车值班员通过按压闭塞按钮办理闭塞，当区间两站闭塞表示灯均亮绿灯时即表示闭塞好了。无闭塞按钮装置时，可通过电话办理闭塞。

②布置与准备进路。a.布置进路：在轨道交通系统接发列车的关键是正确地、及时地准备好列车进路，值班站长或行车值班员必须亲自布置和确认进站是否准备妥当。布置进路时，应讲清两项内容，一是车次；二是列车占用的线路。如果车站一端有两个或两个以上列车运行方向或双线反方向行车时，还应认清方向。b.准备进路：准备进路与联锁设备有关，电气集中联锁和微机联锁均是进路式集中联锁。准备进路时，按顺序按压进路始端、终端按钮，道岔即自动转换并锁闭进路，进路一次性排列完毕，同时防护该进路的信号机自动开放。布置和准备进路涉及闭塞区段的两个车站，一个车站负责办理接车进路，另一个车站负责办理发车进路。

③排列进路。当集中联锁经营站接发列车进路准备好以后，信号自动开放。由于轨道电路的作用，当机车或车辆第一轮对越过该信号机后即自动关闭。

④接送列车。在此类条件下，列车发车凭证一般为车站的发车手信号。列车发车后到达下一车站停车，没有特殊的接车工作内容。

⑤车站报点。列车自动监控子系统正常时，城市轨道交通系统各站不向行车调度员报客车到开点；列车自动监控子系统不能正常显示时，部分联锁站向行车调度员报点；采用调度监督下的半自动控制组织行车，车站须向行车调度员报点，并同时向前方站报开点；正常情况下，客车在车站的停站时分在晚点规定时间（如 30 s）以上时，车站要向行车调度员报告原因。

4）末班车组织。

车站在末班车开出前应在规定时间内开始广播，通知停止售票和进站检票工作，检查、确认付费区内乘客均已上车，并确认无异常情况后才能向司机显示发车信号。在最后一班车离开车站后，应即时清客，关闭车站出入口，关闭扶梯，并执行车站省电照明模式。

运营结束后车站主要负责组织施工计划的实施，办理施工请销点手续，确认人员进出轨行区及出勤情况。

4. 车站接发列车作业程序

采用调度监督下的半自动控制组织行车时，各地方城市轨道交通系统都有自己的接发列车标准，但也不尽相同，以下以某城市轨道交通运营单位为例介绍接发列车作业的基本程序，如表 4 - 3、表 4 - 4 所示。

表 4 - 3　接车程序表

作业程序	作业程序用语		
	值班站长	行车值班员	站台接车人员
听取预告	①根据"行车日志"和 LOW 工作站显示，确认接车空闲； ②听取发车站预告"××次预告"并复诵，通知行车值班员"排列××次接车进路"	——	——
排列进路	④确认接车进路信号开放正确后	③听取值班站长"排列××次接车进路"后	——
接车	⑤听取发车站点，复诵并填写"行车日志"	——	——
	⑥通知站台接发车人员"××次开过来，准备接车"并听取汇报	——	⑦站台接车人员复诵"××次开过来，准备接车"，并立岗，接车
	⑨监视列车到达	⑩监视列车到达	⑧监视列车到达及注意站台乘客安全
报点	⑪向发车站报点："××次×点×分到"	——	——
	⑫向行车调度员报点"××次×点×分到"	——	——

表 4 - 4　发车作业程序

作业程序	作业程序用语		
	值班站长	行车值班员	站台接车人员
发车预告	①根据"行车日志"和 LOW 显示,确认发车线路空闲,向前一 LOW 工作站预告"××次预告"②填写行车日志	——	——
排列进路	③听取接车站"同意××次发车",并复诵④通知行车值班员"排列××次发车进路"⑥确认发车进路好后,复诵"信号好了"	⑤复诵:"排列××次发车进路"的命令后,排列发车进路。确认进路安排好,信号开放后。口呼"信号好了"	——
发车	⑦听取发车站点,复诵并填写"行车日志"⑪监视列车运行	⑩监视列车运行,直到列车出清车站线路	⑧复诵:"××次发车",确认车门关闭好后,向司机显示"车门关闭好了"的信号⑨监视列车运行及注意站台乘客安全
报点	⑫向接车站报点:"××次×点×分×秒开"⑬填写"行车日志"⑭向行车调度员报点"××次×点×分×秒开"	——	——

4.1.4　车辆段模式

车辆段是城市轨道交通车辆停放的基地,也称车厂或车库,主要承担轨道交通车辆的运用、停放、列检、清扫、洗刷、维修、保养等任务。每天运营开始时,列车由车辆段出发到正线运行;运营结束后,列车回到车辆段检修保养。

车辆段内行车指挥部门为车辆段控制中心,是轨道交通系统行车组织指挥的二级调度,主要负责组织列车出入段,实施客车、机车车辆转轨、取送、检修作业,车辆段内行车设备检修维护作业,客车调试等工作。

车辆段在行车组织方面,通常包含信号系统设备、通信设备、供电设备等,其功能与车站相应的系统设备功能基本相似。

1. 列车进出段作业

列车进出段作业过程包括车辆移交、列车出入段计划编制、接发车作业等内容。

(1)车辆移交

客车及工程车车辆根据其所处状态不同分为运营状态和维修状态。不同的状态下,其调度指挥权各不相同。因此从一种状态转入另一种状态时,就须交换调度指挥权。

1)客车及工程车车辆从运营状态转入维修状态。

①凭证。列车处于计划中的维修状态时,以车辆维修部门的调度提交给车辆段调度员的周检修计划为凭证;列车是临修状态时,凭证为扣车单。

客车或工程车临时发生故障影响运用时，以车辆维修部门调度提交给车辆段调度员的扣车单为依据进行扣车，并及时组织换车。

②转入时间。转入时间以扣修车辆送达指定地点的时刻为准。

③周检修计划的确认和变更。列车进厂前 2 h，由车辆维修部门的调度与车辆段调度员确认周检修计划并安排好股道。如周检修计划有变更，以车辆维修部门调度提交的书面通知为准。

④车辆的防护、防溜措施。车辆送达维修的指定地点后，由车辆段调车作业人员负责对车辆进行防护、防溜。车辆在扣修期间的防护和防溜措施由车辆维修部门负责。

2）客车及工程车车辆从维修状态转入运营状态。

①凭证。客车以车辆维修部门调度提交给车辆段调度员的出车计划表和技术状态卡为凭证；工程车以车辆维修部门调度签认后返回给车辆段调度员的交车单（计划修）或报活单（临修）为凭证。

②转入时间。转入时间以车辆段调度员接收以上凭证的时间为准。

③防护和防溜措施的撤除。由车辆维修部人员负责在调车作业实施前撤除车辆维修部门所做的防护和防溜措施，并出清线路；车辆送达维修指定地点时，原来由车辆段调车作业人员所采取的防护、防溜措施由调车作业人员负责解除。

3）客车整备作业。

在客车转入运营状态后，司机驾驶列车前都须进行整备作业，检查其是否具备上线条件，其检查标准如下：

①检查与试验走行线路。其检查顺序为：非出段端司机室检查试验；车下检查；客室检查；出段端司机室试验。

②检查标准。如表 4－5、表 4－6、表 4－7 所示。

表 4－5　司机室检查标准

序号	主要检查项目	标准
1	司机室正台侧面	锁闭良好，无明显卡滞现象
2	司机座椅	外观良好无破损，转动和调节灵活
3	正台前窗玻璃	清洁，无破裂，刮雨器、遮阳布完整无缺，动作灵活
4	司机控制器（方向手柄、主控制手柄）	均在零位，完整无缺，无卡滞现象
5	无线电车载台	作用良好
6	显示屏	无明显损坏，信息显示正确
7	各种按钮、仪表、指示灯	外罩完整，显示正确（运行记录仪灯熄灭），风笛响度适中（包括主台、副台及各侧墙等）
8	疏散门	锁闭良好
9	副台前窗玻璃	清洁，无破裂，遮阳布完整无缺，动作灵活
10	副台设备	防护设备、行车备品功能良好，灭火器功能正常、安装牢固
11	司机室副台侧门	锁闭良好，动作灵活，无明显卡滞现象
12	设备柜	旁路开关、自动开关位置正确
13	司机室通道门	锁闭良好，动作灵活，无明显卡滞现象，客室侧铅封良好
14	天花风扇	外观良好无破损，导风叶动作灵活，通风良好

表4-6　客室设备检查标准

序号	主要检查项目	标准
1	客室内观（地板、扶手、座椅、门窗玻璃等）	清洁、无破损
2	照明	照明正常，外罩良好
3	手柄位置正确	车门锁闭良好，指示灯无显示，紧急解锁
4	设备柜、电子柜、贯通道侧板	锁闭良好，完整无损坏
5	车顶空调通风	制冷通风完好
6	动态地图	外观良好
7	乘客报警装置	在正常位置
8	灭火器	安装捆绑牢固，无丢失
9	气制动旁路开关盖头	锁闭良好

表4-7　车体、走行部检查标准

序号	主要检查项目	标准
1	车体外观（包括受电弓）	无破损、变形，有无防溜设施和禁动标志
2	运行灯、前照灯/标志灯	外观无破损，作用良好，显示正常
3	车钩及缓冲装置	无破损、变形，钩头腔无异物，电气盖板锁闭良好电缆软管无脱落，各塞门位置正确
4	转向架	构架正常，空气弹簧无破损漏气
5	轮对	踏面无擦伤
6	停放制动拉环	位置正确，锁闭良好
7	牵引高压电气设备箱、牵引辅助设备箱	箱盖锁闭良好，外罩齐全，锁闭良好
8	车间电源	锁闭良好
9	空气压缩机	外观无异常
10	空气制动控制板	开关位置正确
11	风缸及干燥器	各塞门位置正确，无漏风
12	电气设备箱	盖关闭锁紧
13	车下所有塞门	位置正确

（2）列车出入段计划编制

1）列车出入段计划编制的前提。

编制列车出入段计划须满足以下前提条件：

①车辆维修部门已移交足够的运用车辆。

②运用车辆停放及进出的线路接触网已送电。

③当日其他有关列车开行的文件已进行确认。

2）列车出入段计划编制的实施。

①出段计划的编制。由车辆段调度员根据当日的列车运行图和其他有关列车开行文件的要求编制列车出段计划。编制好的计划由车辆段调度员提前送达给控制中心行车调度员和信号楼值班员。

②入段计划的编制。由车辆段调度员根据当日的列车运行图编制列车入段计划。编制好的计划由车辆段调度员提前送达给控制中心行车调度员和信号楼值班员。

（3）接发车作业

车辆段列车接发车作业过程由两部分组成：一部分是车辆段车库到车辆段接发车线（转换轨）的进路安排及列车运行组织；另一部分是车辆段接发车线（转换轨）与正线出入段线相连接的车站之间的接发车作业。

车辆段车库到车辆段接发车线（转换轨）的接发车作业比较简单，与列车转线大致程序一致。而车辆段接发车线（转换轨）与正线出入段线相连接的车站之间的接发车作业，在正常情况下由调度集中控制，控制中心行车调度员排列进路，并通知司机按信号动车，当无法实施调度集中控制时，由车辆段与车站直接办理接发车作业。

1）调度集中控制时，车辆段列车进入正线/回段的接发车作业程序。

①确认线路空闲。确认线路空闲主要包括以下内容：a. 设有轨道电路的线路，在轨道电路和信号、联锁设备工作正常时，除了直接在控制屏上确认接车线路是否空闲外，车辆段信号楼值班员还应认真核对线路运用记录簿和占线板的记录，确保接车线路空闲。b. 无轨道电路的线路，由车辆段信号楼值班员认真核对线路占用登记表和占线板的记录，并由车厂行车助理现场确认线路是否空闲。c. 线路上接入轻型轨道车辆或长期停放机车、车辆时，应在控制屏及线路占用登记表、占线板上特别注明，当相关车辆转出后，由车辆段行车助理现场确认线路空闲并通知车辆段信号楼值班员，由车辆段信号楼值班员在线路占用登记表和占线板上注明。

②进路准备。进路准备包括以下内容：a. 出库。列车整备完毕状态符合正线服务要求后，司机与车辆段信号楼值班员联系出库。信号值班员按照列车开行计划、列车运行图的要求及行车调度员、车辆段调度员的命令，及时、正确地准备发车进路。b. 列车到达车辆段接发车线（转换轨）后，由行车调度员安排进路，并通知司机驾驶进入正线运行。

③回段。在确认线路空闲后，信号值班员按照列车开行计划、列车运行图的要求及行车调度员、车辆段调度员的命令，及时、正确地准备接车进路，并排列由列车接车线路至停车库的进路。

2）无法实施调度集中控制时，由车辆段与车站组织列车进入正线或回段的接发车作业程序。

①列车出段时，车辆段信号楼值班员必须通过行车电话与接车站值班员联系，预告发车次。得到车站值班员同意接车的回复后，车辆段信号楼值班员在控制屏上确认出厂信号机至车站的接车进路已经排好，然后排列出段进路，开放出段信号。

②列车进段时，由发车车站值班员通过行车电话与车辆段信号楼值班员联系，得到车辆段信号楼值班员同意接车的回复后，方可排列列车进段进路，并开放信号。

2. 调车作业

（1）调车的定义和分类

车辆段的行车组织工作中，调车是项重要工作。调车是指除列车在车站的到达、出发、通过及在区间内运行外，还有列车或车辆有目的地移动。

车辆段内的调车作业按其目的不同，主要有转线调车、取送调车、解体调车和编组调车四种：转线调车是指将列车或车辆从某一条线路转移到另一条线的作业过程；取送调车是指将列车或车辆送到与其他接驳的轨道上，或由接驳的轨道上将列车或车辆调回本单位停车线的作业过程；解体调车是指将通过分解、移动的方法将一列车分开，一般在列车检修作业前运用；编组调车是指将单个车辆或单组车通过移动、连挂的方法组成一列车，一般在列车检修作业后运用。

（2）调车工作指挥

调车工作是一项多工种联合行动的工作，为了安全、准确、迅速、协调地进行，必须贯彻"统一领导、单一指挥"的原则。

在车辆段调车，车辆段调度员为调车领导人，调车长为调车指挥人。

在调车作业中，根据作业中所处的位置和所具备的瞭望条件，规定在牵引车辆运行时，前方进路的确认由调车司机负责；在推进车辆运行时，前方进路的确认由调车指挥人负责。如调车指挥人所处位置确认前方进路有困难时，可指派参加调车工作的其他人员确认。

（3）调车作业计划的编制、传达和变更

①调车作业计划由调车领导人编制，形成调车作业通知单。

②调车作业计划由车辆段调度员以书面形式向调车长下达，并说明具体要求和注意事项，调车长于作业前将作业计划和注意事项向司机、调车员传达清楚。

③在作业中需变更计划时，必须先停止作业。调车作业计划变更不超过两钩时，由调车领导人将变更后的计划口头向有关人员传达清楚，有关人员必须复诵，确认无误后才能开始调车作业；调车作业计划变更三钩及以上时，须重新编制调车作业通知单后执行。

④编制调车作业计划时，为了便于操作，一般使用专用符号来表示相关作业名称。例如：

连挂：用"＋"表示。

本线连续连挂：用"＋＋"表示。

摘车：用"－"表示。

本线拉前摘车：用"e"表示。

顶车：用"丁"表示。

超限车：用"超限"表示。

关门车：用"关门"表示。

待命：用 D 表示。

交接班：用 JJ 表示。

整备：用 ZB 表示。

在轨道交通系统中，由于车辆停放需要采取防溜措施，通常不具备本线连续连挂的条件，而交接班、整备等作业通常不在调车作业单中安排。调车作业符号用得比较多的是"＋"、"－"、"丁"、"D"，其他符号通常用得比较少。

调车任务通常由车辆维修部门提出，将调车任务单交由车辆段调度员，车辆段调度员负责编制调车作业通知单，由调车人员和信号楼值班员负责实施。

（4）调车作业的准备工作

①调车作业前，调车组成员必须按规定着装，穿戴好防护用品，并认真确认信号灯、对讲机工作状态良好。

②调车长应根据车辆段调度员的布置及调车作业计划的要求，开好调车作业预想会，交代作业要求和注意事项，传达作业计划。

③司机应认真检查机车，确保机车走行部、制动系统、电台、头灯等状态良好。

④调车长或指派调车员检查线路、车辆和库门状态，内容包括车辆防溜措施情况、是否进行技术作业、是否有侵限物搭靠、装载加固是否良好、是否插有防护红牌（红灯）、车库门是否打开并固定良好等。

（5）调车作业的规定

1）调车作业方法限制。

调车作业方法仅限牵引、推进调车，禁止溜放调车和手推调车（特殊情况下，经公司指定负责人同意方可手推调车）。

2）调车作业应按信号显示要求进行。

调车作业必须按照调车信号机和调车手信号的显示要求进行。没有信号不准动车，信号不清，立即停车。调车作业时，调车长必须正确、及时地显示信号，司机要认真确认信号，并鸣笛回示，没有回示时，应立即显示停车手信号。连挂车辆时必须显示三车、二车、一车的距离信号和连挂信号，一车距离以 20 m 为标准，没有显示三车、二车、一车距离信号和连挂信号不准挂车。

3）调车手信号的显示。

城市轨道交通采用的调车手信号与铁路的基本相同，一般使用信号旗来显示。在没有信号旗时，也可使用徒手信号来显示调车信号。调车长或管理人员及行车有关人员检查工作或遇列车救援、发生紧急情况，没有携带信号灯或信号旗时，可用徒手信号显示。车辆连挂前要一度停车，连挂后的车辆要先试拉，确认连挂妥当，撤除防溜措施后方可动车。调车作业完毕，应将车辆或列车停于线路警冲标内方，做好防溜措施，防止车辆或列车溜走。

4）取消调车进路。

取消调车进路时，应确认列车尚未启动，通知调车长或调车司机，并得到应答后，方可关闭调车信号。信号机故障开放不了，需越过关闭的信号机时，调车长得到车厂信号楼值班员通知，确认进路开通后，方可领车越过该信号机。

（6）调车作业防溜及防护

为防止车辆溜逸，避免列车冲撞事故，须制订列车、车辆的防溜及防护规定。具体的防溜及防护要求如下：

①牵出线、洗车线、出入段线、试车线、咽喉道岔区禁止停放机车车辆，其他线路存放车辆时，应经车辆段调度员同意方可占用。机车车辆应停在线路两端信号机内方，并做好防溜措施。对于没有设置信号机的线路，应停放在该线路的警冲标内方。

②工程机车车辆、轨道车应在上车顶扶梯处揭挂"高压电，禁止攀爬"字样的标示牌。

③平板车及机车停放在线路上不再调动时，应连挂在一起，并拧紧两端手闸，必要时放置铁鞋。因装卸设备需要不能连挂在一起时，应分组做好防溜，中间车组拧紧手闸。

④调车作业过程中，应做到摘车时先做好防溜（客车应恢复气制动和停车制动，工程车拧紧手闸，必要时放置铁鞋）后再摘车；连挂时，挂妥后再撤除防溜。

3.洗车作业

洗车作业特指对列车外部进行清洗，不包括车厢内部的清洁。城市轨道交通一般在车辆段安装专门的洗车装置。

（1）洗车机洗车模式

洗车机的洗车模式有手动和自动两种。正常洗车作业用自动模式，司机按洗车线地面信号机的显示和洗车机的信息提示洗车。自动模式又分为自动清水洗、自动洗涤剂清洗。手动模式洗车时，司机按地面信号的显示和洗车机操作人员的指示进行洗车。

根据洗车作业的工作量，洗车作业又分为列车全洗和列车侧洗。

（2）洗车机的主要功能

①设备为室外单向通过式布置，列车的移动靠列车本身动力，由司机控制以 3 km/h 的速度洗车。

②对车辆的清洗分为清水清洗和清洁剂（碱性）清洗两种，每班 8 h 可清洗列车 24 列数，每日最多可洗 144 辆四轴车。

③能清洗列车首尾车厢的端部和每辆车厢的外侧。

④有全自动控制与手动控制两种控制方式。

⑤有水循环系统和污水处理系统，能够循环使用清洗列车的水，以减少洗车的用水量。每列车的清水耗量约为 560 L。

⑥洗车机一般设有多个紧急按钮，在紧急情况下，按下任何一个紧急按钮，整个洗车程序将立即停止操作。

（3）洗车机的设备组成

洗车机的主要设备有预湿喷淋装置、洗洁剂洗刷装置、端头洗刷装置、水洗刷装置、最后清洗喷淋装置（再生水）、最后清洗喷淋装置（清水）、控制系统、信息显示系统、水循环和污水处理系统。

4.2　非正常情况下的列车运行组织

非正常情况下的行车组织是相对于正常情况下的行车组织而言的，其主要是指由于人、设备或环境等因素导致不能继续采用正常情况下的行车组织方法组织行车的情况。

城市轨道交通由于采用了较多的先进设备，自动化程度较高，因此出现意外情况的概率较小。也正是由于平时很少遇到故障情况，一旦出现故障，如果处理不当就很容易导致大面积的晚点，严重的甚至造成人员伤亡事故。因此，各大城市轨道交通运营单位都非常重视非正常情况下的列车行车组织，都制订了详细的应急处理方法和预案，在日常的培训和管理中，重点加强员工对非正常情况下应急处理能力的培训及演练，提高员工的应急处理水平，降低事故造成的影响。

非正常情况根据发生的原因主要分为以下几类。

1. 设备故障

一般对于列车正常运行影响较大的设备故障包括列车故障、信号系统故障、轨道线路故障、供电系统故障、通信系统故障及其他设备设施故障。

列车故障包括制动系统故障、牵引系统故障、车辆构件故障等。

信号系统故障包括联锁系统故障（包括系统故障，轨道电路、道岔及信号机故障等）、列车自动监控子系统故障、车载列车自动防护子系统故障、轨旁列车自动防护子系统故障等。

轨道线路故障主要是指钢轨故障，包括钢轨变形、断裂、破损，道岔转动故障、无显示等情况。

供电系统故障主要包括停电、变电系统故障、接触网故障等。

通信系统故障主要是指用于行车组织的通信工具故障，它会影响正常指挥信息的传递并影响列车的运行指挥。

其他设备设施故障包括建筑结构变形侵限、部件脱落，直接威胁到行车安全等。

2. 自然灾害

自然灾害通常是指强台风、暴雨、暴雪、地震等灾害，自然灾害一方面可以直接影响正常的行车组织，另一方面也会影响设备系统的运作而引发故障，从而影响正常的行车组织。

3. 人为因素

这主要是指由于人为操作失误（包括故障处理失当）、故意行为等造成影响列车运行组织的情况。过往事故的统计数据表明，约70%以上事故的发生都是由于人为因素造成的。

4.2.1　设备故障

在运营期间设备故障影响正线行车组织时，一般由相关设备维修部门对故障进行先期处理，确保维持运行。如短时间内不能处理完毕的，需要采取其他方式保证列车的运行，维持一定水平的客运服务。非运营期间发生设备故障时，需要立即组织维修人员进行抢修，保证不影响正常的运营服务。

1. 列车故障

在正线上运行中的列车发生故障，一般由当值司机负责处理，针对列车性能的不同，各大城市轨道交通运营单位都会制定相关的《列车故障处理指南》供司机参考使用。一般对于不影响运行的列车故障，司机继续使列车按运营计划运行，直至列车退出服务回车辆段维修为止。

对于不宜长时间运行的列车，尽量使列车继续运行到设有故障列车存车线的车站，待乘客全部下车后，进入存车线停留，并在适当时回段修理，或清客后直接回段。

如果列车因故障在区间或车站无法开动，则需采取列车救援措施，将故障列车牵引或推进到就近的存车线。

（1）救援列车的开行

1）救援列车的请求与派遣。

行车调度员接到故障列车司机的救援请求后，应指定救援列车（通常使用线路运行中的列车），并向指定列车司机发布开行救援列车的命令。安排列车救援回车辆段时，还需向车辆段发布命令。如需车站排列进路时，救援命令还需发给相关车站。故障列车在区间时还须发布封锁区间线路的命令。

2）救援列车进入封锁线路的行车组织办法。

向封锁线路发出救援列车时，不办理行车闭塞手续，以列车调度员的命令作为进入该封锁线路的许可。

（2）救援列车作业要求及操作要点

救援列车前往救援时可选用正向牵引，也可采用推进运行方式，无论采用哪一种方式，救援列车及故障列车都必须遵守以下要求：

1）做好救援故障到车前的准备工作。

①清客。救援列车必须在就近站台进行清客作业，故障列车停在站台或部分已进入站台，必须进行清客作业。

②建立无线通信。救援列车、故障列车与行车调度员间建立无线通信，进行通话测试。

③选择驾驶模式。如果使用正向牵引方式，完成清客作业后，司机应前往另一端的驾驶室，得到行车调度员授权后，选用列车自动防护子系统固定限速下的人工驾驶模式前往故障列车现场，并在故障列车前不少于规定距离外停车，然后以调车方法与故障列车进行连挂。

如果使用推进运行方式，完成清客作业后，司机应选用列车自动防护子系统监督下的人工驾驶模式前往故障列车现场；接近故障列车时必须得到行车调度员授权，选用列车自动防护子系统固定限速下的人工驾驶模式前停在故障列车前不少于规定距离处，然后进行挂接。

2)救援列车与故障列车进行连挂作业。

①救援列车司机接近故障列车时必须确定故障列车救援准备工作准备到位，看到故障列车的连挂信号后动车连挂。

②完成挂接后，救援列车、故障列车司机必须将"列车挂联"开头扳到"通"位，并经相互确定后，进行制动系统测试。确定制动系统正常及故障列车的制动系统已缓解后，便通报行车调度员。

③得到行车调度员授权后，救援列车司机可以使用以下驾驶模式及指定速度将故障列车驶离正线。

使用正向牵引方式：救援列车驾驶可使用列车自动防护子系统监督下的人工驾驶模式以不高于指定速度驾驶列车。

使用推进运行方式：救援列车司机可使用列车自动防护子系统固定限速下的人工驾驶模式以不高于指定速度驾驶列车，在途中必须依据故障列车驾驶员指示驾驶，如在规定时间内得不到故障列车驾驶员指示，救援列车司机必须停车。

在任何情况下救援列车司机及故障列车司机均必须保持联络，如遇突发事件时，应立即停车了解实况，直至完成救援作业。如故障列车当时处于区间(车上仍有乘客)，在完成挂接作业后应立即前往就近站台进行清客作业。

由于救援工作的实施需要一定的时间，通常至少需要 20 min，因此，在列车故障救援实施的过程中，行车调度员同时会通过使用扣车、小交路运行的方式降低事故对正线运行的影响。

◆ 列车救援处理案例

1.事件概况

15∶25，0517 次(113 车)列车在××站下行站台发生启动联锁且无任何故障显示，司机进行启动后无法动车(该故障当天已发生了两次)。

15∶29，司机向行车调度员报告无法动车，请求救援。行车调度员立即通知下行的 0219 次(104)在后面一个车站下行线扣车，同时做好清客准备，后续相应列车也同时扣停。

15∶31，0517 次列车司机按照行车调度员指示开始进行清客。

15∶35，0517 次司机报告行车调度员，非限制人工驾驶模式也无法动车，而 0517 门指示灯是正常的。行车调度员下达救援命令，通知故障车司机做好尾部救援准备。0517 次列车司机和赶赴现场的督导一起按故障救援程序做好救援准备。

行车调度员同时通知 0219 次列车司机清客，准备空车担任救援列车。

15∶38，0219 次列车清客完毕。

15∶40，行车调度员向救援列车司机下达救援命令，并交代行车调度员代码、命令号、目的地等，但是未说清楚是站内还是区间，司机立即询问清楚，随即动车前往救援地点。

15：53，救援列车连挂故障列车，运行至存车线停妥。

15：58，得到行车调度员指示后，救援列车司机进行换端、解钩、退回，并重新投入运营服务。

17：05，故障列车在存车线修复完毕。

18：22，调度组织故障车在存车线动车，空车回厂。

2. 事件分析

故障原因是故障车的电子柜里面的某继电器两触头松脱所致。

3. 事件影响

①清客 2 列，晚点 5 列，下线 1 列。上行运休载客列车 3 列，下行加开载客列车 1 列，其他加开空车 1 列。

②行车大间隔：下行最大 35 min；上行最大 16 min。中断正线行车 24 min。

4. 列车救援注意事项

①要正确地认识事故。事故的发生是不可控的，因此日常培训很重要，要熟悉程序，有备无患。

②一旦发生意外事件，无论是行车调度员还是司机，重点要把握住关键作业程序。不管客观环境因素怎么干扰，不能乱，切忌忙中出错。

③司机要把好"四关"，严防出错。一是命令关，二是信号关，三是道岔关，四是联系关。对于命令一定要问清楚救援准确的地点、目的地、命令号、代码等；一定要确认信号，然后与行车调度员联系清楚才能动车；沿途要确认好道岔位置是否正确，前后司机保持联系，随时作好停车准备。

④在推送到存车线停车时，需注意安全，防止冒进信号。因此，前后司机必须加强联系，缓慢移动对位，确保安全。

2. 信号故障

正线有道岔并配有联锁设备的车站称为联锁站，一般使用微机联锁。正线不设进站、出站信号机，只设进路防护信号机。微机联锁信号设备具有追踪进路功能，列车每出清一段轨道电路，设定的进路就会自动逐段解锁。

信号设备故障主要包括列车自动监控子系统故障、列车自动防护子系统故障、列车自动驾驶子系统故障、联锁故障、轨道电路故障等。对于信号设备故障，由于轨道交通系统采用的信号设备不同，处理的具体规定也不同，但基本原理是相同的。下面以国内采用微机联锁信号系统及列车自动运行控制系统的轨道交通系统为例，来介绍信号设备故障时的运行组织方法。

(1) 列车自动监控子系统故障

列车自动监控子系统的主要功能是控制和监督列车运行。列车自动监控子系统按列车计划运行图指挥列车运行，办理列车进路，控制发车时刻，及时搜集和记录列车运行信息，跟踪列车位置、车次、绘制列车运行图，并在控制中心的模拟盘上显示列车信息及线路情况。

当列车自动监控子系统发生故障时，其以上功能就不能自动实现，需要行车调度员在控制中心实施人工控制，对所管辖线路上的信号机和道岔进行操作，并办理列车进路，组织和指挥列车运行。如果出现中央列车自动监控子系统无显示等故障，行车调度员应与联锁站办理监控权切换，实现站控。

在站控模式下，联锁站值班员首先应确认联锁工作站上的列车自动监控子系统的远程终端控制单元的降级模式是否激活，当该降级模式被激活时，联锁站不用操作，列车可自排进路并自动取消运营停车点。若该降级模式未被激活，行车调度员没有特殊批示时，车站必须在工作站上按正常情况人工排列进路及人工取消运营停车点。

由于列车自动监控子系统发生故障，会影响列车位置、车次等列车运行信息的记录，进而影响列车运行图的自动绘制。因此，当列车自动监控子系统发生故障时，司机需人工输入车次号，当换向运行时，输入新的目的地码和车次；规定须报点的车站向行车调度员报告各次列车的到开点，行车调度员以报点站为单位人工铺画列车运行图。

如果车站在工作站上取消不了运营停车点，应立即报告行车调度员，由行车调度员转告司机，用限速下的人工驾驶模式驾驶客车出站，直至转换为列车自动驾驶子系统模式；当车站取消运营停车点而客车目标速度仍为零，且超过规定时间时，车站值班员应报告行车调度员，由行车调度员指示司机开车，当列车自动驾驶子系统驾驶恢复正常时，司机应向行车调度员报告。

(2)列车自动防护子系统故障

列车自动防护子系统是确保列车运行安全的关键设备，列车通过地面列车自动防护子系统设备接收运行于该区段的目标速度，保证列车在不超过此目标速度的情况下运行，从而也保证了后续列车与先行列车之间的安全间隔距离。列车自动防护子系统同时监督列车车门和车站站台屏蔽门的开启和关闭，保证操作安全。

列车自动防护子系统由轨旁地面设备和车载设备组成，因而，列车自动防护子系统设备故障又分为列车自动防护子系统地面设备故障和列车自动防护子系统车载设备故障。

1)列车自动防护子系统地面设备故障。

当列车自动防护子系统地面设备发生故障时，就会使列车自动防护子系统车载设备接收不到限速命令，无法按自动闭塞法行车。此时如果是小范围的设备故障，可由行车调度员确认故障区间空闲后，命令司机在故障区间以限速下的人工驾驶模式限速运行，如果经过规定数量的轨道电路还未恢复列车自动驾驶子系统模式时，就继续以限速下的人工驾驶模式驾驶至前方车站或终点站。如果是大范围的设备故障，就须停止使用自动闭塞法，改为车站控制按电话闭塞法组织行车。

2)列车自动防护子系统车载设备故障。

列车自动防护子系统车载设备发生故障时，因故障列车无法接收列车自动防护子系统限速命令，此时主要解决列车的驾驶模式问题。一般列车自动防护子系统车载设备发生故障时，司机根据行车调度员命令人工驾驶列车，限速运行至前方站；列车到达前方站仍不能修复时，由车站派列车引导员上列车驾驶室添乘，沿途协助司机瞭望，监控速度表，超速时立即按压紧急停车按钮。司机按规定的限制速度继续驾驶列车至前方终点站后退出服务。此时行车调度员应随时注意列车自动防护子系统车载设备发生故障的列车运行情况，严格控制速度，以确保列车与列车之间的最小间隔在一个区间及以上。

(3)列车自动驾驶子系统故障

列车自动驾驶子系统的主要功能是站间列车运行控制，列车按时刻表的时间和最大可能的节能原则自动调整实际运行时分和在站内的停留时间(主要是在车站的定位停车控制、车门控制及站台屏蔽门的开启等方面节省时间)。

当列车自动驾驶子系统发生故障时,列车自动运行功能不能实现,此时列车改为列车自动防护子系统监督下的人工驾驶模式,在列车自动防护子系统车载设备的监护下,列车按车内信号显示速度运行。

(4)信号联锁系统故障

当信号联锁系统发生故障时,根据故障发生的地点,可分别采用不同的行车组织方式。

1)采用电话闭塞法组织行车。

一般来说,城市轨道交通信号联锁系统发生故障时,应采用电话闭塞法组织行车,通常以联锁站之间为闭塞区段。

电话闭塞法是在没有机械、电气设备控制的条件下,仅凭电话联系来保证列车空间间隔的行车闭塞法,安全程度较低。

采用电话闭塞法的作业办法与具体要求如下:

①基本行车闭塞法的变更或恢复。为保证同一区间在同一时间内不会采用两种闭塞法,在停止使用基本闭塞法改按电话闭塞法或恢复基本闭塞法时均应下达调度命令。行车调度员应及时调整列车运行计划,车站值班员根据行车调度员的命令,办理闭塞、准备进路、开闭信号(或交接凭证)和接发列车。采用电话闭塞法行车时,一个闭塞区段内只允许一趟列车占用,列车占用闭塞区间的行车凭证为路票。

②办理闭塞。首列使用电话闭塞法行车的发车站,其行车值班员在发车前,必须要到接车站行车值班员以电话记录号码承认的闭塞,其余列车则实行电话闭塞解除法。接车站报告发车站前次列车闭塞解除的条件:接车站接到发车站发车通知,即该出发列车到达本站,并且已由本站发出或已进入折返线,下一列列车的接车进路已准备妥当。

③准备进路。接车站在准备好接车进路后,同意发车站的闭塞请求,发车站准备发车进路。当道岔在控制终端上表示正常时,把道岔单独操作到正确位置并使用单独锁定,当道岔在控制终端上无表示或表示不正常时,须人工将进路上的有关道岔开通至正确位置,使用钩锁器钩锁,并实行现场两人确认制。

④接发列车。发车站接到接车站闭塞承认号后,填发路票并交付司机,司机确认路票正确后凭车站发车指示信号开车,列车凭路票占用闭塞区段。

⑤路票的填写规定。路票是列车占用区间的行车凭证,一般由站台工作人员在接到车控室行车值班员的指令后再填写,填写路票是采用电话闭塞法时办理行车作业的重要环节。当发车进路未准备妥当,而又向司机发放了路票,就会由于进路不对而发生挤岔事故。

在这方面,很多运营公司都会在路票填记要求上制订一些防控措施,如增加接令时间、电话记录号码不按顺序编定、站台现场增加卡控人员等。站台交递路票的工作人员应与电话记录进行核对,确认无误签名后,方可交给司机。

⑥正确填写"行车日志"。在改用电话闭塞法行车时,"行车日志"内应正确填记列车的车次、承认闭塞的电话记录号码,列车到达、发出时间及闭塞解除时间。

⑦电话记录号码。电话记录号码是采用电话闭塞法行车时,区间两端站办理行车闭塞事项的记录。车站在发出电话记录的同时还要编电话记录号码,以明确办理的事项和责任。承认闭塞、列车到达、取消闭塞等行车事项均应发出电话记录。

2）采用站间电话联系法组织行车。

目前国内部分城市轨道交通系统为了提高正线通过能力，规定当正线发生信号联锁故障时，采用站间电话联系法组织行车，只有车辆段和与车辆段相邻的车站间线路的信号联锁。采用站间电话联系法组织行车时，行车调度员应及时向有关车站发布命令："从××时间起，在××站至××站采用站间电话联系法组织行车"；行车调度员亲自或通过车站通知司机口头调度命令的内容。车站和行车调度员共同确认第一趟发出的列车运行前方的车站和区间空闲，此时列车在故障区段范围内的行车凭证是行车调度员口头命令，列车一般采用限速下的人工驾驶模式。每一站间区间及前方站内线路只允许一趟列车占用。

采用站间电话联系法组织行车时，准备进路及接发列车作业方法与电话闭塞法相同。

（5）轨道电路故障

轨道电路故障一般分为区间轨道电路故障和道岔区段轨道电路故障。轨道电路故障表现为出现红光带、粉红光带、灰显等现象，这会影响列车进路的排列，列车将无法收到速度码。

1）区间轨道电路故障行车组织安排。

列车在故障轨道电路区段停车后，司机根据行车调度员指示转换为限速下的人工驾驶模式。列车重新启动，并运行出清故障区段若干轨道电路区段收到速度码后，由司机手动恢复为列车自动运行控制系统驾驶模式。

2）车站道岔区段轨道电路故障行车组织安排。

此类故障将直接影响中央列车自动监控子系统自动和人工设置进路。行车调度员可授权区域联锁工作站以单独操作的方式，将进路中的道岔转换到规定位置并锁闭（无法转换时，由人工现场手摇、加锁），然后开放有关信号机的引导信号。列车根据引导信号的指示，以人工驾驶模式运行，出清故障区段若干轨道电路区段后，列车自动转换为列车自动防护子系统监督下的人工驾驶模式，此时司机手动恢复为列车自动驾驶子系统驾驶模式。

（6）道岔故障

道岔故障一般分为电气故障和机械故障，电气故障一般属于信号系统层面的故障，而机械故障则属于轨道层面的故障。当出现挤岔时，就按照事故处理，组织抢险救援。

1）道岔电气故障。

道岔电气故障一般表现有道岔灰显、道岔短闪、道岔长闪。

出现道岔灰显时，一般由信号专业人员通过重新启动计算机等手段来恢复，如重新启动不成功，则由人工现场准备进路组织行车。出现道岔短闪，行车调度员应对故障道岔进行转换试验，经二次转换仍不能恢复正常时，就应安排车站人员立即进行人工准备进路，同时通知信号和轨道专业人员现场处理。

出现道岔长闪，首先应通过是否列车占用来判断是否挤岔。如非挤岔，在确认故障道岔区段进路空闲（无绿光带）表示后，进行"挤岔恢复"操作；如果有绿光带，操作"强解道岔"后，执行"挤岔恢复"命令，并对道岔进行转换试验。如仍无效，安排车站人员立即进行人工准备进路，同时通知信号、轨道专业人员现场处理。

2）道岔机械故障。

道岔机械故障表现为道岔尖轨尖端部分密贴而竖切部分不密贴、挤切销断、尖轨断裂等，一般还会表现出道岔电气故障的现象。处理此类故障时一般由现场人员确认，如仍能通过人工现场手摇道岔排列进路方式组织行车，按照先通后复的原则一边组织行车，一边组织抢修；如无法人工现场排列进路，应立即组织抢修。

3）正线挤岔。

当列车从撤岔向尖轨方向运行时，如果道岔位置不对，则车轮会将密贴的尖轨挤开，导致挤岔。列车一旦挤岔，一般会报警，为防止脱轨，列车挤岔后不得后退，必须在专业人员的监护下缓慢运行出岔区，或固定好道岔后，列车再向后退行。

处理挤岔时，首先应确认列车车次、挤岔车辆号和具体轮对、被挤的道岔，特别注意挤岔的列车是否倾斜并侵入邻线，如果影响邻线应及时扣停接近列车。

其次，须了解列车载客量及人员伤亡情况，积极组织乘客疏散，通知邻线运行列车限速运行并加强瞭望，积极抢修道岔，妥善组织不受影响的区段的列车运营，必须救援时，则认真组织救援工作，确保安全。若挤岔后脱轨，应封锁事故区段，根据具体情况灵活使用线路，最大限度地满足行车安全和客运服务的要求。

（7）供电系统故障

供电系统故障包括变电系统故障和接触网故障。发生故障时，应采取相应的故障运行模式，尽量不影响列车运行；如果故障严重，导致区段行车中断，在恢复正常工作前，一般通过小交路运行加单线双向运行或公交接驳来组织行车和运送客流。

1）变电系统故障。

一般根据停电的范围对变电系统故障进行分级，按不同级别提出不同的行车组织方式以尽可能维持运营。一些城市轨道交通运营单位将停电分为一级停电事件、二级停电事件和三级停电事件。

①一级停电事件。一级停电事件是指所有地铁供电系统主变电所停电，导致地铁被迫停运的事件。一级停电事件产生的主要原因为整个城市或局部地区电网发生故障造成大面积停电，造成所有地铁车站、车辆段停电。恢复送电的时间受到地方供电局处理故障时间的制约，具有不可控的特点。停电时间有可能超过各系统应急电源的允许使用时间。此类停电一般采取停运的方式将乘客疏导出站，待电力恢复后再重新组织运营。

②二级停电事件。二级停电事件是指地铁线路的供电系统出现一个以上但不是所有主变电所全所的停电，导致较大范围的车站或车辆段全部交流停电、接触网停电而造成局部中断行车的事件。

出现此类情况一般应先尝试由其他主变所跨越供电来维持正常运营，如无法实施时，只能通过小交路运行及公交接驳方式来组织客流运送，调动受阻区域的列车组织乘客疏散。

③三级停电事件。三级停电事件是指局部车站或车辆段出现两路 35 kV 交流电源停电，导致局部接触网停电，造成局部中断行车的事件。出现此类情况时，一般应先尝试采用越区供电方式来维持正常运营，如无法实施时，一般采用小交路运行加单线双线或公交接驳方式来组织客流运送，受阻区域的列车组织乘客区间疏散。

2）接触网故障。

接触网故障现象一般分为接触网设备状态异常、接触网瞬时失压、接触网永久失压三种现象，但三种现象的引发因素都有很多，针对不同的现象，其行车组织方法也有所不同。

①接触网设备状态异常。接触网在运行中，发生拉弧、异响（车辆受电弓异常，在列车运行时，可能会与接触网腕臂或定位管发生碰撞，发生连续的拉弧、异响）、接触线高度、水平位置发生明显变化、接触网线索断线或下垂、腕臂/定位器及其他零部件脱落等但未发生接

触网失压的故障情况。遇此类情况，一般组织列车空车限速进入该区段检查和试验，如仍发生拉弧、异响，则需安排专业人员现场查看后再组织行车；如发现接触线高度水平位置发生明显变化、接触网线索断线或下垂、腕臂/定位器及其他零部件脱落等，列车须立即停车，并由专业人员抢修恢复后再组织行车。

②接触网瞬时失压。接触网瞬时失压是指接触网设备由于状态异常或其他物体短接接触网带电部分引起的跳闸及电客车故障引起的接触网跳闸，在变电所直流断路器重合闸后成功恢复供电的故障情况。如果是电客车造成的，一般需要组织列车救援，将该列车退送到备用线、停车线后，即恢复正常运营；如果是其他因素引起的，一般组织列车空车限速进入该区段检查和试验，如仍发生跳闸，则需安排专业人员现场查看后再组织行车。

③接触网永久失压。接触网永久失压是指自瞬时失压起 1 min 后仍未恢复供电的情况。这种情况一般是由于电客车对地短路、接触网线索断线或下垂后对地短路、接触网绝缘子击穿、弓网缠绕后对地短路、其他物体短接接触网带电部分造成接触网永久接地等引起的。遇到这种情况，应按照线路中断的方式维持有限的运营服务。

（8）轨道故障

1）轨道故障的含义及现象。

轨道故障是指轨道设施状态不良，主要包括钢轨损伤和轨道设备不良两类。出现轨道故障时，一般情况下需要限速运行，严重时会造成行车中断。

钢轨损伤主要是指线路钢轨折断、钢轨重伤、辙叉重伤、胀轨跑道和接头两块夹板同时折断等情况，此时列车一般需限速运行，严重时还会造成行车中断。

轨道设备不良主要是指线路几何尺寸不良、轨面波磨、道床破损等情况，造成列车晃动、列车过岔异响。轨道设备不良时，应视情况决定是否限速，如情况严重则在运营结束后临时补修。一般采用小交路运行加单线双线或公交接驳方式来组织客流运送。

2）轨道故障行车组织安排。

①钢轨损伤。运营时发现钢轨损伤，根据发现故障的类别和严重程度，现场查看后决定采取停运、限速或不影响正常运行中的一种，限速一般采用25 km/h、15 km/h 或 5 km/h；经处理后视设备状态，由抢修负责人申报开通和逐步提速。

非运营时间发现轨道故障时，根据发现故障的类别和严重程度，力争尽快恢复设备良好状态，避免或减少因设备原因影响地铁运营。如果当时不能完全消除设备故障，抢修负责人视情况对线路申报慢行或停运，慢行一般采用25 km/h、15 km/h 或 5 km/h，经整改后视设备状态逐步提速至正常速度；如果设备达不到安全条件必须停运时，轨道专业人员须以最大努力尽快恢复设备规定技术状态。

②轨道设备不良。运营时间发现轨道设备不良，可通过限速、添乘等方式尽快确定设备技术状态，查明轨道设备不良类别和程度，及时安排维修和保养计划予以消除。其中线路异常晃车、轮轨异响时，行车调度员须立即通知轨道、车辆专业人员分别添乘，检查事发区段和事发列车，确认异响原因，并注意事发区段是否有红光带或粉红光带，及时通知信号人员；组织后续第一列车限速 25 km/h 通过该区段，如运行正常，再安排第二列车限速 25 km/h 通过，如依然正常，后续则可恢复正常行车。恢复正常行车后，如再发生异常晃车、轮轨异响，再按限速 25 km/h 组织行车，经轨道专业人员添乘确认或抵达现场检查后，由其确定行车速度。如该区段限速 25 km/h 仍出现异常晃车、轮轨异响时，该区段立即中断行车，已进入该

区段的列车需退回后方车站，安排轨道专业人员现场检查，由轨道专业根据现场检查结果确定该区段轨道行车速度。

（9）通信系统故障

城市轨道交通通信系统一般由传输子系统、无线通信子系统、公务电话子系统、专用电话子系统、时钟子系统、广播子系统、电视监控子系统组成。由于地铁采用先进的信号系统组织运营，通信系统故障对列车的正常运行影响相对较小，所以出现故障时，一般是由相应的替代系统或人员来替代该系统的功能，以保证车站和列车在短时间内能维持正常的运行。以下介绍某城市地铁运营在无线通信子系统发生故障时组织行车的过程，其他系统故障根据本身地铁设备的特点通过采用备用设备来维持。

1）确认故障。

司机（行车调度员）如在 3 min 内使用车载无线台（OCC 无线调度台）无法正常呼叫行车调度员（司机）时，使用紧急呼叫功能及采用无线便携台拨号呼叫行车调度员（司机），如仍无法联系行车调度员（司机），可确认发生无线通信瘫痪。

2）信息通报。

在发生故障时，司机首先选择手机，直接或通过运转值班室与行车调度员取得联系，或使用端门直通电话通过车站向行车调度员报告。行车调度员得知消息后，通知无线专业人员处理故障，并通知车站派人到司机立岗处负责与司机联络。

3）行车组织安排。

在信号及车辆设备均正常的情况下，行车调度员不干预列车运行。若未发生影响行车安全和乘客安全的事件时，司机可不与行车调度员联系，凭收到的速度码行车。若列车在区间因不明原因而制动，且停车时间超过 3 min 仍无法与行车调度员联系，确认前方进路安全后，司机可使用限速下的人工驾驶模式动车，进站停妥后向行车调度员汇报。

（10）屏蔽门故障

随着屏蔽门技术的不断发展，从人员安全、降低能耗及净化环境等角度考虑，各地城市地铁在新线建设设计中都考虑安装屏蔽门或安全门，同时，也逐步在既有开通的线路上加装屏蔽门。

车站屏蔽门的控制方式分为系统级控制、站台级控制和就地级控制，系统级控制一般由车辆通过信号系统来触发和控制，屏蔽门的状态与车载信号系统建立联锁关系，屏蔽门出现异常时，通常车载信号系统无法建立行车条件，因此，屏蔽门故障一般会影响列车的正常运行。

1）处理屏蔽门故障的原则和规定。

在处理屏蔽门故障时，应遵循以下原则和规定：

①发生屏蔽门故障时，应坚持"在确保安全前提下，先发车后处理"的原则，当无法隔离（旁路）时，应先发车再处理。

②对不能关闭的单个或多个滑动门，必须设置安全防护栏或安排专人看护。

③故障屏蔽门修复后，由行车调度员负责组织，车站和司机配合，利用下一列车进行一次相应的侧屏蔽门开关门试验。

2）不同故障情况的处理。

①屏蔽门破裂的处理。如是滑动门/应急门，应将该门隔离（旁路）、断电；如玻璃未掉

下来，将其左右相邻两档滑动门隔离（旁路）、断电后处于常开状态；使用封箱胶纸将破碎的玻璃粘贴住，并设置隔离带和张贴告示牌。如屏蔽门玻璃破碎掉落轨道，应视影响列车运行与否，立即或利用行车间隔进行清理。

②整侧滑动门不能同步开启。使用头端墙（PSL）重新开门一次无效，按每节车厢不少于一档门的要求，手动打开滑动门供乘客上下，并将其隔离（旁路）和断电。

③一个或数个滑动门不能正常打开。引导乘客从正常的门上、下车，在故障门上粘贴故障告示。

④一档或多档滑动门不能正常关闭。如能立即隔离的，隔离后发车；如不能立即隔离时，确保防护措施到位后组织发车。

⑤整侧滑动门不能正常关闭。车站工作人员将开启的滑动门做好安全防护（或人工看护）后，向司机显示"好了"信号，然后发车。

◆ 地铁站屏蔽门故障事件

1. 事件经过

22：23：56，下行0329次列车到达某地铁站，在22：24：36发车时，第26档滑动门不能正常关闭。站台工作人员发现后迅速到该档滑动门处，将该档门旁路隔离（同时向车控室报告，车控室立即向行车调度员报告），然后给司机显示"好了"信号。当司机动车驶离站台两节车厢时，下行线整侧屏蔽门突然全部打开30～40 cm的宽度，列车产生紧急制动，在超出站台头端墙半个车厢后停稳。站台工作人员发现此情况后，立即跑向头端墙控制盒处，并通知车控室：下行线整侧屏蔽门突然自动开启，列车不能动车。在车控室的值班站长随即报告行车调度员下行屏蔽门的有关情况，并通过CCTV加强站台的监控，指示行值下去支援。

22：24：46，站台工作人员到头端墙处（此时，行值也到达现场），两人迅速将屏蔽门互锁解除，给司机显示"好了"信号，0329次列车于22：26安全驶离车站。之后，值站指示站台工作人员做好防护。行值在PSL上操作打到"门关闭"，但是屏蔽门没有正常关闭；打到"门打开"时，屏蔽门打开了；再打到"门关闭"时，屏蔽门正常关闭了。门关闭后，又对该侧屏蔽门进行了两次开关门试验，屏蔽门开关恢复正常。行值和站台工作人员又对后续列车进行了一次观察，屏蔽门和车门一起正常开关。在确认屏蔽门恢复正常后报告车控室，车控室报告行车调度员屏蔽门恢复正常。

2. 事件分析

在这次屏蔽门故障处理过程中，各岗位发现、判断和处理故障都非常及时。

①站台工作人员发现第26档滑动门不能正常关闭后，迅速将该档门旁路隔离，然后给司机显示"好了"信号，解决了第一次的故障。同时及时向车控室报告，做到信息畅通，为车站协同解决故障赢得了时间。

②当列车驶离站台两节车厢时，下行线整侧屏蔽门突然全部打开30～40 cm的宽度，列车产生紧急制动，站台工作人员发现此情况，立即跑向头端墙PSL控制盒处，会同行值将屏蔽门互锁解除，迅速解决了第二次的故障。

3. 事件影响及点评

在这次屏蔽门故障处理中，站台工作人员前后只用了一分多钟的时间正确、及时地排除了两次屏蔽门故障对行车的影响，反映出扎实的业务基础和良好的应变能力。

4.2.2　自然灾害

1. 自然灾害对轨道交通运营的影响

自然灾害通常是指强台风、暴雨、雷暴、暴雪、地震等自然灾害。自然灾害一方面会直接影响正常行车组织，另一方面会导致设备系统故障，从而影响正常行车组织。

强台风由于风力大，会对地面线路、车辆段的设备和设施造成较大的影响，同时也会带来暴雨，引发车站出入口进水的可能，从而影响车站的正常运作。

暴雨通常会对车站出入口造成进水的威胁，同时，暴雨还可能造成山体滑坡，可能造成地面线路中断。

雷暴通常对电气设备的影响最大，可能造成供电系统跳闸，设备损坏。

暴雪通常对地面线路的威胁最大，会影响列车限速运行或使道岔无法转动，情况严重的会导致地面线路的接触网断线，最终造成行车中断。

地震主要对城市轨道交通的构筑物造成影响，烈度大的地震会造成隧道、建筑物坍塌，这将导致线路中断，且中断不是短时间内能够恢复的。由于地震有太大的不确定性，并且不以人的意志为转移，在处理上只能在微震期间将人员疏散出站，减少人员伤亡，降低损失。

2. 恶劣天气下的行车组织

恶劣天气主要对地面车站、地面线路造成较大的影响。因此，在恶劣天气期间应对地面车站和线路作出重点安排，保证行车安全。

地面车站在恶劣天气条件下的行车组织，以确保行车安全为原则，车站严格执行恶劣天气下的组织预案，特别要强化站台组织、确保旅客人身安全。

首先，车站在得到恶劣天气的信息后，应及时向全体员工发出信息通报，并对关键岗位提出安全工作要求，同时加强车站巡察工作。

其次，站务人员应对接车线路接触网、路轨状况及候车乘客密切观察，发现有危及行车及人身安全的情况时，应及时采取措施（按下紧急停车按钮）将列车拦停。

最后，恶劣天气下，车站和车辆段工作人员作业时要加强自身防护。

（1）大风天气下作业要求

①工作人员应正确佩带工作帽，防止意外发生。

②留意接触网是否有异物悬垂以及轨道是否有异物阻塞，并及时报告行车调度员处理。

③车站或车辆段应指派专人对站台上、线路旁的可移动物品进行加固。

（2）冬季雪天下作业要求

车站或车辆段值班人员应及时采取防滑措施，并指派保洁人员随时对站台、轨道上的雪进行清扫，对装有加热装置的道岔应及时开启道岔加热装置。

（3）高温天气作业要求

①车站站台工作人员要留意乘客候车情况，保证乘客远离安全线。

②工作人员要注意自身状况，如有不适，必须及时报告上级主管，以作重新安排。

（4）雷雨天气下作业要求

①车站应指派保洁人员随时对站台上的积水进行清扫，并采取防滑措施。

②车站工作人员作业时，注意防滑。

③随时观察接触网情况，发现异常立即报告行车调度员。

各岗位行车工作人员在恶劣天气状况下办理各项作业时，除按以上要求加强管理外还应严格按恶劣天气下行车办法执行。

◆ **车站灌水事件案例**

1. 事件经过

某日，地铁的某地下站，其上方酒店有一个消防水池正在放水，所放的水将地铁出入口附近全部地面淹没，并有大量积水喷入地铁出入口。

19：45，车站人员发现车控室前地面积水，马上通知值班站长并安排厅巡到出入口查看，发现水从出入口大量涌入车站。

19：46，厅巡到达C口上面，发现水源头为C口上方酒店有一个消防水池正在放水，所放的水将地铁C口附近全部地面淹没，并有大量积水喷入地铁C口。厅巡立刻要求其堵住排水孔。

此时，车站积水已达到3厘米，C口电扶梯2部全部淹没、站厅流入的水在5 min内渗入300 m处的地铁A端设备房，站厅南面全部淹没，站台到站厅的2部电扶梯被浸水，车站站厅南面地下管槽(AFC、电缆线等)全部积满水，车站采取紧急抢险措施。

19：50，车站人员把沙袋运往C口，堵住C口的水流，这时站厅B端一半面积已经被水覆盖，一直流到B端售票设备处，并有水滴到站台电扶梯处。

19：55，水流到了站厅A端，进入A端设备房内。

20：02，车站组织人员到设备房进行扫水，最远的已流入环控电控室，其中过道、控制室、环控机房都大面积被水淹。

20：03，水源基本被控制住，车站大面积开始清扫站厅积水。

20：30，水清扫完毕。

地铁站外施工工程人员排放废水，流入站内，导致设备、设施被水浸泡，但由于清理及时，没有造成严重后果。

2. 整改措施

①加强车站各出入口的日常巡视，在多雨季节更应密切关注地面排水情况。

②各站及时检查车站防洪物资配备情况，发现有损坏或不足时及时补充。

③密切留意天气预报，多雨季节作好防洪预想。

3. 事件影响及点评

外面大水导致车站浸水，说明车站外部环境的变化对车站有一定的影响，这就要求车站员工在关注车站内部运作的同时，也需注意外部环境的变化。当车站设备区设备用房被水淹时，须先判断供电柜或设备是否有漏电的可能，若水位过高，应先切断电源才能开展处理工作。

3. 地震

当发生高震级地震时，线路、轨道肯定会发生不同程度的移位与变形，排水系统和其他建筑物也将遭受严重破坏，全线应立即停止运营，车站开放所有通道引导乘客出站。停在区间的列车在线路条件允许的情况下，司机以低速驾驶列车进入前方就近站清客；如线路已经严重破坏，则通过区间隧道疏散车上乘客。

地震过后，组织对全线设备进行检查、测试、抢修，确认各系统技术状态正常后，再决定是否恢复全线正常运营。

4.2.3　人为因素

人为因素包括内部员工和外部人员的因素,一般涉及人的生理、心理等因素,因而对行车组织影响的人为因素情况很多,以下结合过往铁路和轨道交通系统发生过的一些实例,来介绍不同情况下的处理方法。

1. 冒进信号时行车组织安排

列车冒进信号是指在未经授权的情况下,列车前端任何一部分越过进路防护信号机显示的停车信号。一般根据是否压上道岔而选择不同的处理方法。

(1)列车冒进信号后未压上道岔时的处理

发现列车冒进信号后,应立即停车,不得再移动列车。将后续列车扣停在后方车站。确认进路安全后,安排列车退行回车站。

(2)列车冒进信号后压上道岔时的处理

发现列车冒进信号并压上道岔后,应立即停车,不得再移动列车,防止扩大事故。将后续列车扣停在后方车站。附近车站派人前往现场检查,了解道岔破坏程度、列车是否挤岔或脱轨,如果影响了邻线行车,停止邻线列车的运行。根据事故的严重程度,决定是否清客,并且根据具体情况确定列车离开现场的方法。

2. 夹人夹物处理

夹人夹物是指列车车门或屏蔽门,或两者同时夹住乘客的身体某个部位或随身物品。夹人夹物处理不及时会造成设备的损坏、人员的伤亡。

夹人夹物的处理需根据列车启动与否区别处理。列车未启动时,一般由司机重新开关一次车门和屏蔽门;列车启动后,得知夹人夹物消息时,由司机到现场处理。

(1)夹人夹物处理原则

①站台工作人员应站在站台两端的楼扶梯口值岗,车门和屏蔽门关闭之际,应尽可能确认是否有夹人夹物,发现夹人夹物应及时向司机显示停车信号,并同时按压站台紧急停车按钮。

②行车值班员在列车到站期间应加强监控,观察站台保安/站务员是否有异常,需要时,可按压车控室内设备就地控制盘上的紧停按钮。

③司机在关门期间应重点监控是否有抢上乘客,如果有,不要急于动车,应重点观察站台保安是否显示紧急停车手信号。

④动车后发现列车车门夹人夹物应及时汇报清楚,并由司机统一处理,车站不得开启屏蔽门或应急门来处理车门夹人夹物。司机动车后接到夹人夹物处理命令后,应先进行客室广播,再迅速前往现场处理。

⑤车站站台工作人员应熟记车站楼扶梯口对应的列车车厢号码和车门编号,便于及时、准确地汇报。

(2)列车未启动时站台工作人员的处理要点

在夹人夹物处理过程中,站台工作人员处理及时与否直接影响到列车运行及人员的安全。在此,重点介绍站台工作人员在处理夹人夹物时的相关要求。

①发现列车车门/屏蔽门夹人夹物且没有自动弹开释放,立即就近按动紧急停车按钮。

②在赶赴现场查看的同时将情况报告车控室。

③向司机显示停车手信号，示意司机重新打开车门/屏蔽门。

④将人或物撤出后，再向车控室报告，并向司机显示"好了"信号。

（3）列车已启动时站台工作人员的处理要点

①列车启动后发现列车车门/屏蔽门夹人夹物，立即就近按动紧急停车按钮。

②立即将情况报告车控室，如列车尚未出站且所在位置在站台有效范围内，应前往夹人夹物现场了解情况和处理。

③如列车未停车，应立即报车控室。须由车控室及时报邻站组织处理。

在个别城市的轨道交通夹物的处理规定中，列车车门/屏蔽门夹物动车后的处理，根据所夹的物品对人员、设备是否有损坏进行区分。在判断所夹物品不会影响安全时，通常安排到下一站再行处理，如夹了乘客的小包、衣角等。如判断所夹物品会导致人身伤亡或对设备有损坏的可能，则须停车处理。

3. 列车非法逆行处理

列车非法逆行是指列车司机未经行车调度员许可擅自逆向驾驶，包括司机人为失误逆向驾驶、恶意（如司机被劫持）逆向驾驶。列车非法逆行须立即进行处理，否则后果将非常严重。在处理此类情况时，一般有以下几点要求：

①在处理非法逆行时，要反应迅速，做到早发现、早报告、早控制。

②行车调度员发现或接报正线列车在车站超停或区间无故停车时，应立即联系司机了解原因，同时将电视监控（或安防）系统监控调至相关站台区或列车驾驶室；并将后续列车扣停至就近的车站待令后报告调度主任和电力调度员。

③若发现列车非法逆行，行车调度员须立即使用无线电台呼叫司机紧急停车；两次呼叫司机无应答且未紧急停车时，调度主任须果断指令电力调度员对该列车所在的供电分区接触网实施紧急停电。

④在执行紧急停电的同时，若列车逆行前方有可进入的空闲线路时，行车调度员可迅速转换道岔将其逆行进路排向空闲线路，以防止事故扩大。

4. 大客流组织

（1）大客流的定义

①节假日大客流，主要指在国家法定节日（元旦、春节、清明、端午、国庆、中秋）期间市民出行及游客旅游等造成全线各站客流普遍大幅上升。每年的暑假期间，各城市轨道交通的客流量较其他月份也会大幅增长，但相对于国家法定节假日，其对行车、客运的影响相对较小，一般不采取特殊措施。在国家的法定节假日中，春节的客流相对平稳，较其他节假日客流量相对较小。

②大型活动大客流，主要指由于地铁沿线附近举行大型活动（包括节假日期间举行的大型活动），在活动结束后大量的乘客在较短时间内拥入地铁车站乘车，造成车站客流迅速上升。

③恶劣天气大客流，主要指由于台风、大雨等恶劣天气对地面交通造成影响，较多的市民乘坐地铁或进入地铁车站避雨，造成地铁各个车站客流比平时有所上升。

④突发性大客流，主要指车站或列车突然出现的客流集中增长，造成车站内、列车上过度拥挤（包括车站未能预料到的节假日高峰期间客流的短时间突增）。

（2）大客流组织的原则及要求

①应遵循高度集中、统一指挥、准确预警、迅速响应、有序组织的原则，充分调动分公司各部门力量，加强联络协作，提高大客流应对效率和效果。

②确保客流信息上传下达的及时、准确，车站客流信息的搜集、汇报责任人为当班值班站长，全线客流信息的搜集、传送责任人为控制中心行车调度员。

③控制中心负责全线客流控制，车站站长/当班值班站长全权负责本站的客流控制。由车站站长/当班值班站长根据现场客流情况决策是否采取非正常手段控制客流（如设置部分或全部闸机为常开状态、是否关闭部分或全部出入口等），但在实施时必须向行车调度员报告。

④行车调度员对不同行车组织措施下（如列车跳停、加开列车）的受影响车站应提前预知并给予适当的客流组织建议。

⑤大客流站及相关受影响车站应根据客流及受影响情况变化果断落实三级客流（站台、站厅、出入口）控制措施，全线各站应同步协调、串点成线，确保整体线路运营的安全可控。

⑥受客流影响关闭的车站由车站根据站外情况适时向控制中心提出开站要求，调度主任根据沿线客流情况决定是否开站恢复运营。

5. 火灾处理

城市轨道交通大部分处于地下空间，形成封闭的环境，一旦发生火灾，其后果不堪设想。因此，在新兴的轨道交通建设中，要求各种消防安全设备采用绝缘材料，且各地城市轨道交通对火灾的处理都有很明确的要求，在提高员工消防能力方面也是不遗余力的。结合轨道交通运营的特点，针对不同地点发生的火灾，在行车组织上的安排也不尽相同。

（1）车站火灾处理

1）地下车站的站厅火灾处理。

地下车站的站厅发生火灾时，控制中心应组织已经进入火灾车站的列车不停车越过该车站，并安排前一个车站的列车在车站清客，然后工作人员进入火灾车站的站台将乘客和员工疏散。为保证乘客和车辆设备的安全，全线将在短时间内停运，待特定列车（前一个车站或后一个车站已清客的列车）将火灾车站乘客和员工疏散完毕，确认该站可以通过时再以跳站方式恢复列车运行。其他相关设备系统根据具体情况采取相应的模式。

2）地下车站的站台火灾处理。

地下车站的站台发生火灾时，对于已经进入车站范围的列车，应采取跳站运行方式越过该车站，未进入该车站范围的列车应在前方车站停车清客。在确定火灾严重程度和情况之前，全线暂停运营，待确认火灾消除后再决定恢复运行。其他相关设备系统根据具体情况采取相应的模式。

（2）列车火灾处理

列车在区间发生火灾，应尽量使列车继续运行到下一个车站，让乘客尽快下车，火灾的处理模式基本与站台发生火灾模式相同。

当列车必须在区间停车并需要紧急疏散乘客时，全线列车暂时停止运行，列车停车后，司机组织乘客从列车疏散到区间，沿区间进入两侧的车站。沿线系统设备采用隧道火灾的模式运行。

（3）区间隧道火灾处理

　　当列车已经进入火灾区域，无法在火灾区域前停车的情况下，司机应操纵列车冲过火灾区域，在前方车站停车。当列车停在火灾区域前，并且与车站有一定距离时，列车应在控制中心的指挥下退回车站。全线其他列车将暂时停止运行，沿线系统设备采用隧道火灾的模式运行。

◆ **中外历史上的重大伤亡地铁火灾案例**

　　1903 年 8 月 10 日，法国巴黎地铁发生一场大火。一组满载乘客的列车在运行中着火，由于扑救不力，疏导不畅，有 84 名乘客不幸丧生。当时巴黎地铁车厢是用木料进行装修，着火后燃烧迅猛，持续时间较长，这也是造成众多人员伤亡的重要因素之一。

　　1969 年 11 月 11 日，北京地铁万寿路站至五棵松站之间，由于电动机车短路引起火灾，死亡 6 人，中毒 200 多人。当时，在消防救援中，火场照明设备不足，防烟滤毒设备缺乏，大大影响了救援活动。火灾造成地铁站内和列车内电源中断，当时烟雾浓、毒气大，伸手不见五指，消防部门调来京西矿山救护队协助，历经 8 h 才完成救援任务。

　　1971 年 12 月，加拿大蒙特利尔地铁车站，一组列车进站时将正停在车站内的另一组列车追尾撞毁，引起地铁机车短路诱发火灾，死亡 1 人。

　　1983 年 8 月 16 日，日本名古屋地铁站变电所起火，在地铁 3000 m^2 范围内，浓烟滚滚，消防队调动了 37 辆消防车和 3 辆排烟车，在救火过程中 3 名消防队员死亡，3 名救援队员受伤。大火燃烧了 3 个多小时。

　　1987 年 11 月 8 日，英国伦敦皇十字街地铁站因自动扶梯下面的机房内产生电火花，引燃自动扶梯的润滑油，浓烟沿着楼梯通道四处蔓延。由于行驶列车带动的气流以及圆筒状自动扶梯的通风作用，致使火越烧越烈，人们争先恐后地冲向出口，许多人被烧、踩踏以及窒息而死。这次火灾使 32 人丧生（包括一名消防员），100 多人受伤，地下二层的两座自动扶梯和地下一层的售票厅被烧毁。

　　1991 年，瑞士苏黎世地铁总站因地铁机车电线短路，导致地铁机车最后两节车厢发生火灾，司机在车站紧急刹车停下时，与迎面开来的一组地铁列车相撞起火。在这次火灾中，共有 108 名消防队员、15 辆消防车和多种灭火器材投入灭火战斗，还有十几名医生、30 多名救护人员、16 辆救护车和两架直升机参加了救援工作。火灾中有 58 人受重伤。

　　1991 年 8 月 28 日，美国纽约地铁列车在运行中脱轨，有 10 节列车车厢受损，机车随即起火，5 人死亡，155 人受伤。

　　1995 年 3 月 20 日，日本东京地铁被奥姆真理教徒投放沙林毒气，引起一场灾难。沙林是一种磷化物质，是毒气中最强的致命神经化学剂之一。遇空气后能迅速生成烟雾毒气，地铁车站内充满烟雾毒气，致使 12 人死亡，5512 人受伤。这一事件震惊世界，也迫使日本消防界强化整体防灾能力，进一步改善化学防毒防灾救援装备。

　　1995 年 4 月 28 日，韩国大邱市地铁在施工中煤气泄漏，发生爆炸火灾，死亡 103 人，受伤 230 人。

　　1995 年 10 月 28 日，阿塞拜疆巴库地铁因机车电路故障，诱发火灾，殃及列车三、四节车厢着火，由于司机缺乏经验，紧急刹车把列车停在了隧道里，给乘客逃生和救援工作带来不便。加之 20 世纪 60 年代生产的车辆使用的大部分材料都是易燃物，燃烧时产生大量烟雾和有毒气体，这场火灾造成 558 人死亡，269 人受伤。

　　2000 年 11 月 11 日，奥地利萨尔茨堡州基茨施坦霍恩山一列满载旅客的高山地铁列车在隧道内运行中发生火灾，死亡 155 人，受伤 18 人，由于通信指挥信号失控，正当这列上行线列车燃烧时，一列下行线列车驶来，在此相撞造成车毁人亡。事后调查认定火灾是由于列车上的电暖空调过热，使保护装置失灵引起的。此处高山地铁运营长度为 3800 m，海拔 3029 m。沿着一个 45° 角的铁轨上行或下行，是世界上有名的高山地铁。该地铁内安全标准过低，没有火灾自动报警系统，没有安全疏散指示标志和避难间，这也是造成众多人员伤亡的重要因素之一。

2003 年 2 月 18 日，韩国大邱市地铁中央路站发生火灾，死亡 135 人、受伤 137 人、失踪 318 人，起因是精神病患者金大焕放火所致。

大量的地铁大火表明：地铁的防灾系统是十分重要的。目前世界上许多现代化大都市地铁都采用屏蔽门式系统、火灾自动报警系统、自动灭火系统、紧急照明系统、应急疏散诱导系统、火灾应急广播系统，而且列车上都采用不燃性或阻燃性装修。每节列车里都设有灭火器。大邱地铁如果设有这些先进的消防设备，并保持完好状态，那么这场火灾则不致酿成如此惨重的伤亡。

6. 发生爆炸时的行车组织安排

(1) 车站发生爆炸时列车的行车组织安排

车站发生爆炸时，应组织车站乘客疏散，列车视具体的情况作出安排。

列车未进入站台区时，发现车站站台情况异常（站台发生火灾、充满烟雾、屏蔽门破损等），立即转换驾驶模式；发生火灾、充满烟雾、设备设施尚未被侵限时，中间站不停站通过，如折返站或设备设施已经被侵限时应立即停车，安排列车退回或组织隧道疏散乘客。

列车进入站台区（含停站未开门）时发生爆炸，中间站司机立即转换为人工驾驶模式驶离车站，列车无法动车时，立即疏散乘客。折返站立即停车，安排列车退回或组织乘客从隧道疏散。

列车停站、开门、上下客作业过程中车站发生爆炸，司机能确认列车未发生爆炸且没有设备侵限时，立即关门人工驾驶模式动车，如不能确认，应立即组织乘客疏散。

爆炸发生后可视情况组织小交路维持运行，待评估安全后再组织列车维持正常运行。

(2) 列车在区间发生爆炸时的行车组织安排

运行中的列车发生爆炸时，如能继续运行，维持运行至前方车站进行乘客疏散。不能继续运行时，应组织隧道疏散。列车关门动车后，尾部未驶离站台区域时，列车发生爆炸，应立即停车，组织乘客疏散。

爆炸发生后视情况组织小交路维持运行，待评估安全并将列车清出线路后再组织列车维持正常运行。

7. 发生抢劫、斗殴等刑事案件时的行车组织安排

(1) 车站发生抢劫、斗殴等刑事案件时的行车组织安排

① 车站发生刑事案件时，在保证安全的前提下，车站工作人员可组织堵截作案人员，疏散围观人员。如作案人员已逃逸，应积极寻找证人协助当事人报案。

② 发生刑事案件需执行车站疏散时，控制中心可组织列车不停车通过事发车站。

(2) 列车上发生刑事案件时的行车组织安排

① 司机得知事件信息后，立即通知乘客远离事发车厢，并在到站后组织乘客疏散。

②乘客疏散后，视具体情况组织到下一站继续投入运营或等候公安人员的处理。

8. 传染病暴发、流行时的行车组织安排

局部区域发生疫情时，按照卫生防疫部门的意见，组织区域范围内的车站停止运营和采取特定措施（如消毒、检验等）后维持正常运营。大范围发生疫情时，按照卫生防疫部门的意见，全线停运或维持有限的运营。

发生疫情时，应对车站和隧道通风、车站及列车消毒、发现疑似病例的控制措施、乘客宣传内容和手段等要求进行明确，确保疫情得以控制。

9. 列车压/撞人处理

①发生列车压/撞人应尽量避免二次压/撞，原则上先确保受伤人员及时得到抢救，并在条件许可的情况下尽快恢复运营，减少事故造成的不必要损失。

②根据现场情况尽快将伤者抬出轨行区处理，如伤者被列车压住时，需要将列车托起将人拉出后再恢复行车。

③在处理过程中，如导致线路阻塞，可安排小交路维持有限的运营服务。

10. 列车脱轨、颠覆、冲突等处理

①确认列车发生脱轨、颠覆、冲突后，立即启动相应的疏散程序，组织相关车站现场疏导。

②在疏散中需要确认人员伤亡情况，并通报相关政府部门，请求相关部门支援。

③列车发生脱轨、颠覆、冲突后一般都会造成线路中断 30 min 以上，需要采用公交接驳、小交路、单线双向等方式维持有限的运营服务。

11. 轨行区遗物处理

轨行区是指轨道区域范围，是列车行走经过的地方，包括隧道区间和车站线路。轨行区遗物既包括运营期间乘客或其他系统设备的装置等掉落轨道范围内，也包括非运营期间施工遗留的工具、材料等。运营期间乘客遗留物品是突发的，对行车组织的影响也是相对比较大的，在处理上对安全要求也相对比较高，因此，轨行区遗物处理应重点针对此类情况。

轨行区遗物处理一般按影响行车与否区别对待，影响行车的须立即采取措施，并将其清理完后再恢复行车。对于不影响列车运行的可利用行车间隔或运营结束后再行处理。

（1）轨行区遗物处理原则

①如物品影响行车，则扣停后续列车，安排车站取出物品；如物品不影响行车，根据行车间隔和车站请点要求适当安排。

②取物前首先要得到行车调度员的同意后才能实施，并做好安全防护。

③使用夹物钳时，应注意不要高举钳子，以免与接触网接触，危及安全。

④打开屏蔽门时要做好该门的安全防护，防止乘客误掉落轨道，造成危及乘客安全的事故。

（2）轨行区遗物站台工作人员处理要点

①接到乘客通知后马上将情况报告车控室，并安抚乘客。

②立即到现场查明情况，向车控室汇报情况。如影响行车，则按压紧急停车按钮。

③到监控亭拿挟物钳、隔离带到现场，隔离该处屏蔽门（使用挟物钳不能将物品夹起的，需要进入轨行区进行清理）。

④得到值班站长指示后，将该档屏蔽门断电，用钥匙打开该屏蔽门，将物品夹起。

⑤得到值班站长指示后,恢复屏蔽门的使用。

重点与难点

重点:城市轨道交通列车运行组织的两种不同运行组织模式——正常情况下的列车运行组织和非正常情况下的列车运行组织。(1)在正常情况下的列车运行组织下,掌握控制中心模式、车站模式和车辆段模式的内容,了解其岗位划分、设备及功能和运营中的各项任务的安排、作业流程。(2)在非正常情况下的列车运行组织下,了解非正常情况发生的原因及其对应的处理原则与解决方法。掌握设备故障和人为因素造成的非正常情况下的列车运行组织。

难点:在正常情况下的列车运行组织中,应注意各模式下运营过程中的各项任务的安排与作业流程。对于非正常情况下的列车运行组织,因为加入了人、设备或环境因素,使得列车运行组织面临更多地随机变化的场景。非正常情况下的列车运行组织所制订的应急处理方法和预案是本章的难点,应重视各类非正常情况下的列车运行组织的案例介绍与分析,提高灵活处置复杂情况的应急能力。

思考与练习

1.控制中心模式下,运营前的准备工作有哪些?

2.接发列车的程序包括哪些?

3.调车作业按其目的分为哪几类?

4.可实现调度集中控制的基本条件是什么?

5.哪些情况原则上不允许使用跳停?

6.列车非法逆行时调度的工作有哪些?

7.试述特殊情况下列车运行组织的方法。

第 5 章

车站管理与通行能力运用

5.1　车站旅客组织与票务管理

城市轨道交通网络是一个复杂的大系统，人、车、线路、车站是其基本的构成要素。在具体可见的物态网络的背后汇聚着地铁文化和城市现代气息，是城市居民相互联系的又一纽带。城市轨道交通为城市提供了一种大容量、运送速度较快的交通方式，具有客流量大、以车站为集散地、线路固定的特点。为乘客提供安全、迅速、便捷、舒适的服务是各城市轨道交通企业的宗旨，而车站的客运组织则是客运服务工作的一个关键环节。

5.1.1　城市轨道交通车站旅客组织

1. 车站客运组织的内容和原则

城市轨道交通主要通过合理的客运组织来完成其大容量的客运任务。客运组织是通过合理布置客运有关设备、设施以及对客流采取有效的分流或引导措施来组织客流运送的过程。客运组织的主要内容包括：车站售检票位置的设置、车站导向的设置、车站自动扶梯的设置、隔离栏杆等设施的设置以及车站广播的导向、售检票机数量的配备、工作人员的配备、应急措施等。

不管是何种形式的车站(高架、地下、地面)，进站乘客最基本的流线是：购票→过检票机→通过楼梯/扶梯→乘车。出站乘客则反之。进、出站流程是两个完全对称的逆向过程。乘客进出站线路如图 5 - 1 所示。

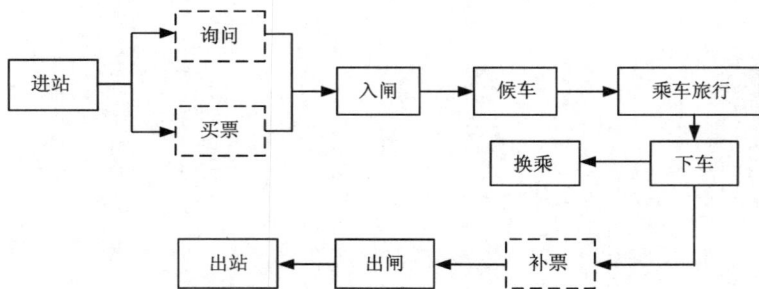

图 5 - 1　乘客进出站线路图

　　影响客运组织的因素较多，不同类型的车站其客运组织有其自身特点，而大车站、换乘站因客流较大、客流方向比较复杂，其客运组织也比较复杂。侧式站台的车站相对于岛式站台的车站容易将不同方向的客流分开，但不利于乘客的换乘，售检票设置较分散，不利于车站管理。

　　城市轨道交通客运工作的特点决定客运组织应以保证客流运送的安全、保持客流运送过程的畅通、尽量减少乘客出行的时间、避免拥挤、便于大客流发生时的及时疏散为目的。为此，在进行客运组织时应特别考虑下面几个方面的原则：

　　①合理安排售检票位置、出入口、楼梯，行人流动线简单、明确，尽量减少客流交叉、对流。

　　②乘客换乘其他交通工具顺畅、安全和高效。人流与车流的行驶路线严格分开，以保证行人的安全和车辆行驶不受干扰。

　　③完善诱导系统，快速分流，减少客流集聚和过分拥挤现象。

　　④满足换乘客流的方便性、安全性、舒适性等一些基本要求。如适宜的换乘步行距离、恶劣天气下的保护、气候调节，对残疾人专门设计无障碍通道；步行通道照明充分、视野开阔，配备突发事件应急系统等。

　　⑤在大客流情况下，车站应合理安排人员，对乘客做好疏导、宣传工作，并会同地铁公安对人潮进行控制。人潮控制应坚持"由内至外，由上至下"的原则，根据人潮方向，在车站出入口、入闸机、站厅与站台的楼梯、电扶梯处进行重点控制。若有大人潮进入车站，则由上至下，在车站入口、入闸机口、楼梯、电扶梯处进行人流控制；反之，则由内至外，控制人流。

　　这些客运设计的基本要求也是评价客流交通组织合理性的重要方面。

　　2. 车站日常客流组织

　　（1）客流分析

　　1）客流的时间分布特征。

　　①一日内小时客流分布特征：轨道交通一日内小时客流随人们的生活节奏和出行特点而变化，在一日内呈起伏波状图形。通常夜间客流量较少，早晨见增，上班或上学时间达到高峰，下午稍减，至下班或放学时间又出现第二个高峰，进入晚间客流又逐渐减少。因此，轨道交通一日内小时客流通常是双峰型，这种规律在国内外的轨道交通线路上几乎都是一样的，只是程度不同而已。

　　②一周内全日客流分布特征：由于人们的工作与休息是以周为循环周期进行的，这种活动规律性必然要反映到一周内各日客流的变化上来。在以通勤、通学客流为主的轨道交通线路上，双休日的客流会有所减少，在连接商业网点、旅游景点的轨道交通线路上，双休日的客流又往往会有所增加。另外，星期一与节假日后的早高峰小时客流和星期五、节假日前的晚高峰小时客流，都会比其他工作日早、晚高峰小时客流要大。根据全日客流在一周内分布的不均衡和有规律的变化，从运营经济性考虑，轨道交通系统常在一周内实行不同的全日行车计划和列车运行图。

　　③季节性或短期性客流的不均衡：在一年内，客流还存在季节性的变比，如南方梅雨季节，市民出行率降低，轨道交通的客流会随之减少；又如学生复习迎考等原因，6 月份的客流通常是全年的低谷。另外，在旅游旺季，城市中流动人口的增加又会使轨道交通路的客流增加。短期性客流激增通常发生在举办重大活动或遇到天气骤然变化的时候。

2）客流的空间分布特征。

①线路客流分布特征：沿线土地利用情况的不同是各条线路客流不均衡的决定性因素，而轨道交通线网与其他交通工具接驳的现状也是各条线路客流不均衡的影响因素。各条线路客流的不均衡包括现状客流的不均衡和客流增长的不均衡两个方面，它们构成了整个轨道交通线网客流分布的不均衡。

②上、下行方向客流分布特征：在轨道交通线路上，由于客流的流向原因，上、下行方向的客流通常是不相等的。在放射状的轨道交通线路上，早、晚高峰小时的上、下行方向客流不均衡尤为明显。

③断面客流的分布特征：在轨道交通线路上，由于线路行经区域的用地开发性质不同，所覆盖的客流集散点的规模和数量不同，因而出现线路各个车站乘降人数不同，线路单向各个断面的客流存在不均衡现象是不可避免的。断面客流分布通常是阶梯形与凸字形两种情形，前者是指线路上各区间的断面客流为一头大、一头小；后者是指线路上各区间的断面客流为中间大、两头小。

④车站乘降客流分布特征：轨道交通线路各个车站的乘降人数不均衡，甚至相差悬殊的情况并不少见。在不少线路上，全线各站总的乘降量的大部分往往集中在少数几个车站上。此外，车站乘客客流是动态变化的，车站新的居民住宅区形成规模和新的轨道交通线路投入运营以及既有轨道交通线路延伸，都会使车站乘降量发生较大的变化及带来不均衡性的加剧或新的不均衡。

（2）车站客流分析

城市轨道交通客流与城市其他交通方式客流的时空分布特征大体上一致。但是，由于城市轨道交通的运能、线路走向以及车站的性质、规模、区位、列车到发时刻安排的不同，沿线客流的大小分布和车站客流的时间分布具有其本身的特征。其变化是城市社会经济活动和生活方式以及城市轨道交通系统本身特征的反映。影响城市轨道交通客流规模的因素有沿线土地的利用性质、经济发展水平、市区延伸发展的潜力、联运要求、城市管理水平、城市轨道交通的经营管理。

1）车站客流时间分布特征。

城市轨道交通的运能、线路走向、所处交通走廊特点以及车站所处区位的用地性质，使轨道交通车站客流在一天内随时间变化而不断起伏，可归纳成以下五种车站客流日分布曲线类型：

①单向峰型。当城市轨道交通线路所处的交通走廊具有明显的潮汐特征，或车站周边地区用地功能性质单一时，车站分布集中，有早晚错开的一个上车高峰、一个下车高峰 [图 5 - 2（a）]。

②双向峰型。车站位于综合功能用地区，客流分布与其他交通方式的客流分布一致，有两个配对的早晚上、下车高峰 [图 5 - 2（b）]。

③全峰型。城市轨道线路位于用地已高度开发的交通走廊，或车站位于公共建筑和公用设施高度集中的 CBD 地区，客流分布无明显的低谷，双向上下客流全天都很大。 [图 5 - 2（c）]。

④突峰型。车站位于体育场、影剧院等大型公用设施附近，演出节目或比赛结束时，有一个持续时间较短的突变的上车高峰。一段时间后，其他部分车站可能有一个突变的下车高峰 [图 5 - 2（d）]。

⑤无峰型。当城市轨道交通本身运能较小，或车站位于用地未完全开发地区时，客流无明显上、下车高峰，双向上、下车客流全天较小[图 5 - 2(e)]

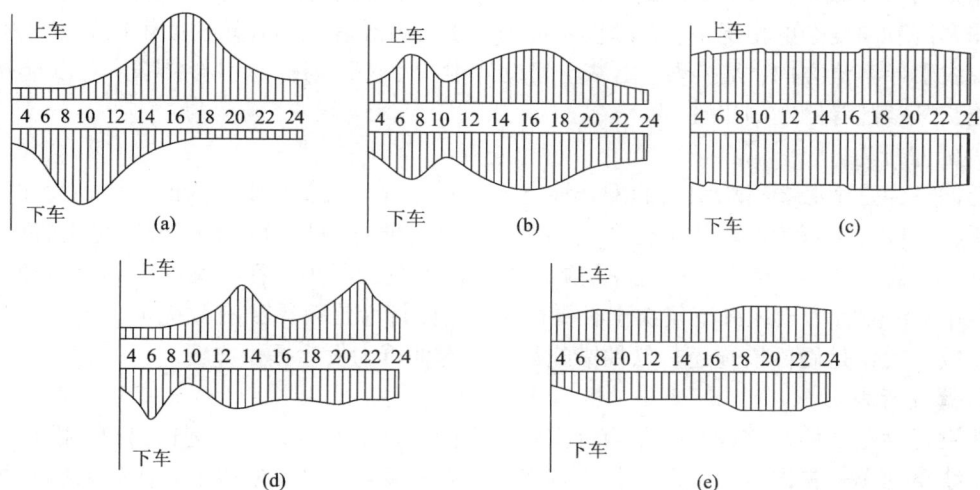

图 5 - 2　城市轨道交通车站客流时间分析

2) 车站客流空间分布特征。

纵观不同类型城市轨道交通线路，可归纳成如下四种沿线空间分布特征：

①均等型。当城市轨道交通线路呈环线布置，或沿线用地已高度开发、成熟时，各车站上、下车客流接近相等，沿线客流基本一致，不存在客流明显突增路段。

②两端萎缩型。当城市轨道交通线路两端伸入还未完全开发的城市边缘地区或郊区时，线路两端路段的客流小于中间路段的客流。

③中间突增型。当城市轨道交通线路途经大型对外交通枢纽、高密度开发地区或者车站利用周边常规公交线路辐射、吸引范围广阔时，位于该区位车站的上、下车客流明显偏大，线路客流存在突增的路段。

④逐渐缩小型。当城市轨道交通线路首末车站位于大型对外交通枢纽附近或城市中心 CBD 地区时，随着线路向外延伸，线路客流逐渐缩小。

(3) 车站客流的行为分析

行为是指人对环境所做的反应，不仅取决于环境的现实状况，而且取决于人内在的心理倾向。在轨道交通车站内进行轨道交通线路间的换乘，或是车站与城市空间的衔接都要依靠客流的步行行为。步行是车站内外衔接的重要行为方式。按照行为对环境产生反应的要求从低到高，把发生在车站的步行系统内的行为分为必要行为、延伸行为、偶发行为和诱发行为。

1) 必要行为。

必要行为是在一定环境中，达成个体基本目标需要的行为。必要行为的发生很少受到物质构成的影响，对环境条件要求很低，是在各种条件下都会发生的行为。换乘行为和出站行为是车站最重要的必要行为。车站内步行者的交通行为目的明确，抵达效率要求高。为换乘和出站的客流提供明确的路径，满足其求近、求安全、求舒适的需求，需要在通道设置、标志指引、视线引导三方面入手，尽可能满足短距离的换乘和出站的要求。通道宽度用高峰时客流量除以通道通过能力，再乘以不均匀系数（不均匀系数一般取 1~1.25 间的数值）。通道的通过能力因所在城市单向、双向通行的差异而不同。标志指引是对车站软件措施的要求，特别是在客流方向复杂的情况下，合理设置标志指引是疏导客流的有效辅助手段。视线引导即利用视线引导客流方向，是换乘、出站空间设计中的手法。与标志引导结合，可以更好地避免客流交叉紊乱等问题的出现。

2）延伸行为。

延伸行为是由必要行为引出的配合性行为。延伸行为随着必要行为的发生而发生，但并不是所有完成必要行为的个体都会产生延伸行为。延伸行为是为必要行为的完成而存在的。查看出行信息、购票、交通卡充值等是乘客车站内的延伸行为。在车站的内部换乘和外部衔接过程中，延伸行为出现频率仅次于必要行为，延伸行为是否得到有效完成，会影响必要行为的完成。无论是硬件措施还是软件措施都要为延伸行为发生提供方便。

3）偶发行为。

偶发行为是个体在完成必要行为过程中出现的非常规行为，包括选错出口、搭乘反方向或错误线路列车等失误行为。偶发行为在转换点随机发生，出现概率不高。如果偶发行为出现概率偏高，那有可能是转换点的空间设计问题。在轨道交通车站设计中应尽量做好内部换乘、外部衔接的配合措施，避免出现误导客流，使偶发行为出现概率上升的情况。

4）诱发行为。

诱发行为是有适宜条件才发生的个体行为，出现概率与条件适宜与否直接相关。购物是车站最重要的诱发行为。如何引导由换乘、出站行为带来的客流，既满足其换乘出站快速便捷的要求，又为车站的商业设施带来顾客，是诱发行为研究的焦点。购物分为计划性和非计划性两种，计划性的购物行为对发生条件的要求没有非计划性购物行为的要求高。购物者的步行行为介于明确和模糊之间，抵达效率要求一般，因此外部衔接的商业空间可以有直接、间接之分。直接衔接的商业空间需要注意对于非计划性购物行为的吸引，创造适宜购物行为发生的条件，如良好的购物气氛，不受气候影响的步行系统。对间接衔接的商业空间而言，其目标购物者主要是有计划购物，从而对所衔接的商业空间的吸引力提出了要求，需要明确的商业定位。另一方面，商业空间对客流聚集程度非常敏感，离站点越远，人流越难集中，因而商业空间的位置也只适宜于购物步行的习惯范围之内。

另外，地下心理消除可以进一步满足车站步行客流更深层次的心理需求，在地下空间中的转换过程需要特别注意。地下心理消除主要是消除地下空间封闭、缺少自然光线、缺少外界景观、方向感不强对人造成的心理影响。除了加强对地下光环境的设计，还可以通过加入中庭或下沉广场等方法改善地下空间环境。

（4）客流的调查分析

客流是动态变化着的，但这种动态变化是有规律的，可以在实践中了解并掌握，并根据客流的动态变化，及时配备与之相适应的运输能力，给乘客提供良好的服务。在运营过程中，要掌握客流在时间、空间上的动态变化规律，必须经常进行各种形式的客流调查。客流调查问题涉及客流调查的内容、调查表格、设备的选用以及调查方式的选择等事项。根据不同的情况和不同的需要，城市轨道交通系统的客流调查种类主要有以下几种类型。

1）全面客流调查。

全面客流调查是对全线客流的综合调查，通常包括乘客情况抽样调查。这种类型的客流调查时间长、工作量大，需要较多的调查人员。但通过调查及对调查资料进行整理、统计和分析，能对客流现状及出行规律有一个全面清晰的了解。

全面客流调查的内容通常包括全线客流调查和乘客抽样调查两部分。全线客流调查一般应连续进行两到三天，在全天运营时间内，调查全线各站所有乘客的下车地点和票种情况，并将调查资料以 5 min 作为间隔分组记录下来。乘客情况抽样调查通过问卷方式进行，而某类乘客乘车情况调查可在特定的地点进行。

全面客流调查有随车调查和站点调查两种调查方式。随车调查是在车门处对全天运营时间内所有运行列车的上、下车乘客进行调查；站点调查是在车站检票口对全天运营时间内所有在车站上、下乘客进行调查。后者适用于城市轨道交通系统。

2）乘客情况抽样调查。

乘客情况抽样调查通过问卷方式进行，包括乘客构成情况调查和乘客乘车情况调查两项内容。乘客构成情况调查在车站进行，被调查人数取全天在车站乘车人数的一定比例，调查表内容有年龄、性别、居住地和出行目的等。该项调查的时间可选择在客流比较正常的运营时间段。

某类乘客乘车情况调查可在月票发售点或其他地点进行，如对持月票乘客进行调查。被调查人数取某类乘客总数的一定比例，调查内容有年龄、性别、职业、家庭住址、到达车站的方式和时间，上、下车站，下车后到达目的地的方式和时间，乘坐列车比过去乘坐电车、汽车节省的时间等。

3）断面客流目测调查。

断面客流目测调查是一种经常性的客流抽样调查，根据需要，可选择一或两个断面进行调查，一般是对最大客流断面进行调查，调查人员用目测估计各车辆内的乘客人数。

4）节假日客流调查。

节假日客流调查是一种专题性客流调查，重点对春节、元旦、国庆节、双休假日和若干民间节日期间的客流进行调查。调查的内容包括机关、学校、企业等单位的休假安排，都市旅游业、娱乐业的发展程度，城市居民生活方式的变化等。该项调查一般通过问卷方式进行。

（5）车站日常客流组织方法

车站是城市轨道交通客流的集散地，一般由出入口、通道、站厅层、站台层、设备用房、管理用房、生活用房等几部分构成。但也有些简易车站无站厅层。

城市轨道交通车站有很多不同的分类，按车站客流量大小可分为：大车站、中等车站和小车站；按车站的运营功能不同可分为：终点站即始发站、中间站和换乘站；按车站站台形式可分为：岛式站台车站、侧式站台车站和混合式站台车站。根据具体的地理环境、车站类型，车站的具体形式也是多种多样。

城市轨道交通车站的规模应能满足远期预测客流集散量的需求，并设置与之相应的出入口数，以方便乘客出入。车站的大小在很大程度上取决于站台的长度，而站台应满足远期预测客流的要求，且站台的宽度取决于高峰小时的客流量。因此，在进行车站设计确定站台的客流组织方法的过程中，在依照客流组织的原则下，宜因地制宜依据不同的车站形式来确定站台的客流组织方法。

城市轨道交通车站的选址、规模在城市轨道交通建设时已经确定，一般不能再改变，出入口及通道宽度、站厅及站台的规模一般在建设时根据预测客流量确定，在运营管理中如何正确设置售检票位置、合理布置付费区、进行合理的导向对客流组织起重要作用。在布置时一般要以符合运营时最大客流量保持客流的畅通为原则，因此一般按以下要求进行布置：

①售检票位置与出入口、楼梯应保持一定距离。售检票位置一般不设置在出入口、通道内，并尽量保持与出入口、楼梯有一定的距离，从而保证出入口和楼梯的畅通。

②保持售检票位置前通道宽敞。售检票位置一般选择站厅内宽敞位置设置，以便于售检票位置前客流的疏导，售检票位置应适当保持一定距离，避免排队时拥挤。

③售检票位置根据出入口数量相对集中布置。因城市轨道交通车站一般有多个出入口，为了减少乘客进入车站后的走行距离，一般设置多处售检票位置，但过多设置售检票容易造成设备的使用不平衡，降低设备使用效率，并且不利于管理，因而售检票位置应根据车站客流的大小相对集中布置。

④应尽量避免客流的对流。客流的对流减缓了乘客出行的速度，同时也不利于车站的管理。因此车站一般对进、出客流进行分流，进、出车站检票位置分开设置，保持乘客经过出入口和售检票位置的线路不至于发生对流。

车站具有多种形式，在确定站台客流组织方法时，应使行人流动线简单、明确，尽量减少客流交叉、对流。对不用的车站采取灵活策略。

换乘站一般客流比较大，同时客流流线复杂，客流组织相对其他车站较为复杂。换乘站根据不同的换乘方式在客流组织管理上应采用不同的方法，总的原则在于应组织好换乘客流，缩短换乘路径，减少换乘客流与进出站客流的交叉、干扰。

车站日常客流组织主要由进站客流组织、出站客流组织、换乘客流组织三部分组成。

1）进站客流组织。

按照进站客流的路线流程进行组织，有下列几种方式：

①组织引导客流经出入口、楼梯、自动扶梯（或垂直电梯），通过通道进入车站站厅层。

②组织引导部分乘客在自动售票机、客服中心或临时售票亭购票后，通过安全检查，检票通过进站闸机进入付费区，引导部分持储值票、月票等不用购票的乘客直接检票通过进站闸机进入付费区。

③乘客入闸检票或人工检票进入站厅付费区后，组织引导乘客再通过楼梯、自动扶梯（或垂直电梯）进入站台层候车。

④乘客达到站台，应组织引导乘客站在黄线外候车，通过导向标志和乘客咨询系统选择乘车方向和了解列车到发时刻。

⑤列车到站停稳开门后，引导乘客按先下后上的顺序乘车，站台工作人员要注意做好引导工作，防止乘客因抢上抢下导致安全和纠纷问题的产生。

2）出站客流组织。

按照出站客流的流动过程进行客流组织，有下列几种方式：

①乘客下车到达车站站台，组织引导其经楼梯、自动扶梯（或垂直电梯）进入站厅层付费区。

②通过出站闸机（单程票出闸时将被收回）或人工验票，进入站厅层非付费区后，组织引导客流（通过导向标志）找到相应的出入口，经通道、出入口出站。

③组织引导车票车资不足（无效车票）或无票乘车的乘客到客服中心办理相关补票事宜

后，方可出站。

3）换乘客流组织。

按照换乘地点的不同，客流换乘形式主要有两种，即付费区换乘和非付费区换乘。

付费区换乘：乘客到达换乘站下车后，不需通过车站闸机，直接在付费区内根据换乘导向标志指引经楼梯、自动扶梯（或垂直电梯）、换乘通道或平台到达另一站台层换乘候车。付费区换乘一般包括同站台平面换乘、站台立体换乘及通道换乘。这种换乘组织要求有良好的引导标志和通道设计，在容易走错方向的地点安排工作人员值守引导，保证乘客尤其是初乘者安全顺利地完成换乘。

非付费区换乘：乘客到达换乘站下车后，根据换乘导向标志指引，经楼梯、自动扶梯（或垂直电梯）到达站厅层付费区，通过出站闸机进入非付费区或出站，到另一线路重新进入付费区或进站进行换乘。这种换乘组织需要最大限度缩短乘客的走行距离，具有良好的衔接引导标志，并且要避免换乘客流与其他进、出站客流的交叉干扰。

换乘方式首先决定于轨道交通两条线路的走向和相互交织形式。一般常见的有垂直交叉、斜交、平行交织等多种线路交织形式。轨道交通不同线路间的换乘方式主要有站台换乘、站厅换乘、通道换乘、站外换乘和组合换乘几种类型。如图 5 - 3 所示。

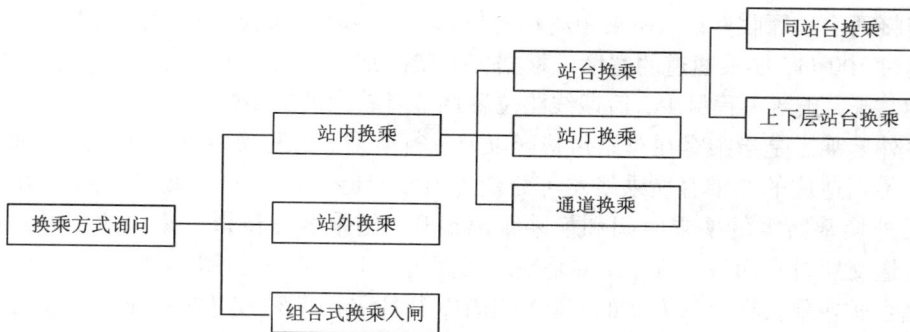

图 5 - 3 城市轨道交通不同线路间的换乘方式

①站台直接换乘。站台直接换乘有两种方式，同站台换乘和上下层站台换乘。

同站台换乘一般适用于两条平行交织的线路，且采用岛式站台的设计，两条不同线路的车辆分别停靠同一站台的两侧，乘客换乘时由岛式站台的一侧下车，穿越站台至另一侧上车，即完成了转线换乘，换乘极为方便。同站台换乘要求站台能够满足换乘高峰客流量的需要，乘客无须换乘行走，换乘时间短，但换乘方向受限。双岛式站台通过同一站厅能实现四个方向的换乘，单岛式站台每一层只能实现两个方向的换乘，其余方向的换乘仍然要通过站厅或自动扶梯、楼梯进行，换乘时间相应增加。在所有换乘方式中同站台换乘的换乘能力最大，适用于优势方向换乘客流较大的情形。这种换乘方式的主要制约因素是站台的宽度和列车的行车间隔，前者关系到站台的容量，后者关系到站台出清速度的快慢。

上下层站台换乘是指乘客由站台通过楼梯或自动扶梯到另一站台直接换乘。根据地铁线路交叉的情况及两车站的位置，可形成站台与站台的十字换乘、T 形换乘、L 形换乘和平行换乘的模式。

上下层站台换乘方式的关键在于楼梯或自动扶梯的宽度，该宽度往往受岛式站台总宽度的限制，使其通道能力不能满足乘客流量的需要。这种换乘方式要求换乘楼梯或自动扶梯应有足够的宽度，以免高峰客流时发生乘客堆积和拥挤。在所有换乘方式中：这种换乘方式的换乘能力最小，其制约因素是自动扶梯（楼梯）的运量。在上下层站台配置的组合中，线路的交叉点越少，则换乘能力越小。实践中，通过增加站台宽度以扩大交叉处面积，是提高上下层站台换乘能力的基本途径。

②站厅换乘。站厅换乘一般用于相交车站的换乘，设置两线或多线的共用站厅，或相互连通形成统一的换乘大厅。乘客下车后，无论是出站还是换乘，都必须经过站厅，再根据导向标志出站或进入另一个站台继续乘车。由于下车客流到站厅分流，减少了站台上人流交织，乘客行进速度快，在站台上的滞留时间减少，但换乘距离比站台直接换乘要长。若换乘过程中需要进出收费区，检票口的能力可能成为限制因素。

站厅换乘方式中：乘客换乘线路必须先上（下），再下（上），换乘总高度落差大。若站台与站厅之间是自动扶梯连接，可改善换乘条件。这种换乘方式有利于各条线路分期修建、后期形成。

③通道换乘。通道换乘是指在两个或几个单独设置车站之间设置联络通道等换乘设施，方便乘客完成换乘。通道可直接连接两个站台，这种方式换乘距离较近，换乘时间较短；通道也可连接两个站厅收费区，换乘距离相对较远，换乘时间较长。一般情况下，换乘通道长度不宜超过 100 m，换乘通道的宽度可根据客流状况加宽。这种换乘方式最有利于两条线路工程分期实施，预留工程最少，后期线路位置调节有较大的灵活性。

④站外换乘。是指乘客在车站付费区以外进行换乘。此种换乘方式往往是客观条件不允许或设计不当造成的。乘客换乘线路可分割为出站行走、站外行走和进站行走，在所有换乘方式中站外换乘所需的换乘时间和换乘距离最长，给乘客的换乘带来很大不便，应尽量避免。对轨道交通自身而言，站外换乘是缺乏线网规划造成的一种后遗症。

⑤组合式换乘。在换乘方式的实际应用中，往往采用两种或几种换乘方式组合，以便使所有换乘方向的乘客均能实现换乘。同时组合式换乘可改善换乘条件，方便乘客的使用。例如：同站台换乘方式辅以站厅或通道换乘方式，可使所有的换乘方向都能换乘；站厅换乘方式辅以通道换乘方式，可以减少预留的工程量。组合式换乘可进一步提升换乘通过能力，同时还具有比较大的灵活性，工程设施比较方便。

3. 一般情况下车站客流的接续与疏散

车站地区客流可以有多种交通方式进行接续和疏散，包括步行方式、自行车方式、常规公交方式、出租车方式以及其他方式（主要是自备车，包括私家车及摩托车，还包括其他城市轨道交通方式）等。针对车站种类不同，此处主要针对集中多种方式的换乘枢纽车站来说明。

针对换乘枢纽地区的客流接续和疏散，应特别考虑下面几个方面的原则：

①行人流动线简单、明确。

②行人流动线尽量与车辆流动线分离，保证行人安全。

③交通工具之间相互顺利连接。

④不同换乘工具之间的冲突最低。

⑤完善诱导系统，快速分流。

⑥周边道路与内部道路相协调。

落实到具体的设计中，这几方面主要体现在静态的停车场地的布置和设计，动态的人流组织、车流组织，以及相关的控制性管理措施。

静态交通组织：主要是结合枢纽车站的设计和换乘客流方式，做好各类停车场地（自行车、出租车、自备车等）的规划布局，合理布置常规公交站点。

人流组织：行人组织主要是提供明确的通行空间，设置良好的诱导标志，引导行人通向指定的目的地，设置齐全的无障碍人行系统。

车流组织：换乘枢纽地区周边道路交通需求不同，在周边道路数量多而布置复杂、交通压力大的情况下，可以对道路通行进行管制，降低区域内的冲突点，比如采用单行措施，甚至可以封闭路口，将道路改为步行街。另外，常规公交电车、汽车往往是接驳城市轨道交通客流的一种重要方式，在运营调度和发车时刻安排方面加以调整，与城市轨道交通协调起来。

4. 大客流下车站客流组织

大客流是指车站在某一时段集中到达、超过车站正常客运设施或客运组织措施所能承担的客流量时的客流。大客流可以分为可预见性大客流和突发性大客流。

车站应在售检票设备、车票和零钞、临时售票亭、自动扶梯和垂直电梯、临时导向标志和隔离设备及其他客运设备（如人工语音广播乘客资讯发布信息、急救药品、担架等）设施上做好准备。

车站发生大客流时，应遵照客流三级控制原则，合理组织安排，缓解车站压力，避免发生意外。大客流组织应遵循三级控制原则：

①坚持根据人流方向，"由上至下、由内至外"的客流控制原则。在车站出入口、进站闸机、站厅与站台的楼梯、电扶梯处进行重点控制进站客流，组织乘客上车。

②坚持点控和线控相结合原则。控制指挥中心负责全线的客流控制，车站站长或值班站长负责本站的客流控制。

③坚持集中领导、统一指挥的原则。车站在实施三级客流控制之前，需向行车调度员报告。

车站发生大客流时，应该落实客流三级控制措施：

①一级控制位控制站台客流，控制点在站厅与站台的楼梯（或自动扶梯）口。车站应将站厅与站台之间的自动扶梯改为上行方向，避免客流交叉。

②二级控制为控制付费区客流，控制点在进站闸机处。车站可根据实际情况适当关停部分自动售票机，关停进站闸机或将部分双向闸机设为只出不进，紧急情况下可以采用隔离带、铁马隔离进站闸机，以减缓乘客进入付费区的速度，防止付费区压力过大。

③三级控制为控制付费区客流，控制点在车站出入口处。车站组织人员人为地控制出入口的乘客进站速度，必要时可关闭部分出入口。

当大客流发生时，按照以下程序，做好大客流组织：

①值班站长应及时报告行车调度员，行车调度员通过监控系统加强对车站客流情况的监控。

②车站应加强现场疏导工作，增加工作人员，利用隔离带、铁马做好秩序维护和服务组织工作。

③当自动售票机前排队购票人数超过15人，持续时间超过10 min，车站应在适当位置增

设临时售票点，避免自动售票机(TVM)前乘客排长队购票情况出现。

④车站根据现场情况，利用告示牌、临时导向标志、车控室广播设备、手提广播，适时做好乘客的宣传、引导工作。

⑤车站行车值班员应通过监控系统，加强对现场情况的监控工作。

⑥车站加强对出入口、站厅、站台客流的监控及疏导，避免站厅非付费区内人员过度拥挤或流通不畅。

⑦车站根据客流情况，实行楼梯和自动扶梯、闸机、出入口三级控制。

⑧当站台发生拥挤时，车站应采取关闭部分自动扶梯、进站闸机的措施，以减慢乘客购票进站速度，控制进站客流，或在某些出入口实行单向疏导方式，缓解站内客流压力。

⑨站台保安应密切注意站台和列车情况，一旦发生列车上乘客拥挤，乘客上车有困难，车站要马上向控制中心报告。

⑩列车司机发现有乘客上不了车或影响车门、屏蔽门关闭时，应及时报告行车调度员，并做好广播引导乘客工作，车站人员迅速与司机共同处理。

5.1.2　城市轨道交通车站票务管理

1. 票制

票制是票价制式的简称，主要采用的票制方式有以下几种方式：

①单一票价制：一条路线按统一票价核收。

②分段计程票价制：按乘客乘坐列车距离远近，划分不同的票价等级。

③综合票价制：综合考虑乘客运距、乘客占用收费区(如地下站台层，一般以检票口为界，检票口内即为收费区)时间、乘坐时间段(如节假日与工作日，高峰与低谷等)等因素核算票价。

采用单一票价制时，全程只发售一种车票，优点是售票简单、效率高、进站检票、出站不检票、可减少车站管理人员。缺点是乘客支付的车费不够合理、无论路途远近、都支付同样的车费，且给票价的制订带来了困难，既要为乘客的切身利益着想，又要保证地铁或轻轨的运营效益。分段计程票价制和综合票价制可以克服上述缺点，但车票的种类多，进、出站都需检票，售检票手续繁琐，需要的检票人员多，必要时需配置自动或半自动的售检票设备。

一般在运营里程较短或乘客平均运距较长的线路上采用单一票价制，而在运营里程较长，而乘客平均运距偏短的线路上采用分段计程票价制；在流动人口较多的旅游开放城市，还可采取平、高峰期间两票制，以提高经济效益和人为调节客流的时间分布。

以下是我国北京的城市轨道交通票制的基本情况。

北京地铁票制一直沿用单一票制，目前正在逐步进行由单一票制到多级计程票制的改革，新开设的地铁线路已启用自动售检票系统并可兼用"市政交通一卡通"。从1969年1号线地铁开始试运营以来，北京城市轨道交通票制票价体系可以概括为三个阶段(见表5-1)。

2. 票价

城市公共交通票价方法包括以成本为基础的定价方法、以市场供需为基础的定价方法和综合考虑整个社会综合效益的定价方法。城市轨道交通作为城市公共交通的一个组成部分，带有公益性质，不能单纯追求赢利。票价高低直接影响客流量与系统吸引力。因此，城市轨道交通系统票价应考虑：①城市轨道交通系统运营成本；②城市交通其他交通方式的票价水平；③城市发展水平、市民生活水平以及乘客承受力；④政策因素：物价政策、交通费补贴政策等。

　　上海地铁经历了票价体系从单一票制到多级计程票制的过渡，地铁系统通过信息化改造也实现了从人工检票到自动售检票(automatic fare collection，AFC)系统的过渡，可兼用"市政交通一卡通"。从 1993 年 4 月地铁 1 号线一期工程通车至今，其票价体系可概况为四个阶段(见表 5 - 2)。

表 5 - 1　北京城市轨道交通票制票价体系

时段	票制	票价
1969 年 10 月—1987 年 12 月	人工售检票单一票制	1 号线 0.1 元，联合月票 10 元 环线 1984 年 9 月运营，票价 0.1 元，环线地铁公共联合月票价 7 元
1988 年 1 月—1988 年 7 月	人工售检票单一票制	1 号线、环线 0.2 元，跨线 0.3 元，地铁公共联合月票 10 元
1988 年 8 月—2009 年 6 月	人工售检票(地铁 13 号线实现自动售检票)单一票制	1988 年 8 月—1900 年 12 月，票价 0.3 元，地铁公共联合月票 10 元，一票换乘 1991 年 1 月—1995 年 12 月，票价 0.5 元，地铁公共联合月票 18 元，一票换乘 1996 年 1 月—1999 年 12 月，票价 2 元，地铁公共联合月票 40 元，一票换乘 2000 年 1 月至今，票价 3 元，地铁公共联合月票 80 元，地铁专用月票 50 元，一票换乘 2002 年 9 月 28 日至今，地铁 13 号线票价 3 元，与其他线路换乘票价为单程每人次 5 元(试运营阶段)；实施计程票价制后 1～3 站为 2 元，4～6 站为 3 元，7～9 站为 4 元，9 站以上为 5 元；现行地铁月票对 13 号线无效 八通线实行单一票价 2 元

表 5 - 2　上海城市轨道交通票制票价体系

时段	票制	票价
1993 年 4 月—1995 年 3 月	人工售检票单一票制	1 元
1995 年 4 月—1995 年 11 月	人工售检票多级计程票	1 元、2 元、3 元
1995 年 12 月—1997 年 6 月	人工售检票单一票制	1 号线票价 2 元，延伸段票价 1 元
1997 年 7 月—现在	自动售检票多级计程票	1、2 号线从 1999 年开始采用自动售检票，6 km 以下 2 元，6～16 km 3 元，以后每增加 6 km 增加 1 元 3 号线采用人工售票，二级计程票，票价 2 元(9 站及以下)和 3 元(9 站以上)

　　票价的制订在考虑上述因素后，兼顾城市轨道交通运营企业的经济效益与城市发展的社会效益，确定较合适的票价，并随上述因素的变化而调整。

　　在我国，城市轨道交通属于大型基础设施项目，与公众的生活密切相关，且在运营上具有自然垄断的特点，这就决定了政府必须对其票价进行管制。根据《价格法》等相关法律法规的规定，城市轨道交通票价属于政府定价范围，并实行政府价格决策听证制度。目前我国城市轨道交通定价和听证程序如下：

　　①由运营商根据需要制订票价机制和票价水平，并向市政府价格主管部门提交定价书面申请报告。

　　②根据相关法律法规，价格主管部门对申请报告进行初步审查、核实，并对合乎听证条件的组织进行票价听证。

　　③市政府进行定价决策时要充分考虑听证结果，协调申请单位根据需要调整价格，必要时可以重新组织听证。

　　④价格主管部门公布票价，并对票价执行情况进行监测和跟踪调查。

　　3. 自动售检票系统

　　从国外的经验和发展趋势来看，凡实行计程票价制，绝大多数都相应采取自动或半自动售检票方式。虽然采用自动或半自动售检票方式要增加设备投资，但优点十分明显，譬如能高效准确地售检票，既节约时间，节省大量劳动力，又避免因人为误解产生纠纷，确保乘客迅速通过售检票口。采用自动或半自动售检票方式还可以加强票务管理，减少人为因素影响，尤其在客流调查方面具有人工售检票无法比拟的优越性。

　　目前国内城市轨道交通采用的售检票系统有人工售检票和自动售检票两种系统。

　　人工售检票系统是单一的采用纸制车票作为介质，通过人工出售、人工检验票、人工统计的一种售检票系统。虽然设备比较简单、车票单一、投资成本低，但是分段计费效果差，不利于在复杂的城市轨道交通网络中应用，运营成本大，而且不利于统计。

　　自动售检票系统是通过计算机集中控制的，以磁卡级非接触器或 IC 卡为介质的一种售检票方式。它是城市轨道交通实现票务管理自动化的基础，贯穿了城市轨道交通票务运营的全过程，包括：乘客自动/半自动乘车购票、进出站检票（包括验票、计费、收费和单程票回收）、客流和收费统计、售/检票设备监控、车票初始化、车票分发/回收/循环/退票/挂失/报废、系统密匙的生成和管理和票务清算等。

　　自动售检票设备通常由自动售票机、半自动售票机、自动检票闸机、车站和中央控制计算机组成，集计算机、网络、通信、大型数据库、非接触智能卡、自动控制、机电一体化、模式识别、传感器、精密机械等多项高新技术于一体，技术含量高，设备复杂，功能繁多，加工制造工艺复杂，系统对终端设备的安全性、可靠性、稳定性、实时性和耐用性要求苛刻，智能化和信息化程度要求高。

　　自动售检票系统出现已近 20 年，其技术和设备已相当成熟，在系统应用方面积累了丰富的经验。目前国外自动售检票系统和设备的主要生产供应商有：CUBIC（美国），CGA（法国），ERG（澳大利亚），日本信号株式会社，TOSHIBA（日本），OMRON（日本），SAMSUNG（韩国），GUNNEBO（瑞典），ASCOM（瑞士）。

　　根据技术制式的不同，自动售检票设备主要有以下三种系统。

　　（1）磁卡型自动售检票系统

　　磁卡车票上涂有两种磁粉物质，一条为磁卡密码、编号等不变信息，另一条为车次、进站地点和时间等可变信息。磁卡车票可作为单程车票、多程票、储值票等使用种类。磁卡型自动售检票系统设备较复杂，购置和维修费用高。磁卡车票密码的破译、伪造较容易，安全性稍差。

　　（2）接触式 IC 卡型自动售检票系统

　　接触式 IC 卡上嵌装了集成电路芯片，信息载体是集成电路，读写器为电子设备。接触式 IC 卡型自动售检票系统设备购置费用较低，与磁卡相比，接触式 IC 卡具有存储信息多、使用寿命长、保密性能好和防伪能力强等优点。

　　（3）非接触式 IC 卡型自动售检票系统

　　非接触式 IC 卡上嵌装了集成电路芯片和环形线圈，读写时无接触、无磨损，只要读写器距离在 10 cm 内，读写设备就可准确读写卡中信息，并且电磁波信息还可透过非金属材料。非接触式 IC 卡型自动售检票系统读写方便，有助于提高自动售检票口的通过能力。

　　自动售检票系统方便了乘客，保证了畅通，提高了服务质量，因储值票还有储值功能，简化了乘客购票手续，受到了普遍的欢迎。对城市轨道交通运输的客运组织、收入审核、决策分析起着重要的作用。设置自动售检票系统，可使城市轨道交通合理计费、吸引客流（特别是短途乘客）、遏制舞弊及逃票、减少管理人员、增加收入、减少运营成本、提高社会效益和经济效益。

　　为方便乘客，许多城市在推行"一卡通"，即市民持有"一卡通"、IC 卡，乘坐市内地铁、公共汽车等交通工具均可使用该卡付费，有的城市还将其和金融机构的系统相连，可持卡进行金融活动及各种消费的付费。随着 IC 卡技术的发展，其成本减低到可以接受的范围，单程票亦可使用 IC 卡，届时自动售检票设备则可进一步简化，使用更加可靠，建设和维修费用还可降低。

　　具体来说，自动售检票系统主要由中心 AFC 系统、车站 AFC 系统、终端设备和车票四部分组成。

　　（1）中心 AFC 系统

　　中心 AFC 系统作为运行在城市轨道交通公司票务清分中心的计算机管理系统，协助管理人员管理和监控整个地铁 AFC 系统的运营，包括票务管理（IC 卡初始化、票价制订、黑名单管理、票卡分发和回收）、运营管理（人员管理、财务管理、业务信息统计分析）、结算管理（数据采集与清算）、设备监控和维护管理等，是 AFC 系统的核心部分。

　　（2）车站 AFC 系统

　　车站 AFC 系统是运行在各个车站现场的子系统，管理本车站的票务运营业务，监控终端设备运行状态，保持与中心 AFC 系统及本站各种终端设备的网络通信和数据交换。

　　（3）终端设备

　　在车站现场配有各种终端设备，包括有：进出站闸机、自动售票机、自动充值机、车站票务系统、自动验票机。由于使用者是广大乘客，设备是否稳定、可靠、易于操作将直接影响 AFC 系统和地铁的正常运营。

　　（4）车票

　　车票是旅客乘车的凭证，包括储值票和单程票，多采用非接触式 IC 卡。

　　（5）"一卡通"系统接口

AFC 的中心计算机局域网系统和位于各车站的局域网系统通过地铁专用宽带传输网连接在一起，构成 AFC 网络系统。AFC 系统通过公用数据网接入城市"一卡通"网络系统，将运营交易数据上传"一卡通"结算管理中心，同时接收中心下载的黑名单和其他指令信息。

在城市轨道交通运营管理系统中，AFC 系统是面对社会的最直接窗口，运营公司的经营思想、运营模式主要依靠它来体现，更为重要的是，作为运营公司的收入来源，AFC 系统运行的好坏将直接关系到整个地铁系统的运营效益和投资者的回报，其重要性越来越被地铁运营公司和政府主管部门所认识，以下将介绍其显著的优势之处。

自动售检票系统可对客票跟踪记录，一些客运管理数据如 OD 报告、年月日客流量、换乘客流量、平均乘距、列车满载率、站线网客流量及客运收入、平均票价等，均可及时进行统计分析并打印。这些数据在人工售检票情况下即使动用大量的人力物力也是无法如此精确地得到的。而这些数据正是运营管理部门进行科学的客运管理和行车调度所必需的，可以在数据分析的基础上根据不同的客流曲线进行客运能力（增减投运列车）、客运设施的调整，以达到更好地为乘客服务的同时，尽可能地降低运营成本。为了吸引客流，在日客流曲线存在明显的峰谷差异时，可以采用弹性定价收费的办法引导客流，使得可以不在高峰时乘车的客流改乘非高峰时段列车，同时也可以价格优惠吸引非高峰时段乘客以提高列车满载率，促进客流增长。随着社会的发展必然会有一些优惠政策，如学生、老人等车票价格优惠等。自动售检票系统在技术上完全能够适应这些措施。因此，它又在促进企业科学管理的同时，体现了社会的进步。

售票工作是客运组织的前提和关键，不管是人工售票中的售票窗口还是自动售票系统中的售检票机，其位置和个数都应根据客流量、车站布局、客流走向等进行合理选择，尤其是检票机必须满足车站高峰小时进出站客流的通过能力。

4. 自动售票系统管理模式

自动售检票系统包括三种运营管理模式：正常运行管理模式、紧急放行模式和降级运营模式。

（1）正常运行模式

在每日运营开始时，自动售检票系统可根据时间表设置，自动将各车站终端设备（如检票机、半自动售票机、自动售票机等）设置为正常服务状态；每日运营结束时，系统也同样按顺序关闭终端设备到关闭状态。

在正常服务状态下，当乘客持车票进站，进站检票机检验车票有效时，释放自动检票机闸门，让乘客通行；当进站检票机检验车票无效时，锁闭闸门，乘客显示器显示相关信息，引导乘客到客服中心或服务点查询车票。

当乘客持车票出站，出站检票机检验车票有效时，释放闸门，让乘客通行，出站检票机根据预先设置回收规定类型车票；当出站检票机检验车票无效时，锁闭闸门，乘客显示器显示相关信息，引导乘客到客服中心或服务点查询车票。

当设备由于钱箱满、票箱满、票箱空等原因，或设备门被非法打开时设置进入暂停服务状态，在此状态下终端设备不应该对车票做任何处理。

（2）紧急放行模式

在运营过程中，当车站或列车发生火灾、爆炸等危及乘客和工作人员安全的紧急情况，需要乘客紧急撤离车站时，启用紧急放行模式。

1）设备的表现。

①中央计算机工作站上要明显地显示设置为该模式的车站名称，如字体或颜色的闪烁等，以便进行监控。

②设置了该模式的车站计算机应在显著的位置，用明确的文字或符号显示所设置的模式，并用明确的文字或符号显示车站内的哪些设备已经进入该模式。

③在收到计算机下达的命令后，车站终端设备按模式要求进入相应的状态，按模式要求对车票进行处理。

④半自动售票机可正常运作，但操作员显示器上显示紧急状况的信息。自动售票机应处于暂停服务的状态。

⑤检票机所有扇门处于打开状态，保证乘客无阻碍地离开付费区。同时，所有检票机（包括进、出站检票机）的乘客显示器显示紧急信息，所有面向付费区的导向指示器闪烁显示"禁止通行"标志，所有面向非付费区的导向指示器闪烁显示"通行"标志。

2）对车票的处理。

所有检票机不对车票进行读、写处理。如有车票放于读卡器上，不对车票进行读写操作，城市轨道专用票不回收。

（3）降级运行模式

1）运营故障模式。

当出现运营故障，部分车站暂时中止运营服务时，暂停服务的车站需根据相关规定设置运营故障模式。

可通过中央计算机系统、车站计算机系统将车站终端设备设置为运营故障模式，并做好相关记录，以后设为优先。

①设备的表现。中央计算机系统工作站上要明显地显示该车站名称及模式，如字体或颜色闪烁等，以便进行监控；设置了该模式的车站计算机系统应在显著的位置，用明确的文字或符号显示所设置的模式，并用明确的文字或符号显示车站内的哪些设备已进入该模式；在收到车站计算机系统下达的命令后，车站终端设备按模式要求进入相应的状态，按模式要求对车票进行处理。

②对车票的处理。设置运营故障模式的出站检票机应根据车票的票种及进站地点作不同处理。对本站进站的单程票及乘次票不扣除车费或乘次，单程票不回收，并写入此模式的标志信息。对本站进站的其他车票不扣任何车费，并写入出站码和此模式的标志信息。对其他车站进站的单程票及乘次票不扣除车费或乘次，单程票不回收，并写入此模式的标志信息。其他车站进站的其他类型的车票不扣车费，写入出站码和此模式的标志信息。

模式结束后，所有车站的自动检票机对车票进行处理。若单程票或乘次票具有列车故障模式标志信息，并在规定时间段内（系统设置），则允许任何车站进站使用。出站时根据实际车费进行检查，车费不足应到半自动售补机进行超程更新处理。储值票等其他车票正常使用和扣除。

2）进站免检模式。

出现下列情况之一时，车站可设定为进站免检模式：

①售票设备全部故障，无法发售车票时。

②进站及双向检票设备全部故障时。

③客流集中进站，致使售价票能力严重不足，危及乘客安全时。

在进站免检模式下，乘客不需检票直接进站。其他车站对于无进站信息车票视同模式站进站，乘客可持车票正常检查出站，出站时出站检票机自动补全车票信息，回收回收类车票。

3）出站免检模式。

出现下列情况之一时，车站可设定为出站免检模式：

①出站及双向检票设备全部故障。

②客流集中出站，检票设备能力严重不足，危及乘客安全时。

在出站免检模式下，乘客出站不需要检票直接出站。持非回收类车票的乘客在规定日期内再次进站时，进站检票机依据车票内进站信息和模式信息扣除上次乘车费用后按照正常检票进站。回收类车票作废不可再次使用。

4）时间免检模式。

由于列车延误、时钟错误或其他原因导致大量持票乘客超时无法出站，应及时设置时间免检模式。

可通过中央计算机系统和车站计算机系统，将车站终端设备设置为时间免检模式，并做好相关记录，以后设的为优先。

①设备的表现。中央计算机工作站上要明显地显示设置为该模式的车站名称，如字体或颜色闪烁等，以便进行监控；设置了该模式的车站计算机应在显著的位置，用明确的文字或符号显示所设置的模式，并用明确的文字或符号显示车站内哪些设备已进入该模式；在收到车站计算机下达的命令后，车站终端设备按模式要求进入相应的状态，并按模式要求对车票进行处理。

②对车票的处理。设置此模式车站的出站检票机对所有车票不检查车票上次的进站时间，但仍然检查车票的票制、进站码、日期等，所有车票按正常票价扣费。

5）日期免检模式。

若由于轨道交通运营的原因导致车票过期，根据运营工作的需要及相关规定的要求设置日期免检模式。若终端设备时钟出现故障，系统能自动避免对车票时间及日期方面的检查，而不需设置时间及日期的免检模式。

可通过中央计算机系统和车站计算机系统，将车站终端设备设置为日期免检模式，并做好相关记录，以后设的为优先。

①设备的表现。中央计算机工作站上要明显地显示设置为该模式的车站名称，如字体或颜色闪烁等，以便进行监控。设置了该模式的车站计算机应在显著的位置，用明确的文字或符号显示所设置的模式，并用明确的文字或符号显示车站内哪些设备已进入该模式；在收到车站计算机下达的命令后，车站终端设备按模式要求进入相应的状态，并按模式要求对车票进行处理。

②对车票的处理。设置此模式车站的出站检票机对所有车票不检查车票上次的进站时间，但仍然检查车票的票制、进站码、本次日期等，所有车票按正常票价扣费。

6）超程免检模式。

由于某个车站因为事故或者故障而关闭，导致列车越过该站后才停下来，可根据相关规定的要求设置超程免检模式。

可通过中央计算机系统和车站计算机系统，将车站终端设备设置为超程免检模式，并做好相关记录，以后设的为优先。

①设备的表现。中央计算机工作站上要明显地显示设置为该模式的车站名称，如字体或颜色闪烁等，以便进行监控；设置了该模式的车站计算机应在显著的位置，用明确的文字或符号显示所设置的模式，并用明确的文字或符号显示车站内哪些设备已进入该模式；在收到车站计算机下达的命令后，车站终端设备按模式要求进入相应的状态，并按模式要求对车票进行处理。

②对车票的处理。设置此模式的出站检票机不检查车票的余值，但检查车票的其他信息，如车票的进站码、时间、日期等，储值票扣最低票价，乘次票扣一个乘次，轨道交通专用票回收。

5. 票务管理

轨道交通车站现金来源主要有两类，即备用金和票款。备用金指由上级部门配发给车站，专用于给乘客兑零、找零、自动售票机补币、与银行兑零等用途的周转资金。票款指车站通过自动售票机、半自动售票机或临时票务处人工向乘客发售车票及办理票卡充值、更新等售、补票业务过程中收取的现金。由车站具体负责对备用金及票款的安全管理。

（1）现金的管理流程

备用现金发配到车站后，主要供车站流通使用。自动售票机及票务处的票款经车站清点后，需及时存入企业在银行的专用账户。现金管理流程如图 5-4 所示。

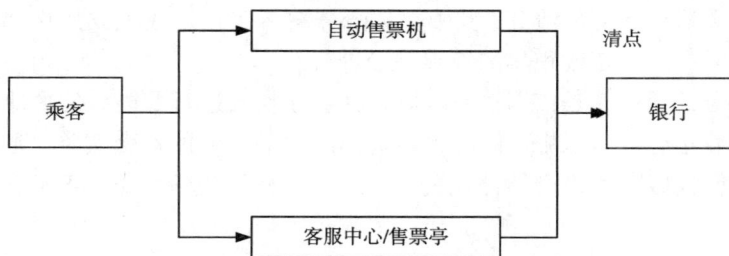

图 5-4　现金管理流程图

（2）现金的安全管理规定

车站备用金及票款收入作为城市轨道交通企业现金收益的重要部分，其安全管理直接影响企业收益安全。以保证现金安全为目的，原则上车站现金只能存放于专门的安全管理区域，主要包括票务收益室、客服中心和自动售票机。

票务收益室、客服中心应设有防盗门，并随时保持锁闭状态，门钥匙由专人保管及使用。室内应配置监视设备，能对所有现金操作环节进行实时监视和实时录像，并留存一定时间段的录像可供回放查看。除车站当班票务工作人员及其他指定票务工作人员外，其他人员不得随意进入票务收益室、客服中心，确需进入时，必须得到当班值班站长或以上级别人员的许可，并由当班值班员陪同方可进入。车站需设立台账，记录批准人员和进入人员姓名、进入原因、进入时间以及离开时间等，当值班员离开点钞室或站务员离开票务处时，票务收益室、客服中心内所有人员必须同时离开，不得逗留。除现金交接、钱箱清点外，其他时间票务收益室内的所有现金只能保管在保险柜、补币箱、待清点钱箱或已锁闭的配用钱、票箱内，站务员在处理现金时，应将现金放在乘客接触不到的地方。

6. 票务清分管理

国内外轨道交通网络的运营模式总体上分两种：一是无缝换乘模式，即一票到目的地；乘客经由不同运营商经营的线路时，在付费区换乘，不再刷卡，如伦敦等；二是采用出付费区换乘方法，乘客需要多次购票，增加了乘客的不便，降低了整个轨道交通系统的吸引力，如东京等。后者采用的有障碍换乘模式（站外换乘），可以通过辅助手段准确记录乘客的乘车路径，整个乘车路径中所涉及的所有换乘站点都被准确地记录下来，不同的运营线路之间独立收费。因此在这些城市的轨道交通中并不涉及清分问题，即需要在不同投资、运营管理者之间进行账务的划分问题。

目前，北京、上海、广州等地的城市轨道交通线正向网络化发展，越来越多不同形式的换乘车站已建成或正在建设中。按照以人为本的设计理念，为减少换乘环节和缩短换乘距离，换乘站都力图设计成收费区换乘。其换乘形式有站台换乘（包括同站台和不同站台）、站厅层换乘和通道换乘等。由于出现了两条（及两条以上）线路共用同一站厅层（或站台层）或通过通道连接收费区的情况，以往采用的自动售检票系统方案已难以满足今后的运营要求。因此，有必要制订与之相适应的系统方案。

如果乘客旅行过程中涉及多条运营线路的话，则中央计算机系统的清分子系统必须对换乘交易的数据进行专门的统计，需要时应对交易费用进行清分结算。在清分处理中，可以根据起、止站预定的换乘路径进行清分，也可以根据积累的换乘规律和算法进行。换乘票务的清分一般包括票款清分和交易清分，其中交易清分需参照预定或积累的换乘路径进行；而票款的清分不一定需参照预定或积累的换乘路径进行。

换乘票务清分的目的就是依据清分规则，对票务收入进行及时、公平地清分，使各运营公司能够及时地将运营收入入账，同时可以提高各收益主体的资金效益。通过清分清算，可以充分、客观地反映城市轨道交通路网的客流情况，特别是各线路、各车站、各断面和各方向路径的客流情况。

根据不同的换乘方式，清分算法也不相同。

（1）无标记换乘的清分

在路网中，乘客从进站到出站，经过的路径和运营线路有多种选择。由于路径的不确定性，清分时可以采用路径算法、数理统计算法或者模糊算法等，确定各运营线路的票款收益。

（2）有标记换乘的清分

乘客在换乘时记录了乘客的进站交易数据、出站交易数据、路径数据，在自动售检票系统中可以获得换乘交易的一条完整的路径数据，根据路径数据，清分系统能够精确地清分各运营线路的收益，但在换乘站必须在车票上留有换乘标志信息，并经过车站计算机上传给有关系统集中处理。

票务清分的主要方法有以下三类：

（1）人工分账的清分方法

此方法的基础是对形成网络连线的每条轨道交通运营线路进行资产评估，评估指标为运营里程数、线路走向、投资额度、线路质量、服务质量等，评估后针对网络中每一对 O—D 的各运营线路参与投资情况，给出一个清分比例，据此清分比例进行分账。该方法简单易行，但这种静态模型不考虑各个运营主体所提供的服务对整个路网客运周转贡献的差异，不能客观地反映各个运营主体应得的收益，在精确度、合理性上都存在明显缺陷。

（2）理想情况下的清分方法

轨道交通网络中的路径确定是清分过程中的关键问题。理想情况下，每个换乘站点均设有专用的读卡仪器，乘客换乘一次，就刷卡一次，这样就可得到精确的乘客出行路径，然后根据此路径上所涉及的营运线路，按照营运里程，得到精确的清分比例。此方法的优点是理论上可行、清分结果公平和精确，是一种理想的清分方法。实际上，由于需要增加硬件设施支持和资金投入，当线路复杂时，将大大增加建设和维护成本，而且还引起乘客换乘不便，乘车高峰期容易形成拥挤，因此该方法不具备可操作性。

（3）基于乘客出行路径的清分方法

基于乘客出行路径的清分方法是通过分析乘客的出行行为，考虑影响乘客路径选择的因素并建立出行广义费用函数，在此基础上确定乘客 O—D 站点之间的一条或多条可能路径，从而根据这些路径中各相关运营商所承担的运营里程来确定其运费清分比例。这种方法较为复杂，但更加客观、准确地反映实际情况，有助于实现运费清分的公平性。

1）最短路径法。

最短路径是指任何两站之间的旅行时间（包括区间运行时间和换乘时间）最短的路径。该方法假定某两站之间的乘客全部选择最短路径，将运费收益分配给最短路径上做出贡献的运营商。该方法较为简单，在路网规模不大、结构简单、清分精度要求不是很高的条件，最短路径算法可以作为确定运费清分比例的可行方案。但其不足之处在于只根据时间要素进行路径选择分析，忽略了影响乘客出行路径选择的其他主、客观因素，同时，一个 O—D 对只选用唯一的路径进行清分计算，不能体现乘客选择的多样性，和真实反映实际情况。

2）多路径选择概率法。

一票换乘条件下，路网中异线站点之间换乘可能存在多条路径，只选取最短路径不能真实地反映实际的乘客出行路线，进而在清分中使得利益在各运营商中的分配产生不公之处。多路径选择概率法考虑了乘客出行路径的多样性，确定乘客可能选择的理性路径，根据一定的方法确定每条路径的客流分配比例，进而结合各线路承担的运输里程计算出清分比例。该方法实际上包含了最短路径法，更切合实际地反映了乘客的出行情况，充分照顾到路网运营中做出贡献的运营商利益，其目标是更加科学、准确、客观地分配运费收益，体现公平的原则。

◆ 票务清分的案例：

1. 新加坡

易通卡公司是陆路交通管理局下设的公司，负责"易通卡"在新加坡的运营和管理。"易通卡"除了在公共交通工具使用外，还可以用于非公共交通的小额收费，如公共娱乐场所、停车场、戏院、饮食店、商场购物等。易通卡公司负责各公共交通服务机构之间票务收益的清分。新加坡现有三条地铁、三条轻轨，分属于两家公司运营管理，分属于不同公司线路之间的票务收益由易通卡公司实行清分，采用的清分方法属于最短路径法。

2. 上海

1999 年 5 月，由上海城建投资、地铁公司、巴士公司、轮渡公司等 10 家单位共同发起组建上海公共交通卡股份有限公司，该公司负责上海公共交通卡（也称"上海公交一卡通"）的制作、发行和结算等。上海公共交通卡已用于公交、轨道交通（地铁、轻轨）、磁悬浮列车、出租车、轮渡、高速公路等收费，也用于旅游交通、停车场、加油站等。该卡已与长三角部分城市互通，如：无锡、苏州（部分公交车单向使用）、安徽阜阳、杭州（部分出租车）。上海各线路之间的票务收益清分由专职成立的轨道交通票务清分中心负责，采用最短路径法清分。

5.2 列车运用及乘务管理

5.2.1 城市轨道交通车辆

1. 城市轨道交通车辆特点

城市轨道交通车辆是用来运输乘客的运输工具，属于城市快速轨道交通的范畴。它的发展历程是：轨道公共马车—蒸汽机车牵引—内燃机车牵引—电力机车牵引—电动车组（国有铁路有内燃动车组）。

城市轨道交通车辆主要是指地铁车辆和轻轨车辆，它是城市轨道交通工程最重要的设备，也是技术含量较高的机电设备。城市轨道交通车辆应具有先进性、可靠性和实用性，应满足容量大、安全、快速、舒适、美观和节能的要求。

城市轨道交通车辆主要有客车、内燃机车和轨道车。

①客车一般以电力牵引、动车组形式编组，主要任务是载客。

②内燃机车使用柴油机动力，一般用于地铁工程建设期，但在特殊情况下（如接触网、供电大型故障时）可担任电客车救援、调车等任务。

③轨道车包括轨道检测车、接触网作业车、接触网检测车等，使用柴油机动力，用于地铁工程建设及维护。

地铁车辆有动车和拖车、带司机室车和不带司机室车等多种形式。例如，上海轨道交通 3 号线的 AC－3 型列车有带司机室的拖车（trailer car，TC）、无司机室带受电弓的动车（motorcar with pantograph，MP）和无司机室不带受电弓的动车（motorcar.M）共 3 种车型，采用贯通式车厢，以 TC－MP－M 三节车厢为一个单元。当采用 6 节编组时，排列为：TC－MP－M－M－MP－TC；当采用 8 节编组时，排列为：TC－MP－M－MP－M－M－MP－TC。这样就能保证列车两端均带有司机室，中间各车以缓冲装置进行连接，客室内以贯通道贯通，乘客可以任意走动。北京地铁按全动车进行设计，两车为一个单元，使用时按 2、4、6 辆进行编组。

2. 车辆基本构造

城市轨道车辆主要由以下几部分组成。

（1）车体

车体分有司机室车体和无司机室车体两种，它是容纳乘客和乘务员驾驶的地方，又是安装与连接其他设备的基础。现代城市轨道车辆车体均采用整体承载的钢结构或轻金属结构一次挤压成型，以达到在最轻的自重下满足强度的要求。车体一般分为底架、端墙、侧墙和车顶等几部分。

（2）转向架

转向架一般分动车转向架和拖车转向架，位于车体与轨道之间，用来牵引和引导车辆沿轨道方向行驶，承受与传递来自车体及线路的各种载荷并缓和其动力作用，是保证车辆运行平稳的关键部件。转向架一般由构架、弹簧悬挂装置、轮对轴箱和制动装置组成。动车转向架还设有牵引电动机及传动装置。

（3）牵引缓冲连接装置

车辆编组成列运行必须借助机械连接装置，即车钩。为了改善车辆纵向平稳性，一般在车钩的后部装设缓冲装置，以缓和列车冲动和撞击。另外轨道交通车辆车钩上还设有电路及气路自动连接设备。

（4）制动系统

制动系统是保证列车安全行驶所必不可少的装置。它安装在每辆车上，确保列车能在规定的距离内停车。城市轨道交通车辆采用电控空气制动设备，另外，依靠牵引电动机的可逆原理能实施再生制动和电阻制动。

（5）受流装置

装置的作用是从接触网或导电轨将电流引入动车，通常被称受流器。受流装置按其受流方式可分为以下五种形式：

①杆形受流器：外形为两根平行杆，其上为两个受电轨（导线），广泛用于城市无轨电车。

②弓形受流器：形状为梯形结构，属上部受流，弓可以升降，它接触一根导线，下面有导轨构成电路，用于城市有轨电车。

③侧面受流器：在车顶侧面受流，又称为"旁弓"，多用于矿山电力机车。

④轨道式受流器：从底部导电轨受流，又称第三轨受流，空间可以充分利用，多用于速度较高的隧道列车运行。北京及欧美大部分城市地铁采用这种方式。

⑤受电弓受流器：属上部受流，形状为倒三角形，弓可以升降，适用于列车速度较高的干线电力机车。上海地铁目前采用此方式。

在受电制式上，目前世界上地铁发展较早的城市都采用直流 750 V，个别采用 600 V。北京、天津地铁采用 750 V，上海、广州地铁采用直流 1500 V，它与直流 750 V 相比有以下优点：可提高牵引电网供电质量，降低弥散电流数值，增加牵引供电距离，从而可减少牵引变电所数量；便于地铁线路实现地下、地面、高架的联动。

（6）车辆内部设备

车辆内部设备包括服务于乘客的固定附属装置和服务于车辆运行的设备装置。属于前者的有坐椅、扶手、照明、空调、通风、取暖等。服务于车辆运行的设备大多安装在车辆底部，包括蓄电池、继电器箱、主控制器箱、电动空压机单元、牵引箱、电阻箱及各类电气开关等。

（7）车辆电气系统

车辆电气系统包括车辆上的各种电气设备及其控制电路，按其功能可分为：

①主电路：指供车辆牵引动力的电路，主要由受流器、牵引箱、牵引电机、电阻、电抗器及电气开关等设备组成。

②控制与信息监控电路：用于对列车实施牵引、制动等操作，以及对设备状况进行监控、记录、预报的电路。

③辅助电路：通常由逆变器或发电机输出中级电压，供车辆除牵引外其他动力设备使用，应急情况由蓄电池维持供电。

④门控电路：对车门进行开、关控制的电路。

5.2.2　乘务管理

1. 乘务管理的重要意义

城市轨道交通列车乘务员指列车司机，他们处于城市轨道交通运营的第一线，肩负着行车安全的主要责任。因此，如何合理安排乘务员作息时间、制订值乘方案、分配人员、教育培训及安全监督显得尤为重要，这些管理制度和措施的制定，不仅要与实际运营相结合，而且要有一定的科学依据作保障，做到人员精简高效的同时还要确保运营的安全。

2. 乘务员值乘方式

（1）关于乘务员的配备

根据国外有关技术资料，对运营线路所需乘务员数量的计算公式如下：

$$T_{lz} = \sum \frac{C_{xl}}{V_{li}} \tag{5-1}$$

式中：T_{lz} 为一天内总列车运营时间；C_{xl} 为日列车千米；V_{li} 为列车的旅行速度。

$$\eta = \frac{365 - 休息天}{365} \tag{5-2}$$

式中：η 为出勤率。

$$P_x = T_{lz} \cdot \frac{l + \alpha}{T_j \cdot \eta} \tag{5-3}$$

式中：P_x 为司机所需人数；α 为储备系数（一般取 10%）；T_j 为司机每个工作日的实际驾驶时间。

利用此公式对一条即将开通的线路所需要的乘务员人数进行测算，运营所需条件是：运用列车 9 列；备用列车 1 列；日列车千米数为 4300 km；出勤率 50%；日实际驾驶时间 6 h；列车的旅行速度为 31.9 km/h。

计算结果为 50 人，得出每列运营车辆所配司机 5.6 名，按照运用 9 列车，备用 1 列车来算，需 56 名乘务员，再加上 10% 的备用人员 6 名，配备的乘务员估计在 62 名左右。

（2）几种不同值乘方式

举例说明几种不同值乘方式的特点，例子中运营时间为 05：30—22：30，共 17 h，配置列车数为 10 列。

1）方式一。

值乘方法：包乘（一人一列）。

司机配备和轮班方法：轮班方法为五班三运转，即早班、日班、中班、休息、休息。每班 14 人，包括值乘司机 10 人、终点折返司机 3 人、组长 1 人，五班共 70 人。五班加上 10% 的备用司机，共需司机 77 人，具体工作时间见表 5-3。

交接班：接班司机需预先用电话向运转值班室了解自己包乘列车当日运营车次，并在规定的时间段内完成本列车驾驶工作的交接，不限地点。其中，早班司机必须在当班前一天晚上到车库司机公寓内休息，中班司机在运营结束后可回家休息。

表 5 - 3　包乘工作时间 (一人一列)

	接班时间	下班时间	实际驾驶时间/人
早班	05：30	11：00	5 h 30 min 左右
日班	11：00 始	16：30	5 h 30 min 左右
中班	16：30 始	回库	5 h 左右

特点具体如下：

①司机对自己包乘列车的车况、性能比较了解，有利于司机对列车的保养及维护。

②司机与列车相对固定，便于管理和监督。

③每天的实际工作时间缩短，减轻了司机的作业强度，提高了安全系数。

④取消了中班司机连早班的值乘方式，消除了因睡眠不足而带来的安全隐患。

⑤要求运营列车相对固定，不宜频繁更换。

⑥作业人员增加，司机配备比轮乘制多 50% 左右。

⑦对运营列车运行表的编排要有计划有规律，备车和计划修车调配要求合理。

⑧中班司机下班回家较晚，需要安排车辆接送。

⑨由于司机是连续驾驶，增加了在作业过程中的疲劳。

2) 方式二。

值乘方法：包乘 (两人一列)。

司机配备和轮班方法：轮班方法为四班二运转，即日班、夜班、休息、休息。每班 21 人，包括值乘司机 20 人，组长 1 人，四班共 84 人。再加上 10% 的备用司机，共需司机 92 人。具体工作时间见表 5 - 4。

表 5 - 4　包乘工作时间 (两人一列)

	接班时间	下班时间	实际驾驶时间/人
日班	07：30 始	16：30	4 h 30 min 左右
夜班	16：30 始	次日 07：30	3 h 30 min 左右

交接班：接班司机需预先用电话向运转值班室了解自己包乘列车当日运营车次，并在规定的时间段内完成本列车驾驶工作的交接，不限地点。夜班司机回库后在司机公寓内休息，次日投入早班运营。

特点具体如下：

①两名司机包乘一列车，对自己包乘列车的车况、性能比较了解，有利于列车的保养及维护。

②司机与列车相对固定，便于管理和监督。

③每天的实际驾驶时间缩短，减轻了司机的作业强度，提高了安全系数。

④要求运营列车相对固定，不宜频繁更换。

⑤作业人员浪费严重，司机配备比轮乘制多 100% 左右。

⑥对运营列车运行表的编排要有计划有规律，备车和计划修车调配要求合理。

⑦当值司机需在运营途中就餐，带来不便。

3）方式三。

值乘方法：轮乘。

司机配备和轮班方法：轮班方法为四班二运转，即日班、夜班、休息、休息。每组配备司机可按实际投入使用列车进行计算，假设每日运用列车8列，那么司机需要8名，两端终点加3名折返司机及组长1名，每组共计12名，再加10%的备用司机5名，四组共计司机53名。司机轮流驾驶列车，终点安排休息，具体工作时间见表5-5。

表5-5　轮乘工作时间

	接班时间	下班时间	实际驾驶时间/人
日班	07:30 始	16:30	6 h 左右
中班	16:30 始	次日07:30	5.5 h 左右

交接班：在线路某一固定地点上、下行进行，由班组长或专人负责记录监督。列车出库、回库的交接在停车场内进行。

特点具体如下：

①由于采用轮乘，司机配置人数可减少到最低程度。

②司机值乘时一人工作，对司机的要求较高。

③不利于列车保养，值乘人员对列车性能不熟悉，须制定措施强化值乘要求。

国内城市轨道交通目前常用值乘模式基本采用轮乘的方式进行，目的是精简人员提高效率。随着城市轨道交通的进一步发展，自动化程度的不断提升，更科学更合理的值乘方法将不断涌现。由于每条运营线路条件不同，所以上述对列车司机值乘方法的设想，可根据不同地区的实际情况进行调整设置。

3．乘务员应具备的基本素质

（1）身体素质

乘务员作为行车工作的一线人员，需要较高的体力和脑力要求。身高要160 cm以上，裸眼视力1.2以上，无色弱、色盲等视力症状，且无高血压、心脏病等易突发性的疾病。要求体态灵活，思路敏捷。

（2）技能素质

乘务员上岗前须经过专业培训，掌握基本行车规则，行车设备的基本知识、车辆构造、列车驾驶操作、常见列车故障排除方法等技能要求，而且在实际列车驾驶中合理运用，保证行车安全生产。

（3）职业道德素质

运用列车的目的是安全、便捷、正点、舒适地运送乘客，因此要求乘务员具备高尚的职业道德修养，养成良好的驾驶习惯，文明的操作方式，做到"安全第一，服务至上"。

4．乘务员的培训与考核

列车乘务员是专业性强、技能要求高的工种，因此对乘务员的培训要求也相当严格，乘务员培训大致分以下几方面：

（1）等级培训

各地对城市轨道交通列车乘务员有相应的等级要求，如上海市劳动局对城轨列车乘务员制订了初级、中级、高级三个不同等级，每个等级都有其相应的培训要求。

1）初级。

通过初级培训学习，学员可了解列车车辆的基本构造，掌握行车安全知识和操作技能，并具有对相关列车车型的日常检查及简单故障的判断和排除能力，达到能独立驾驶列车的要求。此等级是乘务员入门级的培训，此外还应强化对车辆、行车规则及车辆基本操作的培训，让乘务员积累感性知识。初级培训周期较长，一般需 1000 课时。

2）中级。

通过中级培训学习，学员在城市轨道交通运营理论上会有所提高，具有一定电动客车车辆故障判断及应急处理能力，能解决运行中大部分问题，并且具有带教列车实习司机的能力。

3）高级。

通过培训，学员会对车辆机械结构、电气原理有进一步了解，同时具备车辆疑难故障的判断和处理的能力。另外，学员能较全面地掌握行车理论知识，且有能力制订一般列车运用及乘务管理的方案。

（2）考核方式

各类等级培训结束后都须进行考核，考核合格后方能取得相应等级资格。考核主要分两大类，一类是理论考核，以书面形式进行，内容包括车辆专业知识、行规和列车驾驶安全等内容；另一类是实际操作考核，内容包括驾驶技术、规范操作、故障处理等。考核时设立专门机构对试卷及考题进行审核，并指派专业人员实施监考。

5.3 车辆段及停车场运用

5.3.1 车辆段及停车场的组成

车辆段及停车场是供轨道交通车辆与工程车辆整备作业、停放、保养、维修及清洗的场所。

在轨道交通建设初期，通常每条线布置一个车辆段，若运营线路大于 20 km 以上，为保证配属列车停放数量，以及减少两终点站首末班车时间差异、空驶里程及提高运营调整能力，应在线路另一端增设一个停车场。在轨道交通初步网络化情况下，可考虑多线共场方式。

车辆段的设计规模应根据服务线路远期客流数量为依据，综合分析列车配属数量及维修能力。

车辆段总体上分三部分：咽喉部分、线路部分和车库部分。咽喉部分是车辆段的停车库、检修库与正线连接地段，有出入段线和众多道岔，它直接影响整个线路的正常运营。咽喉部分在规划设计中既要保证行车安全，满足输送、接收能力的需要，又要保证必要的平行作业，还要努力缩短咽喉区的长度，尽量节省用地。线路部分由各种用途不同的停车线、洗车线、牵出线、试车线、检修线、清扫线及材料线等组成。车库部分有停车库、定修库、架修库。停车库除了停放车辆以外，还是日常检修保养的场所，所以设有检修坑道。架修、定修库作车辆定期维修使用。部分运营线路较长的线路另设停车场，停车场规模、设施较车辆段小，一般用做停放列车及小规模的维修保养等。

5.3.2 车辆段及停车场设备配置

1. 出入段(场)线

车辆段或停车场与正线的接合部，是段(场)与正线过渡线路，供列车出入场使用。其有效长度至少保证一列车的停放。

2. 停车线

停车线要满足线路所有运用车辆的停放需要，线路长度根据车辆编列的需求进行设计，一般为列车长加 8 m，可设计为一线一列位或一线二列位，线路间隔通常为 3.8 m，通常设检修坑道。

3. 试车线

试车线是用做列车调试、项目试验的线路，有效长度应保证列车最高时速和全制动的需求。试车线一般为平直线路。

4. 交接线或联络线

交接线或联络线是一条运营线路与另一条运营线路或运营线路与国有铁路连接的专用线路，主要用于车辆与生产物资的周转、调送。

5. 洗车库

洗车库一般安装自动洗车机，用于车辆自动清洗，列车以低于 5 km/h 的速度通过洗车设备，完成车体清洗作业。目前较高级洗车设备有喷淋、去污、上蜡、吹干等功能，减少了人力。

6. 维修线

维修线是指用于车辆各种不同修程的专用线路，包括架大修线、定修线、临修线、静调线等，这些线路设有 1.4~1.6 m 深的检修坑道，中间设维修平台。根据需求配有架车机、悬挂式起重机、转向架转向盘等设备。

7. 办公及生活设施

办公及生活设施由办公室、值班室、会议室、食堂、浴室及司机公寓等组成，一般设在作业区附近。

5.3.3 车辆运用流程

1. 车辆运用生产组织的特点

(1)车辆运用概述

城市轨道交通系统是一个复杂的、技术密集的公共交通系统，具有高度集中和各个环节紧密联系、协调动作的特点。而车辆运用组织系统又是这个大系统中重要的组成部分之一，它在上级运营指挥部门的统一指挥下，按运行图制订的行车计划完成日常的车辆运用工作，其工作范围包括：列车检修停放计划管理，列车行车计划的编排，按运行图要求配置列车及乘务人员，按运行图完成正线列车的运用工作，车辆的清洗、保洁，配合维修人员进行列车

的保养、维修、调试等工作，车
辆乘务人员及站场行车人员的行
政管理、技术管理及材料供应，
正线事故救援工作。

（2）车辆段（场）控制中心

车辆场内行车指挥部门为车
辆段（场）控制中心，主要负责组
织实施客车、机车车辆转轨、取
送、检修作业，车辆段内行车设
备检修维护作业、客车调试、列
车出入段等工作。其指挥层次如图 5 - 5。

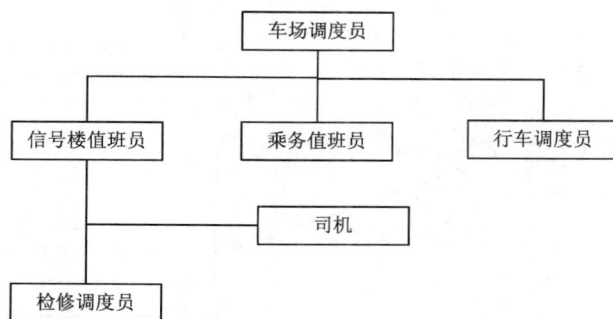

图 5 - 5　车辆运用生产组织机构

2. 车辆段各岗位设置及职责

（1）行政管理机构

按照车辆运用规模设主管一名，副主管若干名及相关办事人员。上述人员负责部门内日常行政管理、人事、教育培训、安全、技术等工作，协调与相关单位工作关系，科学合理地制订工作流程，安排好人力，按运行图要求组织好每日车辆运用工作。

（2）乘务组

根据列车配置数和运行图的要求设若干班组，由乘务长进行管理指挥。乘务组主要职责是按运行图的要求安全、快速、正点地驾驶列车，并配合车辆调试、验收、保养等工作。

（3）运转值班室

设有内勤值班员和外勤值班员，主要负责运用列车的编排，乘务人员的调配，行车信息的搜集、统计等工作。

（4）信号控制室

设值班员和助理值班员，主要负责车辆段或停车场内行车指挥、进路排列和列车接发工作。

（5）工程车辆组

负责牵引机车与工程车辆的驾驶，配合车辆维修、线路施工及列车救援等工作。

（6）检修组

负责车辆入场检修、定修和临修工作，为地铁运营提供足够数量、性能良好的车辆。

（7）技术室

设立相关专业的技术人员，负责车辆运用技术管理、站场行车组织管理及行车安全管理工作。

（8）后勤

主要负责生产物资准备、司机公寓管理、工作人员生活保障等。

3. 列车运转流程

（1）列车运转流程

列车运转流程指的是每日列车运用过程，包括四个环节，即列车出车、列车正线运营、列车回库收车及列车场内检修及整备作业。这些作业由车辆运用部门各个岗位协同配合共同来完成。列车运转流程图见图 5 - 6。

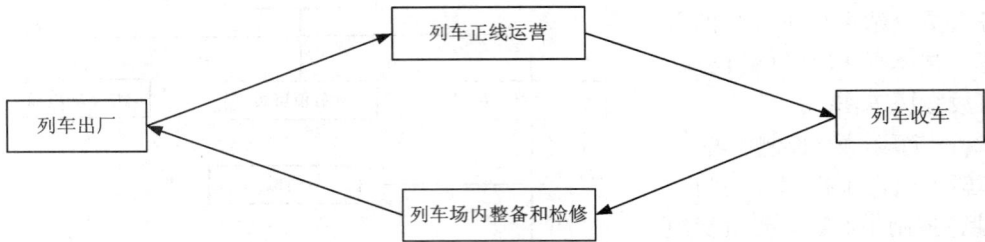

图 5-6　列车运转流程图

（2）列车出车

列车出车工作流程分为制订发车计划、出乘作业及发车作业三部分，从制订发车计划开始到列车发出结束。其中制订发车计划可分为编制、下达发车计划与检修交车、确认计划两个环节。出乘作业可细分为司机出勤、出车前检查、列车出库三个环节。

1）列车发车计划。

列车发车计划的编制与下达，说明如下：

列车发车计划由运转值班员根据车辆维修部门提供的"列车运营检修用车安排"，并结合车场线路存车情况和运行图的要求合理编制，编制时必须考虑降低交叉发车作业的难度及保证各车的出车顺序无误，不堵车。

列车发车计划编制完成后，运转值班员应在运转"行车日志"内填写有关内容，并向信号楼行车值班员传达列车发车计划，信号楼行车值班员应认真记录在"行车日志"上。列车发车计划包括以下内容：执行运行图编号、列车车次、待发股道、运用车编号。

信号楼行车值班员在接到运转下达的"列车发车计划"后应立即验证其可行性，发现问题及时汇报运转值班员更正。验证通过后根据"列车发车计划"编制"备用发车计划"，以便在站场信号设备故障时起用。

2）列车发车计划的确认与变更。

车辆维修部门交车后，运转值班员应立即与车辆维修部门提供的"列车运营检修用车安排"中的运用车辆核对，发现所交车辆数量、车号与"列车运营检修用车安排"中提供的数据有出入时，应立即调整"列车发车计划"，并及时将变更后的"列车发车计划"传达给信号楼行车值班员执行。

3）出乘工作一般规定。

具体内容包括：

①列车司机按列车运行图所规定的出库时间，提前半小时至运转值班室与运转值班员办理出勤手续，领取相应物品。

②司机在办理出勤手续时，应认真回答运转值班员的询问，仔细查看行车告示牌上的行车命令指示和安全注意事项，并从发车告示牌上了解本次列车出车股道。

③办妥出勤手续后，司机应对运转值班员安排的列车作一次出车前检查。检查完毕且合格后方能按时发车。

④如检车时发现车辆故障不能担负列车任务时，应及时通报运转值班员，并按其指示执行。运转值班员应立即通知车辆检修部门检修故障列车，及时调整司机出乘车辆及列车出车

次序，并向信号楼值班员传达变更出车计划。

⑤列车凭出库信号显示出库，动车前应确认库门开放正常、平交道无人员车辆穿越，然后通过。

⑥在运行图出库点已到后，如出库信号还未开放，待发列车司机应主动使用列车对讲电话询问信号楼行车值班员，联系不上时可通过运转值班员询问。

4）备用列车准备制度。

具体内容包括：

①备用司机应与首发列车司机同时出勤。

②完成备用列车检车程序后，备用司机应在车上待命。在发车工作结束后，备用司机方可回到司机休息室内待命。

③在其他待发列车故障起用备用列车替换后，运转值班员应及时安排其他可运用车辆担负备用列车任务，无法安排备用列车时应向行车调度员汇报。

5）列车出车信息流转。

具体内容包括：

①运转值班员应在当日列车发车计划确定后，及时将计划中有关内容上报行车调度员，内容包括列车车次、车号、有无备车、备车车号。

②遇待发列车故障调整时，运转值班员应及时将调整后的计划中有关内容上报行车调度员，内容包括变更/替换列车车次、车号。

（3）列车正线运营

列车正线运营主要由乘务员（列车司机）来完成。

1）正线运营中信息流转。

具体内容包括：

①正线列车或其他行车设备发生故障时，司机应及时报告行车调度员，报告故障车次、故障时间、故障现象以及处理结果。

②行车调度员将故障车次/车号、故障情况及其他相关信息通报维修部门，以便对故障及时修复处理。

③司机除汇报行车调度员有关故障信息外，还应记录故障信息，以便备案。

④对运营中列车因故障而导致下线，行车调度员应及时通知运转值班员。在列车回库后由运转值班员将司机填写的"故障报告单"传达至车辆维修部门。

2）正线交接班的有关规定。

具体内容包括：

①司机在正线交接班时，应提前 20 min 至有关地点出勤，出勤方式按部门制订的相应规定执行。

②司机在途中交接班时，必须向接班人员说明列车的运行技术状态及有关行车注意事项，并填写在司机报单上，内容包括制动性能、故障情况、线路情况、当前有效调度命令及执行情况以及其他必须交接的情况。

（4）列车收车工作

列车回库收车工作流程，分为接车及回库作业，其中回库作业可细分为列车入库、回库检查及收车、司机退勤三个环节。

1）列车收车工作流程。

具体流程为：接车作业→列车入库→回库收车→司机退勤。

2）列车回库及退勤。

具体内容包括：

①列车进入车库停稳后，司机应作回库检查并按《电动列车司机作业标准》有关内容收车。

②确认回库列车无异常后，携带列车钥匙、司机报单及其他相关物品至运转值班室，向运转值班员办理退勤手续。

③司机在办理退勤手续时，应将列车钥匙、司机报单及列车故障单交予运转值班员整理、保管。遇列车技术状态不良、故障和上线运营时发生行车安全事故等情况时，司机应向运转值班员报告，并应在有关报表中详细记录。运转值班员应对当日列车故障情况与安全记录做出统计并上报有关部门处理。

④司机退勤工作结束后，应至司机公寓向乘务组长汇报工作、总结当日工作情况，并听取次日行车工作计划与安全注意事项。

⑤司机在司机公寓休息时，按《司机作息规定》有关内容执行。

3）列车回库后的技术统计工作。

具体内容包括：

①列车回库后技术统计工作由运转值班员负责。

②待所有列车回库、司机退勤后，运转值班员应搜集整理列车故障信息，并将车辆故障情况向车辆维修部门通报。

③运转值班员还要根据报单中有关影响安全生产的记录做出统计和记录，并及时传送至有关部门。

④在发生列车晚点、大间隔、掉线、清客、救援及发生行车事故时，组织当事人、有关人员填写"车辆事故（事件）情况报告"，并及时上报有关部门处理。

（5）列车检修与整备

1）列车清洗工作。

列车清洗工作的一般规定：

①列车清洗工作由运转值班室指派专人负责，洗车负责人根据列车清洗需要制订列车清洗计划，列车清洗计划制订完成后，由运转值班员及时下达给信号楼行车值班员、司机、调车员及其他相关人员执行。

②列车清洗工作包括客室内部清洁、清扫，车身清洗/机洗作业。

③清洗工作安排在清扫线进行。清洗时需断电进行，由负责清洗工作的部门负责至运转值班室办理断电手续。断电后的防护工作由负责清洗工作的单位指派专人负责。

④进行列车清洗作业时，由运转值班员及时派出当值司机调车，司机动车时应确认地面调车信号机的进行信号，清洗时按相应设备操作办法执行。

2）列车检修工作。

列车检修工作一般规定如下：

①列车回库停稳并按规定收车后，如无调动、机洗及其他任务，运转值班员应及时与车辆维修部门办理车辆交接手续。

②未办理车辆交接手续的车辆，未经运转值班员同意，检修部门不得擅自进行检修作业。

③正在进行检修作业的车辆，未经检修负责人同意，运转值班员不得擅自调动使用。

④正在进行检修作业的车辆，应在司控器上挂"禁动牌"，防止无关人员擅自动车。

⑤车辆检修完毕后，检修负责人应及时与运转值班员办理车辆交接手续，将车辆移交给车辆运转部使用。

司机配合检修部门调试车辆，应按以下规定执行：

①司机配合检修部门调试车辆时，行车安全防护工作应由检修负责，检修负责人在指示车辆动车前应先确认无关工作人员已撤离、止轮器已撤除、股道上无障碍物、股道接触网已送电。

②司机配合检修部门调试车辆时，行车安全由司机负责，并严格按信号动车，遇有危险及时停车。

③司机配合检修部门调试车辆时，检修负责人应指派检修联系人进入驾驶室与司机保持联系。司机严格按照检修联系人的指示操作车辆，但检修联系人的指示违反安全规定及危及行车安全时，司机应拒绝执行。

3）车辆交接与验收。

具体内容包括：

①运转值班室接到车辆维修部门移交的车辆后，指派专人对车辆技术状态进行检查，确认车辆状况符合运营要求后方能接收投入正线使用。

②如车辆技术状态不符合运营要求，值班员应把车辆交付车辆维修部门维修。

重点与难点

重点：熟悉车站客流活动规律，掌握车站旅客组织原则、组织过程，以及大客流、特殊情况下客流处置方法；掌握车站票务管理原则和管理过程。熟悉城市轨道交通列车的构造和特点，掌握列车运用方法、乘务值班管理流程；掌握车辆段及停车场运用过程。

难点：由于旅客的换乘方式多样性、旅行路径的多选择性，所以城市轨道交通系统票务清分存在比较多的争议，一般依靠某种测算方法和城市轨道交通利益主体间的协议来做出城市轨道交通系统的票务清分。

思考与练习

---

1. 城市轨道交通车辆段的功能有哪些？
2. 试述乘务员应具备哪些基本素质？
3. 试分析城市轨道交通客流情况。

第 6 章

应急管理

6.1　基本要求

　　城市地铁应急管理是公共应急管理体系的重要组成部分。应急管理是为了应对特重大事故的危险问题提出的。它是指政府及其他公共机构在突发事件的事前预防、事发应对、事中处置和善后恢复过程中，通过建立必要的应对机制和措施，应用科学、技术等手段，保障公众生命、健康和财产安全，促进社会和谐健康发展的有关活动。

　　根据我国法律、法规的要求，企业和各级政府都应针对重大危险源制订有效的应急预案。2006 年 1 月 8 日，国务院发布《国家突发公共事件总体应急预案》，明确了各类突发公共事件的分级分类和预案框架体系，是指导预防和处置各类突发公共事件的规范性文件。随后，国务院又相继发布了《国家安全生产事故灾难应急预案》《国家处置城市地铁事故灾难应急预案》等共 9 个事故灾难类突发公共事件专项应急预案，其中，《国家处置城市地铁事故灾难应急预案》的目的是：做好城市地铁事故灾难的防范和处置工作，保证及时、有效、高效、妥善地处置城市地铁事故灾难，最大程度地减少人员伤亡和财产损失，维护社会稳定，支持和保障经济发展。

　　地铁运营的根本任务就是将旅客安全及时地运送到目的地。地铁运营的目的、性质和特点决定了地铁运营必须把安全生产放在第一位。从系统论的观点出发，与运营安全有关的因素可以划分为四类：人、机器、环境、管理。以管理作为控制、协调的手段，协调人、机器和环境的相互关系，并通过反馈作用将系统状态的信息反馈给管理系统，从而改进安全管理方法，最终得到更为安全的系统。

6.2　预案和演练管理

6.2.1　应急体系的建设

　　在城市轨道交通系统中，可能会发生或存在多种潜在的事故类型，例如：大面积的长时间停电、火灾、水灾、地震、危险物质泄漏、放射性物质泄漏、恐怖袭击等。此外，城市在开展各类大型活动时也可能出现重大客流等紧急情况。因此，在建设城市轨道交通应急救援体系时，必须进行合理策划，既要做到突出重点，准确反映城市轨道交通的主要重大事故风险，又要合理地编制各类预案，避免各类预案相互孤立、交叉和矛盾，从而使任何可能发生的事故局部化，尽可能地消除、减少事故造成的人员伤亡和财产损失，尽快恢复交通。

1. 应急救援体系的主要应急机制

应急救援活动一般划分为应急准备、初级反应、扩大反应和应急恢复四个阶段。应急机制与这些应急活动密切相关。应急机制主要由统一指挥、分级响应、属地为主和公众动员四个基本机制组成。

①统一指挥是应急活动的最基本原则。应急指挥一般可分为集中指挥与现场指挥或场外指挥与场内指挥几种形式，但是无论采取哪一种指挥系统都必须实行统一指挥模式，无论应急救援活动涉及单位级别高低和隶属关系如何，都必须在救援指挥中心统一组织协调下开展相关工作，使各参与单位既能充分发挥自己的作用，又能相互配合，提高整体效能。

②分级响应是指在初级响应到扩大应急的过程中实行分级响应的机制。扩大或提高应急响应的级别的主要依据是事故灾难的危险程度、事故灾难的影响范围、事故灾难的控制事态能力。而事故灾难事态控制的能力是"升级"最基本条件，扩大应急救援主要是提供指挥级别，扩大应急范围等。

③属地为主强调"第一反应"的思想和"以现场应急为现场指挥"的原则，即强化属地部门在应急救援体制管理工作中的主导作用，以提高应急救援工作的时效。

④公众动员机制是应急机制的基础，也是最薄弱、最难以控制的环节，即现场应急机构组织调动所能动用的资源进行应急救援工作，当事故超出本单位的处置能力时，向本单位外寻求其他社会力量支援的一种方式。

2. 应急救援体系建设的主要内容

安全生产是一项系统工程，需要从系统的整体性出发，科学地规划和设计。应急救援体系建设与发展属于安全生产系统工程的一个组成部分。应急救援体系的建设应着重从以下几个方面进行：

①事故预防。许多事故的发生都是因正常条件发生偏差而引起的，如果能事先确定出来某些特别条件及其潜在后果，就可利用相应手段减少事故的发生，或者减少事故对外界的影响，预防事故要比发生事故后再纠正容易得多。因此，在城市轨道交通新线设计及旧线改造中，必须设计必要的安全装置和设施，以提高城市轨道交通运营系统的安全程度。另外，事故预防工作也不可忽视操作规程、应急规程和管理策略的建立及其定期的培训和维护。

②应急预案的准备。主要包括：预测任何可能出现的紧急事故类型及其影响程度；制订紧急状态下的反应行动，以提高准备程度；确保系统在紧急情况下，做到准备充分和通讯畅通，从而保证决策和反应过程有条不紊；保证人员进行培训和演习，定期更新应急预案和重新评价其有效性。

③应急救援系统的组成。应急救援系统从功能上讲，可由应急指挥中心、事故现场指挥中心、后勤保障中心、媒体中心和信息管理中心五个运作中心组成。要做到快速、有序、高效地处理应急事故，需要应急救援系统中相互之间的协调努力。

④应急培训与演习。目的主要有以下几个方面：测试应急救援预案的充分成度；测试应急培训的有效性和队员的熟练性；测试现有应急装置和设备供应的充分性；确定训练的类型和频率；提高与现场外应急部门的协调能力；通过训练来识别和改正应急救援预案缺陷。

⑤应急救援行动。一个完善的应急救援体系应能在事故和灾害发生时及时调动并合理利用应急资源（包括人力资源和物资设备资源）投入救援行动事故现场，针对事故灾害的具体情

况，选择适当的应急对策和行动方案，从而能及时有效地进行应急救援行动，使伤害和损失降低到最低程度和最小范围，并在最短时间内控制事故。

⑥事故的恢复与善后。当应急阶段结束后，从紧急情况恢复到正常状态需要的时间、人员、资金和正确的指挥，对恢复能力的预先估计将变得十分重要。通常情况下，重要的恢复活动包括事故现场清理、恢复期间的管理、事故调查、现场的警戒与安全、安全和应急系统的恢复、人员的救助、法律问题的解决、损失状况的评估、保险与索赔、相关数据收集、公共关系等。

3. 应急救援机构

根据《国家处置城市地铁事故灾难应急预案》，城市地铁事故灾难应急处置组织机构分为三个层次：一是国家应急机构，即国务院或国务院授权住建部成立城市地铁事故灾难应急领导小组（以下简称领导小组），领导小组下设办公室、联络组和专家组；二是省级、市级地铁事故灾难应急机构，该机构比照国家地铁事故灾难应急机构的组成、职责，结合本地实际情况确定；三是地铁企业事故灾难应急机构，地铁企业建立由企业主要负责人、分管安全生产的负责人、有关部门参加的地铁事故灾难应急机构。

应急救援机构中应急运转指挥中心负责协调应急组织各个机构的运作和关系，主持日常工作，维持应急救援系统的日常运作；事故现场指挥中心负责事故现场应急指挥工作、人员调度、资源的有效利用；支持和保障中心负责提供应急物质资源和人员的后方保障；媒体中心负责处理媒体报道、采访、新闻发布会；信息管理中心负责信息管理、信息服务。各中心要不断调整运行状态，协调关系，形成一个有机的整体，使系统快速、高效施行现场应急救援行动。

城市轨道交通企业应急救援机构应按属地为主、分工协作、应急处置与日常建设相结合的原则建立，在应急处置过程中实现统一指挥、分级负责、科学决策，保证事故灾难信息的及时准确传递、事故快速有效处置，同时还要做到既保证常备不懈，又降低运行成本。

目前应急管理体系、机构设置，主要有以下几类：

（1）层级型

由地铁运营企业主要负责人为总负责，组建公司、部门两级应急系统。公司级包括企业主要负责人、分管安全生产的负责人及安全、保卫、调度、设备、信息管理、对外联络、卫生、物质保障、环保等各部门负责人员；建立二级部门应急机构，并延伸至基层班组。

（2）联动型

由地铁运营企业主要负责人为总负责，将运营中所发生的所有行车、设备、消防、治安等安全信息报地铁控制中心，地铁控制中心组成联动中心，统一指挥相关部门处置各类安全减灾及应急工作。

（3）专职型

地铁运营企业建立应急救援管理指挥专门机构和专业应急救援队伍，内设信息管理、应急管理（抢险、指挥）、重大危险源管理三个职能部门，负责地铁安全生产信息接收、汇总、上报、发布，重大事故隐患、预案编制管理、应急培训，预案演练，救援物资管理，抢险指挥，重大危险源建档、管理、专家库管理、查处谎报、瞒报案件等工作，使应急救援工作贯穿于安全生产事故的事前预防、事中应急、事后管理中，形成安全生产应急救援工作的一条较为完整的工作链和工作体制、机制。

《国家处置城市地铁事故灾难应急预案》中规定，城市地铁企业必须建立由企业主要负责人、分管安全生产的负责人、有关部门参加的地铁事故灾难应急机构。地铁企业可根据自身的发展规模、线路长度、员工素质等情况选择适合自身企业的安全、应急管理体系和机构。

6.2.2　应急预案

1. 应急预案的作用

应急救援预案是应急救援准备工作的核心内容。应急预案又称为应急计划，是针对可能的重大事故(件)或灾害，为保证迅速、有序、有效地开展应急救援行动而预先制订的有关计划或方案。它是在辨识和评估潜在的重大危险、事故类型、发生的可能性及发生过程、事故后果及影响程度的基础上，为应急机构、人员、技术、装备、设施(备)、行动方案以及救援行动的指挥与协调等方面预先做出具体安排，它明确了在突发事件发生之前、发生过程中以及刚结束之后，谁负责做什么，何时做以及相应的策略和资源准备等。

应急预案在应急管理中的作用和地位主要体现在以下几方面：

①明确了应急救援的范围和体系，使应急准备和应急管理，尤其是培训和演习工作的开展有据可依、有章可循。

②有利于及时作出应急响应，降低事故危害程度。

③成为各类突发事故的应急基础。通过编制基本应急预案，可保证应急预案具有足够的灵活性，对那些事先无法预料的突发事件或事故，也可以起到基本的应急指导作用；针对特定危害编制专项应急预案，有针对性地制订应急措施，进行专项应急准备和演习。

④当发生超过应急能力的重大事故时，便于与上级应急部门协调。

⑤有利于提高各级人员的风险防范意识。

2. 应急预案的层次和文件体系

(1)应急预案的层次

城市轨道交通系统中可能发生的事故是多种多样的，对应急预案合理地划分层次，是将各种类型应急预案有机结合在一起的有效方法。

城市轨道交通事故灾害大致可分为安全事故、自然灾害、人为突发事件等三类。针对每一类灾害的具体措施可能千差万别，但其导致的后果和产生的影响却是大同小异的。这就意味着可能通过制订出基本的应急模式，由一个综合的标准化应急体系有效地应对不同类型危险所造成的共性影响。

城市轨道交通系统应急救援体系的总目标是控制事态发展、保障生命财产安全、恢复正常运营。可以针对不同事故的特点，如爆发速度、持续时间、范围和强度等，制订具有较强针对性的专项应急预案。为了保证各种类型预案之间的整体协调和层次清晰，实现共性与个性、通用性与专业性的结合，宜采用分层次的综合应急预案。从保证预案文件体系的层次清晰及开放性角度考虑，可划分为两个层次，即综合预案和现场预案，如图 6-1 所示。

城市轨道交通运营应急预案一般有：特殊气象及自然灾害应急预案、防淹门故障应急处理程序、控制中心应急处理程序、疫情爆发应急预案、应急信息报告程序、处置大面积停电事件应急预案、保卫应急预案、地铁消防应急预案、机电设备(电梯、给排水、事故照明装置)应急处理措施及程序、供电专业抢修应急预案、工建专业应急预案、车辆专业应急处理办法、水污染应急处理预案、车务安全应急处理程序、接触网(轨)附近有异物的应急处理程序

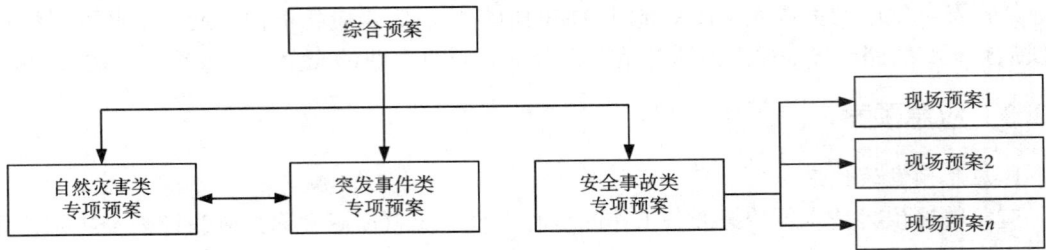

图 6 - 1　综合应急预案

等，都属于专项预案和现场预案的范畴。

（2）应急预案的文件体系

从广义上来说，应急预案是一个由各级预案构成的文件体系，它不仅是应急预案本身，也包括针对某个特定的应急任务或功能所制订的工作程序等。一个完整应急预案的文件体系应包括预案、程序、指导书和记录，是一个四级文件体系。

3．应急预案的演练

应急预案的演练是检验、评价和保持应急能力的一个重要手段。其作用体现在：可在事故真正发生前发现预案存在的问题和缺陷，发现应急资源的不足，从而改善应急部门、机构和人员之间的协调，增强相关人员应对突发事故救援的信心和应急意识，提高应急人员的熟练程度和应急能力，增强各级预案之间的协调性和整体的应急反应能力。

4．演练效果的评价

应急演练结束后应对演练的效果给出评价，并提交演练报告，详细说明演练中存在的问题，按照对应急救援工作的影响程度，可以将演练中发现的问题分为改进项、不足项、整改项。其目的是通过演练及时发现问题，并进行改进完善，避免因预案不完善而导致事故的扩大化，从而确保预案的高效性。

6.3　应急处置管理

6.3.1　突发事故的应急处理

突发事故发生后的一些基本处理要点如下所述。

1．各类突发事故的信息报告原则

①迅速、准确、客观的原则。

②逐级报告的原则。事故发生在区间时，列车司机应立即报告行车调度员。事故发生在车站内或车厂内时，车站值班站长或车厂调度员立即报告行车调度员。

发生人员伤亡、火灾、爆炸、毒气袭击、聚众闹事、劫持人质及其他恐怖活动等事故，需要报告 119 火警、120 急救中心或 110 匪警。

2．大面积停电的应急处理

①地铁线路发生停电事故时，应沉着镇静，稳定乘客情绪，维持秩序，尽力保证乘客安

全。控制中心根据停电影响情况，组织抢修抢险，发布列车停运、急救和车站关闭命令，并及时将灾情向上级报告。

②车站工作人员应加强监测紧急照明的启动情况，巡查各部位如升降机中是否有人员被困等，根据控制中心命令清站和关闭车站。

列车司机负责维持列车进站停车后，组织车上乘客向车站疏散。如果列车在区间停车，则利用列车广播安抚乘客，要求乘客不擅自操作车上设备，并立即报告行车调度员，按行车调度员指令操作。

3. 火灾应急处理

(1)车站发生火灾时的处理措施

①车站立即向乘客广播发生火灾情况，暂停列车服务，并指引车站乘客有序地进行疏散，撤离车站。同时，向控制中心报告，视火灾情况报 119 和 120。

②组织人员进行灭火和关闭车站的各类电梯，救助受伤的乘客。

③列车司机接到车站火灾通知后，听从行车调度员指挥，并通过列车做好乘客广播。

④控制中心接报后，立即执行列车火灾应急程序，扣住列车不能进入火灾车站，保持与司机和车站的联系，并视情况报 119 和 120。

(2)列车在站台发生火灾时的处理措施

①司机开启客室门，并通过列车广播安抚乘客，引导乘客疏散和使用列车的灭火器进行灭火自救，并确认火灾位置向车站和控制中心报告。

②车站接报后，立即广播通知乘客列车发生火灾情况，暂停列车服务。同时，组织人员进行灭火和有序疏散乘客，并视火灾情况报 119 和 120。

(3)列车在区间发生火灾时的处理措施

①司机保持列车运行至前方车站后，开门疏散乘客。在运行途中通过列车广播安抚乘客，引导乘客使用车型内灭火器进行灭火自救，并确认火灾位置向车站和控制中心报告。

②如列车在区间(隧道)不能运行，则应打开列车的逃生装置，有序地疏散乘客就近折返车站方向。

③车站接报后，立即广播通知乘客，进行紧急疏散乘客，并安排人员前往事故列车接应司机，组织疏散乘客。

④控制中心接报后，立即执行列车火灾应急程序，控制好列车间的距离，保持与司机和车站的联系，并视情况报 119 和 120。

4. 特殊气象的应急处理

(1)特殊气象应急预案分类

根据特殊气象对城市轨道交通运营的影响，特殊气象应急预案包括以下六个类别：

①台风、雷雨大风(含龙卷风)应急预案。

②暴雨应急预案。

③高温应急预案。

④大雾、灰霾应急预案。

⑤冰雹、道路结冰应急预案。

⑥寒冷应急预案。

(2)特殊气象应急预案启用原则

以当地气象台发布的气象预警信号为准。当地某区域气象台发布相应的台风和雷雨大风、暴雨、高温、大雾和灰霾、冰雹和道路结冰及寒冷气象预警信号后，由责任控制中心在受影响的线路范围内启动相应的特殊气象应急预案。

（3）相应的特殊气象应急预案解除原则

满足以下两个条件，责任控制中心可解除相应的特殊气象灾害应急预案，并向下令启动预案的领导汇报。

①当地某区域气象台解除相应的台风和雷雨大风、暴雨、高温、大雾和灰霾、冰雹和道路结冰及寒冷气象预警信号后。

②控制中心确认受相应的特殊气象影响的设备已全部恢复正常。

（4）停止某线路段运营的启动及解除程序

①启动程序。当需要停止某线路段运营时，控制中心OCC向运营总部总经理汇报，总经理下令启动。因特殊情况联系不上，分别依次由运营分管安全、行车组织的副总经理下令启动。

②解除程序。当达到恢复某线路运营条件时，控制中心OCC向运营总部总经理汇报，总经理下令恢复。因特殊情况联系不上，分别依次由运营分管安全、行车组织的副总经理下令解除。

③恢复因台风、雷雨大风(含龙卷风)造成高架或地面路段停运的行车条件；接获气象台取消橙色信号及在过去1 h监测到的最高风速低于74 km/h(8级)。

④恢复高架段行车的程序。首先，组织客车或工程车限速25 km/h进行线路检查；然后，安排专业维修人员跟车检查相关设备设施；确认具备条件后，恢复正常运营服务。

（5）特殊气象发生险情的应急处理原则

①抓住主要矛盾，先全面、后局部，先救人、后救物，先抢救通信、供电等要害部门，后抢救一般设施。

②根据需要，各部门积极合理地调动人力、物力投入抢险，在确保安全的情况下，尽快开通线路，恢复运营(含局部线路)。

③发生灾害时，应迅速准确地报告事故情况，确保信息渠道畅通。

④各部门、员工均应采取有效措施控制事态，减少损失，防止灾害的发生。

⑤贯彻抢险与运营并重、地铁运输与公交运输系统统筹兼顾的工作方针，在积极稳妥地处理事故的同时，按照总部相关规定最大限度地维持地铁运营或尽快恢复地铁运营。

5．正线车辆脱轨的应急处理

①确定脱轨后，控制中心立即扣停开往受影响区域的列车，对已进入该区间的列车，组织其退回始发车站。

②控制中心通知电力调度员做好关闭脱轨区段的牵引电力和挂接地线的准备。

③通知相关线路的车辆控制中心派出救援队起复车辆，启动应急轨道交通—公交接驳预案。

④控制中心、司机和车站组织乘客疏散。确认具备停电条件后，控制中心组织停电。

⑤如在隧道内脱轨，控制中心要组织隧道送风。

⑥组织好抢修期间的客车降级运营工作(小交路运营)。

⑦维修调度员在接到车辆脱轨时间的明确报告后，应立即组织车辆抢险队前往事故现

场，车辆抢险员接到车场控制中心 DCC 维修调度命令时必须在 10 min 内出发前往事故现场。

⑧第一个赶往事故现场的车辆员工，自动成为车辆事故现场抢险指挥负责人，负责现场抢险工作并将所观察到的情况反馈回事发分部车场控制中心 DCC，使 DCC 能够及时获得现场情况，做出有利于抢险工作的人员和设备安排；当车辆抢险指挥小组成员赶到现场后，现场抢险指挥向车辆抢险指挥小组成员汇报现场情况，并将指挥权移交。

⑨起复后，必须执行以下工作：确认接地线拆除和线路出清后，通知电力调度员送电，做好恢复正常运营的准备工作；组织一列客车清客或工程车前往救援，连挂脱轨列车限速运行进入就近存车线，待运营结束后再安排事故列车回厂检修。

⑩组织备用客车上线服务。

6.大客流应急处理

（1）启用条件

因地铁周边环境影响或因设备故障导致设备能力不足等不可预见的情况造成突发性进、出站客流增大，超过车站设备承受能力。

（2）现场应急处理

车站发生突发性大客流时，由站长或值班站长负责现场客运组织、安排、监督各岗位的职责实施情况。

①根据"三级客流控制"的原则，站长或值班站长在车站出入口、入闸机组、站厅与站台的楼梯、扶梯处进行客流控制。

②站长或值班站长及时了解产生突发客流的原因、规模及可能持续的时间，合理安排岗位。

③车站行车值班员及时播放相应的广播疏导乘客。

④值班站长及时组织人员维持购票秩序，增设兑零点，对乘客做好疏导、服务工作。

⑤票亭减缓兑零速度。

⑥行车值班员监控 15 min 进站客流情况。如车站现有人员无法应付突发性大客流时，值班站长组织驻站人员参与客流控制，同时安排行车值班员通知公安部门协助，报告行车调度员请求支援。

⑦现特大客流时，车务部门应立即请示控制中心，要求调派列车直达特大客流车站进行增援。

⑧站台拥挤时，值班站长立即安排其他岗位员工或支援人员到站台维持候车秩序，对站厅与站台的楼梯、扶梯处进行一级客流控制，先让下车乘客出站，再放坐车乘客进入站台，控制进站的乘客人数。行车值班员及站台员工利用广播提醒乘客注意安全，同时加强对站台乘客候车动态及站台屏蔽门工作状态的监控。

⑨若因设备故障造成列车晚点，车站乘客拥挤时，车站值班站长安排行车值班员及时通知公安部门协助，安排巡视岗、客运值班员在出入口、票亭及进闸机前摆放立柱告示，告知购票进闸的乘客客车延误信息。同时做好退票和公交接驳的准备工作。

⑩由于特殊气象（如暴雨）导致突发性大客流时，车站值班站长及时安排员工做好滞留乘客的疏散工作。

⑪需调整本站员工岗位或工作内容时，由站长、值班站长根据现场情况组织安排，需抽调其他车站临时支援人员时，由站长、值班站长报车务部门生产管理人员，由车务部门生产

管理人员协调人员配置。

（3）结束条件

车站客流有效缓解，恢复正常，站长或值班站长报告地铁控制中心，经地铁控制中心同意后宣布结束预案的实施，各岗位员工恢复正常工作，临时支援人员在现场指挥的安排下回原车站、原岗位。

7. 隧道疏散的应急处理

（1）司机的应急处理

①列车停车后，应立即播放广播安抚乘客，提醒乘客保持镇定，切勿打开车门跳下轨道，并将列车位置（区间、百米标、上、下行正线）及现场情况报告控制中心，或设法联系就近车站。

②接到行车调度员通知疏散后，确认疏散方向，并做好疏散准备。

③待车站工作人员到达后，确认疏散方向，并作好疏散准备。

④广播引导乘客疏散，并协助车站工作人员维持疏散的秩序。

（2）控制中心的应急处理

①控制中心接报信息，确认需要进行乘客疏散后，按向就近车站疏散的原则组织乘客疏散。

②通知就近车站安排人员进入区间组织乘客疏散。

③通知临线列车在疏散区间限速运行，并注意瞭望和鸣笛。

④按规定开启照明和隧道通风系统。

（3）车站的应急处理

①接到行车调度员要组织列车区间疏散的命令后，确认疏散方向。

②按规定穿戴好防护用品，得到行车调度员同意后，值班站长带领人员进入区间。

③车站工作人员到达现场后，安排人员在列车头部及尾部引导，在正线与入段线连接处、联络通道、疏散平台断开处等关键地点安排人员引导乘客疏散。

④通知司机在疏散平台侧，打开每列车疏散方向的第一、二个门，组织乘客从该车门下车，通过疏散平台疏散到就近车站。

8. 列车故障救援

①出现列车故障时，及时组织备用车上线调整运行。

②若故障车在车站内，故障车在清客后再与救援列车连挂；若故障车与救援列车连挂后运行到前方车站清客。担任救援任务的客车，按《行车组织规则》执行。

③列车发生故障时，列车调度视情况及时扣停后续第二列或第三列客车在就近设有辅助线的车站内，并做好小交路运营的准备。

④发生客车故障救援时，运营遵循有限度列车服务的原则，列车的运行间隔由行车调度员组织调整，在中间站折返至上行线和下行线时，如客车采用站前折返，需在折返站的前一站清客；若采用的是站后折返，则在折返站本站清客，行车调度员必须按要求及时通知本线和另一线车站相关的运营信息。必要时，另一线路行车调度员应采取有效措施配合、协助故障线路的行车调度员进行救援。

⑤在故障明确，可以进行准确判断后，调度应严格遵循行车组织方案。若在各项前提条件不满足，或故障不明显、判断偏误下，应采取机动灵活的措施进行行车组织。

⑥列车救援时，按规定速度推进运行(司机须按车辆故障处理指南操作相应的开关)。

⑦列车在区间出行故障，如无人引导时，原则上不要求司机到后端司机室尝试动车，达到时限后立即组织救援。

◆ 典型案例

1. 韩国大邱地铁火灾事故

2003 年 18 日上午 9∶50，在韩国大邱市的地铁一号线上，1079 号列车正朝着市中心的中央路站飞驰，当地铁列车徐徐开进中央路站的时候，2 号车厢里有位身穿深蓝色运动装的男子突然从自己的背包里拿出一个像是牛奶罐的东西，可是，他不是在喝奶而是拿打火机在罐口上点火。坐在身边的朴今泰等人以为他在玩打火机，于是劝他不要在车厢内玩火。可是，"咔嚓"、"咔嚓"，这位玩火者的动作还在继续。朴今泰等觉得这个人有点儿不对头，赶紧冲上去和他展开搏斗。在搏斗过程中，满罐的汽油洒在了这位"神秘"人身上和车厢座位上，打火机点燃了汽油，瞬间车厢变成了火海……韩国大邱地铁纵火事件分析如图 6－2 所示。

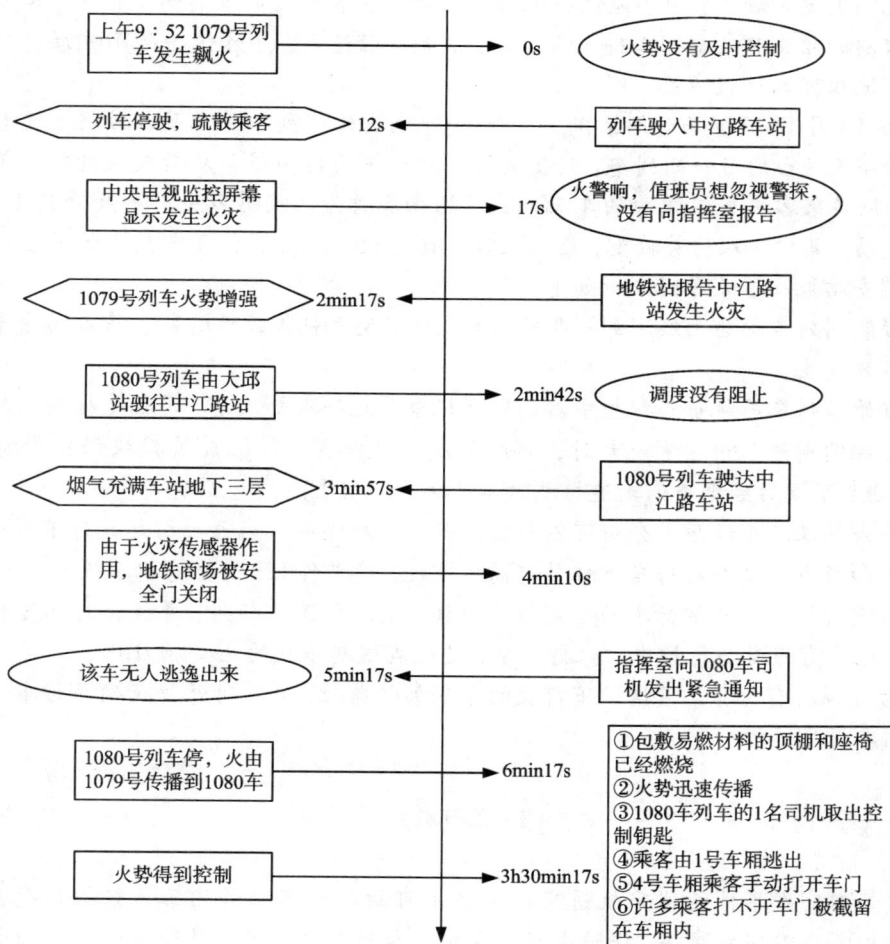

图 6－2 韩国大邱地铁纵火事故事件线

大邱市地铁的火灾虽然是有人故意纵火而造成的，但是出现如此大的伤亡(造成198人死亡，146人受伤，298人失踪)却是人们所没有预料到的，因为从事故现场站台到地铁地面出口步行只需两分钟，之所以出现如此大的伤亡，分析有以下主要原因：

①大邱地铁的车站内虽然安装了火灾自动报警装置、自动淋水灭火装置、除烟设备和紧急照明灯，但是这些安全装置在对付严重火灾时仍明显不足，尤其是自动淋水灭火装置。由于车厢上方是高压线，为了防止触电，车厢内均没有安装这种装置，因此，大邱市地铁发生大火时，不可能尽早扑救，车站断电后，车站一片漆黑，紧急照明灯和出口引导灯均没有亮。

②车厢内的座椅、地板和墙壁虽然都是耐燃材料，但经受不住过于猛烈的火焰，玻璃纤维和硬化塑料在遇到火焰和高温后起褶，而这些材料燃烧起来后释放出有毒烟雾。这些烟雾在火灾之后几分钟内，导致现场人员窒息和救援人员难以迅速接近现场。

③加重此次火灾伤亡的另外一点是：地下设施根本没有发生火灾时强行抽出烟尘的空调设施，以致事故发生三四个小时后，救援人员还只能束手无策，由于地铁没有排烟设备，现场弥漫着大量烟雾和有毒气体，因此最初的救援行动严重受阻。

④在此次火灾事故中，由于地铁公司消极应对，在不知火灾事实的情况下，车站的中央控制室没有及时阻止另一辆列车进入车站，造成无辜的连累，导致伤亡人员增加。

2. 罗马地铁列车追撞事故

2006年10月17日罗马时间上午9：37，一列地铁A线列车异常驶入维托·艾曼纽二世车站，追撞停靠月台的另一列列车，致使被撞击的列车最后一节与从后驶来的第一节车厢纠结在一起，许多乘客被夹在扭曲的车厢间，现场烟雾弥漫，照明丧失。事故导致1人死亡，约110人受伤，其中6人伤势较重，死亡乘客与伤势较重人员皆位于前列车的最后一节车厢内。有关调查结果及事故原因分析如下：

①受损两列列车均为上线不到一年的新车，目前尚无机件故障迹象。基本排除车辆故障原因导致事故发生。

②根据肇事列车司机员与行控中心的通联记录与地铁人员表示，司机是接获行控中心指示越过红灯继续前进(当运量较大时，类似调度可被接受，司机员被授权保持警觉以最大15 km/h行进，事故后经调查列车追撞之时车速为30 km/h)。

通过调查结果及事故原因分析可以看出这是一起典型的人为原因引起的行车事故。主要原因是司机和行调都没有对行车工作引起高度重视，违章作业，安全意识不强。

①司机没有按照非正常行车的规定超速行驶，属严重违章行为，并且在行车过程中没有加强瞭望，也没有随时与行控中心保持联系，是造成这起事故的主要原因。

②作为行调没有对非正常情况下行驶的车辆加强监控，并及时开放正确的行车信号和道岔，导致列车发生追撞。

重点与难点

重点：应对突发事件是城市轨道交通系统不可缺的运营工作内容。根据应急预案，迅速、合理地处置各类突发事件，保障乘客人身安全和列车运行安全是城市轨道交通运营企业的核心任务。本章重点内容包括：(1)掌握应急管理的基本要求；(2)了解应急预案和掌握演练管理流程；(3)掌握各种突发事故下的应急处理方法。

难点：城市轨道交通突发事件的应急处理。

思考与练习

1. 应急机制主要由哪几个基本机制组成？
2. 应急预案的作用有哪些？
3. 请简述车站发生火灾时的处理措施。
4. 目前我国城市轨道交通面临的主要灾害有哪些？
5. 应急疏散管理应该注意哪些事项？

第 7 章

列车运行控制

　　本章首先介绍列车自动防护系统、列车自动运行系统和列车自动监控系统的基本原理、主要功能以及实际应用情况,分析点式自动列车运行控制系统与连续式自动列车运行控制系统结构、功能与原理,阐述固定闭塞系统与移动自动闭塞系统的概念、功能与各自的特点,分析固定闭塞系统与移动自动闭塞系统下列车间隔时间的计算方法,最后介绍列车日常调整与日常调度的工作内容与方法。

7.1　列车自动控制系统的组成及其功能

　　传统的信号系统以地面信号显示为依据,驾驶员按列车规则操纵列车运行,目前,世界各国的城市轨道交通信号系统大都采用列车自动控制系统(automatic train control, ATC)。列车自动控制系统包括自动防护系统(automatic train protection, ATP)、列车自动运行系统(automatic train operation, ATO)和列车自动监控系统(automatic train supervision, ATS)三个子系统。

7.1.1　列车自动防护系统

　　ATP 主要用于对列车驾驶进行防护,对与安全有关的设备或系统实行监控,实现列车间隔保护、超速防护等功能。ATP 工作原理:将信息(包括来自联锁设备和操作层面上的信息、地形信息、前方目标点信息和容许速度信息等)不断从地面传至车上,从而得到列车当前容许的安全速度,以此来对列车实现速度监督及管理。

　　城市轨道交通的一个显著的特点是列车间隔时间短,目前在大城市修建的地铁与轻轨,往往都是提出 2 min(甚至 90 s)的列车发车间隔要求。在如此短的列车间隔条件下,作为确保行车安全的信号系统已不能以地面信号显示作为控制行车速度的主要依据,而必须在一个高可靠地、连续不断地实现速度显示(机车信号)和速度监督、防护的系统,ATP 系统在城市轨道交通中承担着确保行车安全的重要职责,是 ATC 系统中最关键的一环。在评价 ATP 系统时,总是把可靠性和安全性放在首位。ATP 系统具有的功能如下所述。

　　1. 停车点防护

　　停车点有时也是危险点,例如站内有车时,车站的起点即是必须停车点(见图 7 - 1)。在停车点的前方通常还设置一段防护段。ATP 系统计算得出的紧急制动曲线即以 P 点为基础,保证列车不超越 P 点。有时也可在 P 点设置列车开车速度,例如 $V_p = 5$ km/h,一旦需要,列车可在此基础上加速,或者停在危险点前方。

2. 速度监督与超速防护

城市轨道交通中的速度限制分为两种：

① 固定速度限制，如：区间最大允许速度（取决于线路参数）；列车最大允许速度（取决于列车的物理特性）。

② 临时性的速度限制，如：线路维修时临时设置的速度限制。

ATP 系统始终严密监视这类速度限制不被超越，接近速度，先做警告，后启动紧急制动，并做记录。

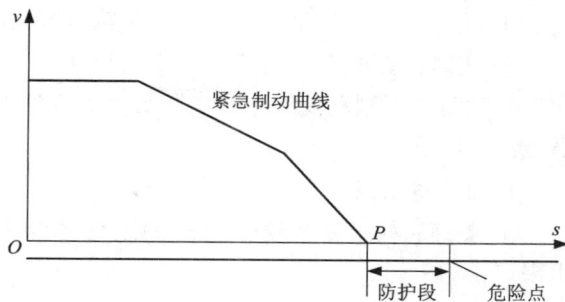

图 7 - 1　停车点防护说明

3. 列车间隔控制

列车间隔控制又称为移动闭塞（moving block），是一种既能保证行车安全（防止两列车发生尾随事故），又能提高运行效率（使两列车的时间间隔最短）的信号概念。移动闭塞与过去的以划分闭塞分区、设立防护信号为基础的自动闭塞概念有很大的不同。移动闭塞分区长度与位置均是不固定的，是随前方目标点（前行列车）的位置、后续列车实际速度以及线路参数（如坡度）而不断地改变的。相对于过去的固定闭塞分区而言，这里的"闭塞分区"是移动的，所以称为移动闭塞。

图 7 - 2 表示出了在列车间隔控制中的一些概念。

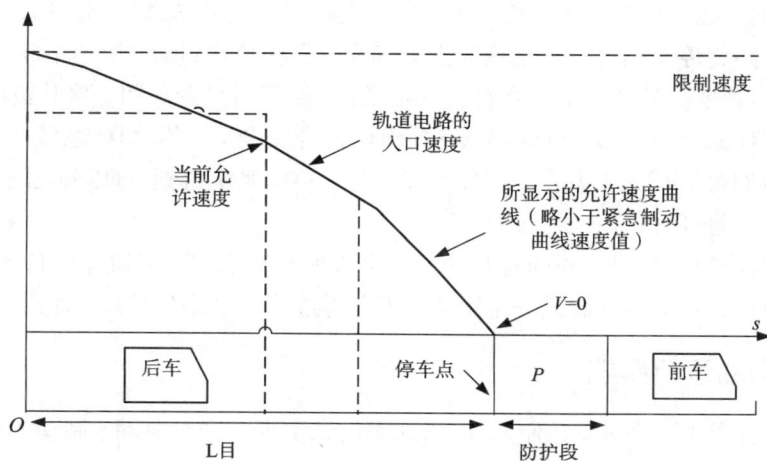

图 7 - 2　列车间隔控制的说明

① 轨道线路采用移动闭塞 + 地面信号的信号控制方式，地面信号主要采用基于计轴区间分段方式，也有轨道电路采用多信息音频轨道电路，轨道区段长度通常在 300 m 以下。

② 前行车所占用轨道区间的始点被当作危险点。

③ 前行车的防护段可以是相邻轨道区间，也可以大于轨道分区的长度，视具体情况而定。

④ 目标距离 L 目是指后续车所在轨道区间的始端到停车点(防护段的始端)的距离。

⑤ 实时计算所得的紧急制动曲线与列车的最大减速度有关;在驾驶室内显示出的最大允许速度略小于制动曲线上的实际最大允许速度,以便留出时间空隙可以进行告警及由驾驶员做出反应。

4. 测速与测距

① 测速:利用装在轮轴上的测速传感器来测量列车的即时速度,并在驾驶室内显示出来。

② 测距:以轨道电路为基础,在轨道电路内的运行距离测量依赖于所记录的车轮转数及预知的车轮直径加以转换。

5. 车门控制

城市轨道交通车辆的车门控制是重要的安全措施之一。车门是自动开闭,还是由驾驶员手动操纵,这并不重要,关键是要对安全条件严格监督。主要是防止以下情况出现:

① 列车在站外打开车门。

② 列车在站内时打开非站台侧的车门。

③ 在车门打开时列车启动。

只有所有安全条件均已满足时,给出一个信号,车门才能被打开。

6. 其他功能

上述 5 项功能是 ATP 系统的主要功能。除此之外,视具体用户的要求,ATP 系统还可具有其他一些功能:

① 紧急停车功能。在特殊紧急情况下,按压设在车站上的紧急停车按钮(平时加铅封),就可通过轨道电路将停车信息传递给区间上的列车,启动紧急制动,使列车停止运行。

② 发出发车命令。ATP 系统检查有关安全条件(如车门是否关闭、驾驶员的操作手柄是否至于零位、ATO 系统是否处于 OK 状态)并确认符合安全后,给 ATO 系统一个信号,驾驶员在得到显示后即可进行人工发车,在自动驾驶时,ATO 系统得到 ATP 系统的发车确认信息后,即操纵列车自动启动。

③ 列车倒退控制。根据不同的用户协议,可以实现各种列车倒退控制。例如有的用户要求防止列车退行,列车退行超过一定距离,或者越过轨道电路分界点,即启动紧急制动。

7.1.2　列车自动运行系统

ATO 主要用于实现"地对车控制",即用地面信息实现对列车驱动、制动的控制。其目标是满足定时、节能、舒适、定点停车。列车可以经常处于最佳运行状态,避免了不必要的、过于剧烈的加速和减速,可显著提高旅客舒适度,提高列车正点率及减少轮轨磨损。ATO 子系统的功能包括:

①控制列车在允许速度下运行,并自动调整列车的速度。

②列车在区间或站外停车后,一旦信号开放,即可自动启动。

③系统控制列车到达站台的最佳制动,使列车停于预定目标点。

④停站结束后,保证车门关闭后,列车能自动启动。

⑤当列车到达折返站时,自动准备折返。

7.1.3　列车自动监控系统

ATS 主要是实现对列车运行的监督,辅助行车调度人员对全线列车运行进行管理。它可以显示全线列车运行状态,监督和记录运行图的执行情况,为行车调度人员的调度指挥和运行调整提供依据,如列车偏离运行图时及时做出反应等,通过 ATO 接口,ATS 还可以向旅客提供运行信息通报,包括列车到达、出发时间,列车运行方向,中途停靠信息等。ATS 子系统的功能包括:

① 自动显示列车车次、运行位置和信号设备工作状态,自动或人工办理进路。

② 编制和管理列车运行图,自动调整运行计划,自动描绘或复制列车运行实迹,列车运行模拟仿真。

③ 车辆维护周期管理,向旅客向导系统提供信息,对运行数据自动统计和制表等。

7.2　列车自动控制系统的基本类型

7.2.1　点试自动防护系统

点式自动列车运行控制系统在欧洲的干线铁路及城市轨道交通中应用得十分广泛。其主要优点是采用无源、高信息容量的地面应答器,结构简单,安装灵活,可靠性高,价格明细低于连续式自动列车控制系统。

1. 点式自动列车运行控制系统的基本结构

点式自动列车运行控制系统因其主要的功能是实现列车超速防护,所以又称为点式超速防护(点式 ATP)系统,它是一种点式传递信息,用车载计算机进行信息处理,最后达到列车超速防护目的的系统。

点式自动列车运行控制系统的基本结构:地面应答器;道旁电子单元 LEU(又称为信号接口);车载设备。见图 7 – 3。

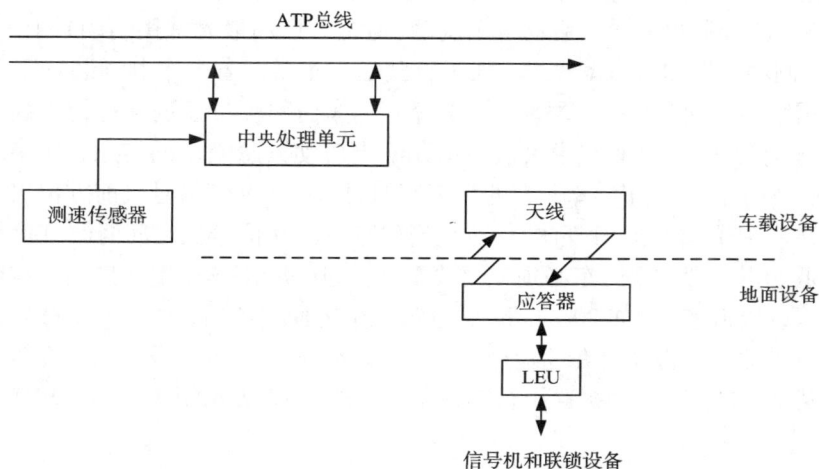

图 7 – 3　点式 ATP 系统的基本结构

2.点式自动列车运行控制系统的基本工作原理

点式自动列车运行控制系统的主要功能是实现列车超速防护，即 ATP（automatic train protection）功能。

图 7-4 表示车载中央控制单元根据地面应答器传至车上的信息（距目标点的距离，目标点的允许速度、线路的坡度等）以及列车自身的制动率（负加速度），计算得出的两个信号机之间的速度监控曲线。为了清楚地表达出点式超速防护的机理，在图 7-4 所示曲线的中段，用细化的方式表示四种情况。

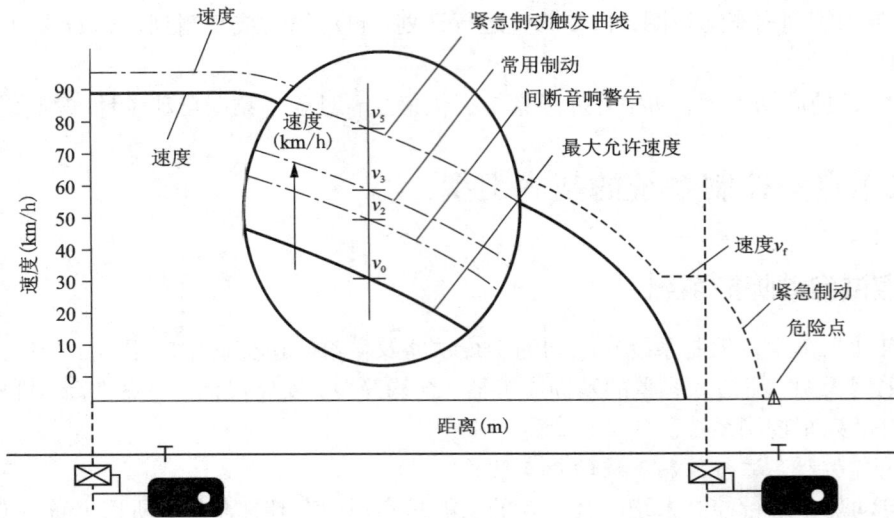

图 7-4　点式列车超速防护系统的速度监控曲线

图 7-4 中，v_0 是所允许的最高列车速度（km/h）。当列车车速达到 v_2 时，车载中央控制单元给出音响报警，如果此时驾驶员警惕降速，使车速低于 v_0，则一切趋于正常。当列车车速达到 v_3 时，车载中央控制单元给出启动常用制动（通常为启动最大常用制动）的信息，列车自动降速至 v_0 时，制动装置即可自动缓解，列车行驶趋于正常。若列车制动装置不具备自动缓解功能，则常用制动使列车行驶一段路程后停下，列车由驾驶员经过一定的手续后重新人工启动。当列车车速到达 v_5 时，车载中央控制单元给出启动紧急制动的信息，确保列车在危险点的前方停住。为了提高行车效率，有的行车部门要求，在红灯信号机前方留出一段低速滑行区段（见图 7-4 中的 v_1 段），其目的是防止当列车行驶在信号机之间时红灯信号变为允许信号，若不设低速滑行段，则列车必须完全停下和经过一套手续后重新启动。在留出低速滑行段后，列车可以以低速（例如 20 km/h）驶过第二个地面应答器，如果列车被告知信号仍是红灯，通过紧急制动还来得及停在危险点前方；如果列车被告知信号已改为允许信号，则驾驶员可在 v_0 的基础上加速，从而提高了行车效率。如图 7-5 表示用于缓行段超速防护的速度监控曲线。

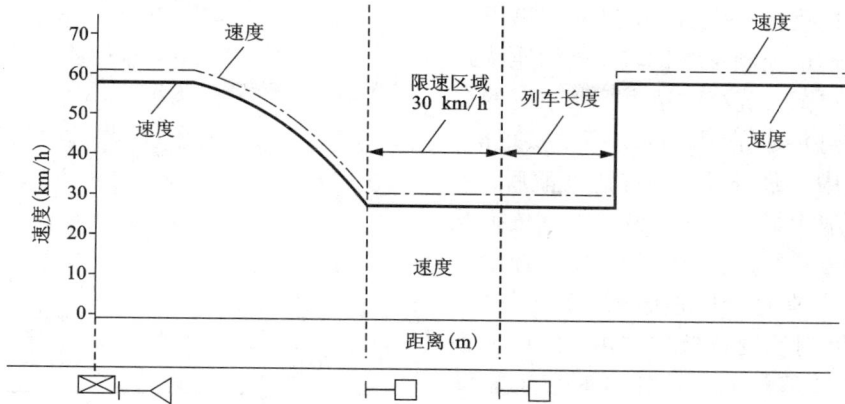

图 7 - 5　用于缓行超速防护的速度控制曲线

7.2.2　连续式自动列车控制系统

当今，不论是闻名于世的法国高速铁路、德国高速铁路、西班牙高速铁路、日本新干线等干线铁路，还是近几年开通的瑞典斯德哥尔摩地铁系统，上海、广州的地铁，无一例外地采用连续式自动列车运行控制系统。换句话说，连续式自动列车运行控制系统是适应高速干线与高行车密度的地铁、轻轨交通发展起来的一项铁路信号技术。毫无疑问，其技术基础正是目前飞速发展的信息传输与处理技术。

按地面—车上信息传输所用的媒体分类，连续式自动列车运行控制可分为有线和无线两大类，前者又可分为利用轨间电缆与利用数字编码音频轨道电路技术两类。按自动闭塞的性质分类，连续式列车速度自动控制系统可以分为移动闭塞与准移动闭塞两类。用无线通道实现地—车数据传输的自动列车运行控制系统是真正意义上的移动闭塞，而地—车之间用有线方式传输数据的自动列车运行控制系统通常也认为是一种移动闭塞，但严格来说，其与完全实现目标追踪的移动闭塞仍有一定区别。按地—车之间所传输信息的内容分类，列车速度自动控制系统可分为速度码系统（speed code system）与距离码系统（distance code system）。前者由控制中心通过信息传输媒体将列车最大允许速度直接传至车上，这类制式在信息传递与车上信息处理方面比较简单，速度分级是阶梯式。后者从地面传至车上的是前方目标点的距离等一系列基本数据，由车载计算机进行实时计算得出列车的最大允许速度。显而易见，这种制式的信息传输尽管比较复杂，但是速度控制则是实时、无级的。

1. 采用轨间电缆的连续式自动列车运行控制系统

这类自动列车运行控制系统主要由三部分组成：地面控制中心、轨间传输电缆及车载设备，如图 7 - 6 所示。地面控制中心内，按地理坐标贮存了各种地面信息（如线路坡度、曲线半径、道岔位置、缓行区段的位置与长度等）。此外，经过联锁装置，将沿线的信号显示、道岔位置、列车的有关信息（车长、制动率、所在位置、实时速度等）不断地经由轨间电缆传至地面控制中心。地面控制中心内的计算机计算出在它管辖的区段上每一列车当前的最大允许速度，再经由轨间电缆传至相应列车，实现速度控制。在图 7 - 6 上，在某一时刻，列车 B 获得实时最大允许速度为 $v_{允许}$；随着列车 A 的运动，目标点的距离 S 一直在改变，列车 B 的实时最大允许速度随列车 A、B 间的距离而变化。与点式速度控制系统比较，显然连续式的行车效率更高。连续式速度控制系统的车上—地面信息传递是用轨间电缆来实现的。列车从控制中心获得最大允许速度值后，一方面在速度表上显示出来，另一方面依据此值对列车速度进行监控。若列车实际速度高过此最大允许速度，则先报警后下闸（常用制动）。如果制动设备条件许可，则可在列车实际速度低于最大允许速度时缓解制动机，从而避免了列车停车及重新启动。

2. 采用数字码轨道电路的连续式自动列车运行控制系统

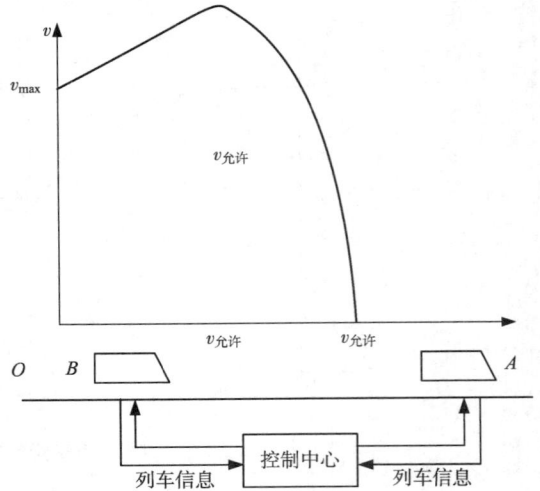

图 7 - 6　采用轨间电缆的列车速度自动控制原理图

点式列车运行控制系统的主要缺点是信息传递的不连续性有时会对列车造成不利影响；用轨间电缆的连续式列车运行控制系统缺点也是显而易见的，这种系统信息传递的连续性是以昂贵的轨间电缆为代价的，而且轨间电缆的存在给线路养护工作带来麻烦。鉴于上述问题，一些西方工业国家的铁路信号公司研制开发了利用音频轨道电路作为信息传输通道的连续式列车速度控制系统，这种控制系统既摒弃了不受欢迎的轨间电缆，同时又实现了连续信息传递。

众所周知，钢轨本身并不是一种理想的信息通道，铁质材料对音频信号的衰耗很大，限制了轨道电路的有效长度；此外，钢轨之间的漏泄、轮轨之间的接触电阻等因素均会影响轨道电路的工作性能。然而，权衡性能、价格、安全可靠与可用性等诸方面的因素，用音频数字轨道电路构成的连续式列车速度控制系统在城市轨道交通中已得到广泛的应用。

自动列车运行控制系统有速度码系统和距离码系统两种。不论是速度码系统还是距离码系统，其轨道电路都被用作双重通道：当轨道电路区段上无车时，轨道电路发送的是轨道电路检测信号或检测码；列车一旦驶入轨道电路区段，立即转发速度信号或者有关数据电码。

从"数字信号处理"学科角度来区分，速度码系统通常使用频分分制方法，即用不同的频率来代表不同的允许速度。而在距离码系统中，由于信息电码的多样性和复杂性，所以必须使用时分制电码方式，按协议来组成各种信息。

速度码系统从地面传递给列车的允许速度（限速值）是阶梯分级的，在轨道电路区段分界处的限速值是跳跃式的，如图 7 - 7 所示。这对于平稳驾驶、节能运行及提高行车效率都是非常不利的。因此，近十年来，中速度码系统已逐渐被能实时计算限速值的距离码系统所取代。

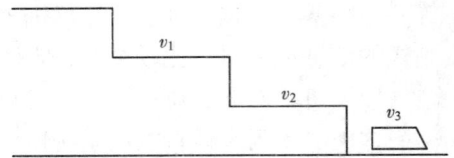

图 7 - 7　阶梯式限速曲线

距离码系统的特点是：根据地面传至车上的各种信息（包括区间段的最大限速、目标点的距离、目标点的允许速度、区间线路的坡度等）以及储存在车载单元内的列车自身的固有数据（如：列车长度、常用制动及紧急制动的制动率、测速及测距信息等），由车载计算机实时计算得出允许速度曲线，并按此曲线对列车的时间运行速度进行监控。由于数据传输、实时计算及列车车速监控都是连续的，所以用这类系统所实现的速度监控是无级的，可以有效地实现平稳驾驶和节能运行。

7.3　固定闭塞系统与移动闭塞系统

7.3.1　固定闭塞系统

固定闭塞信号系统的概念是在控制系统的发展中由于信号工程的技术限制而出现的。固定闭塞的概念也有一个漫长的逐渐演变过程，从一百年前的臂板信号机和分区电报到轨道电路控制的自动闭塞和目前在伦敦地铁的 Victoria 线及 Docklands 轻轨上已安装的自动控制电流，固定闭塞系统已经成为一种安全、可靠和成熟的铁路运行控制方式。

固定闭塞系统是采用地面固定信号机将铁路线路分成若干个闭塞分区，每个闭塞分区能只能被一列车占用。而且闭塞分区的长度与司机确认信号和制动停车所需要的距离有关。在所有固定闭塞系统中，列车的位置是通过它所占有的闭塞分区的长度来确定的，因此闭塞分区的长度和数量就决定了线路的能力。

最简单的二显示固定闭塞系统中，信号机只给出"行进"（绿）及"禁止"（红）信息。

最短间隔是两个空闲的闭塞分区，这些闭塞分区的长度应大于一个制动距离及一个安全距离。

安全距离包括：瞭望距离；驾驶员及设备的反应时间；部分制动失效时的富裕量。

固定闭塞系统在多年的应用中取得了良好效果，但和更先进的系统相比还存在以下缺点：

①因为相邻列车之间的间隔距离通常是多个闭塞分区的长度，这样就造成了线路设备的空闲程度很大。

②闭塞分区长度的确定必须按照最差性能的列车来考虑，这对许多性能好的列车是一种浪费。

③通过改善车辆性能等方式，闭塞分区的长度可以相应缩小，但是闭塞分区长度的调整却比较困难。

④运行调整弹性小。

7.3.2　移动闭塞系统

移动闭塞既没有闭塞分区，也没有信号相位。它可以连续、频繁地计算距前方列车的安全距离及每一列车的容许速度、制动率、加速率，并将结果发送到有关列车，以施行必要的控制。

移动闭塞是目前线路能力利用效率最高的列车闭塞方式，前行车对后行车的速度限制成为一个连续函数。这种闭塞制度最大限度地利用了列车间的时间和空间资源，使得线路能力可得到充分利用。

移动闭塞中列车速度限制主要取决于两列车间的距离及速度。从前后行列车的速度的组合来看，可以有以下几种情况：

前行列车速度 v_F 不小于后行车速度 v_B，此时，两列车车间的（时间）距离原则上越来越大，理论上前行车对后行车应无约束。但从安全角度来看，要保证万一前行列车发生事故

（如颠覆等）或闭塞设备发生故障时，后行车能及时停车而不至于前行车相撞。换言之，当$v_F \geq v_B$时，列车间的最小间距为：

$$L_{\text{Headway}} = L_B^{\text{common}} + L_{\text{action}} + L_{\text{safe}} + L_1 \tag{7-1}$$

式中：L_B^{common}为后行车常用制动距离（m）；L_{action}为紧急情况出现时驾驶员采取制动所需要的反应时间内列车的行车距离（m）；L_{safe}为制动停车后后行车头与前行车末部的安全距离，m；L_1为列车长度（m）。

这一情况可用图7-8表示。

当前行列车速度v_F小于后车速度v_B时，两车的距离将越来越近。此时列车相距越远，速度限制越弱。具体的速度限制变化曲线目前还没有统一的模型。尽管如此，在后车车前方存在一个常用的制动曲线，目前大部分移动闭塞均采用这一制动曲线作为后车行车的速度限制依据，即当后

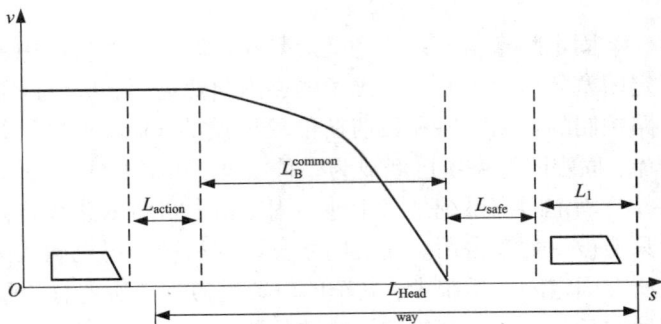

图7-8　$v_F \geq v_B$ 时移动闭塞示意图

行车在空间上闯入这一曲线时，闭塞要求后行列车采用常用制动，以保证行车安全。

不难看出：当前行车速度大于或等于后行车车速度时，移动闭塞主要控制列车间隔；当后行车满足此间隔时，前行车对后行车无影响。当前行车速度小于后行车速度时，为了防止列车不必要地采用常用制动，移动闭塞在控制最小间隔的同时还要根据常用制动曲线控制后行列车的速度，即保证后行的速度不闯入其常用制动曲线。从而，移动闭塞方式下列车间隔的约束包括两个方面：一是前行车速度大于等于后行车速度时的最小间隔要求，这种情况下后行车主要受线路限速限制；二是前行车速度小于后行车速度时常用制动曲线限速确定的限速，距离越近，限速越低。

虽然理论上只要后行车速度不大于前行车速度，两车距离可缩至很短，但实际工作中，由于要保证在前行车在当前点发生意外时后行不至于追尾，一般移动闭塞制度下列车间隔应保证一个常用的制动间隔，如图7-9所示，即要求后行列车任何时候均能停于前行车后方安全距离外方，这就要求后行车不进入由前行车尾部安全点决定的常用制动曲线范围。

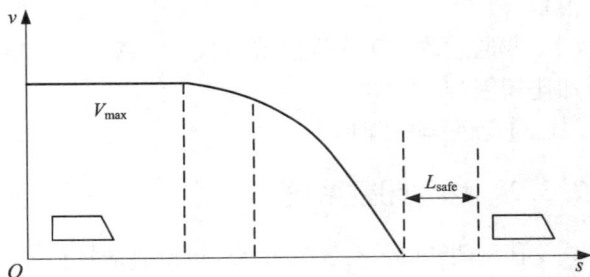

图7-9　$v_F < v_B$ 时移动闭塞示意图

移动闭塞系统的优点：

①移动闭塞可以根据列车的动态运行确定更小的列车间隔，是目前线路能力利用效率最高的闭塞方式。

②与固定闭塞方式相比，它使得列车间的安全信息传递得更为频繁、及时和详细。

③可以减少维修费用。

重点与难点

重点：(1)掌握列车自动控制系统的组成及各子系统的功能,重点掌握列车自动防护系统(ATP)的功能;(2)掌握点式自动列车运行控制系统的基本结构和基本工作原理,与连续式自动列车控制系统对比;(3)了解连续式自动列车控制系统不同条件下的分类,重点掌握采用轨间电缆及采用数字码轨道电路两种列车控制系统,并进行对比;(4)掌握固定闭塞系统和移动闭塞系统,了解固定闭塞系统和移动闭塞系统的优缺点,并重点掌握移动闭塞的工作原理。

难点：(1)注意危险点与停车点在不同情况下的区分及确定方法;(2)点式自动列车运行控制系统的基本工作原理,掌握列车在不同车速等级下的防护控制方式,理解缓行超速防护速度控制曲线;(3)移动闭塞系统的工作原理。移动闭塞中列车速度限制主要取决于两辆列车间的距离及速度,要保证前车紧急停车情况下,后车能及时停车不至于与前车相撞。

思考与练习

1.试述列车自动控制系统的组成及各子系统的功能。

2.试述不同闭塞方式下追踪列车间隔时间的计算方法。

3.从影响列车运行最小间隔的各种因素出发,分析缩小高峰期列车最小运行间隔的途径。

4.分析多相位信号闭塞和移动闭塞的异同,并说明它们在列车运行控制效果方面的影响。

第8章
城市轨道交通通行能力分析

城市轨道交通具有运输能力大的特点，然而，如何计算系统能力，如何发挥城市轨道交通系统的综合效率需要仔细研究。本章全面阐述城市轨道交通系统能力的概念，系统分析影响城市轨道交通系统能力发挥的因素，介绍城市轨道交通系统各部分能力计算的方法，分析城市轨道交通系统能力与服务水平之间的关系，并从运营组织角度分析针对线路硬件条件提高城市轨道交通系统能力和运行效率应采取的具体措施。

8.1 城市轨道交通系统能力的概念

运输能力是城市轨道交通系统最重要的参数。运输能力计算涉及系统设计、扩展、改建、舒适性设计及系统在不同时间内的发展，概括地讲，包括以下几个方面内容：①扩展项目的规划与运营分析；②运输线路的评价；③环境影响研究；④新的信号与控制技术的评估；⑤系统能力与运营随时间变化的估计；⑥交通期望显著改善条件下土地开发对能力的影响评估。

在加拿大运输手册上，查理德·索伯门教授指出："运输系统的能力实际上是一种很难懂的数字，因为无论采用哪一种能力度量方法都需要依赖大量的条件假设。"例如，大多数能力计算方法都涉及一系列的系数，它们需要在实践中予以认定。

城市轨道交通系统的运输能力一般可定义为：某线路上，某一方向 1 h 内所能输送的总旅客数。

为避免供需混淆，可采用以下两个运输能力概念。

1. 设计能力

某一线路上某一方向 1 h 内通过某一点的旅客数量。设计能力相当于最大能力、理论能力或理论最大能力，它一般很难实现。故还需要定义一个可用能力，或可实现能力。影响设计能力的要素主要有两个：一是线路能力，二是列车能力。即：设计能力＝线路能力×列车能力，线路能力指每小时通过的列车数；列车能力指列车容纳的旅客人数，等于每列车车辆数乘以每辆车定员数。

由此可以将能力概念扩展到一般的情形，即：设计能力＝线路能力×每列车车辆数×每辆车定员数。

2. 可用能力

在容许旅客需求发散条件下，某一线路某一方向 1 h 所能运送的最大旅客数量。在城市交通网络上，运输能力计算还必须考虑乘客需求变化。由于旅客到达的不均衡性，实际上不能保证所有计算的空间都会被旅客"填满"。一般地，高峰期能力利用系数在 0.70~0.95，在美国其高限只有纽约和墨西哥等少数系统才能达到，大多数系统的高峰利用率在 0.70~0.90。可用能力一般计算为：可用能力 = 设计能力 × 高峰发散系数。

　　除特别说明，本书中的能力均指可用能力。

8.2　运输能力的影响因素

　　城市轨道交通系统运输能力的影响因素很多，本节主要从线路、列车本身以及车站等几个方面来分析运输能力的影响。但实际的可用能力是设计（最大）能力和一系列现实因素的产物，这些现实因素反映了人的感觉和行为，包括特定场合下的差异（期望、文化背景、运输方法等）。在能力计算中还有许多现实因素未考虑到，这需要在实际的工作中去领悟。

8.2.1　线路能力

　　线路能力是指在采用一定的车辆类型、信号设备和行车组织方法条件下，城市轨道交通系统线路的各项固定设备在单位时间内（通常是高峰小时）所能通过的列车数。线路能力主要取决于最小列车间隔和车站停留时间。在设计能力中，最小列车间隔与闭塞分区长度、信号系统参数、列车长度、交叉口和折返影响有关，而列车在车站的停留时间则与站台高度、车门数量与宽度、验票分式及车站能限制有关。

　　表 8 - 1 不同城市轨道交通系统最小列车间隔约束是根据对国外 53 个不同城市轨道交通系统最小列车间隔的限制因素调查后得到的。

表 8 - 1　不同城市轨道交通系统最小列车间隔约束

限制因素	轻轨（s）	快速交通（s）	通勤铁路（s）
信号	11	12	10
折返	2	5	2
交叉门	0	2	2
进站	0	1	2
单线	5	1	3
车站停留时间	5	5	3
其他	2	0	7
系统无限制	18	17	15

1. 最小列车间隔

（1）列车控制系统和闭塞分区间长度的影响

　　列车控制系统能力主要涉及线路采用的列车运行控制系统及其相应的闭塞区间长度。一般情况下，城市轨道交通线路上的列车通常是采用追踪运行方式。所谓追踪运行方式是指在线路的同一个方向上、同一个区间中可以有两列及其以上的列车运行，彼此之间以闭塞分区作为间隔。追踪运行的两列车在运行过程中相互不受干扰的最小列车间隔称为追踪列车间隔时间。这种列车运行控制方式主要有两种控制方式：一种是在双线线路上安装固定闭塞设备，实行调度集中控制；另外一种是在上线线路上安装列车运行自动控制系统，实行行车指挥自动化。

1）采用双线固定闭塞、调度集中控制的线路。

行车闭塞方式通常是采用三显示固定闭塞和四显示固定闭塞。在行车密度大、列车速度高的情况下，为了提高线路通过能力和保证列车运行安全，优先采用四显示固定闭塞设备来进行列车运行控制，即在红、黄、绿色灯光信号显示的基础上，增加黄绿色灯光信号显示。但从既能满足运输要求，又能简化控制系统、减少设备投资考虑，也可采用三显示带防护区段的信号制度，即在三显示固定闭塞基础上增加一个闭塞分区作为防护区段的做法，如图 8-1、图 8-2 所示。

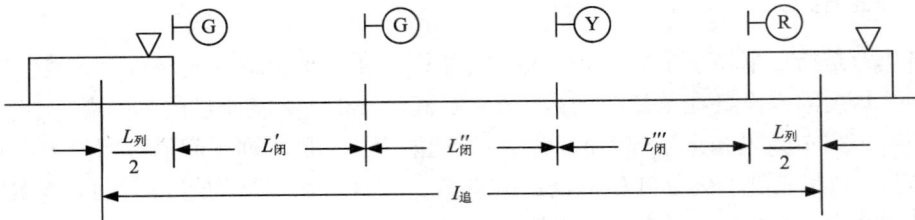

图 8-1 三显示固定闭塞示意图

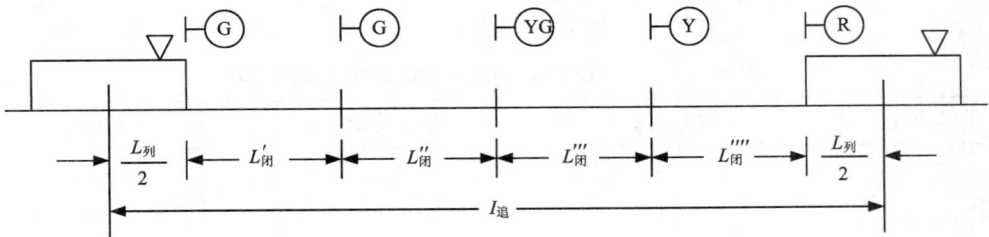

图 8-2 四显示固定闭塞示意图

在双线固定闭塞、调度集中控制的设备条件下，两个列车在区段追踪运行时，追踪运行列车之间的间隔时间取决于追踪运行列车之间的间隔距离及列车的运行速度，而追踪运行列车之间的间隔距离又取决于闭塞分区的数目和长度。在采用三显示带防护区段信号制度的固定闭塞线路上为了给驾驶员创造一个良好的工作条件，当列车在区间追踪运行时，它们的空间间隔一般应保持 4 个闭塞分区，这样续行列车就能始终在绿色灯光下运行，不必频繁地调速。至于闭塞分区的长度，应该满足以下两个条件：①大于或等于列车制动距离加上一个安全距离余量；②大于或等于列车长度。

在不考虑线路平纵断面对制动距离的影响的情况下，计算公式：

$$L_{分区} = \frac{v_{max}^2 f}{2 b_{max}} \tag{8-1}$$

式中：v_{max} 为列车最高运行速度（m/s）；f 为安全系数，经验取值为 1.35~1.5；b_{max} 为紧急制动减速度($\mathrm{m/s^2}$)。

由于固定闭塞设备的条件下,列车运行速度不能连续地控制,使列车运行的最高速度受到限制;制动距离是按列车运行的最高速度计算,闭塞分区长度较长。此外,为了保证行车安全,三显示带防护区段的信号制度要求有一个闭塞分区作为防护区段,还需要增加一个追踪运行列车车间的间隔距离。这一切都使追踪列车间隔时间难以进一步压缩,线路通过能力难以进一步提高。

2)采用列车自动控制移动闭塞系统,实行行车指挥自动化的线路。

在一些技术先进的城市轨道交通线路上,通过采用列车自动控制移动闭塞系统或列车自动防护系统可以提高线路的通过能力。列车自动控制移动闭塞系统与城市轨道交通整个系统的安全、速度、输送能力和效率密切相关,它的水平已成为城市轨道交通现代化的重要标志。

列车自动控制系统(ATC)有列车运行自动化和行车指挥自动化两部分,通常包括列车自动防护子系统(ATP)、列车自动运行子系统(ATO)和列车自动监控子系统(ATS)和计算机联锁设备(CBI),这在上章列车自动运行控制中已经详细介绍,在此不再赘述。

(2)折返站的折返能力分析

折返站的能力是地铁线路能力的关键环节,中间站、终端站折返能力的大小直接影响整个系统的运输能力和效率。折返站折返形式根据列车折返作业的位置,可以分为两种:站前折返和站后折返。

站前折返指列车在中间站或者终点站利用站前渡线进行折返作业。列车折返的过程中会占用区间线路,从而影响后续列车的闭塞,并且对行车安全保障要求较高。城市轨道交通行车组织中较少采用这种折返方式,特别是当前密度高、列车运行间隔短的条件下,一般不会采用站前折返方式。站前折返的优点在于渡线设置在站前,可以在一定程度上减少项目建设的投资,缩短列车走行的距离。

国内外的城市轨道交通通常采用战后折返的方式,即列车在中间站、终点站利用站后渡线进行折返作业。这种方式在站间接发车的采用平行作业,不存在进路交叉,行车安全,有利于提高列车的旅行速度。

2. 车站停留时间

在满足服务安全性的前提下,列车在站点停留时间越短越好,如果平均站点停留时间过长,就会影响到下一趟列车,产生连级效应。城市轨道线路通常是采用双线,列车在区间实行追踪运行,并在每一个车站停车供乘客乘降。而为了降低车站的造价,城市轨道交通线路又一般不设置车站配线,列车是在车站正线上办理客运作业。根据行车及客运作业和车站线路设备的这种特点,列车停站时间成为影响线路能力的主要因素之一。

一般地,列车在车站的停留时间应包括三个部分:①客流上、下车时间;②开关门时间;③车门关闭后的等待开车时间。

车站停留时间的确定一般需要考虑到以下因素:

①列车牵引力与车门联锁系统,主要包括列车停站前的延误和车门关闭后的延误。

②车门运行,指实际开关门时间加上警告时间以及其他施加于车门的约束。

③客流量,指上、下车的平均旅客数量。在无约束条件下,某一方向上,旅客上下的速率约为 $0.5~\mathrm{m/s^2}$(单位人宽度)。

④车门的数量、宽度和间隔。

⑤站台周转情况。若站台过窄，或出口通道较窄，站台上的拥挤会造成列车上下乘客的延误。上下混行时速率会进一步下降。

⑥单/双向上、下车，列车上运用某一侧面的车门是正常的，不过，具有站台条件的繁忙车站可以运用两侧车门。

⑦站台高度。

站台停留时间在许多情况下是决定最小列车间隔的主导因素，而确定列车间隔的另一个因素是各种运营裕量(margin)。在某些场合下这类裕量可以附加到停留时间内，形成一个可控制的停站时间。例如，在纽约的格兰德中心站，平均停站时间是 64 s，大约为列车时间平均间隔时间 165 s 的 39%。该位置的列车最小列车间隔时间是 55 s，实际列车平均间隔减车站停留时间和最小列车间隔时间后的值为 46 s，这一结果可以被认为是一种运营裕量。

8.2.2　列车能力分析

列车能力是每辆车载客数量与每列车编组辆数的积。通过发散系数，可以将多辆列车负荷不均匀的情况考虑后，换算为实用能力：列车能力 = 每列车车辆数 × 每辆车定员数。每辆车定员数 = 车厢固定座位数 + 车厢有效站立面积 × 每单位面积允许站立人数。

评价车辆能力有两个重要的指标：一是面向设计的能力指标，二是一般情况下的可用能力。

1. 面向设计的能力

如果选择了某一类车辆，能力的计算就相当简单，它涉及以下因素：

①座位数，假定所有座位满载。

②站立面积，即可用面积，要扣除座位旅客的腿部所占面积。

③站立密度，一般情况下，高峰期短时间可承受的平均站立密度为 4 人/m²，距离远时间长则相应减少。有时，服务策略、地区条件也是调整的因子。

④站立效率，是用来增加或减少期望站立密度的一个直接因素，它需要兼顾站立空间的特性。

⑤轮椅调整系数，很多城市轨道交通系统是可兼容轮椅的，这一问题要在计算时加以考虑。一般地，一个轮椅所占面积可按 1.2 ~ 1.5 m² 计算，大致相当于 6 名站立旅客。

⑥行李调整系数，与轮椅类似，当旅客携带一些大的物体时，需要调整能力。一般情况下，它可以忽略，但对于一些通往机场或娱乐区域的线路来说不能忽略。

2. 一般情况下的车辆可用能力

当没有为系统选定车辆时，可以参照某种通用的车辆参数来计算能力，它避免了采用既有系统中某类车辆可能导致的偏差。影响车辆能力的主要参数包括：

①车辆长度，可参照按车钩中点计算列车全长的车辆名义长度。

②车辆宽度，座椅后背高度处车辆的宽度，主要考虑到人的肩部较脚部宽。该处一般比地板高出 0.8 m，它比站台水平上的车辆宽度宽 0.10 ~ 0.15 m，车辆宽度采用外部尺寸，再转换为内部尺寸。一般可假定车体一侧的墙厚为 0.05 ~ 0.10 m。

③无乘客空间，主要兼顾驾驶室、设备及端墙等，包括车钩末端的 300 mm 距离。

④座位密度，一般为 1.5 ~ 2.0 人/m²，低限适合通勤或长距离市郊快速铁路，高限适合某些重轨快速线路。

⑤座位利用率，与座位密度类似，旅客就座率也是一个特定场合的设计参数，受政策决策影响。

⑥标准密度，没有被座位占用或为轮椅、行李甚至自行车设计占用的车辆地板的空间一般可以容纳 4 人／m²。在北美，该值可在 1.5 ~ 7 人／m² 范围内选取。

3. 列车能力

设计列车能力是车辆能力与每列车车辆数量的简单积，其中后者在很大程度上受某些具体因素的影响，如：①站台长度，尤其是既有系统；②街道约束，指在街道上行驶的车辆。

使用能力受到车载荷变量的影响，主要是列车载荷发散系数，它影响到车站的设计。当车站的大多数入口都能按站台长度有效地分布旅客时，该值大致可取 1.0，其他一些分布不均之处可考虑一些差别。高峰时，旅客会自动分散，但不一定会很满意，某些车辆仍会发生留乘及过度拥挤。

8.2.3　车站能力约束

某些情况下，车站能力约束限制了客流抵达站台及列车的效率，从而减少了可用能力。这方面的研究主要是交通供给者的任务，它需要考虑以下因素：

①车站能力，包括占有率的限制。

②站台客流限制，主要是由于出入口的数量及宽度限制引起的。

③车站停留空间不足。

④收费系统的能力限制。

8.2.4　其他能力影响分析

可用能力是设计(最大)能力和一系列现实因素的产物，这些现实因素反映了人的感觉和行为，包括特定场合下的差异(期望、文化背景、运输方法等)。在能力计算中还有许多现实因素未考虑到，例如：

①站立密度不是绝对的 4 人／m²，在拥挤条件下，人们可以挤得更紧。

②一般不可能设想多单元列车上所有车辆均同样拥挤。

③还有一些其他因素会减少列车能力，如牵引力大小、车门问题、操作者的差异。它们不仅会导致列车间隔的增大，还会增加间隔的变化幅度。

④最小间隔概念上没有给运行图留出间隙，以作为恢复晚点延误的空当，它使得系统不能适应服务的变化。

⑤旅客需求在高峰期内一般也不是平均分布的，存在一些需求波动，这与特定的工作开始时间和结束时间有关。

⑥日常需求还存在一些随星期、季节、假期、天气而发生的波动，如周一与周五不同等，这增加了需求的不可预测性。

⑦客运需求是有一定弹性的，有时可以有一些拥挤和延误。

8.3　能力计算原理

城市轨道交通系统运输能力的计算原理，主要从轨道线路能力计算、列车能力计算来阐述。但这种设计能力是一种在理想作业状态下的理论计算能力，在实际的行车组织中，因为列车运行时分偏离、设备故障和外界的影响因素带来的城市轨道交通设计能力损失是客观存在的，所以本节分析了可用能力计算。

8.3.1 线路能力计算

线路能力是系统综合能力的反映，决定于行车密度，从而影响运输能力。通常线路能力由区间追踪能力、折返站折返能力和中间站通过能力组成。其中折返能力往往是限制线路通过能力的主要因素。

由于城市轨道交通车站一般不设置配线，列车在正线上办理客运作业，列车停站时间是影响轨道通过能力的重要因素之一。在计算轨道固定技术设备的通过能力时，没有必要再去分别计算区间的通过能力，而应该把车站和区间看作一个整体来进行综合分析，计算城市轨道交通线路能力。

1. 线路通过能力

在列车追踪运行的情况下，计算线路通过能力的一般公式为：

$$n_{\max} = \frac{3600}{t_{间}} \qquad (8-2)$$

式中：$n_{\max}$ 为线路在 1 h 内能够通过的最大列车数（列）；$t_{间}$ 为追踪列车间隔时间（s）。

2. 折返站折返能力

折返能力直接影响着全线的通过能力，甚至限制线路能力的有效发挥。因此在设计中，必须对这一部分能力进行计算与设计。

（1）站前折返能力计算

图 8-3 中，A 点为 X_3 信号机没有开放时列车开始制动的位置；B 点为轨道区段的分界点，但上行列车全部通过了 B 点后，才能排列 X_3 与 X_4 的进路；C 点为列车在站台停车的位置；D 点为站台区段与道岔区段的分界点。

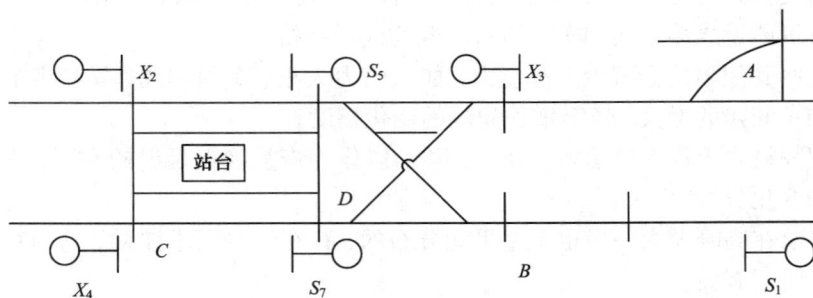

图 8-3 站前折返示意图

1）单股道（如上行站台）折返的情况。

这种情况下，可通过以下过程实现列车在该车站的最小折返间隔：第一列车在 A 点开始运行，当第一列车全部通过了 B 点后，马上排列 X_3—X_4 的进路，信号即 X_3 开放，这之后第二列车到达 A 点才不会受到前一列车的影响；开放信号机 X_3，第二列车在到达 A 点时不用制动进站。这两列车的时间间隔即为该站的最小折返间隔。

从作业的角度看，一旦列车晚点，可要求列车在站外停车等候或人为改进另一股道，这种情况下列车比较容易组织运营。

2）双股道折返的情况。

利用双股道进行折返可提高道岔区段的利用率，缩小折返间隔。假设第一列车在下行站台，第二列车在 A 点进站，当第二列车全部通过 D 点时，排列 S_5—S_1 的进路，第一列车出站；当第一列车全部通过 B 点时，排列 X_3—X_2 的进路，信号机开放，第三列车可以进站。在这种情况下列车最小的折返间隔等于第二列列车从 A 点运行至 C 点的时间扣除车尾从 D 点运行至停车的时间加上两倍排列进路时间、两倍 ATP 设备的响应时间、列车出站至全部通过 B 点的时间。双股道折返比单股道折返的情况节省了停站时间和车尾从 D 点运行至停车的时间。

（2）站后折返能力计算

站后折返如图 8 - 4 所示，本站表示的是一个中间折返站，对于该车站如果 C、F 点右端没有铺设轨道，则可以看成终端站。因此，站后折返具有中间站和终端站的特点和能力。图中车站的站后折返可有三种模式，即：利用 DD′轨进行折返、利用 EE′轨进行折返和利用 DD′轨及 EE′轨道交替进行折返。

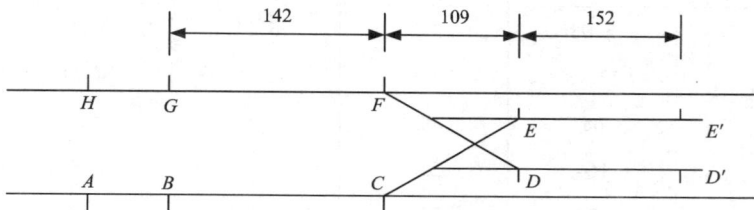

图 8 - 4　站后折返示意图（尺寸单位：m）

8.3.2　列车能力计算

如 8.2.2 节所述，列车能力是每辆车载客数量与每列车编组车辆数的积。具体可以表示为：列车能力（旅客数/列车）= 每辆车载乘客数量 × 列车中的车辆数量。其中，每辆车的旅客数受多个因素的影响，它是能力计算中需要重点研究的问题。城市轨道交通线路的输送能力是在单位时间内所能运送的乘客人数。在线路能力一定的条件下，主要取决于列车编组辆数和车辆定员人数，具体计算公式为：

$$p = n_{max} m p_{车} \tag{8-3}$$

式中：p 为线路每小时最大输送能力（人）；$p_{车}$ 为车辆定员人数（人）。

1. 列车编组辆数

列车编组辆数确定的主要依据是预测的规划年度早高峰小时最大断面客流量，计算公式如下：

$$m = p_{max} / (n_{高峰} p_{车}) \tag{8-4}$$

此外，在确定列车编组辆数时还应充分考虑如下制约因素：

①站台长度限制。在大多数的线路上，当列车编组达到 8 辆时，列车长度将和站台长度

相等。

②对线路能力的影响。当列车长度接近站台长度时，要求列车在车站指定位置准确停车，通常要增加停车附加时间。并且，由追踪列车间隔时间的分析计算可知，列车长度也是一个影响变量。

③经济合理性。采用编组列车，车辆满载率在非运营高峰时间内一般较低。

2. 车辆定员数

车辆定员数指城市轨道列车的额定载客量，由车辆的座位人数和站位人数组成，为车厢座位数和空余面积上站立的乘客数之和；站位面积即车厢空余面积，为车厢面积减去座位面积，应按每平方米站立 6 名乘客计算，计算公式为：客车辆定员数 = 车厢固定乘客座位数 + 车厢有效站立面积(m^2) × 每平方米允许站立人数。

显然，城市轨道交通线路车辆的尺寸大小、坐席布置方式是决定车辆定员人数多少的主要因素。表 8 - 2 是部分城市地铁系统的车辆尺寸和车辆定员人数情况。

表 8 - 2　部分城市地铁车辆尺寸和定员情况

参数　　城市	洛杉矶	新加坡	香港	上海	莫斯科
车宽(m)	3.08	3.2	3.11	3.00	2.71
车长(m)	22.78	23.65	22.85	24.14	19.21
座位(人)	68	62	48	62	47
站位(人)	164	258	279	248	187
定员(人)	232	320	327	310	234
制造国	意大利	日本	英国	德国	前苏联

表 8 - 2 中所列的美国洛杉矶地铁采用大型车辆，但车辆定员人数相对较少，其主要原因是为了提高乘客的乘车舒适度，以吸引客流。其他几个城市地铁的资本基本上反映了车辆尺寸和车辆定员人数的关系。20 世纪 80 年代前后修建的新加坡、香港和上海地铁均采用大容量的地铁车辆，车体宽度在 3.0 ~ 3.2 m。苏联的莫斯科等城市修建地铁时，尽管各个城市客流量差别较大，但采用统一的小型地铁车辆。在运输组织方面，通过调整行车密度和列车车辆组辆数以及改变车辆内的座位数和站位密度等措施来达到一定的输送能力水平。

8.3.3　可用能力计算

设计能力是一种在理想作业状态下的理论计算能力，在实际的行车组织中，因为列车运行时分偏离、设备故障和外界的影响因素带来的城市轨道交通设计能力损失是客观存在的。由于实际可利用通过能力达不到理论计算能力。按理论计算能力来安排列车运行、组织日常运输，势必会产生能力不足的问题，在实际的应用中用可用能力来解决这个问题。可用能力 = 设计能力 × 高峰发散系数。

8.4　提高城市轨道交通系统运行效率的措施

本节主要讲两个部分：一是分析出行速度的影响因素；二是提高城市轨道交通系统运行效率的措施。

8.4.1　出行速度的定义及其影响因素

1. 提高城市轨道交通系统运行效率主要体现在提高旅客乘坐城市轨道交通出行速度上

出行速度指的是乘客在城市中出行，按"门到门"出行距离和出行时间计算的平均速度。出行速度的计算公式如下：

$$v_{出行} = \frac{s_全}{t_{站外} + t_{乘车} + t_{站内}}$$
（8-5）

式中：$v_{出行}$ 为乘客"门到门"出行速度（m/s）；$s_全$ 为乘客出行全程距离（m）；$t_{站外}$ 为从出行起点至进站口与从出站口至出行终点的时间和（s）；$t_{乘车}$ 为乘坐城市轨道交通列车时间（s）；$t_{站内}$ 为从进站口到上车、从下车至出站口以及在站内换乘的时间（s）。

2. 影响出行速度的主要因素

由式（8-5）可知，在乘客出行全程距离一定的情况下，乘客出行速度取决于"门到门"出行时间，其影响因素主要有：

（1）乘客从出行始、终点至车站的时间

乘客完成出行始、终端路程的方式可能是步行或自行车，也可能是乘坐接运交通工具，或者是它们的组合。因此，该项时间根据乘客完成出行始、终端路程的方式不同而有所不同。

乘客是否选择城市轨道交通出行以及以何种方式到达城市轨道交通车站主要取决于出行站点至车站的距离。据国外研究，到达城市轨道车站的合理步行区应是以车站为圆心，半径为 600~800 m 的区域。在合理步行区外的乘客，由于步行至城市轨道交通车站的距离较远，出行速度明显下降。

影响步行距离的因素主要是站间距，即步行距离随着站间距的延长而增加。此外，影响步行距离的因素还有道路网结构形式，如与方格道路网相比，对角道路网的步行距离约可减少 15%。地铁沿线居民住宅区、工商企业和机构学校的聚集程度也是影响步行距离的一个因素，在聚集度较高的情况下，由于至城市轨道交通车站的距离较短，步行到站的乘客比例要高于通过其他方式到站的乘客比例。

（2）乘坐城市轨道交通的时间

假设列车加减速距离相先进时，则该项时间可按下式计算：

$$t_{乘车} = n\left(\frac{s_站 - 2\,l_加}{v_运} + \frac{2\,v_运}{a}\right) + (n-1)t_站$$
（8-6）

式中：n 为乘车区间数；$v_运$ 为列车运行控制速度（m/s）；$i_加$ 为加速过程走行距离；a 为加速度；$s_站$ 为站间距；$t_站$ 为在站停留时间。

显然，除列车运行速度、起动加速度、制动减速度和列车停站时间等因素外，在乘车距离一定的情况下，平均站间距是一个重要影响因素，即乘车时间随着站间距的延长而减少。

综合上面的分析可知，站间距对出行时间的影响是两方面的，延长站间距，一方面会增加步行距离和步行时间，另一方面又能减少乘车时间，于是产生了按总和较小来合理确定站间距的问题。

3. 站内走行时间

对站内走行时间而言，其具体影响因素有：

(1)车站出入口至站台的水平和垂直距离

车站埋深是决定车站出入口至站台间水平和垂直距离的关键因素，因此车站埋深对站内走行时间影响最大，详见表8-3莫斯科地铁的非高峰时间的实测数据。

表8-3　莫斯科地铁出站走行时间

车站埋深类型	进出车站时间(s)
地面式	45～70
浅埋式	70～125
深埋式	115～180

(2)站台入口数量

有两个或几个站台入口有助于于乘客缩短进出车站的距离和时间，也有利于乘客均匀分布在站台候车，缩短列车停留时间。

(3)通道、升降设备和售检票设备等设施的通过能力

在运营高峰小时，如高峰客流超过通道、自动扶梯、楼梯和售检票设备等设施的通过能力，由于局部阻塞，乘客不能以无阻通行速度进站，会引起站内走行时间的增加。

4. 候车时间

站台候车时间的长短与全日行车计划安排的行车间隔时间有关。在行车间隔时间为2～5 min的高度行车情况下，站台候车时间的理论平均值可等于行车间隔时间的1/2。但在行车间隔时间为10 min及其以上的低密度行车情况下，站台候车时间的理论平均值不应按行车间隔时间的1/2来确定，一般可按2～3 min取值。

5. 换乘时间

乘客换乘时间主要是由于乘客在不同线路站台间的换乘引起的。走行时间的长短与两个站台间的水平和垂直距离有关，这取决于换乘站建筑空间布局的紧凑程度和规划设计的合理性。

8.4.2　提高城市轨道交通系统运行效率的措施

1. 提高城市轨道交通运行速度的措施

提高城市轨道交通运行速度有减少加减速时间、减少列车运行时间和减少列车停站时间三个途径。

(1)减少加减速时间

减少加减速时间是指减少列车在加速距离或制动距离内的运行时间，但有时也指减少列车起停车附加时间。两者虽然含义不同，但在此并无实质性区别。减少加减速时间的措施主

要有：

①改善车辆的加速与控制性能。改善车辆的加速与制动性能可减少加减速时间，但提高启动加速度和制动减速度既有车辆动力学的极限，也有乘客的生理承受和安全方面的限制。过高的启动加速度与制动减速度会使站立乘客失去稳定性，导致乘客舒适度下降和诱发其他不安全因素发生。因此，当启动加速度与制动减速度已经达到 $1.4\ \mathrm{m/s^2}$ 时，改善车辆加速和制动性能受到制约。

②合理设计地下车站线路段的纵断面。在车辆启动加速度与制动速度一定的条件下，地下车站线路采用凸形纵断面设计与采用平道或凹形纵断面比较，能减少加减速时间。

（2）减少列车运行时间

减少列车运行时间的关键是提高列车运行速度，而列车运行速度本身又是车辆构造速度、列车运行控制方式和站间距等多因素综合作用的结果。减少列车运行时间的措施主要有：

①提高车辆构造速度。车辆构造速度是限制列车运行速度的因素之一。因此，要提高列车运行速度就必须提高车辆构造速度。

②采用列车运行自动控制系统。列车运行自动控制系统能连续、自动地对列车运行进行控制，由于提高了列车的制动限速，列车能在安全的情况下以较高速度运行。

③提高列车的制动能力。列车运行速度必须和列车的制动能力匹配，否则就不能保证安全。因此，在制动能力较大的情况下，允许的列车运行速度也越高。

④适当延长站间距。随着站间距的延长，列车稳定运行距离也相应延长，列车运行速度可提高。但站间距与列车运行速度的关系类似于站间距与运送速度的关系，即当站间距增加到一定的程度后，列车运行速度的提高效果趋于平缓。

（3）减少列车停站时间

从列车一次停站而言，列车停站时间取决于高峰小时车站的上、下车乘客数和平均上、下一位乘客所需要的时间等。但从列车的一次单程运行而言，列车停站时间还与站间距和列车运行方案等因素有关。减少列车停站时间的措施主要有：

①增加车辆的车门数及车门宽度。采用该措施能使平均上、下一位乘客所需时间减少，从而减少列车停站时间。

②采用高站台或低地板车辆。在轻轨线路上，采用高站台或低地板车辆能减少列车停留时间。

③组织乘客均匀分布候车。组织乘客在站台上均匀分布候车，可使乘客在列车内也均匀分布，缩短上、下车时间。

④适当延长站间距。在列车单程运行距离一定的情况下，适当延长站间距能减少列车停站总次数及停站总时间。

⑤采用跨站停车和分段停车等列车运行方案。在站间距和列车单程运行距离均一定的情况下，采用跨站停车和分段停车等列车运行方案也能减少列车停站总次数，从而减少列车停站总时间。

2. 提高出行速度的途径和措施

提高出行速度有减少乘客从出行始、终点至车站的时间，减少乘坐城市轨道交通列车时间和减少乘客进出车站及候车、换乘时间三个途径。

（1）减少乘客从出行始、终点至车站的时间

从空间和时间的角度可提出下列减少乘客从出行始、终点至车站时间的措施：

①增加城市轨道交通网的密度。逐步修建城市轨道交通线路，增加城市轨道交通网的密度能缩短乘客步行至轨道交通车站的距离和乘坐接运交通工具的距离。不过，增加城市轨道交通网的密度除需要大量的建设资金外，还要经历一个较长发展过程。

②合理规划车站周围地区的土地使用。在城市土地用途规划中，周围地区的土地用途应尽可能规定为出行生成和吸引量大的住宅和非住宅类型，以缩短乘客步行至城市轨道交通车站的距离或乘坐接运交通工具的距离。

③优化接运交通的设计。开辟衔接城市轨道交通车站的快、中速接运交通线路，组织接运交通与城市轨道交通的紧凑换乘，以减少乘客从出行始、终点至车站的时间。

（2）减少乘坐城市轨道交通列车时间

减少乘坐城市轨道交通列车时间的有关措施已在前面讨论，此外不再赘述。

（3）减少乘客进出车站及候车、换乘时间。

乘客在城市轨道交通车站内消耗时间的长短与车站设计的合理性和行车密度等因素有关。因此，提出下列减少乘客进出车站及候车、换乘时间的措施：

①尽可能采用浅埋车站或地面车站。与深埋车站比较，浅埋车站或地面车站可缩短乘客进出站时间。但应指出，在决定车站埋深时，除考虑乘客出行速度因素外，还要考虑城市轨道交通沿线的地质、水文和地形条件，现有地面建筑状况，工程造价和运营费用等多方面因素。

②保证通道、升降设备和售检票设备等设施的通过能力。在车站出入口至站台的水平和垂直距离一定的情况下，乘客进出站时间取决于乘客在站内的通行速度。为保证乘客的无阻通行，车站有关设备的能力应按超高峰客流确定。超高峰系数根据车站运营功能的不同和高峰小时客流量的大小可分别采用 1.2 或 1.4。

③适当增加行车密度。适当增加行车密度是减少乘客候车时间的有效措施。但如客流较小，高密度行车也存在运输成本较高的问题。为兼顾乘客和运输企业的利益，可考虑采取小编组、高密度的行车组织方式，而高峰小时的客流运送可通过开行部分大编组列车的办法解决。

④优化换乘站的设计。乘客换乘时间主要是由于乘客在不同线路站台间的换乘走行引起，而不同线路站台的组合又有多种形式，从站台组合布局紧凑、换乘走行距离较短的角度，应优先考虑采用站台组合为平行形和十字形的换乘设计方案。

8.5　提高城市轨道交通系统运输能力的措施

随着城市经济的不断发展，以及市民出行需求的不断增加，客流呈逐年增长的态势，这样线路能力不足的问题就会逐渐凸现出来。然而，在既有城市轨道交通系统运营过程中，线路能力通常是相对固定的。线路能力的不足意味着增加开行列车受到限制，过分超载，又难免降低城市轨道交通系统的客运服务质量，而车站上、下乘客的拥挤，又常常会使列车在车站上延长停站时间，打乱列车运行图，使已经非常紧张的线路能力不能得到有效地利用。

因此，为了适应客流的增长，城市轨道交通系统应该及时和有计划地采取提高运输能力

的措施，不断提高运输能力。在某些情况下，如果线路的运输能力还有一定的后备，应该通过采用新的技术设备或加强现有的技术设备，以达到提高服务水平、降低运输成本、提高劳动生产率、改善劳动条件和加强行车安全的目的。

8.5.1　输送能力加强的途径

影响运输能力的因素有多种，归纳起来有以下六个方面：

①线路：包括正线数目，路权是否专用，交叉口的类型和交通控制方式等。

②车辆：包括车辆定员数，最高运行速度，加、减速度，车门数以及车门宽度和座椅布置方式。

③车站：包括站间距，站台高度和宽度，售检票方式和上、下车区域是否分开等。

④列车运行控制：包括信联闭类型和列车自动控制系统等。

⑤运输组织：包括列车间隔时间，列车编组辆数，列车在折返站停留时间，列车正点率，客流的时间和空间分布特征等。

⑥其他交通量：在路权混用和平面交叉时，其他交通量及特点等。

上述影响运输能力的变量中，最重要的是正线数目、追踪列车间隔时间、列车编组辆数和车辆定员数等。

8.5.2　输送能力加强的措施

加强运输能力的措施多种多样，通常提高运能可以通过增加列车编组、缩短行车间隔、提高运送速度或减少作业时间等方式来完成。尽管加强运输能力的各种措施解决运输能力问题的内涵不一样，但是归结而言，加强运输能力的措施大体上可以分为运输组织措施和设备改造措施两大类。

运输组织措施是指运用比较完善的行车组织方法，更好和更有效地使用既有技术设备，无须大量投资就能使运输能力达到需要水平的能力提高措施。如优化列车运行图、缩短发车间隔、增大行车密度、扩大列车编组、增加列车定员、增加上线运用列车数、合理规定列车停站时间、科学组织列车折返作业过程、改善列车乘务制度和采用各种在短时期内能提高通过能力的措施等。其中，通过增加列车编组辆数、采用大型车辆或优化车辆内部布置来增加列车定员、增加既有线路行车密度是提高既有线路运输能力的基本途径。但地铁列车的扩大编组往往受到站台长度的限制；而街面运行轻轨列车的编组辆数太多，则会在平交道口产生影响其他交通的问题。

设备改造措施是指需要大量投资来加强技术设备改造的措施。随着科学技术的进步，必须不断地以先进的技术设备来装备城市轨道交通系统，以加强城市轨道交通运输的物质技术基础，提高运输能力。改造可以主要针对车厢、轨道等整个系统，这些措施包括进一步修建线路、改造既有线路与车辆段、进行轨道维护、电力线缆维护采用先进的信号和列车运行控制系统以及购买新型车辆等。

根据各国城市轨道交通系统的运营实践，在扩大运输能力的措施方面，加强既有线路运输能力通常是运输组织措施和设备改造措施二者并用，特别是通过增加行车密度和增加列车定员来加强既有线运输能力，并以增加行车密度为主。如果在线路行车密度已经很大的情况下，要较大幅度地提高运输能力，往往需要通过采用设备改造措施来实现。

由于运输能力主要由线路能力和列车能力两个要素决定，因此具体而言，以上两大类措施可以归纳如下。

1. 线路能力

根据追踪列车间隔时间计算的原理，可以通过缩短列车的运行时间、加减速附加时间和停留时间等措施来最终缩短追踪列车间隔时间，加强线路通过能力。为了最终达到缩短追踪列车间隔时间的目的，可以采用以下途径：

①修建新线，在既有双线基础上增加线路。新线路的建成运营能使双线线路成为多线线路，逐步形成城市轨道交通网络，这样无疑能使运输能力有较大的提高，满足城市公共客运交通的需求，提高城市轨道交通系统的客运服务水平。但是，由于修建新线会遇到资金、土地及环保等一系列的困难或限制，并且修建新线也不是在任何条件下都是合理经济的，因此修建多线的情况在国外也不多见。

②改造线路平、纵断面。采用该措施能提高行车速度，进而提高线路通过能力。但改造线路平、纵断面受到经济、施工困难、影响日常行车等因素的制约，因此该措施在旧式有轨电车线路改造为轻轨线路时多见采用。而在既有轻轨或地铁线路情况下，则更倾向于采用新型车辆来适应线路条件的做法。

③客流量较大的中间站修建侧线。该措施一般适用于地面线路情况。采用该措施使侧式站台变成岛式站台，单向运行列车能在站台两侧轮流停靠，这样可以缩短构成追踪列车间隔时间的列车停站时间部分，较大幅度提高线路通过能力。

④客流量较大的中间站增建站台，同时也可根据客流需求同步修建侧线。该措施通常是岛式站台情况下采用，使停站列车的两侧均有站台，乘客能从两侧上、下车或上、下车分开，缩短列车停站时间，提高线路通过能力。一般情况下，同步修建侧线仅适用于地面线路情况。

⑤使用新型车辆。新型车辆的含义包括车辆运行性能改善和安装车载控制设备等。车辆运行性能主要包括车辆构造速度、车辆启动平均加速度和制动平均减速度等运行参数，车载控制设备主要有车载制动控制和车载道岔自动转换设备等，车辆运行性能改善和安装车载控制设备能提高列车运行速度，缩短追踪列车间隔时间。

⑥改进车辆设计。车辆上的新设计通常是针对缩短列车停站时间、增加车辆定员和提高乘车舒适程度等进行的。就缩短列车停站时间、提高线路通过能力而言，国外已设计制造出6车门车辆，以缩短乘客上、下车总时间。

⑦采用先进的列车运行控制系统。对安装固定闭塞，由绿、黄、红灯组成的三显示带防护区段的信号设备以及采用调度集中控制方式的线路，是列车驾驶员开车的凭证，也是列车安全运行的基本保证。

⑧改用移动闭塞。在列车追踪运行过程中，移动闭塞能使后行列车与前行列车始终保持一个自动控制程序规定的最小安全间隔距离，而不是原先固定闭塞时规定必须间隔若干个闭塞分区形成的安全间隔距离。因此，用移动闭塞取代固定闭塞，能缩短追踪列车间隔时间。

⑨加强站台乘客组织。乘客为了站后能减少出站走行距离和避免出站验票人多时的时间延误，往往喜欢在靠近出站口的位置候车，而列车内乘客分布的不均匀又造成列车在车站的停站时间延长。因此在高峰时段加强站台乘客组织，增派客运组织人员，加强对候车大厅、地下通道、站台等关键部位的旅客疏导，使列车车内的乘客尽可能分布均匀，以减少列车停

站时间、提高线路通过能力。

2. 加强折返站折返能力的措施

(1)改变折返方式

采用折返能力比较强的站后折返。

(2)折返线的配线形式

折返线的配线形式与折返能力直接相关,通过增加道岔和股道来增加平行进路可以有效增加折返能力。终端站可以考虑这种配线形式。

① 增加发车线。将原来一条发车线增加到两条发车线。

② 混合折返配线。如图 8 - 5 所示。将单一的站后折返形式,改成站前、站后混合的折返形式,减少线路两端折返站对全线通过能力的限制,可以很大限度提高折返能力。

图 8 - 5　混合折返配线布置示意图

③ 在终点站修建环形折返线。图 8 - 6 是地面城市轨道交通线路修建环形折返线的图解。折返站的这种站场配置能缩短乘客上、下车总时间,消除列车在折返线等前行列车腾空站线的时间,提高终点站的列车折返能力。

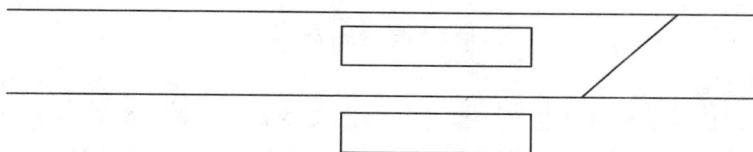

图 8 - 6　连接各站台线的环形折返线

(3)改变站台结构

将站台设置成"一岛一侧"式站台,如图 8 - 7 所示,增加旅客上、下车通道,缩短乘客上、下车总时间,加速列车的折返周转。该措施一般适用于地面线路情况,由于土建工程量较大,是否必须采用应在与其他方案的技术经济比较后确定。

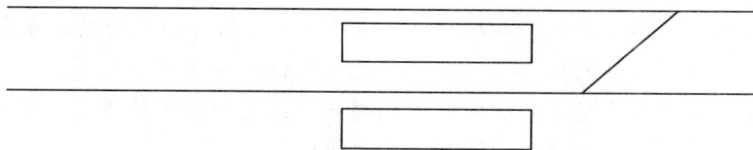

图 8 - 7　一岛一侧式出发站台组合

（4）改变折返站控制方式，压缩进路时间

① 优化折返站的道岔与轨道电路设计。如将渡线道岔按两个单动道岔进行设计和将站内轨道电路进行分割等，采用这些措施后能减少列车等待进路空闲情况，缩短列车的折返时间。

② 折返站采用自动信号设备。采用该措施后，道岔转换、排列进路、信号开放及进路解锁等能根据列车折返运行情况自动进行。这样，列车在折返作业过程中，能减少办理调查或接车进路所需要的时间，从而达到加速列车折返的目的。

3.加强列车能力的措施

在通过能力一定的条件下，决定输送能力的因素是车辆载客人数和列车编组辆数。因此，加强输送能力的措施主要有以下两种。

（1）优化城市轨道交通车辆

① 选用定员数大的车辆。客流较大的城市轨道交通线路，尤其是地铁线路可选用大型车辆，具有适合的车门数及车门宽度。

② 优化车辆内部布置。该措施的基本出发点是在车辆尺寸一定的条件下，通过将双座椅改为单座椅或将纵向的固定座椅改为折叠座椅，来增加车辆载客人数，达到增加列车定员的目的。改为折叠座椅后，在高峰运输期间翻起座椅，增加车内站立人数，同时也提高了平均乘客舒适程度。

（2）增加列车车辆编组数

采用该措施能较大幅度提高输送能力，如线路如果采用 6 辆编组，行车间隔为 2.3 min。实际开行 26 对列车；若采用 8 辆编组，行车间隔为 3 min，可实际开行 20 对列车。但列车扩大编组受到站台长度、运营经济性等因素制约，同时大编组形式加大了行车间隔，延长了乘客等待时间。

重点与难点

重点：（1）掌握城市轨道交通各种能力的概念及公式，理解其含义；（2）理解高峰发散系数的含义；（3）理解设计能力和可用能力的区别和联系；（4）重点理解"车站停留时间的确定"需要考虑的因素。

难点：（1）站前折返能力计算；（2）分析出行速度的影响因素；（3）理解提高城市轨道交通系统运行效率的措施。

思考与练习

1.简述城市轨道交通运输能力的概念，说明设计能力与可用能力的联系和区别。

2.影响运输能力的因素包括哪些？对运输能力有什么样的影响？

3.试述提高城市轨道交通系统运输能力的措施。用某一城市轨道交通系统的具体例子加以说明。

4.根据本章介绍的方法，计算 3 min 间隔条件下不同车辆容量和编组条件下各类城市轨道交通系统的小时输送能力，并据此比较各种城市轨道交通系统的适用性。

第 9 章
城市轨道交通运行过程仿真与分析

仿真技术在信息技术的推动下已经发展成为人类认识、改造客观世界的一项通用战略性技术，这就要求它在原有基础上进一步吸纳、融合其他相关技术。虚拟仿真技术是仿真技术和虚拟现实技术相结合的产物。它以构建全系统统一的、完整的虚拟环境为典型特征，并通过虚拟环境集成和控制为数众多的实体。虚拟仿真是指"真实的人在虚拟环境中操纵虚拟的系统"而进行的仿真，在最近几年发展十分迅速，并在更广泛的领域得到一系列成功的应用。

轨道交通列车运行系统能够确保列车安全、畅通运行，但是它从设计、施工到系统试运行是一个系统的过程，涉及工程量大、投资高、系统复杂，而仅仅凭借经验，难以迅速发现、掌握问题。我们把虚拟仿真技术和轨道交通列车运行系统结合起来进行研究，在计算机上仿真一个真实的轨道交通运行环境，可用于列车运行控制策略、系统集成方案分析、关键子系统测试以及驾驶培训等。具有可控性、安全性、可重复性和经济性等特点，对于城市交通发展有着重要意义。

9.1　列车运行过程的影响因素

轨道交通列车的移动是在一个复杂多变的环境下，由众多因素作用的结果，这些环境与作用既有动态因素又有静态因素。其中环境因素主要包括：

①线路条件。线路是列车运行的基础，涉及到坡道、曲线、桥梁、隧道等土木问题，也有轨道电路、分相绝缘器等电气方面的问题。

②列车条件。列车是系统主要研究对象之一，但列车的内容本身又是多变因素之一。它涉及机车类型（影响牵引及制动能力）、车辆类型及数量（影响列车质量、长度）等。

③信号条件。当存在多列车时，信号影响着列车运行，列车运行特征又是确定信号机位置的重要方面。

④供电参数。包括牵引供电方式、供变电所的位置及参数，重点针对电力牵引环境。

⑤计算原则。列车运行有许多计算前提条件，如注重运输成本的经济性节能操作，注重效率的节时操作以及其他因素等。

9.2　列车运行过程基本规律

9.2.1　列车运动原理

列车运行过程中，受到多种力的作用，主要包括：①动车/机车牵引动力 F；②列车基本阻力；③线路附加阻力 W，包括坡道、曲线、隧道等附加阻力；④列车制动力 B；⑤车辆重力 P；⑥车钩作用力；⑦其他作用力。

一般地，在进行列车运行设计时，暂不考虑列车的横向作用力，而只研究列车沿轨道前进方向的作用力。

城市轨道交通车辆在线路上运行时有三种工况：牵引运行、惰性和制动。

牵引运行时，作用于列车上的合力为：

$$C = F - W_k \quad (N) \tag{9-1}$$

单位合力为：

$$c = \frac{C}{(P+G) \cdot g} = f - w_k \quad (N/kN) \tag{9-2}$$

式中：F 为轮周牵引力，N；W_k 为列车运行的总阻力，N；P 为动车计算总质量，t；G 为拖车计算总质量，t；f 为单位轮周牵引力，N/kN；w_k 为列车运行时的单位总阻力，N/kN。

惰性时，牵引力为零，作用于列车上的合力为：

$$C = -W_k \quad (N) \tag{9-3}$$

单位合力为：

$$c = \frac{-W_k}{(P+G) \cdot g} = -w_k \quad (N/kN) \tag{9-4}$$

制动时，列车上的合力为

$$C = -(B + W_k) \quad (N) \tag{9-5}$$

单位合力为：

$$c = -(b + w_k) \quad (N/kN) \tag{9-6}$$

式中：B 为列车制动力；b 为列车单位制动力。

显然，当 $C < 0$ 时，列车将减速运行；$C > 0$ 时，列车将加速前进；$C = 0$ 时，列车则会做匀速运行。

不过，列车的速度将会发生怎样的变化，还需要按列车运动方程来推导。根据牛顿定律可知：

$$C = ma \quad (N) \tag{9-7}$$

式中：a 为列车加速度，m/s^2；m 为列车质量，kg；计算方法为：

$$m = 1000(P + G) \quad (kg) \tag{9-8}$$

从而，列车的加速度：

$$a = \frac{dv}{dt} = \frac{C}{m} = \frac{C}{1000(P+G)} \quad (m/s^2) \tag{9-9}$$

若将加速度表示为 km/h^2，有：

$$a = \frac{12960C}{1000(P+G)} = 12.96 \frac{C}{P+G} \quad (km/h^2) \tag{9-10}$$

即：

$$a = 12.96c \quad (km/h^2) \tag{9-11}$$

换言之，作用于列车上的每一单位合力（N/t）会使列车得到 12.96 km/h^2 的加速度。

实际上，考虑到车轮转动过程中需要消耗掉一部分动能，列车上每一单位合力所得到的加速度较上述值要低，一般为 11.5～12.7 km/h^2。在进行列车牵引计算时一般取 12.2 km/h^2，即：

$$\frac{dv}{dt} = 12.2c \quad (km/h^2) \tag{9-12}$$

为得到列车运营的距离 – 时间曲线，由式（9 – 12）可得：

$$dt = \frac{dv}{12.2c} \tag{9-13}$$

进一步有：

$$\int dt = \int \frac{dv}{12.2c} \tag{9-14}$$

由于 $ds = vdt$，有 $ds = \dfrac{vdv}{12.2c}$，可推出

$$\int ds = \int \frac{vdv}{12.2c} \tag{9-15}$$

列车运行过程中，合力是列车速度和位置的函数，故要直接求解上述方程还比较困难。牵引计算时，一般采用简化方法，即将列车速度分为多个间隔 Δv，用有限小的速度增量代替理论上应当无限小的速度增量 dv，在这个增量 Δv 范围内，假定列车受到的合力不变。从而，列车运行时间与速度有：

$$\int_{t_1}^{t_2} dt = \frac{1}{12.2c} \int_{v_1}^{v_2} dv \tag{9-16}$$

所以

$$t_2 - t_1 = \frac{v_2 - v_1}{12.2c} \quad (h) \tag{9-17}$$

或

$$\Delta v = t_2 - t_1 = \frac{v_2 - v_1}{12.2c} \quad (min) \tag{9-18}$$

对列车运行距离与速度，有：

$$\int_{s_1}^{s_2} ds = \frac{1}{12.2c} \int_{v_1}^{v_2} vdv$$

所以

$$\Delta s = s_2 - s_1 = \frac{v_2^2 - v_1^2}{2 \times 12.2c} \quad (km) \tag{9-19}$$

或

$$\Delta s = \frac{41(v_2^2 - v_1^2)}{c} \quad (m) \tag{9-20}$$

上述各方程称为列车运动方程。从列车初始速度（如 $v_t = 0$，$s_t = 0$）开始，可以计算出列车在各位置的速度与所需时间，得到 s 与 t、v 与 t 之间的关系，进而得到站间运行时分，这一工作称为列车牵引计算。不难看出，所取的 Δs 越小，计算得到的速度与时间就越精确。

9.2.2　城市轨道交通站间运行模式

轨道交通系统作为城市公共交通的主要工具之一，无论是在载客、能耗、平均运行速度、正点、准确停站还是舒适性上都远远优于其他交通方式。对轨道交通列车运行过程进行仿真模拟，制订准确、快速、舒适的列车运行策略，可以更好地满足运输需求，对于提高轨道交通系统的效率起着至关重要的作用。

由于轨道交通线路站间距离较短（一般不超过 3 km），列车运行一般采用三种模式：牵

引—匀速—制动模式，当列车在采用该模式时，列车运行到某一合适的速度以后，保持该速度不变，匀速运行到列车进站停车前开始采用制动为止；牵引—匀速—惰行—制动模式，当列车采用该模式时，列车牵引到某一速度后，改为匀速运行，不过在进站停车以前，通过适当的惰行到一定位置后再进行停车进站；当列车站间距离很大时，采用两次或者两次以上的惰行的方式。但是根据一般站间距离大小，轨道交通列车在站间行驶过程中普遍采用第一种和第二种运行方式，如图 9 - 1 和图 9 - 2 所示。

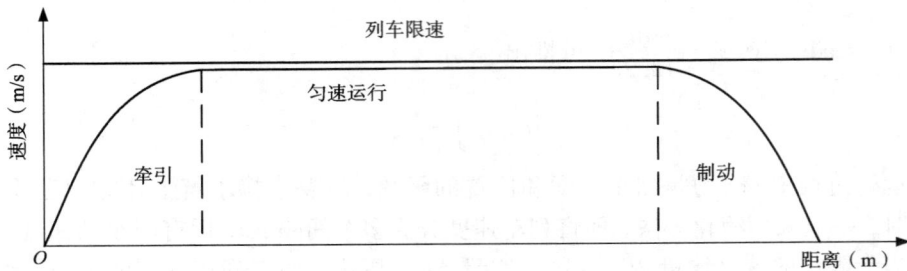

图 9 - 1　牵引—匀速—制动模式

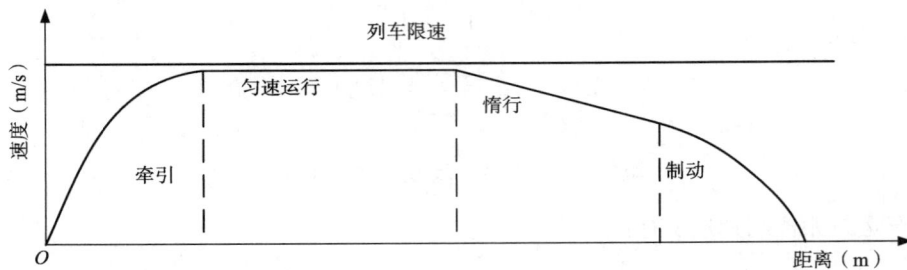

图 9 - 2　牵引—匀速—惰行—制动模式

列车节能运行的关键是惰行控制，合理的惰行控制对于列车的节能与节时起着重要的作用。针对轨道交通车站间运行距离短的情况，惰行点的选择能够改变站间列车运行曲线，从而影响站间列车的能耗与时间。

由于惰行行驶中并不存在牵引，列车在惰行行驶时不消耗能量，此能量不包括维持列车运行的基本电能，如车灯、通信设备等。而列车的电能消耗主要是在牵引电机上，惰行行驶使列车的总体能耗降低，但是列车的站间运行时分变相地延长了，能耗降低以运行时分的延长为代价。一般来说，惰行点越靠近发车站台，站间运行时分就越长，带来的能耗就越小。

在站间，列车以接近最大限速匀速运行时，站间运行时间最短。相应的轨道交通站间给定的运行时分一般都大于最小运行时分，因此在列车运行过程中可以选择合理的时间实施惰行，以降低列车能耗。

站间可以有单个或者多个惰行点，往往是由站间线路特性决定的。如果线路较长，或者有区间限速等可以采用多个惰行点的方式；如果线路长度适中，限速区间在加速或者制动范围内，可以采用一次惰行点的方式。

9.3　计算机模拟方法与实现

传统上，轨道交通列车运行计算是基于手工的。手工计算精度差、效率低，工程师们一直在探讨更有效的方法，计算机模拟方法正是在这种背景下应运而生的。

到 20 世纪 80 年代初期，计算机技术得到了极大普及，人们开始研制软件来解决这一问题。早期的软件重点在于模拟手工计算过程，目的是将工程师手工的验算通过计算机再现出来，提高计算效率，减少手工计算的工作量。到 20 世纪 90 年代初，在同国外软件的交流过程中，人们进一步考虑在精度和通用性方面的问题，例如，不再对线路坡度进行简化，不再将列车作为质点来考虑，软件能够同时计算多列车的运行过程，系统的输入、输出界面更为友好等。

当前轨道交通运行过程的仿真系统主要有列车运行计算系统和列车运行计算仿真模拟系统。

通用列车运行计算系统的主要特点为：

①采用等时间步长模拟算法，以牵引计算理论为基础对列车运行过程进行建模计算。

②计算的核心是机车工况转换与手柄位的确定。

③列车牵引力、动力制动力以及能耗的线性插值计算，按质量带原理计算列车单位附加阻力。

④采用多种牵引模式（有级/无级）、不同的机车牵引策略（节时/节能）、不同的信号闭塞制式的多列车运行计算模型，电力牵引条件下电流、电压的求解模型。

等时间步长法列车运行模拟的基本流程如图 9 – 3 和图 9 – 4 所示。

通用列车运行计算系统主要适用于以下部门：

①用于设计部门。系统可以为工程设计人员提供各种条件下系统相关指标的自动计算。

②用于运营管理部门。系统可以用于机车操纵方案的优化、铁路既有线提速方案的分析模拟等方面。

③用于教学研究部门。系统可以为铁路各级学校及生产一线的教学人员提供不同运行模式下列车运行过程的动态演示。

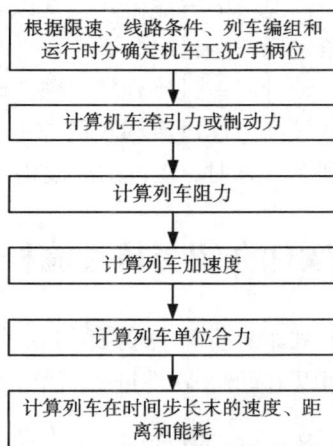

图 9 – 3　等时间步长法列车运行模拟流程图

通用列车运行计算仿真模拟系统特点为：

①适用于城市间大铁路的运行模拟。

②包括如下运行模式：节时、定时下的节能、目标模式。

③节时模式是一种单目标的极端运行模式，并不直接用于实际工作中。而定时模式综合考虑了线路条件和机车牵引性能，是一种具有实用价值和优化意义的运行模式。

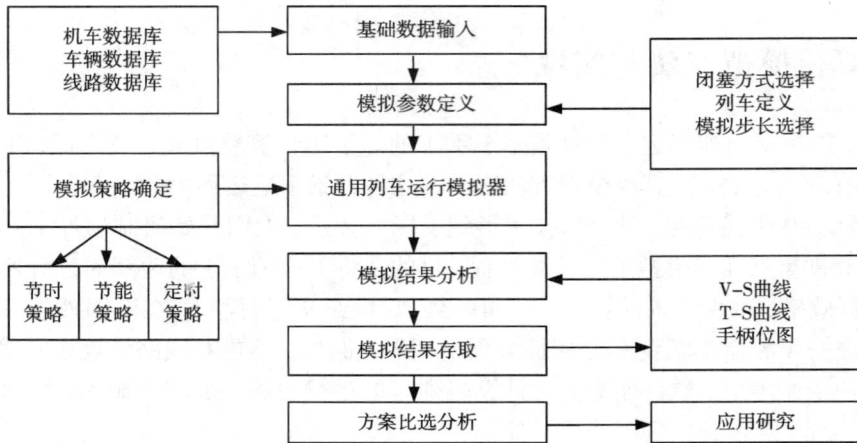

图 9 - 4　列车运行计算系统的结构示意图

节时模式包括以下几个要点：

①列车从较低的限速向高限速过渡时，采用机车最大可能的牵引力。

②列车从较高限速向较低限速过渡时，采用制动方式。

③在某一恒定限速处，尽可能采用与限速接近的手柄位。

定时情况下的节能模式包括以下几个要点：

①给定列车运行时分。

②从较低限速过渡到较高限速时，采用最大可能牵引力。

③从较高限速过渡到较低限速时，尽量利用惰行来减少能量消耗。

④列车进站时，在进站前段仍可采用惰行，直到某一临界速度，采用制动停车。

9.4　软件介绍与仿真流程分析

关于列车运行计算仿真的系统软件主要有 RailSys、RAILSIM、Opentrack 以及 Dynamis 等，下面以 RailSys 软件进行简单介绍。

9.4.1　RailSys 简介

RailSys 是由德国汉诺威大学（University of Hannover）和德国铁路管理咨询公司（RMCon）共同研发的基于路网的轨道交通运输微观模拟仿真系统。作为一款铁路基础设施及时刻表仿真、优化和管理软件，该系统适用于各种规模铁路网络的分析、设计和优化等。能够微观模拟至单个列车对某一股道的占用情况，可用于路网能力分析、新型信号安全技术研究和列车运行图的评价等。可以真实地呈现轨道交通网络全系统运行情况，对分析变化的运输需求对现有铁路运输系统的影响、基础设施的改扩建、信号系统的安全及可用性评价、列车时刻表的制订和优化等起到重要的辅助决策作用。该系统目前在欧洲及世界范围铁路运输业得到了广泛应用，如科隆—莱茵、悉尼—堪培拉等高速铁路线，慕尼黑、科隆、悉尼、墨尔本的城市铁路以及柏林和哥本哈根的铁路网络等。

RailSys 的功能模块包括：设施管理、时刻表管理、仿真管理以及评价管理四个功能模块。其最擅长处理的是对铁路既有或新建线路、车站以及网络的比较评估，对列车运行计划的编制、验证以及评价等。RailSys 还可以通过仿真分析有干扰和无干扰条件下的轨道交通系统运行情况来评价运行时刻表的质量与可靠性。同时，在给定时刻表的前提下，计算仿真在各个时刻轨道交通网络上运行的多个列车的位置、速度，分析列车相互之间以及与信号等设施的相互影响，通过在仿真过程中考虑不同的交通控制策略以及不同的运输扰动情况，输出各个列车的实际运行速度时分曲线。

基础设施管理：RailSys 基础设施管理器可以精确编辑和管理所有的路网基础设施（包括车站、线路、信号系统等）的信息。这些数据可以先以草图的方式输入到系统中，各种便捷的管理功能允许用户很方便地在此基础上进行各类修改。在此过程中，其路网的规模只受到当前计算机硬件的限制。路网的修改将被实时记录下来，运行图以及仿真模块将据此对相关数据进行同步。

运行图编制及管理：RailSys 利用运行图管理器可以编制及管理各种模式的运行图。在运行图编制时，可以在整个路网图中以人工交互的方式选定当前运行线的径路。一旦运行线被创建，RailSys 可以依次自动计算每一条运行线的运行时间、各闭塞分区占用时间及与其他列车的冲突。

仿真管理：RailSys 仿真管理可以进行同步仿真和集成路网级运行仿真，同时可以进行相应的统计功能。

①同步仿真处理：系统同时计算路网中所有的列车的实时位置，其优点在于所有的列车都可像实际运行时一样实时与信号系统进行交互，更加符合实际情况。同时，系统还考虑列车之间的相互影响。

②集成路网级运行仿真功能：新创建的无冲突的运行图可用该功能检验各项运行是否正常。同时，系统可针对不同的列车分组设定不同类别、地点及时间的延误参数，据此随机产生各类延误用于运行仿真。

③集成了路网仿真统计功能：无论是单次还是多次仿真后，每一条股道的占用情况都会被统计，并以表格或图形的方式显示出来，以用于确定当前的能力瓶颈以及运用较少的基础设施。

评估管理：RailSys 可以利用真实的个性化的延误特性，仿真多日内列车运行情况。评估管理器则支持对这些仿真结果的评估。大量的统计结果为延误率、正点率以及路网、线路或车站范围内的列车接续情况等运营质量指标的评估提供了可靠的数据。仿真过程中所有列车的所有到发及通过时间都被记录下来用于评估分析。评估分析器提供多角度分析及显示功能，还可针对不同的选项突出显示运行图的制约因素。各类指标还可以图、表等多种方式直接输出。评估功能主要包括：

①股道及线路占用分析：对路网内每一条线路及股道的占用情况进行统计分析，其统计结果可按占用列车的级别、占用时间、列车运行方向等多种参数排序。

②仿真结果统计分析：仿真结束后，可以柱状图形式显示各车站的列车延误情况。

③运行图质量评估：通过各类指标分析当前运行图的稳定性、能力等。

④车辆使用计划评估：运行仿真的结果可以显示出车辆使用计划的可行性。

⑤路网能力评估：通过分析延误发生的起始点及其传播情况可以分析出路网结构中的问

题，并标出有问题的区域。

9.4.2　RailSys 的基本操作流程介绍

　　RailSys 的基本操作流程，主要为基础设施数据输入、列车基础数据输入、运行图构建、运行仿真和评估分析这 5 个步骤，具体流程图如图 9－5 所示。

　　1. 基础数据输入

　　基础数据输入流程如图 9－6 所示。

　　（1）数据准备

　　工程（project）的创建与打开如图 9－7 所示。注意，所有操作均在工程中完成。

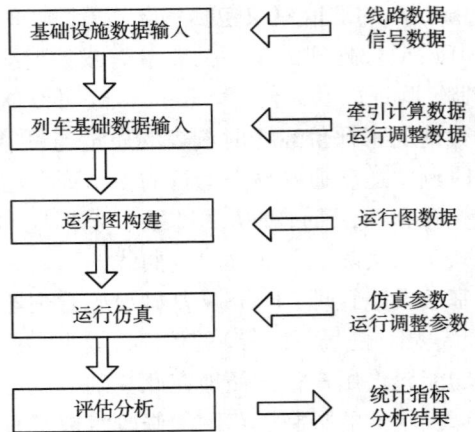

图 9－5　RailSys 系统操作流程图

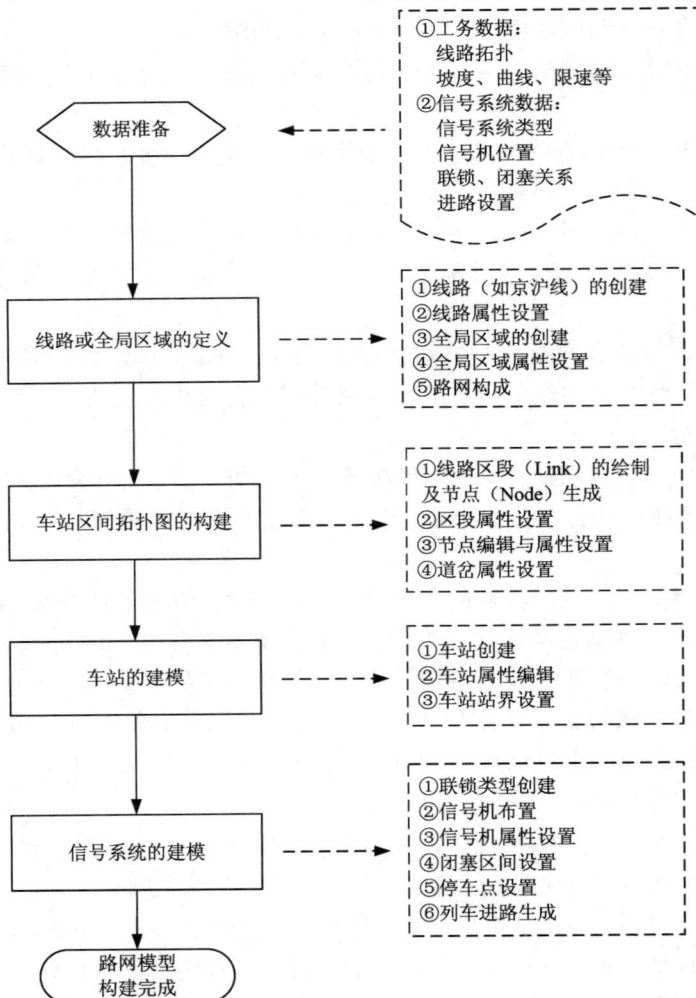

图 9－6　基础数据输入流程图

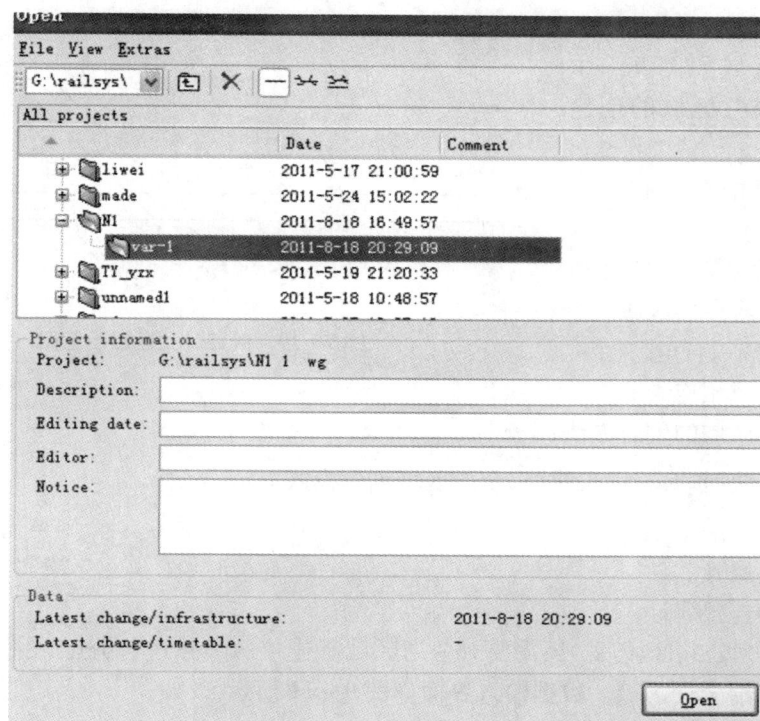

图 9 - 7　工程(project)创建图

拓扑结构视图的创建效果如图 9 - 8 和图 9 - 9 所示。

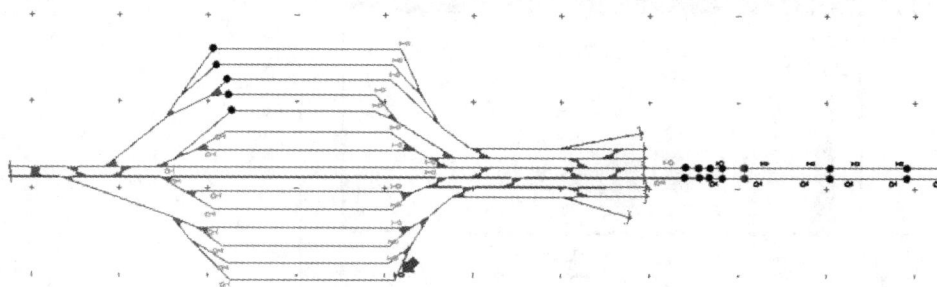

图 9 - 8　拓扑结构微观视图

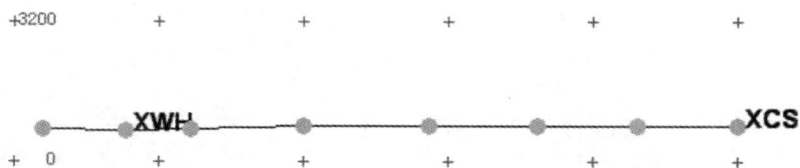

图 9 - 9　拓扑结构宏观视图

（2）线路或全局区域定义

线路公共区域如图 9 – 10 所示。线路与公共区域的创建应当注意：

①一个工程中至少有一个线路或公共区域。

②任何一种基础设备必须从属于一个线路或公共区域。

③两条线路不能直接连接，必须通过公共区域相连。

线路或公共区域的创建方法：

①点击操作按钮，进入线路/全局区域创建模式。

②定义线路。

③修改线路属性。

④分配线路连接属性。

注意：定义完公共区域后，还需要对全局区域所连接的线路进行分配，把相应经过全局区域的线路分配给全局区域。数据输入界面如图 9 – 11 所示。

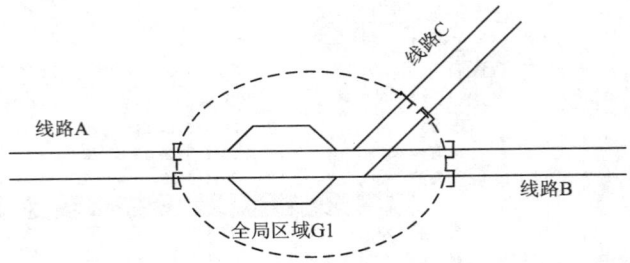

图 9 – 10　线路公共区域示意图

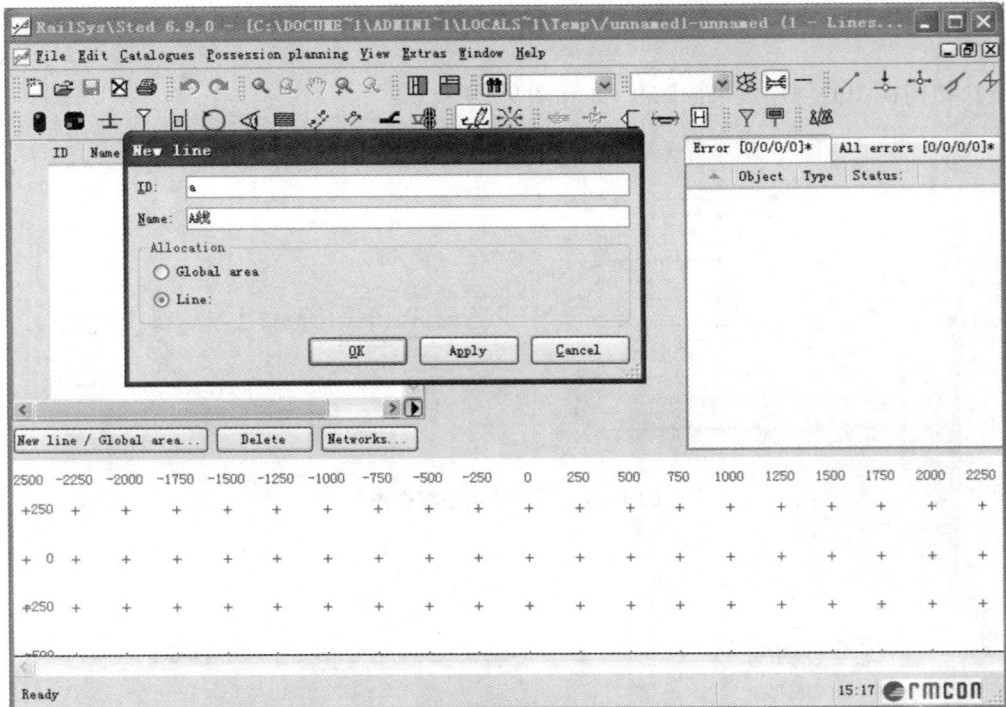

图 9 – 11　数据输入界面视图

（3）车站区间拓扑图构建

Link：由两个节点所组成的一条线段，同一 Link 上的所有属性都必须相同。

Node：两条 Link 的交汇点，包括：①两条或两条以上 Link 的交汇点；②Link 上的坡度或曲线半径发生变化的点；③信号机布置点。

Link 的主要属性为：长度、坡度、曲率、限速、正反向和多种限速。

Link 的创建方式如图 9 - 12 所示。

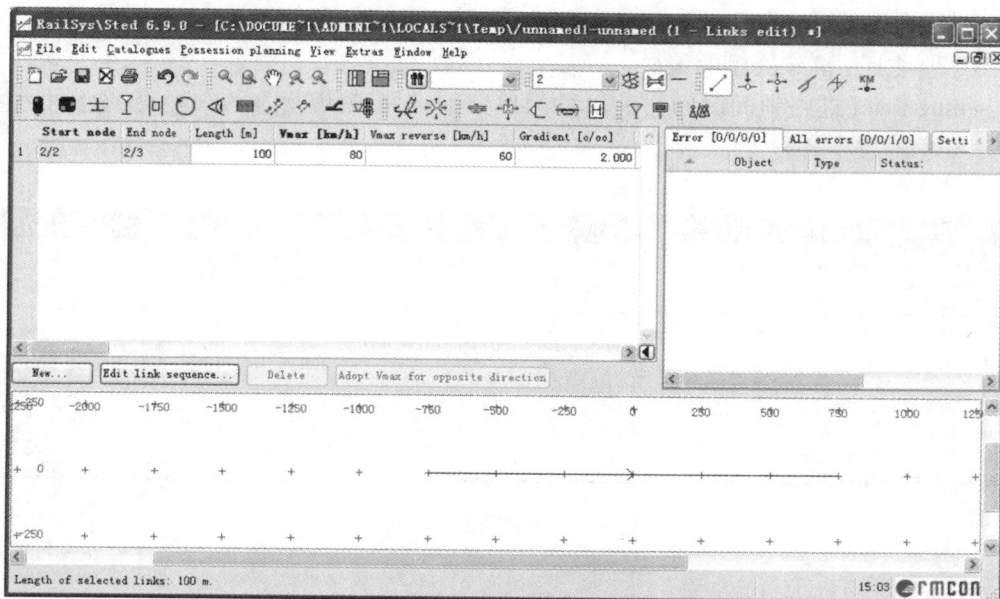

图 9 - 12　Link 创建视图

道岔的创建：绘制过程中自动创建，如图 9 - 13 所示。

道岔的编辑：主要分为道岔类型和道岔开向，如图 9 - 14 所示。

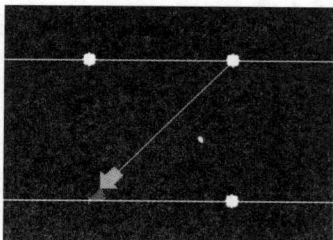

图 9 - 13　道岔创建图

图 9 - 14　道岔编辑图

（4）车站建模

车站建模分为两个部分：

①创建车站并设置其基本属性。

②边界点创建。这里可以设置边界点类型为标准发车（standard departure）、可选择发车（alternative departure）、闭塞发车（departure blocked）。

（5）信号系统建模

信号系统的建模流程参照图9-15，分为联锁类型设置、信号机布置、闭塞分区设置、停车点编辑和进路设置这5个步骤。

1）联锁类型编辑见图9-16。

"ID（地址）"：联锁类型的编号。

"setting time（进路锁闭时间）"：以秒为单位的进路锁闭时间。

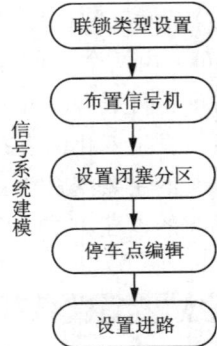

图9-15　信号系统建模流程图

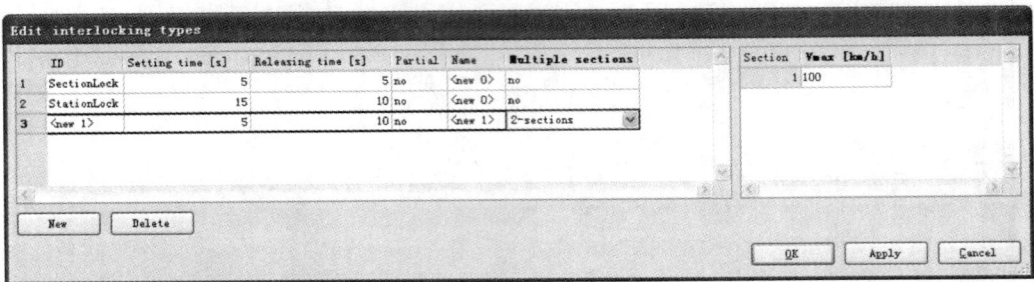

图9-16　联锁类型编辑图

"release time（进路解锁时间）"：以秒为单位进路解锁的时间。

"partial release（分段解锁）"，可利用下面的选项：

"automatic"：自动分段解锁；

"yes"：在解锁点分段解锁；

"no"：不可分段解锁；

"name（名字）"：联锁类型的名称。

"multiple sections"：固定闭塞下的多显示信号系统，我国的既有双线铁路一般都是三显示自动闭塞或者四显示自动闭塞。

多显示闭塞设置如图9-17所示。

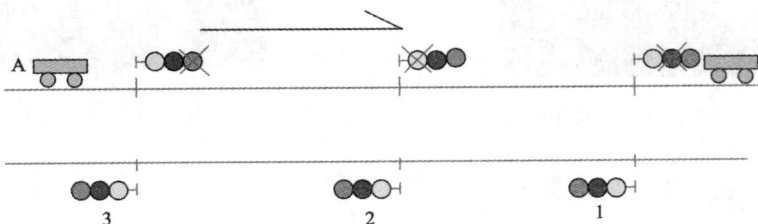

图9-17　多显示闭塞设置示意图

2)信号机部署方法。

在选定的 Link 上面创建信号机;把现有的节点转化为信号机;在创建信号机之前先设置相应的闭塞分区,自动生成相应信号机。

3)闭塞分区的设置(见图9-18)。

通过两个单独的信号机创建闭塞分区。在没有信号机的两节点间创建闭塞分区。信号机会被自动创建在闭塞分区的起点和终点。

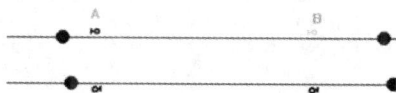

图 9-18　闭塞分区设置图

4)停车点设置(见图9-19、图9-20)。

停车点设置的作用主要为确定列车在站点的停车位置和设置车站进路。

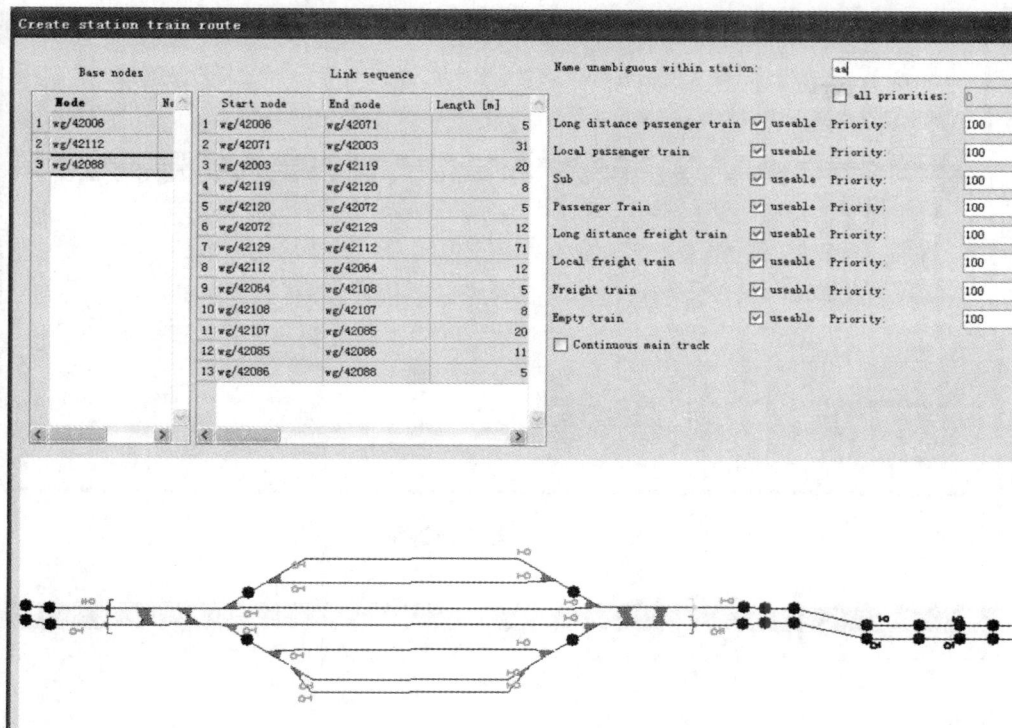

图 9-19　停车点设置图 1

2. 机车车辆建模

机车牵引参数定义界面如图9-21所示,其中各个选项含义如下所示。

base data:基本参数编辑。

Acc. diagram:牵引曲线编辑。

Dec. digram:制动参数编辑。

rolling resistance:阻力曲线编辑。

base data:基本数据编辑。

operation:牵引速度曲线图创建。

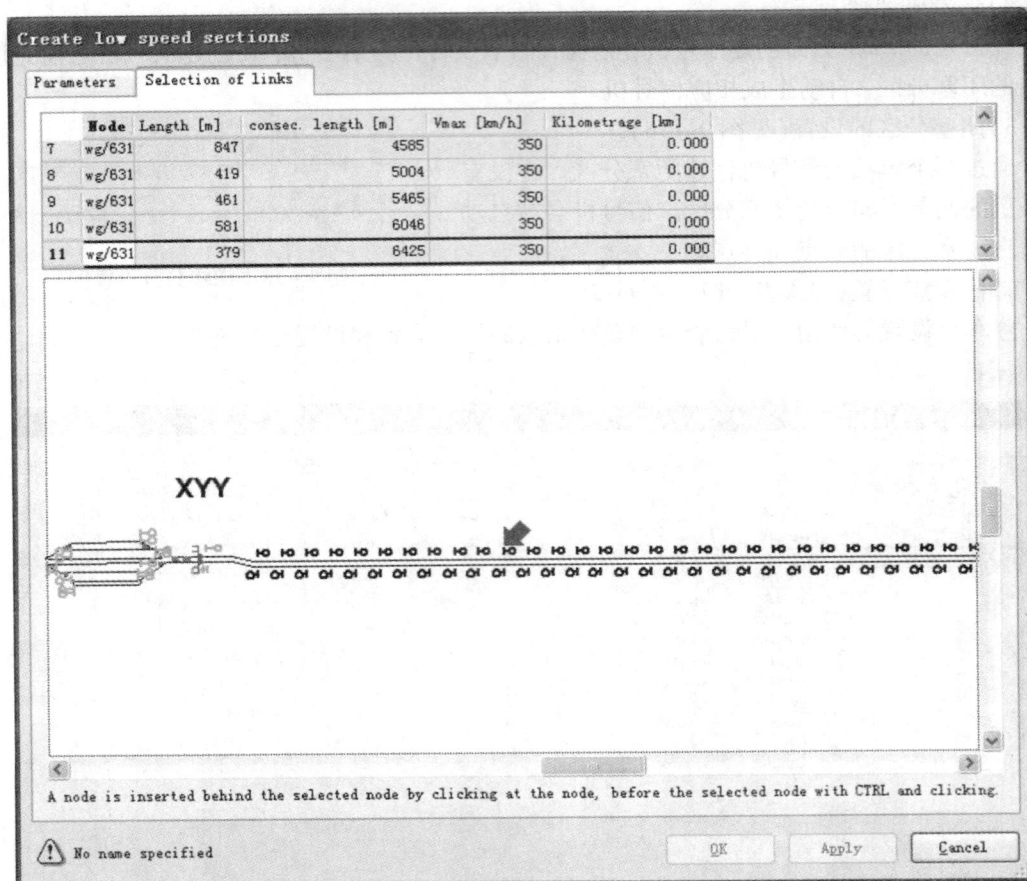

图 9 – 20　停车点设置图 2

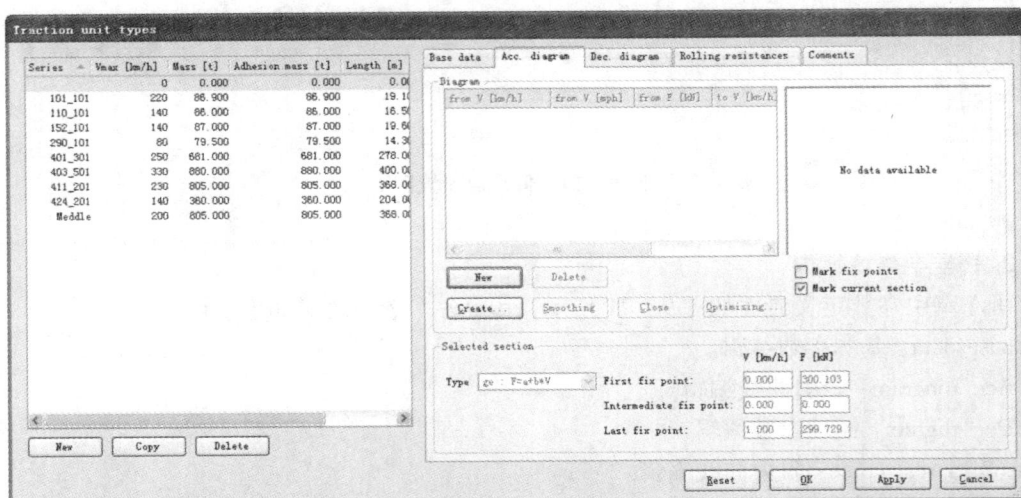

图 9 – 21　机车牵引参数定义界面图

priority：制动曲线图创建。

traction unit types：轮轴阻力曲线图创建。

train formation：列车编组相关信息。

running dynamics：列车动力特性编辑。

3. 运行图设计

运行图的定义包含：基本信息和牵引参数的设置。其具体设置界面如图 9 – 22 所示。

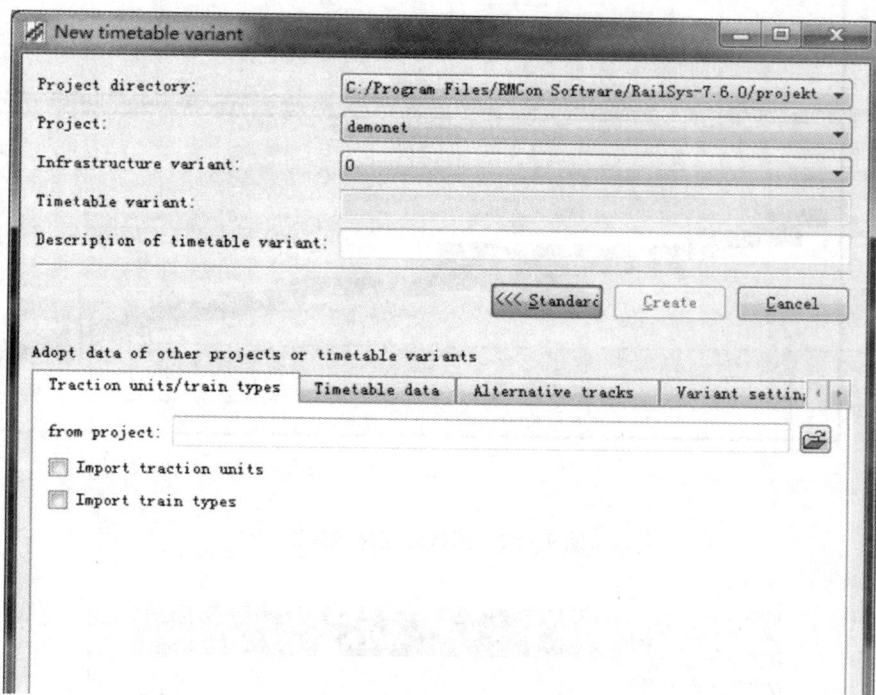

图 9 – 22　运行图定义界面图

运行线的创建包含单条创建、成组创建以及运行线复制三种方式, 具体参照如图 9 – 23 所示。

(1) 单条运行线创建

其包含：起止点设置、运行路径设置、始发时间设置和停站方案设置。注意：沿途时间将自动计算。

(2) 成组运行线创建(见图 9 – 24)

运行线基本属性编辑包含：起始、终到及中间站到发时间设置、停靠站方案设置、车站进路及停靠站台设置和区间运行时分设置。具体设置如图 9 – 25 所示。

列车接续关系编辑包含：折返接续(turnaround)、晚点换乘接续(delay transfer)、等候接续(waiting time)、合并接续(amalgamation)和拆分接续(splitting train)。

冲突的检测与疏解是指：两列车同一时刻需要使用同一技术设备而产生的相互制约关系。其检测依据是基于计划运行图中的每一个联锁和闭塞分区的占用时间。如果两辆列车之

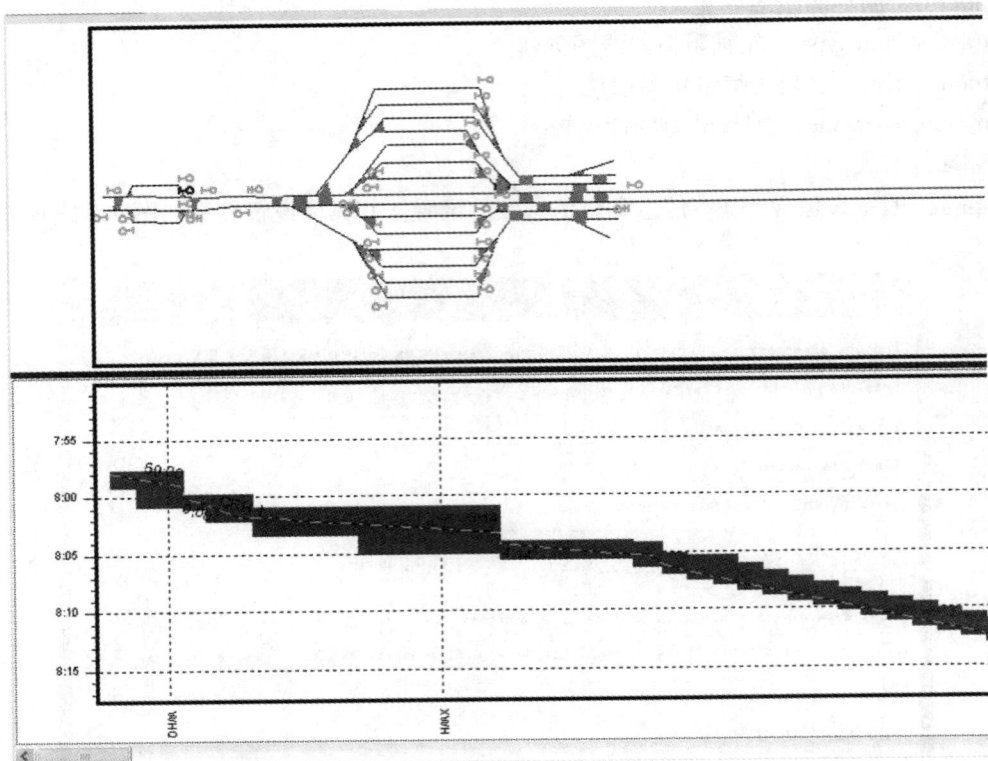

图 9 − 23　运行线创建示意图

图 9 − 24　成组运行线创建

	Route	Platform	Overlap	SchedArrival	SchedDeparture	DepFix	FeasArrival	FeasDepart		Line	RTAI
B4	[XCB]-...	S-2		3:58:40	4:00:00	✔	3:58:40	4:0(		a	
B3	[XXN]...	S-2		4:11:23	4:12:43		4:11:23	4:1:		a	
B2	[XWL...	S-2		4:26:17	4:27:37	☑	4:26:17	4:2(		a	
B1	[XWH]...	S-2		4:30:44	4:32:04		4:30:44	4:3:		a	

Train characteristics / Timetable / Train run / Headways

图 9 - 25　运行线基本属性编辑图

间的闭塞时间相交了，则列车之间就发生了冲突。

冲突的检测与疏解如图 9 - 26 所示。

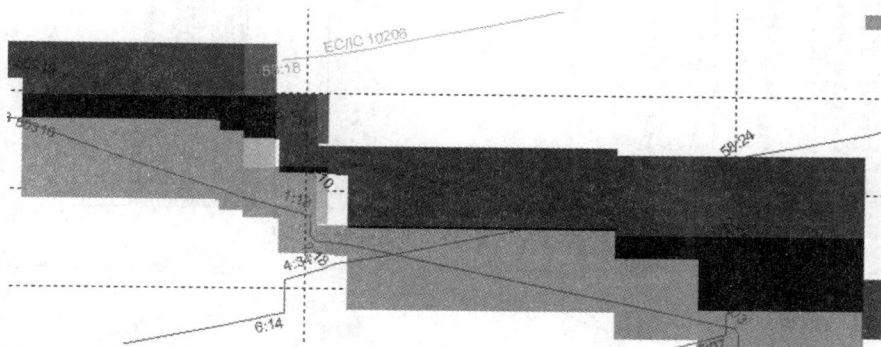

图 9 - 26　运行线冲突的检测与疏解图

1）冲突的检测见图 9 - 27。

Time	Train	Line	Obst	Obst	Type	Location	Location/	Station	Dela
8:...	S 5...	S 3	S...	S 2	Oc...	StatDep	StatDep	AA	...4
8:...	S 5...	S 3	S...	S 2	Oc...	Line	Line	AA->AR	...4
8:...	S 5...	S 3	S...	S 2	Oc...	StatArr	StatArr	AR	...5
8:...	S 5...	S 3	S...	S 2	Oc...	StatAr...	StatAr...	AR	...5
8:...	S 5...	S 2	S...	S 3	Oc...	StatArr	StatAr...	AR	...3
8:...	S 5...	S 3	S...	S 2	Oc...	Stat	Stat	AR	...7
8:...	S 5...	S 3	S...	S 2	Oc...	StatOvLap	Stat	AR	...9
8:...	S 5...	S 3	S...	S 2	Oc...	Line	Line	AR->AK	...9
8:...	S 5...	S 3	S...	S 2	Oc...	Stat	Stat	AK	...6
8:...	S 5...	S 3	S...	S 2	Oc...	Stat	Stat	AW	...3

图 9 - 27　运行线冲突的检测图

2）冲突的疏解方法主要为：移动运行线、调整到发时间和更改进路。如图 9 - 28 所示。

运行图指标统计主要是数量指标的统计分析和能力利用统计（UIC406），其具体如图 9 - 29、图 9 - 30 所示。

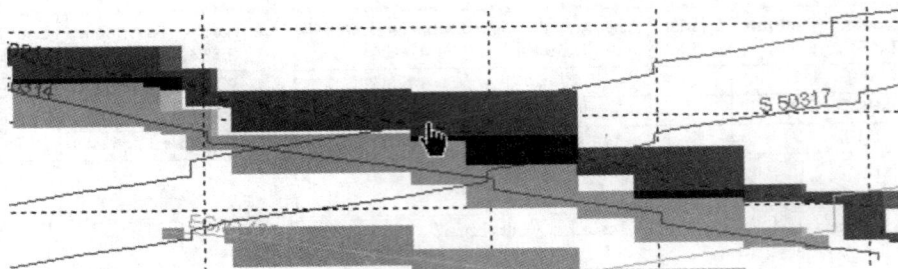

图 9 – 28　运行线冲突的疏解图

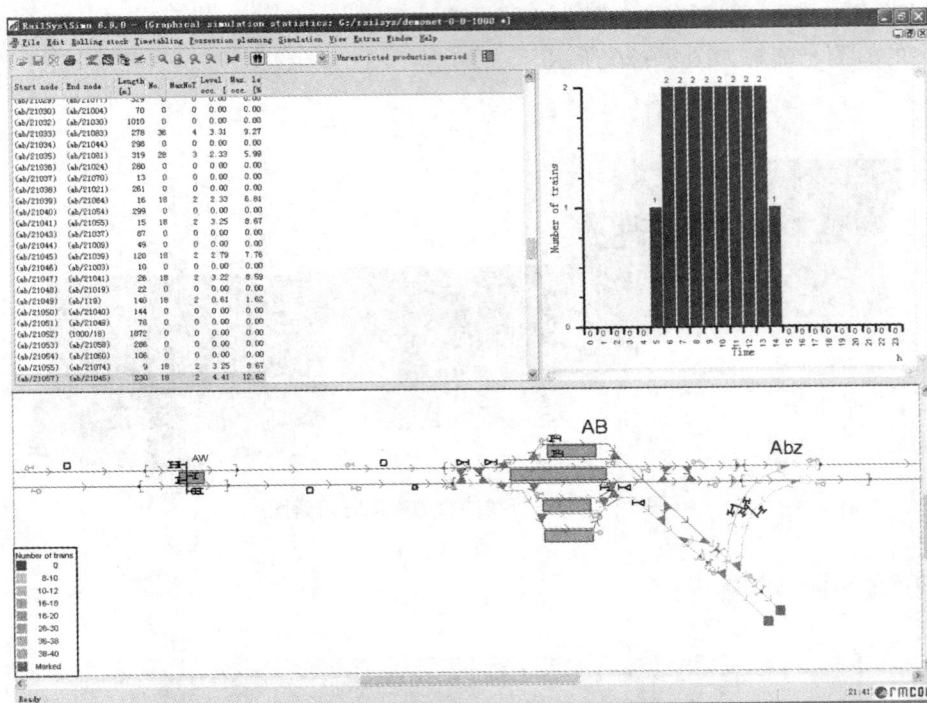

图 9 – 29　运行图数量指标统计分析图

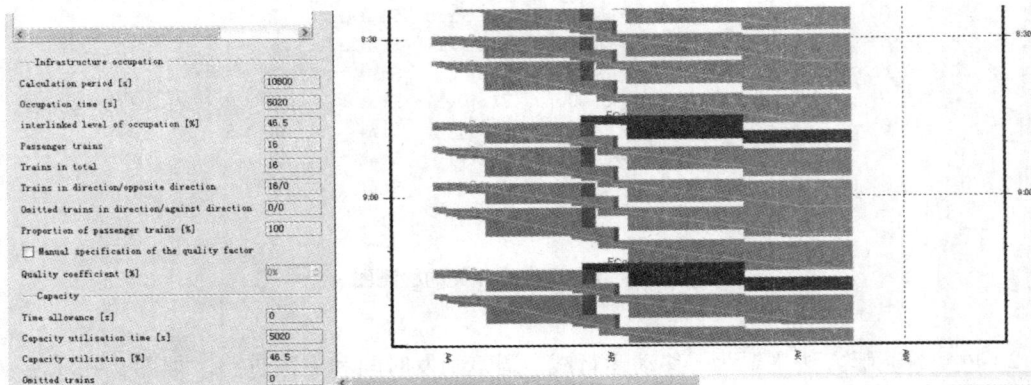

图 9 – 30　运行图能力利用统计图

4. 运营仿真

仿真基本原理及其步骤如图 9 – 31 所示。

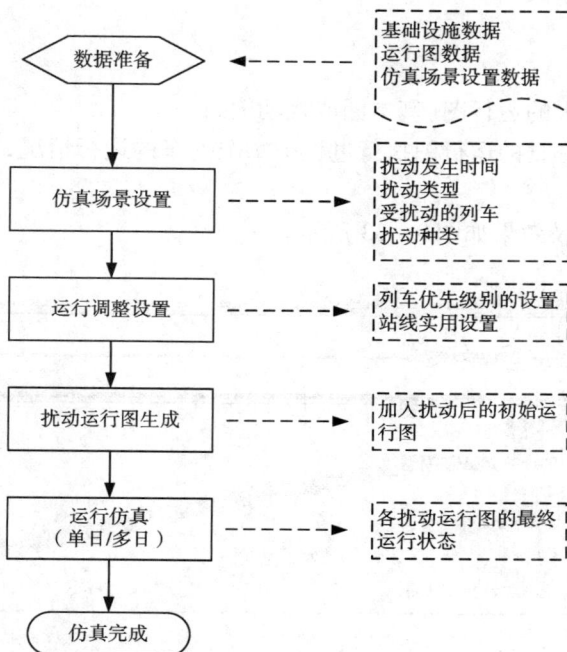

图 9 – 31　仿真基本原理及其步骤图

（1）仿真场景设置

仿真场景设置的核心内容为各类扰动参数设置。其中主要包含扰动的类型设置、扰动的分布类型及参数设置、受扰动的列车集设置和受扰动的时间段设置等（见图 9 – 32）。

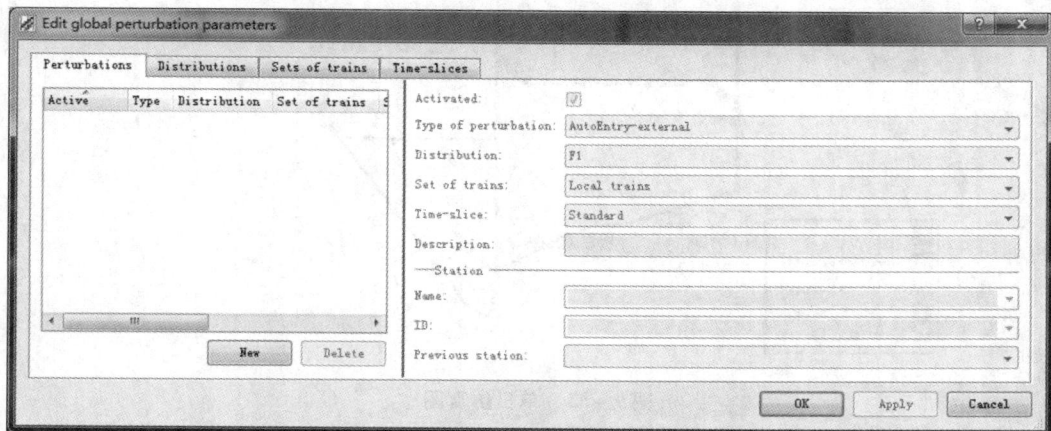

图 9 – 32　扰动创建图

（2）运行调整设置

运行调整参数设置包含列车等级参数设置和站台使用参数设置。其中，列车等级参数设置主要为列车基本优先级别的设置；而站台使用参数则是对列车的站线使用方案进行调整。

（3）扰动运行图的创建

为体现仿真效果，需要创建扰动运行图，其创建主要是设置各种场景参数。分为单日仿真和多日仿真。

1）单日仿真。

功能：只仿真某一天的运行图（基本图或扰动图）；

目的：观察具体某一日的运行图执行过程中每个列车的运行情况，并可有针对性地进行深入分析。

单日仿真具体设置及效果如图9-33所示。

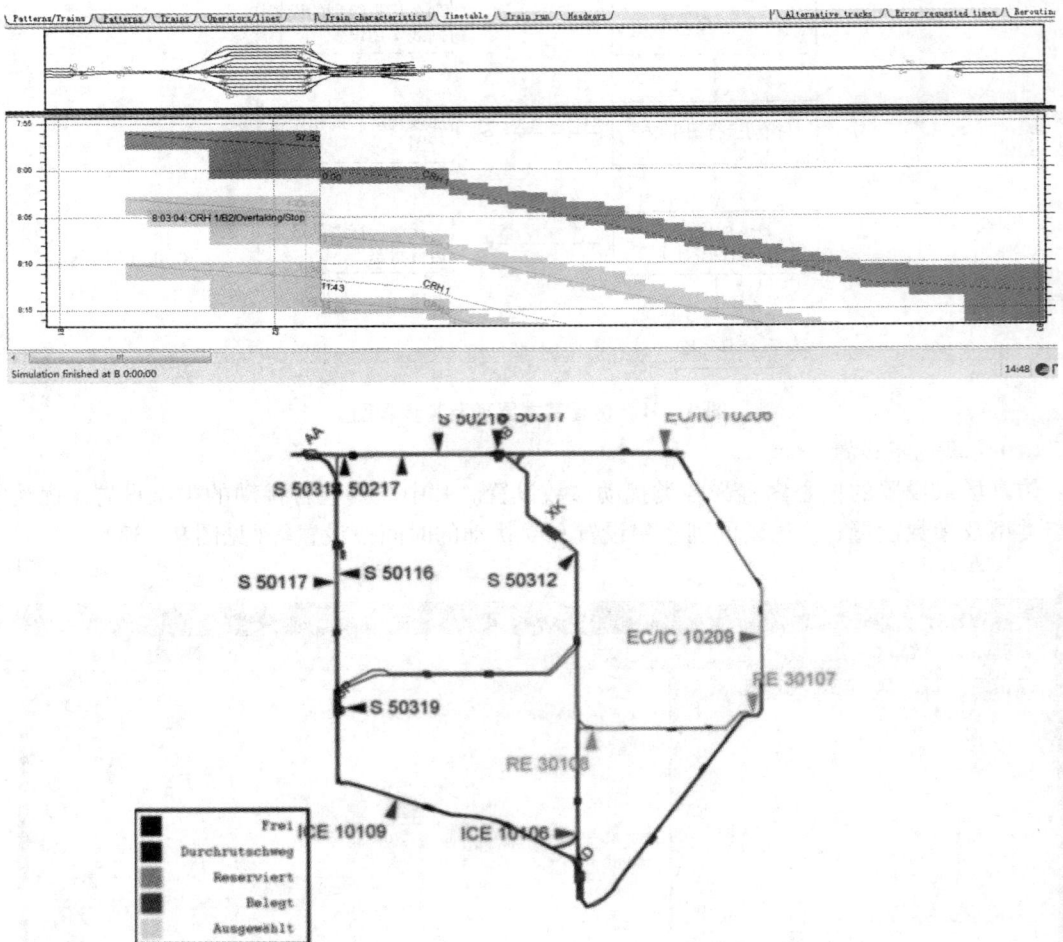

图9-33　单日仿真图

2）多日仿真。

功能：一次性完成多个运行图的仿真，并统计结果；

目的：根据特定的场景需求，进行大批量的仿真从而得到大量的仿真数据，通过对这些的统计分析，得到给定场景下列车运行的总体状况，从而进一步对运行图质量及信号系统、基础设施等进行分析研究。

其具体仿真设置如图 9 - 34 所示。

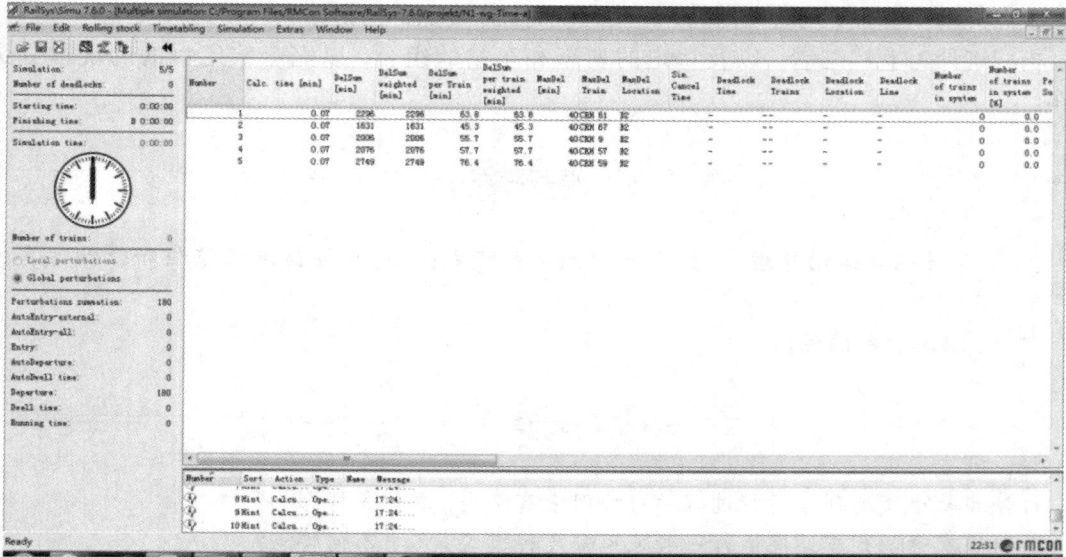

图 9 - 34　多日仿真图

5. 分析评估

分析评估流程图如图 9 - 35 所示。

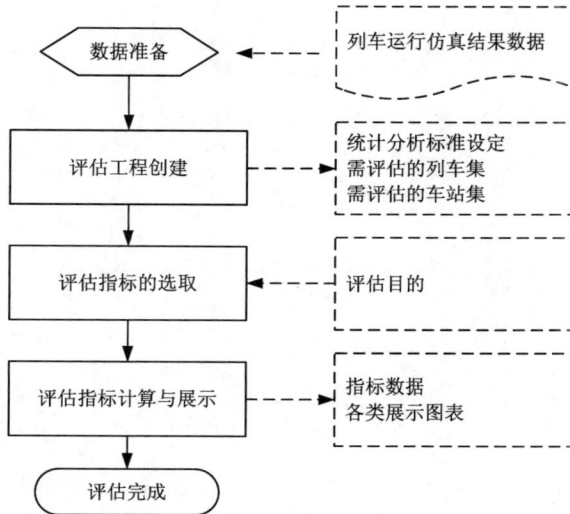

图 9 - 35　分析评估流程图

（1）评估工程的创建

评估工程的创建包含基本数据设置、数据计算、列车的选择和车站的选择四个部分内容。

（2）评估指标的计算和展示

表现视图主要分为网络视图、图表视图和表格数据三种形式。

列车的到发类型有到达晚点、出发晚点。

晚点类型主要有平均晚点时间、平均增晚时间、晚点传播指标。

指标统计为上述三者，以及特定的列车和车站的组合，以完全给定目的的统计分析工作。

重点与难点

重点：（1）列车运动原理；（2）列车站间运行模式；（3）软件仿真的流程和软件仿真的运用。

难点：仿真软件的运用。

思考与练习

1.城市轨道交通列车运行过程的影响因素有哪些，具体怎样影响？

2.轨道交通的列车站间运行一般采用哪几种模式，各自有何特点？

3.列车运行计算系统的特点。

4.RailSys 系统的主要功能模块有哪些？

第 10 章

安全隐患排查

　　城市轨道交通有着线路封闭、空间狭小、客流集中、客流量大、安全事故防范和处置难度大等特点。轨道交通安全事故也是日益增多，逐渐形成相对常见、多发的态势，对整个城市安全运行和人民群众的生命财产安全有着现实威胁。投入运营后的城市轨道交通的安全隐患排查管理可以有效预防事故的发生，对整个城市安全运行管理有着重要的意义。

10.1　基本要求

　　轨道交通安全是一个以行车系统人员为核心、管理为中枢、行车设备为基础、环境为条件的实时监控动态控制体系，它涉及线路工程、通信信号、牵引供电、动车组、运营调度等众多子系统，影响其安全的要素具有高集成、作用紧密的特点。从城市轨道交通发展的现状来看，怎样最大程度地保证运营安全是我国轨道交通急需解决的关键问题之一。

　　近年来，在城市轨道交通网络化运营条件下，站站之间、线线之间关联度增强，运营过程所伴随产生的安全隐患不断增多，运营安全管理工作难度增大。在城市轨道交通安全管理工作中，应能及时发现和消除安全隐患，尽可能把事故消灭在萌芽状态。对此，应当把加强安全基础工作，落实安全运营主体责任，把握隐患排查治理各个环节，深入持久治理隐患作为今后安全管理工作的重要任务。为了更好地避免事故的发生，必须从以下几个基本要求着手来做好安全隐患排查管理工作。

10.1.1　建章立制，定期排查

　　运营单位应建立安全隐患管理制度，坚持定期开展隐患排查工作。规范完备的安全隐患管理制度是实现城市轨道交通运营安全的基础。

　　1. 健全安全隐患管理组织体系，建立城市轨道交通运营安全管理制度保障

　　规章制度是管理工作的基础，建立科学的、完善的、全面的安全生产管理制度，使安全生产有章可循，有法可依，是非常重要的。从政府角度看，有关主管部门必须规范轨道交通安全管理标准，强化安全管理力度，建立完整的交通法规体系，完善安全生产隐患排查和专项整治的规章制度，用制度管人，用制度管事，推动隐患排查治理工作经常化、制度化、法制化。把规范隐患和危险源的排查、辨识、分类、分级、评价、登记、上报、统计、检查、整改、责任、监控、考核等全部纳入严格健全的制度规范，做到以制度促排查、以制度保治理，通过加强安全管理工作，使整个轨道交通运营体系的安全服务上升到一个新的水平。

　　(1)建立安全检查和培训制度

加强监督检查机制是抓好运营安全工作的关键。安全检查是对安全工作实施有效管理的一项重要内容。采取定期检查与不定期抽查相结合，综合检查与专项抽查相结合的方式，做到检查前有计划，检查中有记录，检查后有通报，隐患整改有落实。

（2）建立健全重大隐患分级挂牌督办制度和重大危险源分级监控制度

切实掌握本行业内重大隐患和重大危险源的具体数量、当前情况、分布情况和发展态势等，实行跟踪监管、动态监管，促进隐患排查治理与安全专项整治相结合、与加强日常监管相结合，推进隐患排查治理工作的常态化、长效化。

（3）建立安全隐患管理责任制

按照分级管理、分级负责的职责分工，依托各职能部门组织开展安全隐患排查工作，强化各部门的安全管理职责。明确相关职能部门和单位是城市轨道交通安全隐患管理的工作主体。各部门和单位要按照"谁牵头谁协调、谁主管谁负责"，做好隐患管理的顶层设计和基层架构，扎实做好源头控制、隐患治理、应急预案、严格监管、岗位培训等各环节，把各项措施落到实处。

2. 针对城市轨道交通运营安全具体情况，制订相关制度

（1）建立城市轨道交通灾害应急处理制度，保证"灾而无难"或"难而少害"

在日常管理中必须充分考虑到承载突发灾难的各种需要（包括自然的和人为的、内在的和外在的、可预见的和不可预见的），一旦灾难突然而至，就能启动预警机制和救灾系统，将灾难控制在最小范围内，消除在初发状态中。

（2）建立城市轨道交通设施设备日常安全维护制度

保持城市轨道交通系统长周期的正常运行，要求对各类设施设备及时维护保养，以减少随机故障的影响。从防灾、抗灾的角度来讲，日常安全维护制度还要确保站内设备的完备性，灭火装置的充分性及可用性。

3. 定期开展隐患排查工作

隐患时时产生、形式多样、复杂多变，排查治理工作长期而艰巨，必须形成隐患排查治理规范化、制度化、责任化制度，建立考核奖惩机制，依法强化运营单位主体责任。建立隐患排查治理长效运行机制，规范各项工作制度，采取自查、聘用专家检查和仪器检验检测等多种形式，不断发现隐患、深挖隐患、消灭隐患、长治久安，这是保持城市轨道交通运营长期安全运行的最有效途径。

坚持运营单位每月、科室每周、班组每日集中排查，岗位时时自查的制度，形成运营单位—科室—班组—岗位的四级安全隐患排查体系。每月定期召开由领导、各单位部门技术负责人参加的安全隐患排查会，各基层科室也坚持每周组织召开有班子成员、技术人员和生产骨干参加的安全隐患排查会，班组利用班后会，都从方方面面认真排查各类安全隐患，保证了对各种安全危险因素的识别和有效控制。

10.1.2　重点监测，制定对策

运营单位应组织对城市轨道交通系统关键部位和关键设备的运行监测工作，并针对重点部位和重大隐患，制订安全运营对策。

1. 通过对关键部位和关键设备的运行监测，找出重大安全隐患

城市轨道交通系统是一个庞大复杂的系统工程，从城市轨道交通事故产生的基本原因来

看，可以归结为人的因素、设备因素、管理因素和环境因素。从其建设施工到正式运营的整个过程中都存在着诸多的安全隐患。例如在运营期间，供电系统、车辆系统、通风排烟系统、排水系统、信号系统、公用和辅助设施等方面都可能会出现故障。

（1）人员因素

在当前各种人—机—环境系统中，人是其中的重要组成部分，也成了安全问题的主要来源。一个掌握足够技能的人能够发现并纠正系统故障，并且使其恢复到正常状态，同样，人的不安全行为也能够造成严重事故。在城市轨道交通运营安全中，人也不例外地起着主导作用。在运营的各个环节与活动中，都需要人参与操作、协调、控制及监督，以及与环境的信息交流。可见，人员因素在城市轨道交通运营安全中占有重要地位。

影响城市轨道交通运营安全的人员主要有两类。一类是从业人员，即工作人员，主要指供电系统、通信系统、信号系统、给水与排水系统、防灾与报警系统、环境与设备监控系统、机车车辆系统、车辆段检修设备系统、自动售检票系统、通风空调与采暖系统等部门的各级领导人员、专职管理人员和基层作业人员，他们是保证运营安全的关键人员。特别是在运营管理第一线的人员，其技术业务水平、心理、身体素质等是确保城市轨道交通安全运营的重要因素。另一类是非从业人员，即社会人员，主要指乘客、轨道交通沿线居民、可能穿越轨道交通线路的机动车以及可能影响到交通运营的其他人员等。

（2）设备因素

城市轨道交通安全运营以设备安全运行为基础，某一个小环节出错可能导致列车运行进入不安全状态，可能造成大面积晚点，严重的可导致事故的发生。而设备的不安全状态可能是危险源本身固有的或是由于设计、制造缺陷所造成，也可能是由于维修、使用不当，或者磨损、老化等原因造成。设备的不安全状态可能直接或间接使约束、限制能量或危险物质的措施失效而发生事故。

（3）环境因素

影响城市轨道交通运营安全的另一个重要因素是环境，良好的环境是城市轨道交通安全运营的基础。不良的环境因素变化是系统发生失控的间接因素。影响轨道交通安全的环境可以分为内部环境和外部环境。

内部环境中的安全要素主要包括照明、温度、噪声、振动、湿度和通风等。通风不畅、隧道散热不良等原因导致温度过高，不但会令乘客和工作人员感到不适，更有可能造成电气设备、线路绝缘性能下降，造成电气设备短路引起火灾。

需要强调的是人们通常对于一些自然灾害会引发城市轨道交通灾害存在认识误区，其实自然灾害会对城市轨道交通安全运营造成影响，并引发次生灾害，从而造成更大的危险。

（4）管理因素

管理不到位是轨道交通事故发生的根源，管理是指通过计划、组织、领导、控制等手段，结合人力、物力、财力、信息等资源，以达到组织目标的过程。管理可以调节操作人员和管理规范之间的融合度，使政策、规程、培训和应急预案等社会、技术因素很好地结合起来。一般而言，按照社会可接受的安全水平，可将系统状态分为正常状态、近事故状态或事故状态。系统无论处于哪种状态，均可以将系统状态的数据反馈给管理系统，通过管理改变系统行为，产生不同程度的安全接受水平和系统状态。系统状态数据还可用于改进系统安全管理方法，从而得到更为安全的系统。

安全管理过程中出现的各种失误或不负责任，都会成为安全事故发生的隐患。而管理因素与其他安全隐患同时发生，会使得安全生产事故率进一步加大。事实上，每一次事故的发生都是因为在各个环节上都有疏漏，需要从注重加强设计营运管理方面来做起，降低或减少事故发生可能性，或降低事故的影响程度和危害性。此外，线路设计不当，施工不符合规范，维修违反操作程序等等都会给以后的通车运营埋下安全隐患。

2. 针对重点部位和重大隐患，制订安全运营对策

城市轨道交通作为重要的公共交通工具，一旦发生安全事故，必将对城市的生产、生活产生重大的社会影响。因此，保证城市轨道交通的运营安全是城市轨道交通运营单位的首要任务和职责。为确保城市轨道交通的运营安全，应着重做好以下几方面工作：

(1)建立健全城市轨道交通法规体系及安全管理体系

做好城市轨道交通的立法工作，做到有法可依，并制订一系列配套的具体法规。建立一个包括安全管理的机构、制度、责任、设施、岗位职责、人员配置、资金的投入和使用等一系列严密的管理体系。针对当前新形势下安全生产工作中出现的新情况、新问题，转变思想观念，不断探索研究、总结完善，努力在安全生产管理手段、办法和措施上进行创新，充分运用现代化的新技术、新手段，特别是充分运用和发挥网络信息技术、高科技技术等手段，使安全生产工作更加科学化、规范化、严格化，不断提高运营安全管理水平，不断完善城市轨道交通运营管理技术标准体系，依照国家有关法律法规、规范和标准，结合我国城市轨道交通发展的实际情况，健全城市轨道交通运营管理技术政策和标准体系，促进城市轨道交通运营管理标准化、规范化、制度化。

此外，还需要从轨道交通公共安全层面上进行立法。从法律上明确：轨道交通安全的主体、客体及其权利和义务，从法律层面明确轨道交通突发事故的适用范围，明确轨道交通突发事故处置的组织架构、处置依据；应急预案的制定和发布、修改和实施；以及轨道交通突发事故的预警、处置、救援、善后和赔偿的程序和手段。从法律的高度去明确，轨道交通安全知识教育和培训、定期或者不定期应急演练制度，以及涉及轨道安全的信息披露和发布的时间、时效等内容，为有效应对轨道交通安全提供全面的法律保障。

(2)做好城市轨道交通重点单位、重要部位的安全防范工作

加强对重点单位、重点部位人员的管理和安全教育，建立安全防范制度、岗位责任制度和检查制度，切实制订和落实相应的安全防范措施。加强业内外的监督检查，全面督促安全工作的落实到位。进一步加强安全监管，强化依法监督检查。定期组织全国城市轨道交通运营安全生产督查，对城市轨道交通运营各方主体，加强实施安全生产管理技术规范标准以及安全生产管理措施贯彻执行情况的监督管理。建立全国城市轨道交通运营安全联络员制度，利用信息技术搭建信息共享、网络指挥的平台，定期组织全国城市轨道交通运营安全管理座谈会，总结工作，分析形势，交流经验。同时通过坚持开展不同层面的安全检查，采取定期、不定期、季节性及节假日前、专业与综合检查等多种形式，突出重点，讲究实效，以有效消除隐患，防止事故发生。

(3)健全和落实确保城市轨道交通安全运营的各项技术措施

应加大对城市轨道交通安全运营的监测、预警、预防和应急处置技术研发的投入，不断改进技术装备，建立健全城市轨道交通安全应急技术平台。成熟的预警响应机制是直接减少灾害损失的有效手段之一，例如我国香港地区建立的"风球制度"就是典型代表。建立全市统

一的预警发布平台：按照"分类管理、各司其职、统一平台、规范发布、信息共享、加强联动"的原则，做好轨道交通安全预警信息统一发布工作。同时建立高效有序的预警响应机制，提高快速响应能力，确保预警信息一经审批程序发布后即具有相应效力。完善预警响应的配套措施：如可由市教育主管部门和人力资源社会保障部门在各级各类学校、企业和政府部门以及广大市民群众中开展轨道交通安全预警信号的指引的培训和学习活动，自动有序地采取各项避险措施。

（4）建立应急救援体系，增强应急处置能力

城市轨道交通突发事件是指在城市轨道交通区域（包括车站、列车内和区间线路）突发火灾、水灾、爆炸、毒品（气）释放或泄漏、大客流爆满或停电造成险情、车辆脱轨和道床伤亡等事件。根据国内外城市轨道交通运营救援抢险的经验和突发事件的特点，建立健全应急救援体系，视灾情的种类和程度，分类制订相应的应急预案，并组织开展应急演练，以检验各类应急预案的可操作性和有效性。演练可采取有计划的桌面演练、实作仿真演练、实操演练，还可采取突击性演练，在实施者完全不知情的前提下，设置虚拟设备故障或虚拟行车事故，以检验员工的应急应变处置能力。

（5）构建群防群治的轨道交通安全体系，形成社会共同参与的格局

健全发挥群防群治机制在防范轨道交通安全事故中的突出作用。研究采取有利于发动群众共同参与的行政、经济性的手段，研究制订一些有利于提高群防群治实效的措施。如建立轨道交通安全风险隐患举报奖励制度，发挥社会力量"啄木鸟"作用，广泛发动，全民开展轨道风险隐患排查，实现轨道交通突发事件预防的关口前移。

此外，积极引导社会组织参与。借鉴日本和我国香港等经验，建立健全居民自主防灾组织，依托这些组织开展经常性的防灾训练、巡逻等活动，在发生灾害时承担居民引导、信息传递、伤员救助等任务。同时，以政府购买社会服务、征召企业服务、公益招投标等形式，推动包括社会团体、行业组织、中介机构、志愿者队伍等在内的各种社会组织参加应急管理，提高它们在常态预防和应急处置中的协同能力。发挥保险对财政投入的放大效应：探索建立政府为主导，商业保险公司、投保人共同参与的轨道交通安全风险保险制度，发展保险业在提供风险管理服务方面的作用；重视保险业在实现轨道安全多元化方面的作用；发挥保险机构对投保主体风险防范的事前督促检查作用，满足事后快速恢复生产生活等需要。

10.1.3　全面排查，落实情况

1. 全面落实安全隐患排查情况

安全隐患排查内容应至少包括安全生产责任制落实情况、试运营基本条件执行情况、运营安全保障情况、设备质量保证情况、规章制度健全和落实情况和安全教育培训情况等。

此外，还应对以下情况进行排查落实。包括：贯彻落实领导干部会议精神情况，检查是否及时召开专题会议进行传达，排查整改出的重点问题和下步排查整改措施；动态管理情况，检查是否建立排查整改台账；排查覆盖情况，检查是否做到横向到边、纵向到底，不留死角，不留盲区；整改落实情况，检查是否对发现的隐患问题及时整改，短时间难以整改的是否采取关停措施，对不稳定因素是否采取领导包案化解措施；长效机制建立情况，检查是否建立周例会制度、排查整改制度，是否制定防范措施、应急预案等；责任落实情况，检查是否落实责任单位、检查人员、整改责任人和整改措施、时限等。

2. 隐患排查治理注重"软隐患"，不能遗漏

"硬隐患"具有一定的客观性和相对的固定性，是静态的，容易被发现。它的治理一般需要投入一定的人力物力，治理成本较大，治理时间较长。"软隐患"具有一定的主观性、随意性和隐蔽性，是一种动态的隐患。它的治理相比"硬隐患"，投入的人力物力较少，治理成本也较低，但"软隐患"的治理时间较长，不易根除，复发性较高，这主要与人员的安全意识及安全操作技能有关。

"硬隐患"和"软隐患"在造成事故的后果上，没有轻重之分，均可能导致各种不同程度的事故发生。事故隐患用辩证的观点看无大小，再小的隐患也有可能导致很严重的事故发生。但在日常安全管理过程中，人们往往重视"硬隐患"而忽视"软隐患"，这是安全管理上的一个误区。落实到安全隐患排查治理行动中，同样有"软、硬"和轻重之分。因此，为了更好地做好安全隐患排查治理工作，切实发挥隐患排查治理对安全生产的促进作用，在隐患排查治理实际工作中，要"软硬兼施"、齐查共治。

"软隐患"因其具有主观性、随意性和隐蔽性等特点，且处于动态中，因此运营单位之外的外部力量很难对其施行有效监管，只有充分发挥运营单位的安全管理主体责任，依靠自身的有效管理，真正落实隐患排查治理的自查责任，才可能从根本上消除"软隐患"。在排查治理"软隐患"工作中，一是要建立健全安全生产责任制、安全管理制度，并切实落实。制度的作用关键体现在落实上，落实不了的制度形同虚设，是一纸空文，因此运营单位要在制度的落实上动脑筋、见实效；二是加强人员的安全教育和培训，增强人员的安全意识和提高安全操作技能；三是建立强有力的安全管理队伍，加强日常安全管理，杜绝各种"软隐患"的存在和发生。

事故源于隐患，隐患就是事故。安全隐患排查治理是杜绝事故发生、做好安全工作的治本之策。

10.2 排查内容

10.2.1 安全隐患的来源

2011年，"7·23"甬温线铁路追尾事故和"9·27"上海轨道交通10号线追尾事故震惊全国，在国内轨道交通行业引起了对运营安全问题的深刻反思。根据资料研究表明，影响城市轨道交通运营安全的主要因素在于以下诸多方面：

一是来自于运营体系内部的安全隐患。其中主要包括：由于维修原因导致的设备可靠性差，故障多发性强；由于培训原因导致的行车人员在非正常情况下应急处置能力不足；由于管理原因导致的规章制度和应急预案不完善、可操作性不强，以及一线作业工作人员违章违纪现象不能杜绝等。

二是来自规划、设计、施工、设备采购和安装调试等运营开通前工作的隐患。其中主要包括：由于控制投资原因导致的运营设备设施功能缺失；由于不合理工期导致的隧道线路渗漏、沉降和设备安装调试时间过于紧迫；由于招投标程序执行不规范导致采购的服务和设备质量不佳等。

三是来自于政府监管部门对建设和运营监管不力的安全隐患。例如：对于建设单位违反建设程序、建设标准和规范的行为监管不力；对于施工和设备质量验收的把关不严；对于试运营必备安全条件缺少标准和规范等。

四是来自城市轨道交通外部的自然和社会的安全隐患。例如：台风、暴雨、雷击、地震、潮汐等导致的灾害性事故；由于市民、乘客不了解城市轨道交通安全常识造成的事故；恐怖分子的蓄意破坏等。

城市轨道交通关系着社会的进步和发展，其作为城市交通现代化进程的趋势和方向更是有着举足轻重的地位。但由于城市轨道交通系统的复杂性和影响因素的多样性，导致存在众多安全隐患，给人民的生命和财产带来了巨大的威胁，一旦发生事故就会形成比较严重的后果。因此，安全隐患排查管理对于轨道交通的发展具有不可忽视的作用。城市轨道交通运营安全的深入研究和全面评价对降低和避免安全事故有着很大的现实意义和经济效力。总之在当前我国城市轨道交通快速发展阶段，尤其需要强化运营安全第一的理念。

城市轨道交通安全质量隐患存在于城市轨道交通的各施工阶段，根据不同施工阶段的特点，安全质量隐患的特点也不一样，因此，为了便于工程技术人员组织开展隐患排查治理工作，需要建立隐患排查治理工作，需建立隐患排查标准或隐患排查表，以规范隐患排查工作。隐患排查工作可由专业队伍或监理单位第三方排查与施工单位自查相结合的方式，定期或不定期地组织对施工现场隐患进行排查。

10.2.2　排查机制

1. 安全生产责任制

①运营单位与行业主管部门签订的安全生产和服务质量责任书情况。

②运营单位安全生产责任制体系建设和落实情况。

③职工执行作业纪律、劳动纪律和标准化情况。

④安全问题整改、责任追究和考核情况。

2. 试运营基本条件

①已开通线路的试运营评审情况，包括组织流程的规范性和评审意见、报告等相关材料的完整性。

②试运营评审发现安全隐患的整改落实情况。

③拟开通线路的试运营筹备情况。

3. 运营安全保障

①土建设施、车辆、供电、通信、信号以及自动扶梯、屏蔽门、环境与设备监控系统等机电设备的维修保养措施。

②运营线路管理和安全保障措施。

③运输组织、应急处置和应急救援措施。

4. 设备质量保证

车辆、轨道、桥隧、供电、通信、信号、消防、防灾、报警和监控等系统设备是否满足运营安全要求；信号系统设计是否具备故障导向安全功能。

5. 相关法律法规及规章

①法规制度和标准规范执行情况。

②各专业、各岗位规章制度、作业标准、操作流程等建立情况。

6. 安全教育培训

①运营单位的培训需求、培训计划、培训记录以及学员考核记录等档案管理情况。

②列车驾驶员、调度员和车站值班员以及特殊工种人员教育培训及持证上岗情况。

10.3 安全隐患管理

针对我国城市轨道交通安全管理的现状及存在的问题，国家指出了影响城市轨道发展交通的几个重要因素，提出了应加大对工作人员和乘客的安全教育，加强硬件设备的安全系数，完善安全管理法律等方面的措施，加强轨道交通的安全管理。现代文明城市的创建，交通管理是关键。随着现代城市步伐的加快，交通管理滞后问题应引起高度重视，特别是大规模的项目建设搞好后，更要加强管理，采取相应措施。城市道路交通管理规划是城市可持续性发展的前提和基础。

随着我国经济的快速发展，城市轨道交通建设也进入了快速发展的阶段。我国政府高度重视公共交通体系特别是城市轨道交通的发展，明确提出要逐步构建以城市轨道交通为主体的公共综合交通体系，建立安全、便捷可持续发展的城市轨道交通模式，解决城市交通拥堵问题，造福于民众。

但城市轨道交通和其他公共交通相比，虽然具有节能、省地、运量大、全天候、无污染（或少污染）、安全等特点，但城市轨道交通系统一般都处在地下或高架桥上的半封闭空间里，空间狭小，通风照明条件差，人员高度集中，设备高度密集，疏散难度大，一旦发生火灾等突发性事件，将产生巨大的人身和财产损失。正是由于城市轨道交通灾害的特殊性，各国政府都高度重视城市轨道交通安全保障体系的建设，安全已成为轨道交通建设和运营的核心内容。

1. 建立城市轨道交通运营安全管理制度保障

（1）建立安全规章制度和安全责任体系

规章制度是管理工作的基础，建立科学的、完善的、全面的安全生产管理制度，使安全生产有章可循，有法可依，是非常重要的。在地铁开通运营前，建立、健全涵盖运营各个专业、各生产环节的制度和各类操作规程，使各专业的安全管理有章可循，促进运营安全管理制度化、规范化。

（2）建立安全检查和培训制度

加强监督检查机制是抓好运营安全工作的关键。安全检查是对安全工作实施有效管理的一项重要内容。采取定期检查与不定期抽查相结合，综合检查与专项抽查相结合的方式，做到检查前有计划，检查中有记录，检查后有通报，隐患整改有落实。

2. 完善城市轨道交通运营安全管理

城市轨道交通运营安全管理工作关键在于抓好管理，落实好各项规章制度，坚持以安全运营为中心，狠抓运营质量，形成较为完善的安全保障体系和安全管理网络。

（1）加强技术更新和管理创新是抓好运营安全管理工作的重要手段

要针对当前新形势下安全生产工作中出现的新情况、新问题，转变思想观念，不断探索研究、总结完善，努力在安全生产管理手段、办法和措施上进行创新，充分运用现代化的新技术、新手段，特别是充分运用和发挥网络信息技术、高科技技术等手段，使安全生产工作更加科学化、规范化、严格化，不断提高运营安全管理水平。不断完善城市轨道交通运营管理技术标准体系，依照国家有关法律法规、规范和标准，结合我国城市轨道交通发展的实际情况，健全城市轨道交通运营管理技术政策和标准体系，促进城市轨道交通运营管理标准化、规范化、制度化。

（2）建立问责管理机制，完善考核制度，保证安全体系实施到位

完善的安全规章制度是抓好运营安全管理工作的基础，要不断完善现行的管理制度、技术文本、维修规程和作业规范。同时要建立严格的考核制度，进一步加大业务培训的力度，不断提升安全意识和操作技能，定期开展故障处理、业务技能抽查考核，不断提高员工的应急处置技能。

（3）加强业内外的监督检查，全面督促安全工作的落实到位

进一步加强安全监管，强化依法监督检查。定期组织全国城市轨道交通运营安全生产督查，对城市轨道交通运营各方主体，加强实施安全生产管理技术规范标准以及安全生产管理措施贯彻执行情况的监督管理。建立全国城市轨道交通运营安全联络员制度，利用信息技术搭建信息共享、网络指挥的平台，定期组织全国城市轨道交通运营安全管理座谈会，总结工作，分析形势，交流经验。同时通过坚持开展不同层面的安全检查，采取定期、不定期、季节性及节假日前、专业与综合检查等多种形式，突出重点，讲究实效，以有效消除隐患，防止事故发生。

3. 加强对城市轨道交通安全隐患的预防和控制

（1）建立安全交流平台

提高广大乘客安全意识和自救能力是确保运营安全的基石，要充分利用安全生产月等活动，借助不同载体，广泛开展乘客安全宣传、培训活动，力求安全意识深入人心，提高乘客应对突发事件的处置能力，倡导安全文明乘车行为。

（2）建立应急救援体系

根据国内外城市轨道交通运营救援抢险的经验和突发事件的特点，建立健全应急救援体系，视灾情的种类和程度，分类制订相应的应急预案，并组织开展应急演练，以检验各类应急预案的可操作性和有效性，演练可采取有计划的桌面演练、实作仿真演练、实操演练，还可采取突击性演练，在实施者完全不知情的前提下，设置虚拟设备故障或虚拟行车事故，以检验员工的应急应变处置能力。

（3）建立事故处理机制

严肃事故处理，落实责任追究，是推进以目标责任为核心的管理模式的要求。按照事故处理"四不放过"的原则和安全奖惩办法，定因、定性、定责，严厉惩处。通过教育和处罚使员工吸取教训，提高认识，增强岗位意识、责任意识和纪律意识，进一步提高全员安全意识和工作责任心，提升运营企业安全管理水平。

10.3.1　安全隐患管理

从轨道交通安全管理的现状和问题来看，影响城市轨道交通安全的因素主要是人、车辆、线路以及法律等因素。

1. 人的因素

城市轨道交通要以人为本，轨道安全管理也要以人为本。应充分考虑乘客的因素，保障

广大乘客的安全。由于乘客的素质对轨道交通安全有很大的影响，很多事故都是由于乘客没有遵守乘车规则造成的，所以应加强对市民的交通安全意识的教育，减少由于乘客拥挤造成的对轨道交通安全的威胁。另一方面，由于城市轨道交通工作人员疏忽引发事故的比例也较高，而且后果严重。几乎每一起重大事故都与工作人员的失职有关系。据韩国专家和媒体分析，导致大邱地铁灾难的一个重要原因是对工作人员的安全教育工作流于形式，导致了火灾发生后司机的失职行为。因此对工作人员进行法制教育、技术教育、安全教育和职业道德教育是十分必要的，也是非常紧迫的。

2. 车辆因素

在大邱地铁中虽然车站上安装了火灾自动报警设备、自动淋水灭火装置，但是车厢内为了防止触电均没有安装这种装置；此外，车厢虽然使用的是耐燃材料，但在燃烧后会散发大量的有毒气体。因此车辆所使用的阻燃材料是否合格、安全装置是否充足有效，对轨道交通的安全管理起着重要的作用。同时，车辆是否符合运行要求、车辆技术状况的好坏，会直接影响轨道交通的运行安全。

3. 线路因素

轨道交通是一个封闭式的交通系统，线路是该系统的重要组成部分，事故的发生与线路情况有一定的关系。如地面轨道交通平面交叉口的密度较大、区间隧道内的照明条件差、缺少信号标志等都会影响交通安全。

4. 法律因素

在韩国，现行的《消防法》只注重固定建筑和设备，而忽略了交通工具的安全法律政策。同样，在我国现有的轨道交通政策法规中，对安全管理虽有原则的、定性的要求，但缺少具体的管理条文及定量的衡量标准，也缺少有关交通安全管理的法律政策。

10.3.2　风险管理系统

城市轨道交通工程建设的安全风险管理是一项复杂的系统工程，如何科学地预防安全风险，强化源头管理，落实安全责任，加大过程控制，减少安全事故，提高安全水平，是参与轨道交通工程建设所有人员的职责和使命。关于风险的定义，站在不同的角度，对风险的定义就不尽相同。随着城市现代化进程的加快，原有的地面交通已经无法满足人们日益增长的出行要求，城市轨道交通便应运而生。城市轨道交通是一种快捷、安全、舒适的城市公共交通工具，具有其他交通工具无法比拟的优点。但是，城市轨道交通仍然存在着安全隐患，受到世界各国的高度重视。所以，对城市轨道交通进行全面彻底地评价，并及时采取相应的措施来解决其安全问题就显得尤为重要。城市轨道交通运营安全的风险评价是城市轨道交通管理全过程中的一个重要环节，能够起到以评促建的作用，进行科学评价的关键在于建立一套科学合理的评价指标系统以及采用合理的评价方法。论文基于系统安全工程理论，研究国内外城市轨道交通运营安全风险评价体系，并根据城市轨道交通运营的特点和运营标准，比较全面系统地构建城市轨道交通运营安全风险评价指标体系。为了弥补现有城市轨道交通运营安全评价方法的不足，建立以可拓法为核心的城市轨道交通运营安全评价模型。

地铁运营风险管理是指对地铁运营阶段的潜在风险进行界定、辨识、评估、控制和管理的全过程，实现以科学的管理方法控制和处理各种风险，尽可能减轻或消除风险的不利影响，以较低的成本获得较高的地铁运营安全效益。

10.3.3　安全隐患评价制度

建立安全评价制度体系。安全评价的目的是查找、分析和预测城市轨道交通系统存在的危险、有害因素及可能导致的危险、危害后果和程度，提出合理可行的安全对策和措施，指导危险源控制和事故预防，以确保运营安全。按照国家标准《地铁运营安全评价标准》开展运营安全现状评价，建立地铁运营安全监控和评估体系，正确、客观地评价运营安全状况，针对薄弱环节，提出具有安全性、可靠性的改进措施。各级交通运输主管部门要完善政策措施，加强运营监管，严把试运营基本条件关，严格落实运营安全主体责任。要定期开展运营安全评价，对发现的问题，要提出整改意见或处置方案，并督促相关运营单位整改；安全评价不符合运营条件的，要停止运营，经整改合格后方可运营。要强化应急演练和处置，排查安全隐患，预防和减少运营事故。要切实加强组织运输调度，规范运营服务，加强人员管理。要建立信息报告制度，保证信息畅通，发生交通突发事件的，相关运营单位要在第一时间向上级交通运输等部门报告，为人民群众安全便捷出行提供良好服务。

目前城市轨道是很多城市缓解交通问题的首选方案。但近年来全球地铁事故不断发生，我国的北京、上海、广州等城市地铁也先后发生事故，城市轨道交通的安全性受到了人们越来越多的关注。因此，分析城市轨道交通在施工、运营中存在的危险因素，对于防止轨道交通事故的发生、改善运营的安全状况、降低事故损失都具有十分重要的意义。

10.3.4　安全隐患评价

城市轨道交通系统是一个庞大复杂的系统工程，从城市轨道交通事故产生的基本原因来看，可以归结为人员因素、设备因素、管理因素和环境因素。从其建设施工到正式运营的整个过程中都存在着诸多的安全隐患。例如在运营期间，供电系统、车辆系统、通风排烟系统、排水系统、信号系统、公用和辅助设施等方面都可能会出现故障。因此，可以说，城市轨道交通安全指标直接代表了某个或某些因素的影响在数值上的反映。而影响城市轨道交通运营安全的因素在某些条件下，影响程度各有不同。评价城市轨道交通运营风险时，研究的目标或侧重点不同，都会影响对指标的选取。所以，应从众多评价指标中，筛选出那些对评价目标起主要作用、在城市轨道交通运营安全体系中占主要影响地位的指标。

从我国城市轨道交通运营实践来看，车辆自身的损坏和组织管理行为是影响正常运营的两大因素。例如车辆由于长时间运营而产生的故障问题，刚开通的线路，由于系统处于磨合阶段，车辆故障和信号故障较为频繁；客流量巨大、人车冲突和人员侵限等人为因素也会对运营造成很大的影响，对于运营时间长、运营里程较长的线路尤其如此。对于运营时间较长的线路来说，由于客流压力较大，同样会引起车辆故障。

10.3.5　危险源辨识与控制

随着城市化过程的逐渐加速，"十二五"期间城市轨道交通建设将迎来黄金发展期。为做好城市轨道交通运营服务工作，确保运营安全是城市轨道交通运营的职责，建设城市轨道交通运营危险源查找、识别、剖析、评估、管控系统，消除影响地铁运营安全的各个危险源可能带来的不安全性，为城市轨道交通运营安全提供有力保障。

1.危险源识别

①危险源：存在潜在危险性的物质与能量，并可能对人身、财产、环境造成伤害的装备、设施或场所即通指的危险源。从能量开释的角度，危险源可理解为：体系存在的可能产生意外能量释放的危险物质。

②重大危险源：在重大危险源标准（GB 18218—2000）中，将重大危险源定义为长期或常设生产、加工、搬运、应用或储存危险物质，且危险物资的数目即是或超过临界量的单元。单元指一个（套）出产安装、设施或场所，或同属一个工厂的且边沿间隔小于500 m的多少个（套）生产装置、设施或场合。据此可以对城市轨道交通在火灾、水灾、停电、列车出轨/相撞、爆炸、毒物泄露等方面发生的事故进行了分类统计。

依据统计的部分重大轨道交通事故，绘制地铁事故原因分布图，从中可以看出火灾事故是威胁城市轨道交通安全的主要因素，其发生事故量占轨道交通总发事故量的63%左右。

2.城市轨道交通建设及运营过程中的危险因素分析与控制

（1）工程地质等自然条件危险因素

各类不良地质条件，如暗河、古河道；地下人防设施；地下不明障碍物；承压水地层；复杂地貌条件等不良地质条件及施工方法不当，机具配备衬砌强度和工程进度等方面的原因，存在着塌方、异常涌水、有害气体堆积等危险因素。

（2）施工环境保护、管理危险因素

被拆迁建筑的外接管线，特别是电源、燃气等的切断、检查不当引发事故；施工期间临时交通标志、标线没有设置或设置不当；施工人员携带火种、打火机等可引起火灾的物品进入洞内，引起爆炸、火灾等事故；施工机械噪声、振动过大，会妨碍对话，影响信号联络，还会对作业人员造成不适感；长期吸入洞内作业产生的粉尘、内燃机排出废气和烟雾，会引发矽肺病、缺氧症。

（3）电气系统危险有害因素分析

供电系统地铁接触网高压电，一旦发生接触网断线或绝缘子损坏，接触到金属结构物就会使其带电，危及人身安全；由于电气设备损坏和使用不当常有触电伤亡事故发生；变电所、配电室中的电气设备等由于短路、过载、接触不良、散热不良、照明、电热器具安置或使用不当、违章作业等均会引起电气火灾、触电事故；杂散电流会给地铁以外的金属管道、金属结构造成电蚀危害；列车内的高压电器设备的安全防护措施不当，可能引起人员伤亡事故。

（4）车辆系统危险有害因素分析

列车失控发生事故，造成人员伤亡，经济损失；轨道损伤或断裂，导致严重伤亡事故；列车脱轨，造成严重的伤亡事故；由于地铁车门的安全标志不清，造成的机械伤人事故，同时在事故发生后，不利于事故救援，人员疏散；由于地铁列车内的座椅等材料的选择不当，易发生火灾，且产生有毒烟气，加重事故后果。

（5）通风/排烟系统危险有害因素分析

在通风系统管理上的缺陷，会妨碍通风系统的正常工作（如对风亭、风道的行人出入口等方面的管理）。地铁发生火灾，不仅火势蔓延快，而且积聚的高温浓烟很难自然排除，并迅速在地铁隧道、车站内蔓延，给人员疏散和灭火抢险带来困难，严重威胁乘客、地铁职工和抢险救援人员的生命安全，这是造成地铁火灾人员伤亡的最大原因。

（6）给/排水系统危险有害因素分析

给、排水管道的防腐，绝缘效果不佳发生泄漏现象；隧道内排水系统不完善，隧道防水设计等级过低，导致涝灾或地表水侵入；地面车站的地坪高度低于洪水设防要求；排水系统设置不完善，污水乱排以及污水、垃圾排入地铁隧道等会影响地铁环境卫生。

（7）通信/信号系统危险有害因素分析

通信系统的电源发生故障或通信设备本身发生故障等问题时，不能保证各种行车信息及控制信息不间断地可靠传输，从而引起事故的发生。

（8）公用工程及辅助设施危险有害因素分析

站台上乘客过多产生拥挤，可能会使乘客跌入轨道区而造成人身伤亡事故；在自动扶梯运行中，可能发生梯级下陷、驱动链断裂、梯级下滑、扶手带断裂等故障，对乘客造成伤害；车站地面材料不防滑或防滑效果不明显存在安全事故隐患；地下车站站厅乘客疏散区、站台及疏散通道内及与地铁相连开发的地下商业等公共场所存在发生火灾的危险，且易发生联锁火灾事故；车站内的建筑物装修材料选用不当，会发生火灾，且产生有毒烟气，加重事故后果；乘客无视地铁运营安全管理的要求，擅自携带易燃易爆、有毒危险物品乘车，造成各种潜在事故隐患；车辆段蓄电池间、检修间等车间易产生有毒气体，吹扫库在吹扫车底工作时产生大量粉尘，对工作人员健康造成影响。

（9）自然灾害危险性分析

①台风。根据国内外地铁事故（例如台湾地铁受纳莉台风影响所造成的损失）的分析表明，台风对沿海城市的轨道交通特别是高架桥部分有一定的影响，且其破坏程度较高。因此，在受台风威胁的地区建设的轨道交通工程，其工程设计及施工过程中应加强对台风危害的防范。

②水灾。地铁工程的车站和隧道大都处于地面标高以下，一方面受到洪涝灾害积水回灌危害，另一方面受到岩土介质中地下水渗透浸泡危害。地下水或地表水进入地铁车站和隧道内，可以使装修材料霉变，电气线路、通信、信号元件受潮浸水损坏失灵，造成工程事故。地下水积存，使地铁内部潮湿度增加，使进入车站的乘客感到胸闷，不舒适。

③地震。地下铁道的车站和隧道包围在围岩介质中，地震发生时地下构筑物随围岩一起运动，与地面结构不同，围岩介质的嵌固改变了地下构筑物动力特征。一般认为地震对地下结构影响较小。但 1995 年阪神地震后，人们才改变以往看法，承认地下结构存在地震破坏的可能性。

发展城市轨道交通对促进城市的建设和经济发展，提高市民的生活水平和改善城市的环境具有重大的意义。轨道交通作为城市重要的公共交通工具，其安全性直接关系到广大乘客的生命安全。城市轨道的安全建设、安全运营，是其运输的首要目标和基本原则。

城市轨道交通系统是一个庞大复杂的系统工程，从其建设施工到正式运营的各个环节存在着诸多的危险因素。城市轨道交通安全评价是一个复杂的值得探讨的永恒课题，只有不断发现问题，并针对问题提出解决办法，才能实现交通安全、快捷和畅通。

10.3.6　职业危害与职业病

城市轨道交通工具如高铁在经过隧道时，列车受到的气压会发生变化，"长期下来可能对人体免疫能力、神经功能造成影响。每个职业都有职业病。列车司机会因为不正确的驾车姿势出现各类由驾车引起的疾病。

随着我国铁路事业的快速发展，列车司机的作业性质转化为以脑力劳动为主的复杂劳动作业。这一特殊职业群体，既要面对大众健康问题的挑战，同时在工作环境中他们还要承受危险有害因素和职业紧张因素的威胁。劳动强度、职业紧张程度和心理压力的日益增加，不同程度地影响着这个群体应激损伤的发生。职业紧张引起的多种相关疾病不仅严重影响他们的身心健康，而且明显降低工作效率。因此，对火车司机进行职业应激损伤的预防和健康监护尤为重要。司机职业紧张应激源是指在职业环境中客观或认知上的要求与个体适应能力之间失衡时所产生的身心紧张状态及其反应。当工作或工作有关的要求超过了劳动者的应变能力时，个体特征与环境之间相互作用即出现机体心理、生理功能的异常改变。司机职业性质和任务特征的特殊性，决定了这个群体长期在不良应激因素刺激下作业，容易发生心理、生理等方面的职业应激损伤。有调查显示机车司机与其他员工群体应激源9种因素均值差异有统计学意义，机车司机的应激源9种因素均值显著高于其他员工，工作特征这一应激源因素差异尤为显著。

10.4　建立隐患管理长效机制

10.4.1　组织机构及管理模式

在国家交通安全管理局安全质量委员会的领导下，安全质量监察总部监督，各部门、各单位按照职责分工，监理单位和施工单位全面参与，开展全员的安全隐患管理工作。

10.4.2　完善隐患管理体系

针对隐患管理的长期性、复杂性、反复性等特点，从建立长效机制着眼，分别建立《轨道交通质量安全隐患排查管理》《轨道交通质量安全隐患统计报告和分析制度》等。在完善管理体制，强化主体责任落实，进一步理顺和细化安全责任委员会以及主管部门、相关部门在安全质量管理方面的具体责任。把规范隐患和危险源的排查、辨识、分类、分级、评价、登记、上报、统计、检查、整改、责任、监控、考核等全部纳入严格健全的制度规范范围，做到以制度促排查、以制度保治理，努力实现隐患管理工作的规范化、制度化、经常化和重大危险源监管控制的科学化。

10.4.3　制订科学严谨的排查隐患标准

1. 制订隐患排查标准

隐患排查与治理工作要有章可循、有据可依。为便于工程建设隐患的分类分级管理，应该将工程建设隐患排查工作规范化、标准化，指导参建单位进行排查隐患工作，杜绝和减少重大隐患，编写"轨道交通质量安全隐患分级表"。对工程安全质量隐患进行分级管理，根据隐患产生后果的严重程度及社会影响程度，将隐患分为四级。隐患排查表包括明挖法施工、盾构法施工、矿山法施工、施工材料、施工机具、施工用电等多个项目。

2. 开展隐患管理综合评估

安全质量隐患综合评估是对轨道工程建设安全质量形势的分析和研判，各大城市地铁运营公司应严格执行施工单位、监理单位自评估与建设公司委托专家评估相结合的制度，依据评估结果对轨道工程安全质量以及参建单位开展差别化管理。

10.4.4 加大安全质量隐患排查与治理力度

委托专业队伍制订安全质量隐患评估标准，开展安全质量隐患评估活动，定期编制全网安全质量隐患管理工作报告，定期召开轨道工程建设安全隐患管理工作例会，对重大安全质量隐患处理，按计划分重点、分专业实施轨道交通建设日常安全质量隐患排查、跟踪，对治理情况进行监督。

建立领导带队检查常态化，季节性、综合性检查制度化，专项治理活动标准化机制。特别是每季度开展安全质量综合检查活动，聘请专家、制订检查标准、着重抓好安全审批、工程质量验收、技术方案互检等 8 项制度的落实。针对夜间管理松懈现象，建立夜间排查制度。

建立以安全生产责任制为核心的安全管理规章制度是安全生产管理的依据和前提，安全生产责任系统的建立体现了全面安全管理的思想。岗位安全生产责任制作为其实施细则，是保证各级安全生产责任制具体落实到人的措施。安全责任制按照管理层次的不同、分工不同，在每个岗位上都应该有一个明确的安全责任。通过建立不同的安全管理保障制度，确保城市轨道交通安全问题。

10.4.5 建立功能完善的隐患管理信息平台

公司按照"统筹规划、统一标准、资源共享、讲求实效"的基本原则，积极探索利用信息化手段促进安全质量隐患管理，将隐患管理信息化建设作为公司安全质量体系建设的重要组成部分和核心载体。同时，将"综合信息、隐患排查、隐患评估、危险源管理、隐患态势分析、隐患统计、工程隐患管理报告、质量安全培训、隐患治理、事故预警"等工作转移到网络平台。

10.4.6 建立体系运行考核机制

建立监督考核机制，注重整改落实。为使隐患管理工作达到实效，可采取多种方式推动责任落实。

1. 加大监督检查力度

为督促各参建单位将隐患排查与治理工作落到实处，委托专业机构分重点、分专业对施工现场进行动态的安全责任质量隐患排查、评估，对治理情况进行跟踪、监督，公司领导、安质总部和项目公司安质部定期或不定期到现场检查。

2. 加强学习和交流

建立施工、建立单位约谈制度，对隐患排查和治理工作开展不力的单位主要负责人约见谈话，约谈形成记录，并进行存档；建立交流工作机制，通过采取座谈会、现场观摩等方式，定期组织不同标段的施工与监理单位开展事故隐患排查的交流学习工作。

3. 建立激励与处罚机制

对隐患排查工作综合考评前两名的施工单位和监理单位，给予所在标段的项目经理和总监工程师奖励；对在安全质量隐患管理工作中发挥关键作用、贡献突出、避免重大安全质量事故的单位，给予通报表扬和奖励。

10.4.7 实施效果评价

(1)完善了隐患管理体系和配套制度，奠定了安全质量管理工作步入科学化、规范化、精细化管理的基础，取得事故防范和安全生产工作的主动权。

(2)制订了科学、客观的安全质量隐患排查与评估标准，明确了参建各方隐患排查、分析、处置及消除的工作程序，保证安全质量管理工作的时效性和闭合性。

(3)依托隐患管理平台及强大的综合动态数据库，为掌握安全质量管理轨迹，分析、预测、研判和掌控生产态势提供了科学依据。利用掌上电脑，随时掌握隐患排查治理情况，节省了人力、物力和时间成本，大大提高了效率。

(4)提高了参建单位自查自报隐患的自觉性和主动性，提供了主体责任落实到实处的有力抓手和有效措施。

10.5 加强轨道交通安全隐患排查的措施和手段

10.5.1 建立政府部门安全管理制度

(1)城市政府是否编制了城市轨道交通应急预案并定期组织演练，是否制订了城市轨道交通大客流引导、平衡措施和方案。

(2)《国务院关于城市优先发展公共交通的指导意见》(国发〔2012〕64号)和交通运输部《关于加强城市轨道交通运营管理的通知》(交运发〔2011〕236号)下发后，新开通城市轨道交通线路是否按要求开展试运营基本条件评审：①是否委托第三方专业机构进行；②组织程序是否规范；③安全隐患是否落实整改；④是否存在未达到条件载客运营的情况。

(3)是否按照国务院和交通部有关文件要求对已开通运营的城市轨道交通线路定期组织运营安全评估：①是否委托第三方专业机构进行；②组织程序是否规范；③安全隐患是否落实整改；④是否有存在运营安全隐患继续运营的情况。

(4)城市政府相关部门是否设立了城市轨道交通安全保护区管理制度，是否开展监管工作。

(5)城市政府相关部门是否建立运营信息报告制度、突发事件信息报送制度和事故调查处理制度。

(6)省、市交通运输主管部门是否有部门或者机构专门负责城市轨道交通运营和安全管理工作，是否组织推进城市轨道交通运营企业安全生产标准化建设工作。

10.5.2 建立运营企业安全管理保障

城市轨道交通运营企业要对照《城市轨道交通运营管理规范》(GB/T 30012—2013)、《城市轨道交通试运营基本条件》(GB/T 30013—2013)和《城市轨道交通安全防范系统技术要求》(GB/T 26718—2011)等标准，深入开展运营安全隐患排查治理专项活动(排查明细见附件)。重点排查以下方面：

①安全生产管理。包括安全生产管理机构设置、人员配备情况，安全生产责任制建设和落实情况，安全生产管理制度建设和落实情况，安全生产目标管理情况，安全生产经费投入

情况,安全生产检查、安全隐患管理情况,运营企业承担安全责任情况,开展安全生产标准化建设情况。

②行车组织管理。包括列车运行调度、车站行车组织、车辆基地行车组织、列车驾驶等情况。

③客运组织管理。包括客运组织管理、客运组织服务、向乘客宣传安全乘运知识和要求等情况。

④车辆及车辆基地管理。包括车辆运用与维护、车辆基地管理等情况。

⑤设备系统管理。包括供电、通信、信号、通风空调与采暖、给排水系统、环境与设备监控系统、自动售检票系统、电梯和自动扶梯、屏蔽门(安全门)等系统的安全设计和功能使用情况,以及安全运营状态和维检修情况;火灾自动报警系统、自动灭火系统、消火栓系统、防排烟和事故通风系统、安全疏散等消防设施、灭火器的配置、检测和维修保养及功能使用情况;对报警、逃生、防汛、防爆、防护监视、救援等器材、设施的设置和检查、维护、更新情况;安全、消防、疏散导向等标志的设置和使用情况;对乘客携带物品的安全检查设施的设置及使用情况。

⑥土建设施管理。包括轨道工程、路基工程、线路附属工程以及隧道、桥梁、车站建筑的监测和养护管理等情况。

⑦人员管理。包括运营企业主要负责人、安全生产管理人员、特殊工种人员持证上岗,职业教育培训、全员培训和专业技能培训等情况。

⑧应急管理。包括应急队伍建设和应急装备配备,应急预案管理,应急演练,大客流应急管理,突发事件信息报送等情况。

⑨公共安全防范管理。包括安全防控体系和机制建设,安全防范设施、装备配备,安全防范制度和培训、演练,安全宣传等情况。

⑩消防安全管理。包括落实消防安全责任制情况,确定消防安全管理人并明确消防工作职责情况,制订和落实消防安全制度、消防安全操作规程情况,组织消防安全宣传教育培训情况,制订灭火和应急疏散预案情况,组织防火检查、巡查和发现、整改火灾隐患情况,组织灭火和应急疏散演练情况,保障疏散通道、安全出口、消防车通道畅通情况,防火防烟分区符合消防技术标准情况。

10.5.3　建立城市轨道交通运营安全管理制度保障

(1)建立安全规章制度和安全责任体系

规章制度是管理工作的基础,建立科学的、完善的、全面的安全生产管理制度,使安全生产有章可循、有法可依,是非常重要的。在地铁开通运营前,建立、健全涵盖运营各个专业、各生产环节的制度和各类操作规程,使各专业的安全管理有章可循,促进运营安全管理制度化、规范化。

(2)建立安全检查和培训制度

加强监督检查机制是抓好运营安全工作的关键。安全检查是对安全工作实施有效管理的一项重要内容。采取定期检查与不定期抽查相结合,综合检查与专项抽查相结合的方式,做到检查前有计划,检查中有记录,检查后有通报,隐患整改有落实。

(3)建立安全评价制度体系

安全评价的目的是查找、分析和预测城市轨道交通系统存在的危险、有害因素及可能导致的危险、危害后果和程度，提出合理可行的安全对策和措施，指导危险源控制和事故预防，以确保运营安全。按照国家标准《地铁运营安全评价标准》，开展运营安全现状评价，建立地铁运营安全监控和评估体系，正确、客观地评价运营安全状况，针对薄弱环节，提出具有安全性、可靠性的改进措施。

10.5.4 完善城市轨道交通运营安全管理

城市轨道交通运营安全管理工作关键在于抓好管理，落实好各项规章制度，坚持以安全运营为中心，狠抓运营质量，形成较为完善的安全保障体系和安全管理网络。

①加强技术更新和管理创新是抓好运营安全管理工作的重要手段。要针对当前新形势下安全生产工作中出现的新情况、新问题，转变思想观念，不断探索研究、总结完善，努力在安全生产管理手段、办法和措施上进行创新，充分运用现代化的新技术、新手段，特别是充分运用和发挥网络信息技术、高科技技术等手段，使安全生产工作更加科学化、规范化、严格化，不断提高运营安全管理水平。不断完善城市轨道交通运营管理技术标准体系，依照国家有关法律法规、规范和标准，结合我国城市轨道交通发展的实际情况，健全城市轨道交通运营管理技术政策和标准体系，促进城市轨道交通运营管理标准化、规范化、制度化。

②建立问责管理机制，完善考核制度，保证安全体系实施到位。完善的安全规章制度是抓好运营安全管理工作的基础，要不断完善现行的管理制度、技术文本、维修规程和作业规范。同时要建立严格的考核制度，进一步加大业务培训的力度，不断提升安全意识和操作技能，定期开展故障处理、业务技能抽查考核，不断提高员工的应急处置技能。

③加强业内外的监督检查，全面督促安全工作的落实到位。进一步加强安全监管，强化依法监督检查。定期组织全国城市轨道交通运营安全生产督查，对城市轨道交通运营各方主体，加强实施安全生产管理技术规范标准以及安全生产管理措施贯彻执行情况的监督管理。建立全国城市轨道交通运营安全联络员制度，利用信息技术搭建信息共享、网络指挥的平台，定期组织全国城市轨道交通运营安全管理座谈会，总结工作，分析形势，交流经验。同时通过坚持开展不同层面的安全检查，采取定期、不定期、季节性及节假日前、专业与综合检查等多种形式，突出重点，讲究实效，以有效消除隐患，防止事故发生。

10.5.5 加强对城市轨道交通安全隐患的预防和控制

（1）建立安全交流平台

提高广大乘客安全意识和自救能力是确保运营安全的基石，要充分利用安全生产月等活动，借助不同载体，广泛开展乘客安全宣传、培训活动，力求安全意识深入人心，提高乘客应对突发事件的处置能力，倡导安全文明乘车行为。

（2）建立应急救援体系

根据国内外城市轨道交通运营救援抢险的经验和突发事件的特点，建立健全应急救援体系，视灾情的种类和程度，分类制订相应的应急预案，并组织开展应急演练，以检验各类应急预案的可操作性和有效性，演练可采取有计划的桌面演练、实作仿真演练、实操演练，还可采取突击性演练，在实施者完全不知情的前提下，设置虚拟设备故障或虚拟行车事故，以检验员工的应急应变处置能力。

（3）建立事故处理机制

严肃事故处理，落实责任追究，是推进以目标责任为核心的管理模式的要求。按照事故处理"四不放过"的原则和安全奖惩办法，定因、定性、定责，严厉惩处。通过教育和处罚使员工吸取教训，提高认识，增强岗位意识、责任意识和纪律意识，进一步提高全员安全意识和工作责任心，提升运营企业安全管理水平。

10.5.6　加大对工作人员和乘客的安全教育

作为轨道交通的运营者和使用者，轨道交通的员工和乘客都会对轨道交通的安全运营产生影响。首先，作为轨道交通的管理者，应建立和完善设备运行状况计量检测体系，确保设备运作的安全度；制订突发事故应急预案，增强突发性事件的应急处置能力；给职工营造一个良好舒适的工作环境，并结合人体疲劳周期合理安排工作时间；应经常对司乘人员进行安全知识培训和教育，使工作人员掌握危险时保护乘客减少伤害的技能，在发生事故时能及时地组织乘客疏散。其次，作为乘客，应该增加有关安全、文明使用轨道交通的知识。例如，在车厢内发生意外事故时，处于第一现场的乘客应该及时阻止事故的恶化；在事故发生后应听从地铁广播和工作人员指挥，紧张有序地离开事故现场；平时应多注意站厅站台上的各种安全标志。

10.5.7　加强硬件设备的安全防范措施

从设备角度考虑，可以增强机械设备的安全系数。比如采用先进的阻燃材料、使用安全屏蔽门以减少因为拥挤而失足落下站台的危险、采用防滑花岗石防止因滑倒而导致的事故、增加车站和列车上的安全监测和预防设施等。

10.5.8　完善安全管理法律政策，强化安全管理力度

从政府角度看，有关主管部门必须规范轨道交通安全管理标准，强化安全管理力度，并相应出台一套行之有效的安全管理法律，建立完整的交通法规体系，制订关于地铁运营和防灾的综合安全对策，使轨道交通的安全监管工作真正做到有章可循、有法可依。通过加强安全管理工作，使整个轨道交通运营体系的安全服务上升到一个新的水平。

轨道交通安全管理体系的建立是一项复杂的系统工程，安全问题也是关系国计民生的大事。虽然近些年来我国轨道交通的安全管理问题得到有效的解决，但是仍然存在不少缺陷，需要相关部门的重视和大力支持。

═══════════════ 重点与难点 ═══════════════

重点：（1）明确安全隐患排查的基本要求是建章立制、定期排查、重点监测、制定对策、全面排查、落实情况。（2）在制定对策时要针对不同的因素包括人员因素、设备因素、管理因素和环境因素来分别有针对性地立制。（3）排查需要具有针对性，包括责任归属、运营条件、运营安全保障、设备质量、法律法规、安全教育等。（4）预防治理安全隐患的过程可以通过建立制度保障、完善运营管理、加强预防和控制等手段来实现。（5）合理有效的安全评价体系是安全隐患排查的保障。（6）建立隐患管理长效机制，制订隐患排查标准，加大排查治

理力度，建立管理信息平台和考核机制。(7)加强轨道交通安全隐患排查的措施和手段，包括建立管理制度、管理保障、加强预防、加大教育力度等。

难点：(1)如何在制定对策时针对不同的因素包括人员因素、设备因素、管理因素和环境因素来分别立制。(2)掌握隐患排查的内容以及具体的一些安全隐患管理措施方法。(3)对不同的危险源进行准确合理地辨识和控制，并且预防职业危害与职业病。(4)如何建立有效的隐患管理制度并进行合理的评价。(5)如何加强轨道交通安全隐患排查。

思考与练习

1. 简述城市轨道交通安全隐患排查基本要求。
2. 简述城市轨道交通安全隐患排查内容。
3. 为什么说车辆自身损坏和组织管理行为是影响正常运营的两大因素？

第 11 章
社区服务和对外宣传

　　随着城市经济的飞速发展和城市化水平的不断提高，社区服务已经成为社会服务中至关重要的环节。人们对于社区服务有越来越多的要求和期望。城市轨道交通模式下的社区服务主张通过城市轨道交通的强大优势来提高地铁口附近社区的服务水平，从而创建更加和谐完善的地铁社区，并且从长远角度来给城市轨道交通企业创造经济效益。

　　城市里的人们生活在不同的区域，这些不同的区域则形成了各式各样的社区。因此，城市轨道交通在实现全面的社区功能中发挥着十分重要的作用，它不仅能够改善居民的日常生活，还与社区互相影响，相互促进。城市轨道交通在一定程度上会影响社区周围的土地使用格局，社区居民出行需求也会影响城市轨道交通站点的设置。城市中的各个功能是相辅相成、缺一不可的。因此，从宏观角度来看，不同社区土地的利用需结合当前城市的可利用空间与未来城市的发展目标来进行。

　　更深入的研究表明，由于居住地的差异而将城市居民划分在不同的社区。人们潜意识里都是以"家"为核心，他们的日常生活都是围绕其展开。"家"是居民每天生活的起点和终点。社区的土地利用和分区规划需要从人们的需求和未来社区的发展趋势来考虑。通常将社区规划分为五类：学习、上班、生活、社区文化设施和社区休闲娱乐设施，并调查分析各个分区与居住区之间的距离与联系。社区的公共设施一般分为以下几类：必需社区设施（便利店、公交站、停车场）、休闲娱乐社区设施（公园、绿地、娱乐区）、社区公共服务设施（婴幼儿护理中心、养老院、青年活动中心、医疗机构）、社区消防安全设施（消防队、公安局）、社区基础教育设施（幼儿园、小学、中学）、社区居民出行基础设施（步行通道、给排水系统）。要想建立一个完善的居民社区，必须以居民的需求为出发点，配套健全有效的公共交通运输设施，将各个交通站点进行衔接，在公交站点沿线土地上建立满足居民需要的居住、商业、娱乐、生活设施。并且，在社区内提倡环保型的出行方式，让人们更多地选择公共交通工具。

　　城市轨道交通模式下的社区服务核心部分就是要满足社区居民的需求，给社区内的弱势群体提供帮助。这部分可以针对学龄少年、老年人、下岗人员等分开进行阐述。在城市轨道交通企业和社区居委会的共同努力下为社区居民提供更优质的社区服务，并且建立出一个完善的社区服务体系。让城市轨道交通真正融入到社区居民的生活里。

　　选择城市轨道交通模式下的社区服务作为研究对象不仅因为城市轨道交通是目前盛行的公共交通系统，它更是社区开发和城市空间发展的重要组成部分。城市轨道交通可以将分开的居住区、工作区、商业区联系在一起，让居民实现由居住地到达工作地和商业用地的快速转移，形成"居住区、商业区、娱乐区"的分区格局。城市轨道交通自身的凝聚力促进沿线开发更多的商业用地，带动当地经济增长，改变城市空间格局。因此，越来越多的城市意识到城市轨道交通对于带动当地经济的巨大作用，开始大力建设城市轨道交通，希望通过这项举动带动当地经济发展、促进城市土地开发，给当地经济注入新的活力。所以，城市轨道交通模式下的社区服务对于提高土地使用效率，带动沿线社区建设并形成满足居民需求的理想社区有十分重要的意义。

11.1   城市轨道交通模式下的社区服务要求

城市轨道交通将给居民提供各种各样的服务，而居民对于其提供的服务种类也有自己的要求。城市轨道交通提供的服务则必须满足大部分居民对其提出的要求，同时还需结合各个地铁口的地理位置、地铁企业的运营情况等因素去定制具体的社区服务要求。

1. 地铁口的定位要求

对社区的居民来说，地铁口位置的选择是很重要的。首先，对于需要乘坐地铁去工作的居民来说，这个地铁口不能离他们的居住区太远；再者，对于想去绿地、广场的居民，他们希望把地铁口与其之间的步行时间控制在一定范围内；最后，对于习惯快节奏生活的企业人员来说，他们的理想状态是从地铁口步行至单位或写字楼。

综上所述，对于地铁口的定位的要求主要有：①靠近社区居住区；②靠近商业区；③靠近社区娱乐休闲区。

以武汉地铁 2 号线洪山广场站为例，这里靠近武汉市武昌区著名的中南商圈，人流量大，商场密集。每天地铁 2 号线都需要往这里输送大量的客流，不仅带动中南商圈的发展，也促进了该地区经济的增长。同时在洪山广场站还能与地铁 4 号线进行衔接，更加方便了乘客的出行。由此可见地铁口的定位十分重要，它对于周边商业的拉动效应是超乎想象的，同时也会吸引更多商铺将地址选在地铁口附近，两者之间相互促进，共同发展。

2. 地铁运营效率的要求

对于时间观念较强的居民来说，交通的运营效率是极其重要的，而城市轨道交通的准时到发、畅通无阻就能保证较高的运营效率，这也是地铁一直吸引很多居民乘坐的原因之一。地铁公司对如何达到最高的运营效率有很高的要求，比如说依据车辆的硬件条件、具体站点的乘客流量等因素来确定地铁的运行速度、车辆到达的时间间隔等。为提高城市轨道交通的运营效率，还有其他很多对个人的要求。

以香港地铁为例，众所周知香港是国际化的大都市，每天地铁要输送大约两百万的客流，为了满足香港人快节奏的生活，地铁的运行间隔大约为 1.8 min，远远低于国内地铁的运行间隔。尽管每天人流量巨大，但是还是能够保证乘客安全快速地上、下车，这还得益于当地人的高素质。每个人在屏蔽门前都会自觉排好队，并且让车上乘客先行下车。这就避免了上车时的拥堵现象，不仅大大提高了乘车效率，也保证了乘客的安全。香港地铁在运营效率方面的成就是值得我们内地地铁企业学习的。

3. 地铁功能性建设要求

为了给社区居民提供各式各样的服务，地铁企业会在站内进行一些功能性建设。针对居民购物的需求，地铁口周围会建设一些商场或超市，而地铁口下方可能会建设一些商铺。地铁功能性建设肯定少不了周围的基础设施，如广场、公园的建设，这样不仅让居民有交流、步行的地区，还美化了环境，提高了周围居民的生活质量。再者，地铁口周围最有可能吸引的就是房地产商的投资，他们的投资可以形成一定规模的居民区，给居民提供了最基本的居住功能，也带动了房地产的发展。

以深圳地铁 4 号线少年宫站为例，一下出口步行 5 min 就能到达著名的莲花山公园，这也是深圳的地标性建筑。少年宫站到莲花山公园之间的步行区域设置了宽阔舒适的步行通道，周围绿地覆盖率达 40%。秀美的环境和便利的交通，使得这里还吸引了大量房地产商建设居民楼。以少年宫站为中心，周围两百米内还有儿童医院、博物馆、图书馆、音乐厅等功能性建筑。深圳地铁的功能性建设已经日趋成熟，还有待其他城市轨道交通企业学习和参考。

4. 地铁保障安全性的要求

任何一种交通工具，它的最基本的要求就是保障人民群众的安全。对地铁来说，最具挑战性的就是消防安全方面。首先，地铁人流量大且集中，一旦发生火灾很难进行人流的疏散。其次，地铁上很多构造都是易燃物，燃烧起来还会产生有毒气体。最后，地铁口的安全通道较少且空间较为封闭，这些都有可能造成火势的蔓延和救援工作的困难。

为了将火灾伤亡率降到最低，我们必须要对社区内的居民进行安全消防知识的宣传。针对不同年龄层的居民，我们需要介绍不同的消防安全措施。

①儿童：由于儿童的知识储备能力有限，因此只能让他们在潜意识里形成消防安全的观念。家长在日常生活中就要给孩子灌输消防安全方面的知识，地铁企业可以向周边社区发放地铁消防知识卡片，让家长给孩子讲解地铁消防知识。家长在带孩子乘坐地铁的同时也要向他们介绍安全通道、消防设备等标志，从小树立孩子的消防安全意识。

②学龄少年：地铁公司可以配合学校的日常课程，给学龄期少年开展地铁安全消防讲座，让学龄少年认识到地铁消防安全的重要性。定期进行消防安全知识测试，让学生掌握必备的逃生技能。有条件的学校还可以在地铁工作人员的指导下适时展开地铁火灾演练，模拟真实的现场。

③成年人：地铁企业可以联合居委会等社区公益组织，定期开展社区地铁安全消防知识宣传，向社区居民发放地铁安全消防的手册，并且安排相关方面的专家给社区居民具体讲解。地铁站内的电子显示屏、广告牌都应该滚动播放火灾发生时的应对措施，将安全通道、消防设备醒目地标志出来。

④老年人：对于向老年人这类特殊群体，他们的行动能力受身体的限制，腿脚没有年轻人灵活。所以，地铁企业需要考虑在每个车站设置老弱病残的专用通道。对于家庭情况特殊的孤寡老人家庭，地铁企业可以安排专业人员上门走访，向他们介绍乘坐地铁的注意事项和应对火灾等突发事件的措施，既能够普及知识，也能给社区内的老人送去温暖。

11.2　城市轨道交通模式下的社区服务实现过程

1. 居住区服务实现过程

①对于安家在地铁口附近的居民来说，很大一部分原因是为了方便出行。为尽可能满足居民的出行需要，居住区与地铁口之间的距离应该控制在合理范围内。从以往的调查数据中可以得出，最佳步行时间应该控制在 5 ～ 10 min。因此房地产开发商可以将楼盘建在这个范围内以此吸引更多人来地铁楼盘居住。只有这样人们才能真正在地铁房上获得实际的利益，

否则地铁房的优势也将成为空谈。

②地铁房的优势和潜在价值是无法估量的。当人们意识到地铁房的潜在实力和经济价值时，就必将吸引更多人来地铁口附近购置房产，这一过程自然会带动当地经济的发展。地铁房将会有着光明的前景，居民的满意度自然会有大幅度提升。实现这一目的的途径有很多种，比如广播、报刊、电视、还可以在地铁或者公交车的电子屏上滚动播出。

③地铁周围居住区面对交通拥堵的可能性会更小，同时也能让居民呼吸更新鲜的空气。众所周知，地铁是一种地下公共交通系统，它跟路面交通工具不会产生任何干扰，并且地铁能够输送大量的城市人口，这必将大大缓解路面上的交通压力。路面交通减少的同时必然会减少废气的排放，相对于其他地区污染会大幅下降，这对于居住在地铁口的人们来说无疑是一种福音。

以上三点是实现居住区社区服务过程的重要部分。要想吸引更多人购置地铁房就要将城市轨道交通这个核心部分带来的经济、社会、环境价值充分地挖掘出来，并且在此基础上继续探索其他方面的效益。

2. 商业区服务实现过程

①城市轨道交通能输送大量并且稳定的客流，这一有利因素能给当地商业带来巨大的发展并且能够吸引开发商在地铁口拓展商业范围。城市轨道交通这一大运量的公共交通系统通过自身优势来带动当地商业发展，为周围商业区提供服务，同时商业区入住地铁口也能进一步吸引客流，带动地铁的发展，这一过程相辅相成，共同促进两大产业发展。

②地铁口的位置是经过一系列统计分析后进行设计的。地铁口一般会选在人们出行几率较大的地区，而这一般都是城市的核心地区。如果开发商将商业地址选在这些地方，首先经济基础较好，适于商业开发。其次，多种形式的商业模式在此形成竞争，互相促进商业的不断进步和发展。最后，地铁口附近作为城市的核心地区，在此大力发展商业，刺激经济发展，对于城市的形象来说也是十分重要的。

③地铁线路上有很多地铁站，每个地铁站台附近都有很大的空间，如果将这些空间充分利用，将发挥很大的作用。由于地铁是很多繁忙的上班族的首选，并且大部分人因为赶时间而不能吃上早饭，根据这点需求可以在地铁站台附近多安排些食品店铺，提供早餐、中餐、晚餐等快速食品。同时，地铁站台线路两旁可以设置醒目的广告牌，这里人群密度高，对于商业广告普及和宣传是非常有利的。

3. 娱乐区服务实现过程

首先，地铁需要确定娱乐区提供的服务项目。一部分服务项目可以由地铁公司内部人员开会来制订；另一部分服务项目可以通过网上或实地问卷调查的方式进行投票确定。总体来说，地铁可以实现并能满足大部分居民需求的有如下几种服务方式：给社区居民提供宽阔的步行区域；给居民提供相互交流的场所；让居民能够享受优美的环境。

接着，地铁依据提供的服务项目可以进行一些宣传，例如电视广告宣传或报纸中可以添加一些服务项目的说明，如此可以让市民感受到地铁提供的服务十分人性化且能吸引更多市民乘坐地铁。

然后，是娱乐区服务项目的具体落实，由以上确定的几点可以得出地铁需要建设的娱乐性区域包括广场、公园和步行街等。这些娱乐区的建设要依据地铁口具体的外部环境的需求而定，例如有些地铁口外部已经是商业区则不必将娱乐区建设太大，若地铁口外部是居住区或学校则可以扩大娱乐区的建设范围。本区域的具体建设由地铁公司招标,让建设公司进行具体规划与建造。

最后,是完成地铁口娱乐区的后期工作。包括后期的维护,调查娱乐区的用户反馈情况,以及具体的工作的组织安排和落实情况。该部分工作可以反映之前规划的优劣性,地铁公司可以开展后期工作情况的总结大会,方便下一次建设时扬长避短。

本节主要从居住区、商业区、娱乐区这三个方面来讨论城市轨道交通模式下的社区服务实现过程,商业区服务实现流程如图 11 - 1 所示;这一过程不仅需要我们分析其可行性,制订合理的计划,还需要对实行方案不断修改,这样才能形成最优化的城市轨道交通模式下的社区服务体系。在实现的过程中始终以为人民服务为宗旨,以获取地铁企业和社会效益最大化为目标,城市轨道交通对沿线区域的影响见图 11 - 2 所示。抓住这几个重点后才能建立健全城市轨道交通模式下的社区服务。

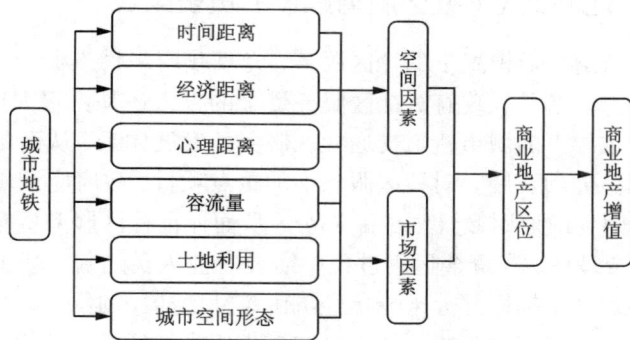

图 11 - 1　商业区服务实现流程

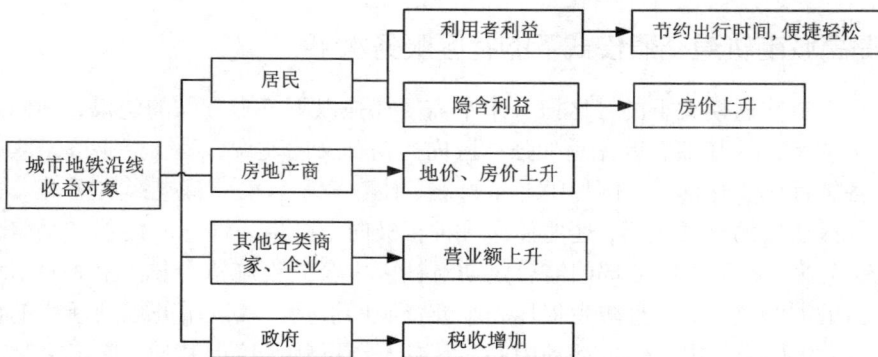

图 11 - 2　城市轨道交通对沿线区域的影响

11.3　构建城市轨道交通模式下的社区服务体系

城市轨道交通模式下的社区服务的核心部分就是满足社区居民的日常生活需求。本节主要从以下几个部分来分析城市轨道交通模式下的社区服务。并且城市轨道交通企业需要与社区内的服务机构携手，共同建立出完善的社区服务体系，让城市轨道交通的观念深入人心并且真正融入到社区居民的生活中去。

11.3.1 实现城市轨道交通模式下社区服务的全面发展

城市轨道交通模式下的社区服务需要考虑到居民各个方面的需要。它的宗旨就是进一步完善社区的物质和精神文明建设，并且始终围绕社区居民的需要来开展。地铁企业和社区公益组织需要在居民中展开走访调查活动，根据人们的各类需要制订相应的服务和政策。对原有的政策和服务进行改善，同时提出一些创新型项目，这一过程需要社区居民的参与，让他们提供有用的意见。一些功能性不强的项目可以考虑取消，从而减少社区资源的浪费。城市轨道交通模式下社区服务的全面发展不仅仅是满足社区居民的物质需求，精神文化方面的建设也是十分必要的。只有将两者有机结合才能实现社区服务的全面发展。

11.3.2 城市轨道交通模式下社区服务建设的资金渠道

要想建设好城市轨道交通模式下的社区服务，光靠政府来投入资金是远远不够的，还需要从其他渠道引进资金。当然，政府对社区服务资金的投入还是占很大比例，因此我们还需要不断建立健全政府主导下的城市轨道交通社区服务的发展体系，从而维持城市轨道交通模式下社区服务的长期稳健的发展。对社区服务中的重点项目，政府应该增加这一块的资金投入，将社区服务资金归为政府财政计划的一部分，从而保证社区服务资金的稳定性。政府资金投入要有计划性、合理性，在资金运用过程中需要专业人员监督，减少资金的损失。政府需要在社区服务专项资金中抽取部分来分担经济困难社区居民的压力，对社区中的弱势群体给予足够的关心。城市轨道交通模式下的社区服务理所当然还需要地铁企业的参与，并鼓励其他社会资源的加入。城市轨道交通在社区服务体系建设中可以投入部分资金，以获取长远的利益。这一举措不仅给社区居民带来便利，还能促进城市轨道交通的对外宣传。

11.3.3 提高城市轨道交通模式下的社区服务水平

提高城市轨道交通模式下的社区服务水平需要加强以下三个方面的建设，它们是保证社区服务体系正常运行的基础。首先是加强社区内的精神文明建设，地铁企业可以联合社区组织共同举办各类社区文化活动，例如中老年舞蹈、体育竞赛、大屏幕电影展播等。这一措施不仅丰富了社区居民的日常生活，还能传递一种积极向上的生活理念。接下来是修缮社区公用设施，地铁企业与社区内物业部门需要定期对社区中公共设施进行排查和检修，保证社区居民日常生活的顺利进行，并且减少损坏和废弃资源的浪费。社区服务规划新增的设施需要及时投入建设，比如修建中老年人活动中心、下岗人员再就业培训基地、单亲家庭心理辅导中心等。最后一点也是至关重要的一点，我们还需要不断加强社区环境保护体系。随着城市土地的大面积开发，大片绿色土地被居住区和商业区所取代。为了在社区内创造良好的绿色氛围，城市轨道交通模式下的社区服务还需要加强社区绿色环境建设，增加绿色空间，保护原有绿色植被。在社区内宣传环境保护的重要性，让每个社区居民都加入到社区绿色建设中。在社区内还需要配备疾病、突发状况的应急设备，将可能会用到的应急常识传授给社区居民。只有做到以上几点，才能提高城市轨道交通模式下的社区服务水平。

11.3.4　促进城市轨道交通社区服务的人才建设

要想建设好城市轨道交通模式下的社区服务体系，就需要引进和培养专业的人才。首先，社区组织和地铁企业可以在社会上公开招聘，选取优秀的社会服务专业人才进行笔试、面试、审核。从中选取部分合适人才进行培训，培训期满后方可上岗工作。同时社区组织和地铁企业需要给专业社区服务人员提供良好的薪资报酬和各项福利，这样才能长久地留住人才。其次，还可以从社区组织或地铁企业中选拔内部人员，对其进行社区服务专项培训，采用内部竞聘方式，公平公正地进行选拔。人员的培训工作需要专业老师对其进行指导，可以聘请大学里相关专业的老师对社区服务人员进行专项辅导，传授给他们更多的专业知识和社区服务体系中的具体事例的实践知识，让他们不仅学会专业知识，更多的是学会如何把理论知识运用到实际中。加强社区服务人员的道德和法律意识也是不容忽视的部分。要让他们树立正确的价值观和道德观，始终把为人民服务作为一切工作的出发点。知法懂法才能减少工作中的偏差，利用法律的标杆来约束自身行为。社区服务人员需要学会利用法律武器来保障社区居民的合法权益，为构建法制化社区贡献出自己的一份力量。

11.3.5　城市轨道交通社区服务资源的有效利用

建立城市轨道交通模式下的社区服务需要对社区内公共资源进行有效利用，如何最大限度提高社区资源的使用效率是至关重要的。首先，可以从社区内原有的设施着手，将青少年活动中心、社区咨询中心、休息室等设施进行整合，实现资源共享。单一项目的使用或许只能发挥其部分作用，如果将这些项目进行整合，综合使用的价值一定远远高出其原有价值，从而很大程度上提高了城市轨道交通模式下的社区服务资源利用率。社区内的闲置土地也需要发挥其原有价值。将这些尚未开发的土地资源打造成社区居民需要的服务设施，减少资源的浪费并且为居民带来更多便利。开放社区内校园运动场地和少年活动中心等，让居民在空闲时间可以进行体育锻炼，带动全民运动的热潮。

社区组织与地铁企业依据社区居民的实际需求制订相应服务计划。社区组织主要提供公益性服务，比如给社区内困难住户送温暖，开展社区安全教育讲座等。而地铁企业在提供服务的同时还需要收取成本费用。社区内的学生、老年人、残疾人等可以享受地铁企业给予的优惠政策，而普通的人群也只需缴纳最低额的成本费。

11.3.6　城市轨道交通社区服务的分类和监督

1. 学龄少年

青少年的教育问题是不容忽视的。地铁企业可以与社区居委会或青少年服务中心等公益机构定期给社区内的青少年开展教育宣传讲座，为社区内生活困难或者留守儿童开展送温暖活动，给孩子们送去一些学习用品和生活必需品。在满足社区学龄少年基本物质生活的同时也要注重他们精神层面的教育。地铁企业可以在政府的补助下制订出优惠学生票，将优惠政策落实到底。

2. 老年人

随着生活水平的提高，老年人在社区内的比例也大幅增加，而尊老爱幼亦是中华民族的传统美德，因此为社区内的老年人提供完善的服务也是社区服务建设的关键部分。地铁企业可以与社区居委会或者老年人活动中心携手，定期给社区内的老年人开展送温暖活动。逢年过节可以上门问候社区内的孤寡老人，给他们带去生活的必需品。在政府的帮助下，地铁企业可以制订出为老年人设计的地铁卡，让他们真正享受到地铁带来的便利和地铁企业送去的关怀。

3. 下岗人员

社区内的下岗人员大多数还具有劳动能力，如何充分利用这一劳动力并且发挥他们自身的价值也是社区服务建设的重点。地铁企业可以结合社区再就业中心为这些下岗人员创造和提供更多的工作岗位。将下岗人员安排在地铁企业或者社区内合适的岗位工作，既能实现下岗人员的人生价值，也能充分利用这些人力资源创造经济价值。

城市轨道交通 TOD 模式下的社区服务还需要配备完善的监督体系。社区组织在城市轨道交通 TOD 模式下的社区服务监督体系中占主导地位，应配备相应工作人员对社区服务人员的操作过程进行严格的监督。地铁企业在参与社区服务过程中也要加强监督体系建立，并且适时在群众中获取意见和建议，及时完善监督体制。

以上几点只是城市轨道交通模式下社区服务的一部分。不同的社区需要具体分析其特征，制订出适合该地区的社区服务体系。国内的地铁企业在这方面还处在发展阶段，我们需要不断完善社区的服务建设，让城市轨道交通的社区服务概念深入人心，在不断的探索和发展中构建出新型的城市轨道交通模式下的社区服务体系。

11.4　城市轨道交通的对外宣传

如今城市轨道交通已不再是一种简单的交通工具，表面上它所承载的是城市里繁忙的客流，实际上它已经形成一种独特的文化，是城市发展的一个缩影，也可以衡量一个城市的发展水平，甚至代表了一个城市的形象。并且不同城市结合自身特色建立独具匠心的城市轨道交通，与整个城市的形象相互辉映，相得益彰。列举世界上比较著名的城市轨道交通，如莫斯科地铁恢弘的建筑风格和有序的乘车秩序能反映出莫斯科的城市形象：古朴、恢弘、庄严等，莫斯科地铁正是这座城市孕育而生的文化产物。不止是莫斯科地铁，只要你仔细观察就会发现，上海地铁、香港地铁、东京地铁、纽约地铁等无不反映了当地的文化特色。城市轨道交通的对外宣传需要从商业、环保、文化等多个方面进行分析，从某种方面来说城市轨道交通的对外宣传就是对这座城市的宣传。

城市轨道交通的对外宣传至关重要。目前国内地铁普及率还远远不能满足居民的日常出行需求，人们对城市轨道交通的认识显然还不够充分。城市轨道交通对外宣传的目的就是要让城市轨道交通的观念深入人心，让人们更加全面地了解城市轨道交通给我们日常生活带来的影响。当这一概念得到普及，人们逐渐意识到城市轨道交通的巨大作用时，更多的人便开始选择城市轨道交通作为出行工具，从而实现地铁企业的经济效应及其带来的城市效应。

11.4.1　城市轨道交通宣传策略的研究设计

城市轨道交通的对外宣传已经迫在眉睫，如何设计与研究对外宣传的策略对于城市轨道交通的发展以及未来城市的走向都有着深远的意义，本节主要从以下几个角度来研究城市轨道交通对外宣传策略，最终实现地铁企业效益以及城市效益的最大化。

1. 建立舒适的乘车环境

城市轨道交通是为了缓解路面交通压力孕育而生的，因此它的基本功能就是将乘客从出发地运送到目的地。相对于其他路面公共交通方式，城市轨道交通的优越性毋庸置疑。首先，城市轨道交通的运输量大约是公交车的 8～9 倍；其次，城市轨道交通正点率高，运行间隔固定，出行状况不因路面交通以及天气情况改变。另外，城市轨道交通倡导低碳节能的生活方式，把污染和噪音都降到最低见表 11-1 所示；乘客换乘时直接根据站内提示便可以轻松换乘；并且地铁乘坐环境良好，地下有良好的通风系统，车厢内干净、舒适，地铁服务人员培训到位，为乘客提供了最优质的服务。这些优越性都是城市轨道交通对外宣传中的重点，它不仅给人们创造了优质的交通空间，还让人们潜意识里建立对城市轨道交通的好感。

表 11-1　常用交通工具的能源消耗比与污染比

种类	城市轨道交通	公交车辆	火车	民航
燃料使用比	0.9	4.5	1.2	5.8
二氧化碳排放比	1.1	4.9	1.3	6.5
噪音污染比	0.3	0.8	1.2	2.3

2. 创造地铁文化氛围

(1) 新颖时尚的广告

对于乘坐地铁的人们来说，如何在有限的地铁空间内给他们带来心理上的抚慰是十分重要的。地铁站内新颖时尚的广告更能给地铁增添一份人情味。鲜艳的色彩、动感的画面无不吸引着人们的视线。正是这些看似平凡的广告为地铁站带来了现代化的时尚气息。人们通过广告进一步了解外面丰富多彩的世界。地铁广告还可以为自身形象做宣传，让人们进一步了解现代化的城市轨道交通。商业类的地铁广告在宣传企业形象的同时也创造着巨大的经济效益。形形色色的地铁广告在城市轨道交通的对外宣传中发挥着举足轻重的作用。

(2) 地铁壁画及建筑

当你走进某个地铁站，给你印象最深刻的一定是地铁站内的建筑风格与外观设计。就华盛顿地铁站来说，不得不提的就是站内气势恢弘、独具特色的建筑风格。它的设计灵感来源于美国著名的帝国大厦，所以其造型别致并且具有现代感。对于香港地铁来说，虽然这座城市土地有限，但是地铁站内空间却十分宽阔，有很长的地下步行空间，让乘客在地下就能实现快速换乘。香港地铁站内设计简单明了，线条流畅，将英式风格与中国特色文化相融合。这两座城市的地铁均能够反映当地城市的风貌，向人们展示当地的风土人情。

(3) 表演艺术

城市轨道交通需要创造轻松愉悦的氛围来缓解行人的各种压力。地下的密闭空间里人们川流不息，擦身而过，很多人都会选择用电子产品打发时间，缺少一种人文情怀。地铁表演艺术的出现不仅能够吸引人们的注意力，活跃地铁内紧张忙碌的气氛，更重要的是拉动了人与人之间的距离。地铁表演艺术发源于伦敦地铁，在这里你能欣赏到当地的高水平表演艺术。如今，越来越多的地铁站都加入了表演艺术的部分，作为一种新型的地铁文化，大部分人都表示赞同。地铁表演艺术为当地艺术文化的宣传做出了很大贡献。

3.城市轨道交通的商业宣传

城市轨道交通带来了巨大的客流，为了满足乘客的日常生活及出行需求，地铁商业圈应运而生。城市轨道交通商业圈不受外来环境的影响，又得益于强大的消费群体，因此有着广阔的发展前景。而地铁商业圈的发展也能吸引更多的消费群，为城市轨道交通带来更多的客流，两者之间从而形成一种良性循环。广州地铁站内有各种类型的商店和购物中心，不仅满足人们基本的生活需求还能更高品质的追求。除了地铁商业圈，站内大大小小的广告牌和电子显示屏每天都将最新鲜的资讯传递给来往的行人。很多地铁站都会在广告牌中为地铁企业做宣传，让人们进一步地了解城市轨道交通。一些即将上映的电影也会在广告牌中不断更新，电影发行商之所以选择在地铁站展示电影海报就是看准了其巨大的客流所带来的经济效益。地铁企业也是通过这一方式来获取一定的经济收益。这些令人眼花缭乱的商业元素给行人营造了置身于地面的氛围。让原本压抑的地下环境变得和路面一样精彩，减轻了乘客的压力，同时也获得了巨大的经济效益。

4.创造更多的交流机会

城市轨道交通通过自身强大的凝聚力把不同肤色、不同性别、不同年龄的人汇聚在地下空间，为他们创造出更多的交流机会。一个眼神，一次肢体接触都有可能碰撞出意想不到的火花。人们可以在地铁里寻找更多交流机会，体会人与人交往之间的乐趣。城市轨道交通将文化与特色带给每一个乘客，不同的乘客也将自己置身在城市轨道交通的文化中。城市轨道交通给人们创造了更多的交流机会，正是这种无限的可能性赋予了城市轨道交通新的活力。

城市轨道交通体现着一个城市的现代化水平。它的出现既是人们日常出行的需要，也是城市进步和发展的需要。以城市轨道交通为代表的大众公交的高速发展能够体现这座城市的发展速度，并且带动了城市的开发和拓展。城市轨道交通将空间垂直延伸，为人们打造了一个丰富多彩的地下空间，为今后地下城市的发展创造无限可能性。同时，城市轨道交通也是文化宣传中的形象大使，将各种文化传递给来来往往的人们。

11.4.2　城市轨道交通对外宣传的建议

在人们的传统印象中城市轨道交通仅仅是一种交通工具，将人们从出发点转移到目的地。一提到城市轨道交通，我们脑海中最先浮现的或许只是拥挤的车厢，人来人往的车站以及快节奏的城市氛围。如何打破人们原有观念，赋予城市轨道交通新的内涵，让人们进一步了解城市轨道交通所带来的其他效应是值得我们努力探索的。城市轨道交通对外宣传的目的就是让人们更深入地了解城市轨道交通，赋予它新的内涵。本节着重从以下几个方面给城市轨道交通的对外宣传提出合理化的意见。

①打破传统思想。城市轨道交通不仅仅是一种现代化交通工具，它对人们生活的改变和影响是多方面的。城市轨道交通是一个城市现代化的标志，是城市形象的一张明信片。它带动了城市经济的快速发展，向人们展示一座城市的文化底蕴，还为来自各地的人们创造无限可能的交流空间。城市轨道交通的建设不仅仅只考虑交通因素，还应该与城市的经济、文化建设结合起来。这样才能最大限度地发挥城市轨道交通的价值，并且避免了城市发展过程中的资源浪费。

②减少城市轨道交通内的商业元素，创造更多的文化氛围。随着城市经济的迅猛发展，越来越多的商业元素开始进入城市轨道交通，然而过多的商业元素或许跟地铁建设的初衷相

悖，商业化的快速蔓延逐渐侵蚀城市轨道交通原本的风貌，我们很难通过城市轨道交通了解到一座城市的特性。如今国内很多的城市轨道交通为了发展经济，增加地铁企业收入而过度向城市轨道交通引入各种商业元素。地铁内的商业元素固然重要，它不仅给单调空旷的车站增添色彩，还能在很大程度上缓解建设城市轨道交通的负债压力。但是过多的商业元素也逐步侵蚀地铁的原本风貌，当乘客走入地铁站内，那些丰富多彩的商业广告或许会让其感到困惑，难道城市轨道交通已经仅仅成为一种商业化的工具？城市轨道交通的初衷是给人们创造更加便捷的交通空间，向更多的人展示这座城市的经济和文化水平。而城市轨道交通的过度商业化已经完全掩盖了这一初衷。我们需要深思的是怎样为城市轨道交通创造最大化经济效益的同时也不掩盖城市轨道交通自身的特色和文化。这也是城市轨道交通 TOD 模式下对外宣传的重点。

城市轨道交通商业化发展是城市经济快速发展的要求，也是维持城市轨道交通正常运营的重要经济来源。然而城市轨道交通的终极目标却是实现其文化性和服务性的统一。因此，加强城市轨道交通的文化建设，最终实现其文化与商业均衡发展是缓解城市轨道交通商业化过度的有效措施。目前已经有不少城市先行一步，值得正在发展地铁的城市学习和参考。日本东京地铁从 20 世纪 70 年代就开始致力于城市轨道交通内行为准则的公益宣传，直到今日这项举措还依旧在延续补充；2008 年奥运会期间，北京地铁启用 1000 万资金对环保和奥运事业进行公益宣传，向来自世界各地的人们展示北京的良好形象；闻名世界的巴黎地铁在罗浮宫站打造了与罗浮宫相匹配的文化走廊，将巴黎地铁内的艺术气息展现得淋漓尽致。加大城市轨道交通文化建设不仅是大势所趋，也是人心所向。越来越多的人们开始意识到城市轨道交通文化建设的必要性。

③城市轨道交通带动了旅游业的发展。城市轨道交通最基本的功能就是将城市中人群密集的地方串联起来。这对于旅游业来说是一种先天优势，城市轨道交通可以将一些著名的景点联系起来，方便游客的出行，同时城市轨道交通的聚集效应也让这些旅游景点进一步提升了自身价值。广州地铁作为国内城市轨道交通行业的佼佼者，在车站选择方面也考虑到将一些著名的景点联系起来。广州地铁的赤岗塔站、动物园站、公园前站、长寿路站等汇聚了广州市内的著名景点，让游客通过广州地铁这一媒介就可以轻松欣赏到广州城的美景和风貌。

城市轨道交通各具特色，有着不同的历史并且展现出各种文化风貌。它带领着人们领略一座城市的风情，感受不同的文化氛围。人们通过城市轨道交通感受当地的风俗人情，地铁内舒适的乘车环境也给人们带来旅行的享受。国内外有很多地铁成为游客必去的旅游景点之一。走进香港地铁站内，人行通道仅通过地面的线条进行划分，人们依旧有秩序地通过。站台内的电梯自动分为两列，人们自觉靠右，将左边的空位留给急需赶路的人。从这些细节中就可以感受到香港人的素质和态度。香港地铁荃湾线将荔枝角站、尖沙咀站、中环站、铜锣湾站、油麻地站等有序连接起来，众所周知这些车站都是香港最具代表性的地方，是游客旅游的首选地。通过乘坐荃湾线就可以感受到中西交融的香港文化，这对于游客来说也是一笔无形的财富。

④城市轨道交通的发展应该与城市的整体发展同步。城市轨道交通不仅在很大程度上缓解了城市路面交通的压力，也带动了沿线地区经济的跨越式发展。城市轨道交通的修建也意味着城市可利用空间的不断拓展，但是城市轨道交通的建设周期长，资金投入量巨大，因此如何将城市轨道交通的修建与城市的开发有机结合也是值得我们深思的问题。其中城市轨道

交通的运营周期主要分三个阶段，前期需要大量的资金投入，因此在地铁线路规划设计时需充分考虑城市格局与规划方面的因素，减少不必要的浪费；中后期则处于相对稳定状态，需要不断完善地铁建设，更好地配合城市的发展。目前国内有不少城市的地铁在修建过程中忽视了这一问题，比如说正在施工的北京地铁与原有的地下通道产生了一系列的矛盾，地铁线路不得不绕过地下通道进行修建，这就造成了不必要的资源浪费。如果当初将城市轨道交通与城市规划相结合，相信会节省大量的人力和物力。

　　总而言之，城市轨道交通的发展必须与城市发展相结合，并充分考虑城市轨道交通的运营周期(如表11-2所示)，在今后的地铁修建和城市规划中都需要考虑到彼此的存在，只有这样才能实现资源的最大化利用，将城市轨道交通和城市规划建设得更加完善。

表11-2　城市轨道交通的运营周期

阶段	属性	特征
初期	投入期	需要投入大量资金，建设周期长；带动周边居住区、商业区、娱乐休闲区的快速发展
中期	发展期	需要大量资金维持运营，主要靠政府的财政拨款；在周边地区已形成一定规模的经济带
后期	稳定期	已拥有稳定客流，地铁格局已基本定型，文化性和服务性特征日益明显，地铁公司开始有盈利

重点与难点

　　重点：(1)掌握居住区服务实现过程(2)掌握商业区服务实现过程(3)掌握娱乐圈服务实现过程

　　难点：(1)对商业区服务实现流程的理解；(2)对城市轨道交通对沿线区域的影响的理解。

思考与练习

　　1.城市轨道交通模式下的社区服务要求有哪些？

　　2.城市轨道交通模式下的社区服务体系包括哪几个方面？

　　3.城市轨道交通相对于其他交通方式有哪些优势？

　　4.城市轨道交通对外宣传的具体措施有哪些？

　　5.谈谈你对城市轨道交通带动当地旅游业发展的看法。

第 12 章

城市轨道交通系统运营经济效益分析

城市轨道交通在减轻地面交通压力、疏散城市中心人口、改善城市环境等方面起着显著的积极作用，同时也存在初始投资规模大、经营成本高、投资回收期长等问题。财务收益差是城市轨道交通自身的特点，我国城市轨道交通也不可避免，当前运营的地铁已反映出这样的问题。目前在建的大城市项目较多地依靠银行借贷资金。在这种投资模式下，项目财务效益差是必然的，靠项目自身收益很难承担融资、还贷责任，城市政府必须给予补贴并承担还贷责任。本章讲述城市轨道交通运营指标体系、运营成本分析等相关内容，介绍地铁票价理论和香港西部新区轨道交通线路的定价策略，分析轨道交通盈利性的影响因素和国内外城市轨道交通运营的财务状况以及改善运营状况的措施。

12.1　运营指标体系

城市轨道交通系统运营工作的数量和质量要用运营指标来评价，这些指标在一定程度上反映了客运任务的完成情况、工作质量、效率和效益。城市轨道交通系统运营指标体系大体上可以分为数量指标和质量指标。数量指标标志着工作的数量。其中主要包括：客运量、平均乘距、客运周转量、客运密度、运营里程、断面客流量等。质量指标标志着客运工作和车辆运用的质量，其中主要包括：速度指标、客车运用指标、安全指标、列车正点指标、方便性指标、舒适性指标以及经济指标等。

12.1.1　数量指标

1. 客运量 Q（人次）

指在一定时期（日、旬、月、年）内运送的全部乘客人数。

2. 平均乘距 $S_{均}$（km/人）

指每位乘客平均乘车距离。

3. 客运周转量 $Q_{周}$（人·km）

指在一定时期（日、旬、月、年）内完成的乘客人·千米数。

$$Q_{周} = Q \times S_{均} \qquad\qquad (12-1)$$

式中：$Q_{周}$ 为客运周转量（人·km）；$Q_{周}$ 为客运量（人次）；$S_{均}$ 为平均乘距（km/人）。

4. 客运密度 σ（人·km/km）

指在一定时期内平均每千米运营线路所承担的客运周转量。

$$\sigma = \frac{Q_周}{S_总} \qquad\qquad (12-2)$$

式中：σ 为客运密度（人·km/km）；$Q_周$ 为客运周转量（人·km）；$S_总$ 为运营线路总长（km）。

5. 运营里程$S_运$（km）

指为运送乘客在运营线路上车辆行驶的里程，其中包含运行图图定的车辆空驶里程和由于某种原因产生的车辆空驶里程。

$$S_运 = L_旅 \times m \times S_{列运} \qquad\qquad (12-3)$$

式中：$S_运$ 为运营里程（km）；$L_旅$ 为旅客列车数（列）；m 为列车编组数量（辆）；$S_{列运}$ 为列车运行距离（km）。

6. 断面客流量（人）

指单位时间沿同一方向通过运营线路某一断面的乘客数。常用的有高峰小时最大断面客流量和全日分时最大断面客流量。

12.1.2　质量指标

1. 速度指标

（1）技术速度$V_技$（km/h）

指不包含停站时间在内的列车在站间平均运行的速度。

$$V_技 = \frac{\sum nL}{\sum nt - \sum nt_站} \qquad\qquad (12-4)$$

式中：$V_技$ 为技术速度（km/h）；$\sum nL$ 为列车公里（km）；$\sum nt$ 为列车旅行总时间（h）；$\sum nt_站$ 为列车在中间站停站时间之和（h）。

（2）旅行速度$V_旅$（km/h）

指列车从始发站发出到抵达折返站时的平均运行速度。

$$V_旅 = \frac{\sum nL}{\sum nt} \qquad\qquad (12-5)$$

2. 客车运用指标

（1）列车周转时间$\theta_列$（min）

指列车在运营线路上往返一次所消耗的全部时间。其中包含列车在区间运行时间、列车在中间站停留时间以及列车在折返站作业停留时间。

$$\theta_列 = \sum t_运 + \sum t_站 + \sum t_{折停} \qquad\qquad (12-6)$$

式中：$\sum t_运$ 为列车在运营线路上往返一次各区间运营线路时间之和（min）；$\sum t_站$ 为列车在运营线路上往返一次各中间站停站时间之和（min）；$\sum t_{折停}$ 为列车在折返站停留时间之和（min）。

（2）运用车辆数 N（辆、组）

指为完成日常运输任务所必须配备的技术状态良好的可用车辆数量。

$$N = n_{高峰} \times \theta_列 \times m/60（辆） \qquad\qquad (12-7)$$

式中：$n_{高峰}$ 为高峰小时开行的列车对数（对）；$\theta_{列}$ 为列车周转时间（min）；m 为平均每列车编组辆数（辆）。

上式也可写成

$$N = n_{高峰} \times \theta_{列} \times L/60（组）\qquad (12-8)$$

式中：L 为每列车内动车组组数（组）。

（3）开行旅客列车数（列）

各种编组的列车在运营线路上行驶一个单程，不论是全程运行还是小交路折返，均按一列计算。列车分别按全日、上行和下行开行列数计算。折返列车数按各折返站分别计算。

（4）车辆平均日车公里 $S_日$（km）

指某一辆运营车在一日内平均走行的公里数。

$$S_日 = \frac{\sum N s_日}{N}\qquad (12-9)$$

式中：$S_日$ 为车辆平均日车公里（km）；$\sum N s_日$ 为日车辆公里总数（km）；N 为运营车辆数。

3. 安全指标

（1）行车事故数（次）

列车在运营线路行驶过程中，由于有关人员工作差错、机械设备故障、外部因素影响等而造成人身伤亡、设备损坏或影响列车运行的均属于行车事故。行车事故包括一方责任、双方责任和无责任事故。

（2）乘客伤亡事故件数（件）和乘客伤亡人数（人）

指在一定时期内由于本单位责任事故造成乘客死亡和受伤的事故件数和人数。

（3）乘客伤亡事故发生率（%）

指在一定时期内，每完成一亿人公里旅客周转量所发生的乘客伤亡事故件数。

4. 列车正点指标

（1）列车始发正点率（%）

指在一定时期内，正点发出的列车次数在发车列车总次数中所占的比重。

列车始发正点率是反映系统工作和服务水平的一个综合性指标。保证列车始发正点，是保证按图行车的关键。始发正点率越大越好。

（2）列车运行正点率（%）

指在一定时期内，正点到站的列车次数在到站列车总次数中所占的比重。

5. 方便性指标

（1）列车开行间隔时间（min）

指运营线路上前后运行两列车的时间间隔。开行间隔时间短，旅客在站滞留时间短，间隔越短，旅客越方便。

（2）乘客出行总时间（min）

指乘客从始发地到达目的地花费的总时间。这是乘客选择某种交通工具时考虑的一个重要因素。

6. 舒适性指标

指旅客在旅行过程中，从精神到物质条件上心理和生理愉悦和舒适的程度，可通过以下指标衡量。

（1）站车文明服务乘客满意率（%）

指感到满意的乘客人数占抽样调查乘客总人数的百分比。

（2）车辆人均占有面积（m^2/人）

指按标准坐席乘客在列车上人均占有的基本面积。

（3）乘坐舒适度

指乘客在乘坐列车过程中的舒适程度。为此，在设计时就必须考虑最小曲线半径、横向加速度临界值、外轨超高时间变化率、车体震动加速度和横向加速度、噪声频率等，这些参数都应按乘坐舒适度平均试验值或国外经验值确定。

（4）站车环境舒适度

这是考虑舒适度时不可忽视的一个重要方面，要提高出行质量，必须有良好适宜的环境，环境参数必须符合国家标准。

7. 经济指标

（1）客运收入（元）

指运送乘客的全部收入金额。

（2）运营成本（元）

指城市轨道交通系统在日常运营生产过程中实际发生的与运营生产直接有关的所有费用支出。

12.2 运营成本分析

12.2.1 运营成本

运营成本是运输总成本的一部分。

运输总成本是指运输企业为提供某种运输劳务所耗费的成本总额。

运输总成本由生产成本、管理费用、资金费用三大部分构成，生产成本又包括工资、动消耗、维修费和基本折扣，如图 12-1 所示。

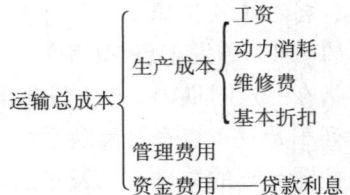

$$运输总成本 \begin{cases} 生产成本 \begin{cases} 工资 \\ 动力消耗 \\ 维修费 \\ 基本折扣 \end{cases} \\ 管理费用 \\ 资金费用——贷款利息 \end{cases}$$

图 12-1 运输总成本形式

运营成本是城市轨道交通企业在日常运营生产过程中实际发生的与运营生产直接有关的所有费用支出。主要内容包括：

①企业直接从事运营生产活动人员的工资、奖金、补贴。

②按规定提取的职工福利费。

③生产经营过程中运用运输设备所消耗的材料、燃料、电力费用和其他费用。

④生产经营过程中运输设备养护维修所耗费的材料、配件、燃料、电力、工具备用品费用及其他费用。

⑤运输生产用固定资产折旧费。

⑥为了恢复和提高固定资产原有性能和生产能力，对固定资产进行周期性大修的费用。

⑦合理化建议及技术改进奖奖金。

⑧运输生产经验过程中发生的季节性停工损失,修理期间的停工损失,事故净损失。

⑨按照国家有关规定可以在成本中列支的其他费用,如:生产部门的办公差旅费、劳动保护等支出。

$$C_{运} = C_{总} - C_{折} - C_{资} \qquad (12-10)$$
$$= C_{工资} + C_{动力} + C_{维} + C_{管} \qquad (12-11)$$

式中:$C_{运}$为运营成本(元);$C_{总}$为运输总成本(元);$C_{折}$为基本折旧(元);$C_{资}$为资金费用(贷款利息)(元);$C_{工资}$为工资(元),主要指运营人员工资,包括车站运营与服务人员以及列车乘务人员工资;$C_{动力}$为动力消耗(元),主要指动车组动力消耗;$C_{维}$为维修费(元),指车辆、动车组、线路、通信信号设备、电气化设备、房屋建筑等的维修费,主要包括材料费和维修人员工资;$C_{管}$为管理费用(元),主要包括管理费及营业外支出等。

12.2.2　运营成本分析

1. 运营支出

城市轨道交通从保证运营角度,主要可分为三部分支出:基本运营支出、设备更新支出和车辆购置支出。

城市轨道交通的基本运营支出(不含财务费用和折扣)包括:人工费、电费、维修费、营运费及管理费,其中电费和人工费所占比例较大(占运营成本的一半以上)。目前,国内轨道交通的运营成本普遍偏高(一条线路年运营成本为(2~3)亿元),但上海和广州已经通过经济包干的模式将运营成本控制在一定的范围之内(一条线路年运营成本不超过 2 亿元)。

城市轨道交通运营到一定时期,有部分设施需要重新投入资金进行更新。

一般地铁项目隧道部分和高架轨道的桥梁部分可沿用 50 年以上,这两部分设备的更新在短期内不需要新增投入;但轨道、机电设备、车体、车站以及信号、通信设备应在 15 年内逐步进行更新。预计在合理控制下,国内一条线路平均每年用于设备更新的费用支出将可控制在 5000 万元以内(参考国外比例以及目前上海、北京地区的经验数据)。

随着城市轨道交通乘客数量的增加,运营者需要对车辆编组及行车组织进行调整,以满足运量的需求。因此,城市轨道交通项目除了在项目建设过程中购入一定数量的车辆外,在运营中需要根据客流的增长安排资金,添置车辆。

2. 运营成本分析

所谓成本分析是指搜集进行经济决策有关的各项财务成本资料,并且对成本资料有重点、有针对性地加以分析与解释,对企业过去的财务状况、预算执行情况以及成本对效益的影响程度和企业未来的发展前景进行评价的一种方法。通过报表分析和文字说明能及时掌握成本总预算执行进度,了解各部分各项目预算执行情况,及时掌握某项目超支原因和节约理由。并有针对性地采取措施,达到控制成本、提高效益的目的。

在运输总成本中,运营成本占一定比例,在基本折旧率和利率一定的条件下,基本折旧费和资金费用总额基本固定,因此需要进行运营成本分析。

为了便于分析,将运营成本分为固定成本和变动成本两部分,详见图 12-2。

变动成本是指运营成本中直接随运量变化而变化的

费用支出。包括车辆的运营和维修费用，与列车运行距离有关，几乎与运量成比例变化。

固定成本是指运营成本中短期内不随运量变化而相对固定的费用支出，包括固定设备的维修费用和管理费，它与运量部分有关，但不随运量线性变化，在一定条件下可视为固定。

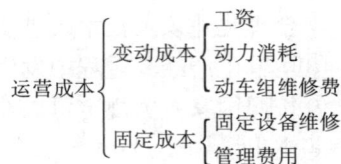

图 12-2　运输成本

3. 运营成本分析实例

某运营公司 1—4 月财务部分按月编制成本分析表，首先将成本当月明细项目逐项与上年同期实际以及本年同期预算进行比较，其次将本年累计成本与上年同期实际、本年同期预算比较，再次将本年实际发生与未发生预算合计同全年预算进行比较，分析如表 12-1 ~ 表 12-3 所示。

表 12-1　分析表一：月度运营成本分析表

| 项目 | 本月份 | | | | | | | |
	实际数（万元）	预算数（万元）	差额（万元）	比例	实际数（万元）	上年同期（万元）	差额（万元）	比例
人工费	43.7	45	-1.3	97%	43.7	43.4	0.3	100.7%
养护费	11	13	-2	84.6%	11	11.2	-0.2	98.2%
电费	8	7	1	114%	8	8.5	-0.5	94.1%
……	……	……	……	……	……	……	……	……
合计	100	105	-5	95.2%	100	107	-7	93.5%

表 12-2　分析表二：月度运营成本分析表

| 项目 | 本月份 | | | | | | | |
	实际数（万元）	预算数（万元）	差额（万元）	比例	实际数（万元）	上年同期（万元）	差额（万元）	比例
人工费	180	185	-5	97.3%	180	183	-3	98.4%
养护费	45	52	-7	86.5%	45	49	-4	91.8%
电费	31.6	30	1.6	105%	31.6	35	-3.4	90.35
……	……	……	……	……	……	……	……	……
合计	396	401	-5	98.8%	396	407	-11	97.3%

表 12-3　分析表三：月度运营成本分析表

| 项目 | 实际（万元） | | | | | | | | 预算（万元） | | 实际预算合计（万元） | 年预算合计（万元） | 差额（万元） | 比例（%） |
	1月	2月	3月	4月	5月	……	11月	12月						
人工费	43.7	—	—	—	—	……	—	45			540	545	-5	99
养护费	11	—	—	—	—	……	—	12			145	150	-5	96.7
电费	8	—	—	—	—	……	—	8			108	102	6	106
……		—				……					—	—		
合计	100					……		106			1108	1220	-12	90.8

对明细表 12 - 1 和表 12 - 3 进行分析可知：

人工费用约占用成本的 44%，养护费用约占总成本的 11%，电费约占总成本的 8%，其他费用约占总成本的 37%。

人工费用本月和累计分别占同期预算的 97% 和 97.3%，是去年同期的 100.7% 和 98.4%，实际预算合计占全年预算的 99%，可以看出该项目费用是按预期进度支付，并比预算和去年同期略有节约；养护费用本月和累计分别占同期预算的 84.6% 和 86.5%，是去年同期的 98.2% 和 91.8%，实际预算合计占全年预算的 96.7%，可以看出该项目费用是按预期进度支付，并比预算和去年同期有所节约；电费本月和累计分别超出同期预算的 14% 和 90.3%，实际预算合计也超全年预算 6%，可以看出该项费用基本按预期进度支付，超出预算，但比去年同期略有节约。

12.3　地铁票价理论

地铁的票价是地铁公司产品（运输人·千米）的销售价格，它的高低直接影响企业的生存和发展。地铁票价是地铁运输服务价值的货币表现，价格的理论数值是客观存在的，有规律可循的，但其价格的高低受服务市场因素的影响，因此制订地铁票价是个较为复杂的技术过程。另外从不同的角度出发可归纳出不同的定价方法，要使之趋于一致，得到各方面认同需审时度势、左右权衡。下面简单介绍三种方法。

12.3.1　以成本为基础的定价方法

这是适用范围较广，应用时间较长，被大多数行业、企业采用的方法。它的核心是票价必须以成本为基础，在此基础上再加上平均利润。其基本计算公式为：

$$L_{运} = \left(\frac{C_{运}}{Q \cdot S_{均}} \right) \cdot (1 + i_{赢} + i_{税}) \qquad (12 - 12)$$

式中：$L_{运}$ 为单位人·千米价格（元）；$C_{运}$ 为企业经营成本（元）；Q 为总运量（人）；$S_{均}$ 为平均运距（km）；$i_{赢}$ 为社会平均赢利率（%）；$i_{税}$ 为应缴税费的综合税费率（%）。

由公式（12 - 12）可以看出成本是运价的基础，在分析成本时应考虑固定成本与变动成本的比例、成本与运量的关系、近期成本与远期成本的关系等。应从实际发生成本中剔除不合理因素和偶然性因素。

这种方法基本上从企业市场赢利的角度出发，适用于产销平衡、计划性较强的情况，但对市场因素考虑不足，特别是供求关系趋于紧张、竞争激烈的情况下，这种方法存在一定缺陷。

12.3.2　以市场供需为基础的定价方法

这种方法基本不考虑运输成本的高低，主要着眼于市场取向，主张以大多数乘客在日常生活和接受地铁服务时认可或可承受的运输价格为主，强调车辆的价格应在买卖双方交易过程中按市场原则自然形成。在定价过程中，主要考虑运输服务市场的供求数量关系及周边的各种比价关系。

12.3.3　基于社会综合效益的定价思路

这种方法从理论上讲应是站在全社会的高度，综合平衡各行各业的投入产出，最后谋求总体的综合效益指标。其中不但有经济总产值的经济效益而且有社会协调健康发展、公共福利等社会效益。要达到这样的目标，政府通过财政配置一定社会资源，投向直接服务于市民生活的公共交通行业，用于改善市民的出行条件。地铁服务价格是在政府调控下的折扣价格，其调控出发点不是某些个人、企业或团体，而是立足于整个社会，追求全社会范围内最优的资源配置、最高的经济效益、公平的社会分配和良好的社会福利。其调控的程度要取决于政府财力，也要权衡企业与乘客双方利益，做出这种判断既有经济学又有相对社会伦理的成分。在西方经济学理论中，已有现成抽象的数学模型，如边际定价法、高峰定价法等，但其中真正能套用的指导定价很难找到，即便找到了，其中的宏观数据和有倾向性的系数也难以轻易确定。可用以下思路来趋近上述目标。

1. 票价应适应乘客合理消费结构和消费水平

用方程式形式可分别表示为：

$$B_{均} \times \beta = K \times S_{均} \times C_{运价} \tag{12-13}$$

式中：$B_{均}$ 为地铁乘客群人均收入（元）；β 为出行支出百分比（%）；K 为个人乘车次数（次）；$S_{均}$ 为平均运距（km）；$C_{运价}$ 为运价率（元/km）。

2. 政府财政有足够的承受能力

用方程式可分别表示为：

$$B_{政} \times \beta_{地} + Q \times S_{均} \times C_{运价} = C_{运} + P_{企} \tag{12-14}$$

式中：$B_{政}$ 为政府财政收入（元）；$\beta_{地}$ 为用于地铁的百分比（%）；Q 为地铁总运量（次）；$S_{均}$ 为平均运距（km）；$C_{运价}$ 为运价率（元/km）；$C_{运}$ 为运输成本（km）；$P_{企}$ 为企业利润（元/km）。

3. 地铁系统的运输能力得以充分发挥

用方程式形式可分别表示为：

$$E = Q \times \alpha \tag{12-15}$$

式中：E 为地铁运输能力（人）；Q 为地铁实际运量（人）；α 为合理安全系数。

12.4　香港西部新区轨道交通线路定价分析

自 2003 年 12 月香港西部轨道交通开始运行后，香港九广铁路公司开辟了一条新的轨道交通线路，扩展了距离较近的区间。西路轨道线路长达 30 km，连接了九龙城区与西北新领域间 130 万居民。东部轨道线路已有 96 年的历史，尖沙咀支线运行于 2004 年 10 月，马鞍山线紧随其后，于当年 12 月开始运行，而落马洲支线始于 2007 年 8 月。这些新的线路都需要制订适合其新站点与起始站点之间的票价。制订一个合理、一致、符合市场特性的定价方法的需求越来越强烈，以发展和巩固合理的票价值。

12.4.1　票价制订方法

香港九龙铁路公司所使用的票价制订方法基于以下四个主要原则，它们是：①实现长期收益最大化。②与服务行业并行竞争。③便于公众接受和承担。④商业上可行。

可以清楚地看到,过分集中于上述某一条原则都可能违反其他原则。当且仅当所有原则都共同兼顾,才能达到最佳平衡。整个过程必须是公开透明的,并且对所有的相关利益者都具有可信度。

一个典型的票价制订项目必须要在实际新开线路启动前一年甚至更早就完成。那时,根据在建设阶段公众咨询平台的开放,公众反映对公司的服务和票价的建议值有较多的顾虑。通过对目标顾客群体进行调查,考虑乘客优先,满足其需求和期望。对于香港而言,根据乘客群体的特性,选择何种模型主要考虑以下四个关键因素:①来回车站具有较好的可达性。②可靠性。③旅行时间。④票价水平。

良好的可达性是项目规划阶段主要考虑的规划和设计特征。可靠性则是轨道交通固有的特性,因为它们在专用轨道上开行,不像道路运输工具一样,受到交通拥堵等因素干扰。

香港九龙铁路公司在票价制订的时候将时间价值作为初始值,因为它能清楚地代表特定人口的社会经济特征,这部分特定人口是指新线路或支线的服务对象。

12.4.2　时间价值的衡量

在个人的基础上,每个人有不同的时间价值。同样,它也因出行的类型和目的的不同而变化。一些出行者为了减少出行费用而选择较长出行时间的出行工具,而另一部分则偏向支付更多的费用以获得更快速或更可靠的出行方式。为了建立一个适用于整个目标市场的平均出行时间,采用偏好陈述调查法进行调查。

在这些调查中,回答者选择两种出行方式的其中一种,这种出行方式是根据不同模式而建立的。其中一种出行方式较快速同时也相对更贵。回答者从多组出行对中选择一种自己偏好的方式。表 12 - 4 和表 12 - 5 展示了问题样本和样品卡。每一组出行对中,两种出行方式之间的时间差异和票价差异都是不同的,因此回答者选择他不乐意接受的时间差异和票价差异可以作为上限。将调查结果汇总,可以根据某一特定的时间差异性和票价差异性而确定公众选择某一确定的模式的可能性。

表 12 - 4　市场调查说明

回答者被问的问题如下所示:

展示 8 组不同的对比,它们都是西北部新区居民可能的出行方式。每个场景都包括以下 7 个因素:

①起点

②终点

③交通工具

④总费用

⑤出行时间

⑥等待时间

⑦总共的出行时间(包括上、下车时间,等待时间,在车上的时间,换乘时的步行时间,由于交通拥堵可能造成的延误时间)。

注意:所计算的出行时间是根据最短距离确定的,所有费用都是按成人额定票价用八达通支付。

每个场景都有两种选择,其中一种是选择现有的交通工具,比如专用巴士,而另一种是将轨道交通与另一种连接轨道交通的交通方式(比如巴士)相结合。

假设你需要选择一种方式出行,你更偏向于选择哪一种

表 12 - 5　陈述偏好问题样本

起点：屯门市中心　　　　　　　　　　　　　　　　　　　　　　　　终点：旺角（旺角站）

出行方式	汽车	轨道交通 + 巴士
总费用	11.8 美元	20.6 美元
出行时间	49 min	42 min
等待时间	4 ~ 12 min	3 min
预测总出行时间	57 min	45 min
我将选择		

　　一旦陈述偏好数据采集完成，基于随机效用理论的二元 Logit 分析则可以建立一个用于量化分析的数学表达式，这一表达式是根据某一特定的出行时间和票价的某一确定模式被选择的概率确定的。效用公式的数学表示方法通常被假定成线性的，即

$$\mu_i = \beta_0 + \beta_1 AJT_i + \beta_2 WT_i + \beta_3 C_i + e \tag{12 - 16}$$

式中：μ_i = 出行者 i 的效用；AJT_i = 出行者 i 的到达时间和出行时间；WT_i = 出行者 i 的等待时间；C_i = 出行者 i 的出行成本；e = 误差项；β = 预算系数。

　　从效用公式中选择轨道交通的概率 p 则可表示为：

$$p = \frac{1}{1 + e^{\beta_0 + \beta_1 \cdot AJT + \beta_2 \cdot WT + \beta_3 \cdot C}} \tag{12 - 17}$$

式中：AJT = 现有工具出行的时间 - 西部轨道交通出行时间；WT = 现有工具等待时间 - 西部轨道交通等待时间；C = 现有工具出行成本 - 西部轨道交通出行成本。

　　系数 β 表示到达时间和出行时间、等待时间和出行成本对效用性的贡献。这些系数一般都是负的，因为理性的出行者一般都不乐意有较高的出行成本。出行者的效用可通过降低费用或缩短时间来提高。这些系数的相对值用来得到一个出行者单位出行时间内的时间价值。

　　通常，以直接提问的方式来调查被调查者在一定的行车频率或可能的等待时间的前提下，其"愿意支付"的出行成本，以节省不同阶段的出行时间。计算得到的时间价值通常也与这种"愿意支付"相校正。通过调查得到一般看法，以此建立的数学表达式具有较高的置信水平。

12.4.3　从市场调查到票价策略的转换

　　Logit 分析得出了调查对象期望的初步票价建议值，将这一初步预测值注入到经典的四阶段预测模型中估计财务影响。敏感性分析满足以下几个策略目标：

　　①短期——深入了解公众的实际想法，确定竞争服务的合理型。

　　②中期——根据未来费用的增加可能不被允许这一情况，提供市场中的竞争地位。

　　③远期——为将来调整可能的路网支线奠定基础。

　　同时，根据企业目标进行台面评价，根据以下一个参数，将票价的情况很好地转变成市场费用：

　　①市场划分——内部地区出行 VS 远距离出行。

　　②逻辑——正比于距离，但是在地理距离和直线间平衡。

　　③票务介质——使用八达通智能卡付费少许低于单程票价(因为对香港铁路公司而已可降低成本)。

　　④费用集成——以打折的方式对换乘需求进行补偿。

　　向公众发布基于这些分析的初始建议,向各不同的利益相关者搜集反馈信息。这一步骤是必需的,上述调查是用来衡量在目标市场一个实际费用结构的可接受性。根据反馈信息,对票价结构进行微调,以确定最终的定价方案。这通常结合不同的短期市场推广,确定公共交通工具乘客人数和市场渗透率。

　　作为这一票价制订过程得到的结果的一个例子,西部轨道交通最远距离的费用定为16.6美元,它连接屯门和香港的南昌站。这个水平是基于该中间线路各站点的长期票价收入最大化而确定的,由于西部轨道交通位置的独特性,其轨道线路竞争性相对较小。2009年,九龙南林线路的运行先于西部轨道线路,因此在中期,为了向位于尖沙咀中心商业区的拓展服务,西部轨道以折扣10%的票价出售。由于西部铁路的长途票价高于与之相对的汽车的票价,虽然出行时间较短,但是仍然以最高10%的折扣出售。

12.4.4　票价实施后效果分析

　　西部轨道交通线路开始运行的前几个月,平均日客流量较低,只有20万人次/天,低于最初的预测值。根据对乘客的调查显示,即使对西部轨道交通而言,其制订的票价是具有竞争力和可接受性的,但是对于在轨道交通基础上花费的接驳公交车费用仍然是过高的。因为大多数建成的人流集中区都远离西部轨道交通车站,因此大部分出行都要依靠接驳工具。此外,还有一定数量的接驳公交车服务规划开始运行的时间正好是西部轨道交通延误的时间段。这些因素破坏了车站的可达性。即使在西北新区的轻轨和港铁巴士是免费提供接驳连接的,但是在市区接驳服务的不可用性成为阻碍,这些困难是无法依靠票价打折来克服。在2004年第一季度,西部轨道交通的平均客流量只有10万人次/天,并且也很难在随后的日子中增长。

　　2004年4月,一个协调营销努力确定,覆盖了营销组合中全部的4个P,即产品、渠道、促销、价格。让乘客试验,感受西部轨道交通服务是对其有益的,组织了"免费试乘日"。要通过确定有目标的努力来发展接驳网络,从而通过提供与所有可能的接驳方式(包括专营巴士、小型公共汽车、出租车等)的一体化票价来巩固自身的发展。采用了各种促销活动,吸引临时的和空闲的出行者,比如"观光巴士"和"古迹步行者",开发西部轨道交通沿线的风景区域。通过引入价格促销战术,在西部轨道的公共交通工具乘客人数中,针对特定客户群体采用较低的票价政策。

　　第一年采用了15个主动提议,在运行第一年的第四季度,其客流记录增长了70%,达到平均17万人次/天。这种稳定的增长对香港九龙铁路公司的管理带来了极大的鼓舞,使其立场坚定地撤销为长途出行者提供的10%折扣优惠,并且继续促销战术,发展一个更加强大的接驳网络。在2005年第四季度,西部轨道交通已经非常接近最初设定的目标,达到19.4万人次/天的载客量。在此之后,该增长趋势也未减弱:2006年最后一个季度的平均日载客量达到21.1万人次/天。

　　西部轨道交通接驳网络,伴随着基于八达通的无缝票价一体化、香港非接触式智能卡系统,在一个分散的运营商群体间形成了多种方式合作的标志。这种成功也用于在其他轨道线路。在 2006 年底，该合作方式创造了新的纪录，即依赖西部轨道交通的接驳服务的客流量达到 22 万人次/天。

香港九龙铁路公司采用了一个合理、透明、公平的票价制订机制，在票价制订的过程中，该公司始终采用一个非常清晰的策略，成功应用了随机效用理论，为促销战术的展开提供了足够的净空，即允许当前的票价结构与部分针对特殊目标群体采用特殊票价共存。

12.5　轨道盈利性影响因素分析

在 21 世纪，很少有轨道的运行是盈利的。这就是香港九广铁路公司与众不同的地方，它的东铁是世界上盈利最大的轨道。而这也形成了城市轨道规划者都尽可能模仿的一个模板。在这一章中，我们将考虑哪些因素导致轨道有利可图。

12.5.1　关键因素——系统利用和市场定位

只有轨道修建在一个合适的地方以及提供大比例的人们出行需求或者市场定位刚好沿着该路径才可能盈利。市场的发展水平或者方式份额是关键的要素。相对于其他的交通运输工具，轨道交通能在相对较低成本情况下拥有大运量，因此必须保证大的市场需求。对于轨道交通其固定成本比可变成本高得多，事实上，可变成本相对于固定成本来说通常可以忽略不计，因而决定轨道交通是否盈利的一个重要因数就是对其运量的高水平利用率。鉴于极其频繁的服务和大容量的列车，东轨对其整个系统的利用是全世界最高的。如此高的利用率也就解释了东轨的高盈利。

系统利用率和市场份额这两个因素同样存在于世界其他各国中的盈利轨道分析中。日本的轨道目前是处于盈利的状态，这归功于在新干线系统中拥有非常大的系统利用率以及交替的 3~4 min 的车头时距。地下铁路公司也是处于一种盈利的模式，主要也是因为其高利用率和高密度运行。台北地铁、上海地铁和德里地铁都是因为该原因而取得成功的。

即使在欧洲，希思罗快线在运行层面几乎从一开始运行就处于盈利状态，这是因为其服务频繁和通常满载，并不像东轨和西轨那种旅客结构，例如广九铁路公司的城际服务和地铁公司的机场快线，他们锁定特殊的市场，国际旅客对价格不敏感，但是更注重其舒服性和方便性。

12.5.2　质量和生产力

另外两个盈利的因数就是低水平的浪费和高水平的一次准确率的质量和生产力。

生产力本身与系统的运作强度相关性很高：每线路公里运行的列车或者汽车公里越多，旅行时间就越长，因为员工服务更多的旅客，因而给每位旅客提供的价值越大。如果生产力会衰减，正如日本在铁路私有化之前，即使没有充分的利用也能盈利。但是如果质量标准下降了便是最糟糕的。在这种情况下，铁路将会丧失市场份额，同时乘客的出行和乘客公里数也将下降。

质量不仅仅是指设备，这么多年来对客户服务的积极性不断要求员工对旅客提供越来越好的服务。结果，大约 90% 的客户认为广九铁路公司的服务是满意的或是比较好的，自从 2000 年，每百万旅客投诉率下降约 4 至 2。广九铁路公司没有失去市场份额的担忧，部分原因是其永不自我满足，总是试图做得更好。持续提高的文化是该公司取得成功的关键。

12.5.3　商业票价水平

有关研究表明高票价水平跟盈利的相关性并不高，主要取决于不同城市的政府政策。在伦敦，随后制订了合理的票价政策，这将地铁站带到一个更好的财政状况。但是由于其他需要翻新旧资产的因素，地铁站没有维持它的盈利。高票价并不是确定其是否盈利的主要因素，低票价也不能。从长远来看，即使是运行良好的服务，过低的票价也使得盈利是不可能的。

由于香港轨道的高使用和市场份额以及他们的高生产力、可靠性和质量，因此其轨道相对来说是盈利的。票价制订的基本原则就是目前地铁都是在法律允许的情况下设定自己的票价来释放来自监管机构的压力。作为一个公共主体，广九铁路公司在票价的制订中咨询了利益相关者，但是最终有权调整或者拒绝商业上不可持续的票价制订。

然而由于竞争机制，通过自动售票系统，广九铁路的盈利对公司在市场定位设置额外费补贴部分相对低票价地区的服务具有很大的帮助。九广铁路公司的跨境票价设置一个额外费用，15%总赞助产生总售票收入的47%。该收入抵消了新线造成的损失，且抵消了相对拥挤但本质上基本没盈利的轻轨系统。

自动售票系统显著地增加了广九铁路公司的责任：它必须小心地平衡商业效益与社会责任，该社会责任即为上班族提供一个基本能负担的价格。由于票价的修正，香港社会期望轨道线能具有更高的透明度，以致票价运作能够预测。与地下铁路公司合并，香港政府就拥有了引入票价调整机制的权利，据此，票价变化将会被工资和消费指标的变化所控制。实际上，这并不会影响九广铁路公司的自动盈利，它已经总体上控制了这两种情况的变动。

12.5.4　精明的商业法则——盈利的支柱

在香港两种轨道都能盈利的首要原因是因为政府命令该系统应该在精明的商业法则下运行。这样在管理行为上有一个较大的冲击。广九公司的管理者拥有自由决策和理性的行为，因为他们能够通过商业和企业的决策来为公司并且最终为社会创造财富。他们的决策更有激励性。此外，政府经常对运营企业提要求，这样的要求是非商业性的且会造成高浪费。

广九公司归政府所有，但是在政府所辖范围内它却被创造得像个私企。它被一个独立的商家控制，它的成员来自各式各样企业、学院的部门领导。它的股权利息只被两种成员代表。董事会定期监测的关键绩效指标和决策的战略性质。

向管理股东报告是高层执行活动，通过一组老主管和主管支持的首要执行办公室实现。整个系统的运作是有规律地通过各种支付机制对应一种提前设置的安全、顾客满意、高效、盈利的目标来完成。这个团队负责地领导公司雇员并且调整策略，同时遵守法律满足受益者的期望。

低于此水平，每位老主管或主管在分部门里对部门负责。该运输分隔是对三个重负轨线（东线、细线和马鞍山线）、轻线、城间火车、汽车及维护负责。财产分隔是对财产发展和非票价收入生意方面负责。最后，程序分隔是对设计、建设和安装新轨工程负责。这三种商业分割得到了金融分割和人力分割的支持。

12.5.5 城市交通规划一体化

外部因素对商业有较大的冲击。轨道交通必须适应并成为整个城市交通规划框架的一部分，城市交通规划不仅提供了支持轨道交通发展，同时也提供一种竞争机制，这样就有利于在交通运作和模式中提升运营水平。

香港在挑战相关平衡协作方面已经做得非常好，即在有限土地范围内能使自己成为亚洲的经济中心以及中国的金融中心。在它 1600 km² 的土地上，超过 90% 的人口只占有 20% 的土地，其余人也致力于绿化建设。高度的发达是实现目标的必要条件。反过来，这也要求高标准/水平的输送能力来实现大规模的人们往返公司与家之间输送量、休闲及停车的要求。仅一个公共交通系统，它就是可信赖的、准时的、不拥挤，并且可满足大众的经济需要。

公众交通占香港总交通量的 90%，其中轨道占 35%。围绕高密度人口社区也已经建了轨道交通站。对于公众交通，香港的计划标准和指导方针是不太明确的。它强调发展应摆在这样的位置：鼓励公共交通，减少私人交通。这样，高密度住宅区的发展就应围绕轨道车站和主要的公众交通枢纽，在任何可能地点，尽量利用发展机遇，减少基本的车辆运输对地表路面的依赖。

12.5.6 轨道—房地产模型

从计划立场出发，作为房地产模型的一条轨道仅仅是城市和交通计划合理集合的必然结果。目的通过加强连通性及在社区中心合理配置轨道来增加前期网点发展潜力，使车站和邻近地区形成最佳的组合。除了循环应用与票价收入，这些房地产开发的收益能抵消在新轨线和扩展段主要的投资，而且还同时缓解了通货膨胀条件下票价调整的压力。从 1996 年至今，房地产开发已经创造了 60 亿美元的收益，在未来 10 年里，也能明显预见围绕新轨线的房地产开发所产生的效益。与此相比，九广铁路公司在过去的 10 年已经就新扩网段承诺了 800 亿美元的资本投资，也就是更换并加强了资产和网点。

广九公司已经开发了 76.1 万 m² 的居住区和 34.5 万 m² 的商业区。随着 2003 年底新轨的开启，新的发展网点已经被确认，同时房地产建筑也会增加 150 万 m² 的住宅面积及 37.5 万 m² 的商业面积。为民间生意团体和政府部间开发新的伙伴关系，在借助铁路站的房地产开发中，广九公司意识到了节能计划、社区行为转变、经济和新潜力的转移。通过加强这些交流的途径和方法，房地产开发定位就是将车站更广泛地置于公众领域。

12.5.7 商业和运作优选权

九广公司的商业承诺通过完美的运行得到兑现。旅客安全和服务总是排在首位。这种灵巧的平衡一方面提供无障碍自动化电脑技术，另一方面开发每个附带的商机。在所有的广九车站有许多商店、广告牌及展列空间，提供满足日常需要的自动售货系统。

所有这些设施在任何时候都既不妨碍交通流也不会对铁路运营造成安全危害。广九铁路公司的车站运营部和商业团队共同管理车站的租户和报刊亭。车站经理承担"房东"角色，有权进行检查以确保租户不影响站的活动操作，任何偏离租赁协议的活动都会报告商业团队。广九铁路公司的承诺体现在保持顾客至上和实现商业性的企业愿景上。在过去的十年里，商业收入增长 85%，占公司的经常性总收入的 16%。

12.5.8　资源分配

对于任何规模大如九广铁路公司的公司，总有投资需要和竞争这些必须适当优先考虑的问题，从而从最少的资源中获取最大的利益。通常情况下，广九铁路公司的资源配置和资本投资是通过年度的预算实现的，这个自底向上的运动综述了广泛的方式以确保所有投资实现企业整体目标和目的。长期财务规划和资产管理，该公司还拥有 50 年预测，而且每年审查和更新。

广九铁路公司优先考虑与安全相关的所有问题，在任何安全至关重要的承诺上没有任何妥协。

对产能和效率改进的资源分配下，他们对一些商业上合理的要求给予优先考虑。技术进步和过时问题也得到了应有的考虑。

最终目的是改善流程来加快或精简服务。提高客户服务的投资也在不断的考虑。通常是改善通风、气候控制、站点升级、提供电梯和自动扶梯等。在短期内往往很难在商业的基础上考虑这样的投资，但是提高了广九铁路的竞争定位来留住现有客户和吸引更多的客户。

为了提高生活在沿轨道走廊的人们的生活和工作质量，他们长期承诺不断投资好的项目。根据优先权，仔细地评估新铁路项目的商业活力。这种投资需要生成至少一个内部收益率(IRR)超过广九铁路的平均资本成本(WACC)加权值。

12.5.9　人数控制和外包

除了税收收入，广九铁路公司开发了严格的采购政策和成本控制机制，这是为了实现效率和控制之间的良好平衡。并在货物的采购和服务上获得最佳的经济效益。这些原则也适用于定期审查广九铁路的经常性费用以期寻找进一步节约成本的机会。

1997 年 6 月，广九铁路公司成为 WTO 的《政府采购协定》(GPA)的采购实体。WTO 的《政府采购协定》(GPA)的目标就是提供开放和公平的国内和国外的商品和服务供应商之间的竞标框架。广九铁路公司的商品采购和服务的估值在超过 4 百万美元，完全符合 WTO 的要求。对于建设服务，合同价值超过 5 千万美元时也要服从该规定的。作为一般原则，竞争性投标过程对公司的所有商品和服务的采购尽可能采用。

在成本控制方面，公司已建立的在各个成本中心水平上的权力和责任公司层的财务绩效是衡量其每年的年度预算标准。成本中心控制器必须确保在进入承诺花费和支出计入相应开支部分前有足够的预算。允许支出预算调度灵活，允许支出预算的部署灵活性，成本控制机制允许传输的预算支出构成内或跨成本中心的条件之间有足够的理由或得到相关部门的认可。

在各种类型费用中，员工成本占公司总现金运营成本的近50%。类似于资源分配和资本投资，公司综述了其人力需求在未来三年的年度预算活动。

这种自底向上的运动，由人力资源部门广泛审查，确保所有建议的员工或组织结构的变化可以满足整个公司的目标。至于其他非工作人员的费用，公司一直在寻找替代采购和库存备件以及外包非安全关键的服务，比如清洁列车和站台。

由于这些成本控制、采购政策，在过去十年里广九铁路成功地以每年 5%的速度控制了现金经营成本的增长，尽管其总资产由于其网络的扩展增加了 5 倍，从 1.6 千万美元增长到8.8 千万美元。

12.5.10 非车费收入/生活服务

非车费收入是九广铁路公司总收入的一个关键因素。它占总收入的18%。主要的收入来源是站内的商铺、出租广告，并提供自动售货机、电信设备、行李托运和运输收入。广九铁路公司完整的业务范围从新闻站到餐馆站管理 31250 m² 的零售空间租赁。租户组合是积极管理措施，这样客户可以有各种各样的购物选择。

在广告中，除了广告牌和广告板，九广铁路公司已经尝试了旅客信息系统的信息娱乐和广告创意相结合的格式。新闻直线——列车的实时电视，在2005年8月推出。新的机车车辆采购与开放式的西铁定制了基于电视的旅客列车信息显示系统和旧列车的翻新。该系统相当成功，收入远远超过原来的预期。这一举措已经入围香港ICT（信息和通信技术）的数字营销奖。

在车站和隧道空间出租给了移动电话运营商向乘客提供信号。为乘客提供更好的价值和便利的同时也产生收入。广九铁路公司充分利用其车站作为社区中心纽带的角色。在车站的展览空间租给信用卡公司、慈善机构和其他促销活动公司。甚至在车站举办本地设计师的时装表演。

12.5.11 持续改进、追求卓越的承诺

广九公司能够在世界铁路公司中保持着先进位置，原因在于它总是致力于设置比之前成就更好的目标，且迎接新的挑战。通过成为"新兴"成员，它创造了很多标杆式成绩。它发展了公共运输协会，来实施规律的安全审计，并且从国际标准化组织得到各式各样的质量资格。其领导层和职员也被训练至最佳水准。广九公司支持个人创造力来提高运行效率和服务。个人与团队努力得到了适当的认可和回报。

12.6 国内城市轨道交通系统运营的财务状况

12.6.1 北京

北京作为国内最早建设、运营城市轨道交通的城市，有着较为丰富的城市轨道交通建设管理经验。由于历史原因，北京的城市轨道交通投资、经营模式中带有很强的计划经济特征。

北京早期建设的地铁1号线西段（苹果园—复兴门）和环线地铁是由中央政府直接投资建设的，其他项目的投资来源主要由几部分组成：一是由北京财政投入；二是由政府协调下的企业及项目所在区的投入，三是国外政府贷款，四是国内银行贷款（以国内开发银行贷款为主）。北京市城市轨道交通项目的资本金比例维持在40%左右。北京市城市轨道交通一直沿袭着北京地铁总公司统一领导下的建设、运营、维修三位一体的经营机制。票务实行全程单一票制（3元/张），并限量出售地铁月票（20万张左右）。

由于北京地铁1号线及环线地铁建设年代久远，沿线居民已经基本形成了乘坐地铁的习惯。此外，这两个项目的投资完全由中央政府承担，运营中不必负担其基建成本。上述两方面为北京城市轨道交通的滚动发展建立了一个良好的平台。但由于北京市整体运作模式中缺

乏商业气氛，项目投资及经营中受诸多因素影响，因此不但没有有效利用资源优势，还形成了地铁总公司亏损严重、政府对城市轨道交通的补贴随运营里程增加不断上升的不利局面。

北京地铁日均载客超过 150 万人次，2001 年票款收入约 5.56 亿元。由于公司编制庞大，仅每年支出的人员工资、福利费和管理费用高达近 8.7 亿元，使财务状况不能自求平衡（市财政每年要向地铁公司补贴 3 亿~4 亿元）。表 12 - 6 列出了 2001 年北京地铁主要运营指标。

表 12 - 6　北京地铁主要运营指标(2001 年)

项目	运营指标
年客运量	46871 万人次
年票款收入	5.56 亿元
年走行公里	4919 万车 km
运行图兑现率	99.96%
列车运行正点率	99.53%
列车编组和运行间隔	6 辆编组，3min 间隔
运输能力(定员/超员)	2.88/3.67 万人/h
车辆和设备故障率	0.364 次/(万 km)
列车救援	0.8 次/(千万 km)

12.6.2　上海

上海作为中国经济的龙头，在对于基础设施的运作中，一直强调资金的高效性和经营的市场化。在城市轨道交通的建设经营中，上海依然遵循这种理念。

上海市在充分考察分析国内外轨道交通投资、经营实例的基础上，从 1999 年开始，在城市轨道交通运作中采取一套全新的商业化模式，其主要原则是将项目的投资、建设、运营和管理职能分配给不同的主体。就此组建上海申通集团有限公司(城市轨道交通投资公司)、上海地铁建设有限公司和两家运营公司(上海地铁运营有限公司和上海现代轻轨经营发展股份有限公司)。上海市政府除每年向轨道交通投资公司拨款 20 亿元外，还履行轨道交通宏观监管责任。申通集团有限公司以控股方的身份组建项目股份公司，并负责项目的融资。在项目建成后，申通集团有限公司以招标的形式确定项目运营的归属，并与中标公司明确运营目标。同时，申通集团有限公司负责组织盘活已形成的资产，筹集资金偿还建设期贷款。

上海城市轨道交通确定的票价与其经营目标紧密联系，实行经营成本反算制，定位较其他同类城市(北京、广州)要高。

上海轨道交通的特点是政府从单一项目中逐渐淡出，以定额补贴的方式(目前为每年 20 亿元人民币)向投资公司注入资金；此外只对轨道交通网络的规划、建设及运营方式提供宏观指导性意见，项目的投资、建设和经营完全采用商业化模式。除政府投入外，其余建设资金由投资公司负责募集(项目经过各区财政承担的拆迁投资)。项目建成后，由投资公司通过资本运作来偿还建设期负债。经营权由社会招标确认，并与经营者订立经营责任协议。运营公司将不负担对建设期负债本息的偿还，票价定位以经营目标为依据。

上海城市轨道交通投资与经营模式的优缺点分析如下：

（1）优势。

①提供投资主体的延伸，既降低了政府对城市轨道交通的干预，也减轻了轨道交通对政府财政资金的依赖。

②拓宽了融资的渠道（如上市融资、债券融资等）。

③激活了存量资产。

④控制了经营成本。

（2）不利因素。

①资本金比例较低，对投资公司筹集还款资金形成了巨大压力。

②申通集团有限公司在项目投资和运营中所处地位过于重要，一旦公司资金运转发生困难，将完全阻断上海模式的继续推进。

上海市经过城市轨道交通体制改革确定了在单条线路上第一年补贴6000万元，第二年补贴3000万元，第三年实现运营平衡，第四年开始上缴利润的经营目标（运营公司不负担隧道折旧及财务费用）。经过一年多的实践，经营上海地铁1、2号线的上海地铁运营公司已经提前实现了初期目标。2001年底，该公司不但平衡了运营费用，还向申通集团公司上缴了1000多万元的利润。经营3号线的公司，在补贴总量上也不低于经营协议上确定的金额。

12.6.3 广州

广州毗邻香港，因此其城市轨道交通投资与经营模式借鉴了香港的经验。

广州市城市轨道交通的投资由政府承担，为此广州市委下设了城市轨道交通筹资办公室（以下简称"筹资办"）。项目的建设及运营由广州地下铁道总公司负责。项目建成后筹资办负责债务的偿还。

城市轨道交通的建设和债务偿还的资金来源于广州市土地批租收入。广州市目前已将全市土地集中管理。土地批租由市土地储备中心在政府指导下进行，并由公证部门监督批租过程，以确保行为的公开、公正和公平。批租收益将主要用于满足轨道交通需求，剩余资金在政府指导下用于其他基础设施建设项目，出于广州市每年土地批租收益高过30亿元以上，因此每条线的资本金比例都超过50%，并且为政府建立较高的信用度提供了有利的资金支持（据了解，到2001年底广州市已还清了地铁1号线全部内资贷款）。

广州市轨道交通的经营采取包干的方式，政府出资建成项目后，将项目的经营权交予地铁总公司，但不再对项目的运营进行补贴。地铁总公司如果经营出现亏损，将以自身信用或经营权质押的方式到银行进行融资，政府对这部分债务不再承担责任。

广州市地铁的票制是目前国内最先进的，不但引进了自动售检票系统，还向乘客出售多种储值优惠票，既方便了乘客的需求，又达到了吸引乘客提前消费的目的，其票价定位也较为合理。

广州市轨道交通投资与经营模式的优缺点分析如下。

（1）优势

①政府对轨道交通投资额资金来源稳定充足，强化了金融机构对项目投资的信心，方便了项目融资。

②建设期负债由政府在土地收入中列支，降低了经营压力。

③通过运营包干制控制了经营成本。

④良好的票制和票价定位对客流产生较大的吸引力。

（2）不利因素

①城市轨道交通建设开支在可支配财力中所占比例较高，将对政府近期的资金周转产生一定的影响。

②投资方式单一，影响了资金的使用效率。

广州地铁 1 号线从 2000 年通车以来，客运量快速增长，到 2001 年底，日均客运量已超过 25 万人次。地铁总公司下属的经营公司基本实现了运营平衡。表 12 - 7 列出了 2000 年和 2001 年广州市地铁运营情况。

表 12 - 7　广州市地铁运营情况表

项目	2001 年运营指标	比例(%)	2000 年运营指标	比例(%)
年度经营收入(万元)	18646		19199	
经营支出(万元)	21886		21702	
电费	7427	33.9	7438	34.27
材料费	965	4.41	1194	5.50
委外维修费	622	2.84	692	3.19
税金	2220	10.14	2239	10.32
薪酬及相关支出	8001	36.56	7660	35.3
其他成本	2651	21.11	2479	11.42
总客运量(万人次)	6364		6441	
总运营里程(万车 km)	1112		997	
客车开行列次(列)	100003		901472	
收入/人次(元/人次)	2.93		2.98	
支出/人次(元/人次)	3.44		3.37	

2002 年多种经营取得成效，运营补亏、折旧后的经营利润达到 227 百元，这是广州市地铁 1 号线自 1999 年正式运营以来该项指标首次出现赢利，地铁多种经营获取的利润在地铁实现赢利过程中起了重要作用。

（1）多种经营利润大幅度增长

据广州市地铁 2002 年度年报，2002 年地铁经营收入（票务收入）为 1.86 亿元，与 2001 年持平，但在多种经营方面的利润大大超过 2001 年，达到 6118 万元，比上年多 1400 余万元。在补贴性收入比上年还减少 1000 万元的情况下，运营补亏、折旧后的经营利润出现盈余全靠多种经营获利。经营利润为 1319 万元。

（2）通信经营收入增幅最大

地铁多种经营主要包括：房地产、商贸、广告、通信、物业管理及其他。与 2001 年相比，

2002 年各项经营收入中，除房地产经营收入受整体市场供大于求影响下挫而有所减少外，其余项目都在增长。其中通信经营收入增幅最大，达到 1354 万元，比上年增长 553 万元。商贸和广告收入也有大幅增长，分别达到 1825 万元和 3451 万元。地铁 2 号线开通广告覆盖面大增，从而带动整个地铁广告经营。

12.7　改善城市轨道交通系统运营状况的措施

12.7.1　运营成本控制因素分析

　　通常观察一个城市轨道交通项目的经济性，一般只将重点放在其初始投资费用方向，而忽视其运营成本，但当观察城市轨道交通的寿命周期时，就会发现运营维修成本和二次投资费用要比初始投资费用高出许多倍。

　　根据美国城市轨道交通的统计资料，1999 年，每人次城市轨道交通运营成本为 1.47 美元，这其中人员工资占运营成本的 46.3%，附加费用占 24.6%，能耗及运营设备、设施等费用占 24%。广州地铁近年的统计结果为人员工资占运营成本的 36.56%，附加费用占 22.26%，能耗及运营设备、设施等费用占 41.18%，与之基本相符，但在系统指标上与平均水平存在一定的差异。因此，在轨道交通的系统设计时，应尤其注重对系统定员的设置、系统节能设计以及车辆选型和维修模式设计等控制运营成本的重要因素的控制，只有这样，才能从根本上寻求经济合理的运营成本。表 12 - 8 是 1984—1899 年美国轨道交通运营费用构成。

表 12 - 8　1984—1999 年美国轨道交通运营费用构成（美元）

项目	人员工资	附加费用	服务	能耗等	设施	意外伤害	购买运营设备	其他	合计
1984	5487.8	2716.7	469.2	1462.2	465.7	328.5	455.7	188.2	11574
1988	6675	3528.9	715.3	1446.2	503.9	527.8	844.5	45.7	14287.3
1992	7670.5	4318.6	907.8	1529.1	608.5	557.8	1616.1	-427	16781.4
1996	8437.6	4401.0	923.9	1677	667.2	502.7	2167.2	-436.3	18340.7
1999	9495.1	5052.3	1213.9	1883.7	675.5	449.7	2365.8	-623.9	20512.1
比例(%)	46.29	24.63	5.92	9.18	3.29	2.19	11.53	-3.04	100.0

12.7.2　改善城市轨道交通投资运营状况措施

　　改善城市轨道交通投资运营状况，应对现有体制进行改革，可采用以下措施：
　　①组建轨道交通集团公司，下设建设和运营两个公司。
　　②委托多家咨询机构对其投融资及经营模式提供专业意见。
　　③改革轨道交通投资建设的模式，在建设过程中与多方合作并实行项目公司制，吸引更多的资金介入轨道交通建设。

④进行票制及票价改革，在项目经营中引入竞争机制。

⑤努力吸引客流，增加运量和运营收入。确保安全，提高服务水平，加强地铁网和公交网的协调，特别要避免恶性竞争，缩小行车间隔，提高运输能力。

⑥努力降低运营成本。减员分流，除少数特殊工种外，主要靠内部挖潜解决。加快车辆设备更新和改造步伐，提高装备水平，降低维修和人工成本。

⑦努力解决政策性问题。建立更加科学合理的价格政策。比如，实施 AFC 项目后，应允许企业面对市场，在一定范围内作价格浮动，逐步解决月票问题等。建立更加科学合理和相对稳定的财政补贴制度，调动企业全体员工增收节支的积极性，完善劳动工资和工效挂钩办法，调动企业经营的积极性。

⑧努力开展多元化经营、增加运营主业以外的经营收入。

总之，城市轨道交通的建设、运营对城市经济的影响是深远的，对我国城市化进程和城市经济的整体提升有着十分广泛的影响和促进作用，有必要加快城市轨道交通的建设。我国的城市轨道交通建设开始不久，对轨道交通影响城市经济的理解尚处于初级阶段。因此应注重采取客观和发展的态度开展对城市轨道交通经济影响多层次、多方面的研究。

重点与难点

重点：(1)了解城市轨道交通运营指标体系。数量指标：客运量 Q、平均乘距 $S_{均}$、客运周转量 $Q_{周}$、客运密度 σ、营运里程 $S_{运}$、断面客流量。质量指标：速度指标、客车运用指标、安全指标、列车正点指标、方便性指标、舒适度指标、经济指标。(2)掌握城市轨道交通运营成本分析。

难点：(1)地铁票价理论；(2)城市轨道交通盈利影响因素分析。

思考与练习

1. 城市轨道交通系统运营数量指标有哪些？质量指标有哪些？
2. 简述城市轨道交通系统运营成本的构成。
3. 根据国内城市轨道交通系统建设与运营经济状况提出改进的对策。
4. 从国外城市轨道交通系统建设与运营经济状况你得到什么启示？

第三篇

维护篇

第 13 章

土建设施维护管理

　　城市轨道交通的土建设施是城市轨道交通系统重要的组成部分，是城市轨道交通运营的基础。城市轨道交通土建设施包括线路、桥梁、隧道、车站、车辆段、停车场、控制中心及主变电所等建筑结构。城市轨道交通土建设施的运营，在保证安全平稳的基础上，进行城市人流交通的运输；土建设施的维护是指为保证城市轨道交通系统状态的良好，使列车按规定速度安全、平稳、不间断地运行以及延长土建设施各部件使用寿命而进行的各项工作，而协调维护的各项工作就是管理。

13.1　基本要求

　　(1)土建设施的范围应该包括以地面区间路基、地下区间隧道、地上区间桥梁等线路基础，线路轨道工程，车站建筑结构，车辆段、停车场、控制中心、空调通风及主供电所等房屋建筑。

　　(2)应建立土建设施的基础资料档案管理制度，包括建筑的竣工图纸及设计说明、采购合同技术内容、土建设施维修保养手册、工程维修设计及竣工图纸、施工技术要求等和其他必要的相关资料。

　　(3)土建设施的运营规则，应实行日常检查保养，定期检测维护和综合维修相结合的方式，应保持土建设施的良好工作状态，确保列车的安全运营；应符合国家、行业、地方、企业制定的相关技术规范和标准，保证各土建设施的安全功能和使用功能完整有效，各项技术指标、技术参数保持在允许范围内。

　　(4)土建设施的维护规则，应包括检查、保养和维修。应保证达到或延长设备寿命，及时排除故障，降低消耗和节约成本，确保正常安全运营。综合维修应贯彻"预防为主、防治结合"的原则，作好日常维护保养，及时消除影响行车安全的病害和隐患；影响运营安全的部件，必须进行维护；土建设施确需进行大修时，应制定具体的大修计划和实施方案，在确保运营安全的前提下，应减少对正常运营的影响。确保土建设施维护的有效实施，应针对土建设施的特性确定维修组织模式，保养与维修模式应根据市场经济的发展，考虑成本控制因素，采用日常养护、定期维修、抢修、故障维修、委外修理和返工修理多种保养维修渠道相结合的模式。设施维修模式的确立应注重各系统维修的协作性、维修资源的共享、接口的简洁高效。

　　(5)应制定土建设施维修管理制度，主要包括维修质量评估、质量控制管理、维修安全管理、维修成本控制管理、质量验收管理等，维修管理制度应能满足正常维修生产的需要。

运营单位应制订维修计划，并具有维修计划审核备案流程，维修计划应包括维修项目、维修手段、维修周期、维修工时、维修材料等内容。对于所有维修项目，应制订相应的设备维修作业流程，提出维修操作的全过程分布要求，确保维修质量和安全。对已发生的维修过程，应及时填报维修记录，并由专人负责整理、归档、管理。

（6）建立土建设施安全运行预评估制度。土建设施管理，应制订项目定期检测和日常检查的制度和程序，确定正常工作状态的标准，以及非正常工作状态的处理程序和措施，发现异常时，应进行专项检测和技术评估，并根据评估结论，制订处理方案；偶然事件和突发灾害发生时，驾驶员应立即向行车调度员报告，并及时广播、组织乘客疏散，并应尽快根据土建设施破损情况，确定检测项目，对检测结果进行评估，并根据评估结论制订处理方案；列车在地面或高架路段上发生火灾或其他紧急情况时，驾驶员在疏散乘客的同时，必须严密注意对向列车的运行，提示乘客加强瞭望和回避，保证乘客的人身安全；运营单位应制订列车故障条件下运行的应急处置措施和管理规定。

13.2 线路管理

13.2.1 城市轨道交通线路的组成与分类

一般城市轨道交通线路包括区间路基和轨道工程。

1. 区间路基

路基是指由填筑或开挖而形成的直接支承轨道的结构，也叫做线路下部结构，用土或石料修筑而成的线形结构物。从材料上分，路基可分为土路基、石路基和土石路基三种。从结构上，路基有两种基本形式：路堤式和路堑式（见图 13 - 1 和图 13 - 2）。路堤是指全部用岩土填筑而成的路基；路堑是指全部在原地面开挖而成的路基。在城市轨道交通中，采用区间路基的形式比较少。

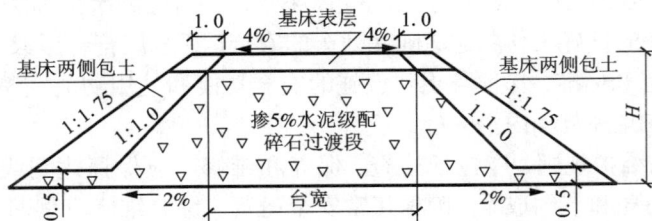

图 13 - 1 路堤

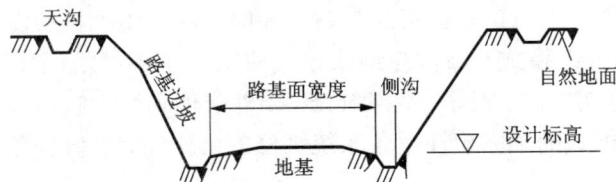

图 13 - 2 路堑

2. 轨道工程

轨道工程分为有砟轨道和无砟轨道。有砟轨道由钢轨、轨枕（包括木枕、混凝土枕、混凝土宽枕）、碎石道床和连接零件组成；无砟轨道由整体道床、钢轨和连接零件组成，在我国无砟轨道整体结构的类型有三种基本的形式，分别为长枕埋入式、弹性支撑式和各种板式。轨道工程的特殊构造为道岔。现今城市轨道交通多采用无砟轨道结构形式。

13.2.2 城市轨道交通线路运营与维护管理

1. 城市轨道交通线路维修管理的相关主体

（1）政府

轨道交通行业由政府制订相关政策法规，履行宏观统筹职责。我国城市轨道交通企业都是国有控股企业，轨道交通的建设运营离不开政府的支持和管制。在经济效益方面，政府履行出资人职责，通过委派董事和监事实现对城市轨道交通企业管理及其资产运营状况的监督；在政策扶持上，根据城市轨道交通行业的准公益性特征，政府有针对性地制订相关扶持政策，提供产业支持；建立激励约束机制和物业开发的风险管控机制，激发企业提高经营效益的外部驱动力。由于轨道交通企业尚未建立一种全球公认的盈利模式，世界上除了少数几个城市的轨道交通能够自负盈亏外，大部分运营企业都需要政府补贴，运营企业的亏损将直接影响到政府的财政支出，不断加大的轨道路网规模加重政府财政的负担。在城市轨道交通发展过程中，轨道交通运营成本带来的巨大财政压力会使政府选择朝着减少财政负担的方向发展，通过市场化的融资，提升项目运营效率，提高轨道交通国有控股企业的市场意识，改善运营效率，降低运营成本。

（2）集团企业

目前，我国的城市轨道交通企业的管理体制在朝着两个方向发展：一是一体化的管理模式，以上海申通地铁集团、广州地下铁道总公司为代表。国内处于运营初期的城市轨道交通，拥有的轨道线路数量较少，大都采用一体化的管理模式，如武汉、南京、长春、大连、重庆等。另一种是将投资、建设、运营分离的模式，以北京地铁为代表。

无论采用哪种管理体制，地铁总公司或集团作为政府授权经营的独立法人企业，在保证安全运营的前提下，都以追求社会效益和经济效益为目标。在平衡公益性和商业性的基础上，要着力提高企业的运营能力、相关业务发展能力和内部组织协调能力等，统筹好对各个专业部门或区域分公司的管理，提高自身综合管理水平，实现内部管理效率的提高，降低管理成本。

影响轨道交通企业管理体制设置的主要因素是政府政策导向下创造的政策环境因素，以及企业自身经营目的引发的盈利驱动力。目前我国城市轨道交通企业多为国有企业，受政府政策主导较多，企业自身的盈利驱动力不足。

（3）专业管理公司

专业管理公司（部门）是负责城市轨道交通固定线路维修的具有管理能力的一个阶层。线路专业公司根据自身专业技术优势，负责线路专业的设备的维修。

线路专业公司直接负责该专业所有线路的维修管理。专业公司与运营总公司的关系存在上下隶属关系或是平等的契约关系。上下隶属关系是指运营总公司下设置专业部门（公司），专业部门（公司）作为独立的经济核算单元，运营总公司对其进行绩效管理，这种关系较少。一般的运营总公司下设置的专业部门都不是独立的经济核算单元，只是作为运营企业属下的业务单元，不具备独立核算的能力，运营总公司才是设备维护管理的主体。平等的契约关系是指轨道交通运营企业将线路的维护管理任务全权委托给专业公司，与专业公司建立契约关系，通过合同进行横向沟通交流和限制。

上下隶属关系下的专业部门，其组织管理工作要受到上级部门的限制，工作效率不高。另一方面，由于没有竞争压力，效益驱动力低等原因，其组织管理效率较低。并且由于各专业站段实行独立核算，不同专业部门的业务出现交叉时，各单位往往互相推诿，相互推卸责任，管理弊端较多。

平等契约关系下的专业设备公司由运营公司对其绩效进行考核，对其施加了较强的利益驱动力，企业管理者也具有高度的自主经营权，通过采取有效的管理手段，合理且高效组织各项目部及项目部下属工区和班组的工作，提高维修资源的利用率。区域管理部门(公司)在管理层次上与专业维修公司类似，受运营总公司的统一领导，负责所辖区域内设备的综合维修管理。经营管理的动力受经营绩效考核制度的影响。

(4)外部维保单位

外部维保单位是与城市轨道交通企业在组织管理上相互独立的市场维保单位。外部维保单位的主体有专业维修保养商、铁路局维修单位等。外部维保商与城市轨道交通企业建立契约关系，负责城市轨道交通线路的维修。

综上，与轨道交通的维修管理相关的主体之间的关系如图13-3所示。

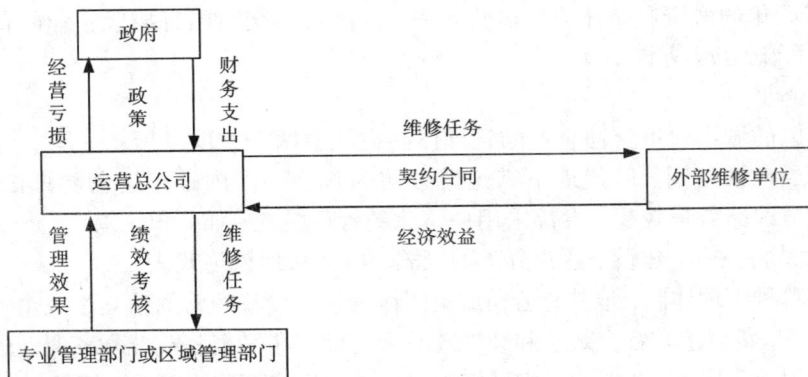

图13-3　维修管理相关主体之间的关系

2. 城市轨道交通线路的维护管理的内容

城市轨道交通线路维护应包括检查、保养和维修。线路的检查包括路基的检测(比如路基的病害、路基的承载力等)、钢轨的探伤、碎石道床的检测、轨枕的检测、轨道几何形位(是指轨道结构各组成部分的相对位置和几何尺寸，包括轨距、方向、水平、高低、外轨超高、轨距加宽等)的检查、曲线检查、道岔的检查、不同结构的整体道床的检查、无缝线路的检查等各个方面。在线路检查的基础上，进行线路的养护与维修。线路养护和维修一般分为三类：

(1)综合维修

综合维修是根据线路变化的规律和特点，以全面改善轨道弹性、调整轨道几何形位和更换、整修失效零部件为重点，按周期、有计划地对线路进行综合修理，以恢复线路的标准技术状态。

综合维修包括的内容有：根据线路状态适当起道，木枕地段全面捣固；混凝土枕地段，撤除调高垫板，全面捣固或重点捣固；混凝土宽枕地段，垫碴与垫板相结合整平轨道；改道、拨道，调整线路、道岔各部尺寸，全面拨正曲线；清筛轨枕盒不洁道床和边坡土垄，处理道床翻浆冒泥，补充道咋和整理道床；更换、方正和修理轨枕；调整轨缝，整修、更换防爬设备，整治线路爬行，锁定线路、道岔；矫直钢轨硬弯，焊补、打磨钢轨，综合整治接头病害；整修、更换和补充联结零件，并有计划地涂油；整修路肩，疏通排水设备；其他预防和整治病害工作。

（2）经常保养

经常保养是根据线路变化情况，全年度在线路全长范围内进行有计划、有重点地养护，以保持线路质量处于均衡状态。经常保养的内容包括：根据轨道几何尺寸超过经常保养容许偏差管理值的状态，成段地整修线路；处理道床翻浆冒泥，均匀道咋和整理道床；更换和修理轨枕；调整轨缝，锁定线路；更换伤损钢轨，焊补、打磨钢轨和整治接头病害；有计划地成段整修扣件，进行扣件和接头螺栓涂油；进行无缝线路应力放散和断缝原位焊复或插入短轨焊复；整修防沙、防雪设备和整治冻害；疏通排水设备；季节性工作、周期短于综合维修的单项工作和其他工作。

（3）临时补修

临时补修是及时整修超过临时补修容许偏差管理值及其他不良处所的临时修理，以保证行车平稳和安全。临时补修的内容包括：整修轨道几何尺寸超过临时补修容许偏差管理值的处所；更换重伤钢轨和达到更换标准的伤损夹板，更换折断的接头螺栓和护轨螺栓；调整严重劣化的轨缝；进行无缝线路地段钢轨折断、重伤钢轨和重伤焊缝的处理；疏通严重淤塞的排水设备，处理严重冲刷的路肩和道床；整修严重劣化的道口设备；垫入或撤出冻害垫板；其他需要临时补修的工作。

检测与检查、综合维修和经常保养都是在夜间进行，临时补休（也称故障抢修）一般在白天运行区间，只有临时发生故障的时候才进行。夜间进行的综合维修和经常保养和白天进行的故障抢修的施工流程图如图 13－4 所示。

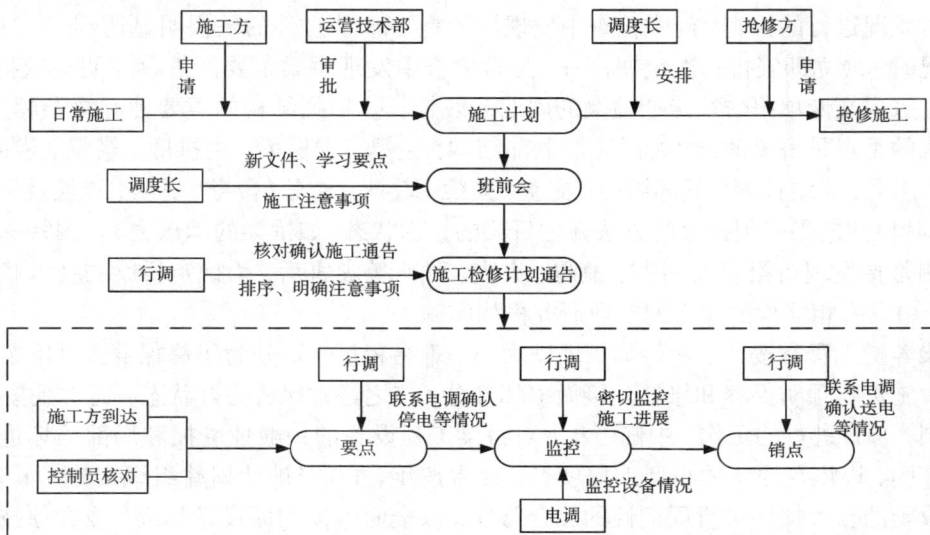

图 13－4　夜间进行的综合维修和经常保养及白天进行的故障抢修的施工流程图

13.3　桥梁、隧道管理

13.3.1　桥梁的管理

城市轨道交通的桥梁是区间线轨道工程一种常见的基础形式，在城市轨道交通中一般也称为高架桥。

1. 桥梁的组成与分类

（1）桥梁的组成

桥梁由上部结构（也称桥跨结构）、墩台和基础组成。

（2）桥梁的分类

桥梁按照使用的材料划分，可分为钢筋混凝土桥、钢桥、石桥等，城市轨道交通的桥梁多数采用混凝土桥梁，大跨度的采用钢桥。按照其结构体系分为梁式桥（简支梁桥、连续梁桥和悬臂梁桥）、拱桥、悬索桥和组合体系桥。在城市轨道交通中采用的桥梁结构形式一般不采用悬索桥，在城市轨道交通的桥梁中采用最多的桥梁结构形式为梁式桥和组合体系桥。

2. 桥梁的维护管理

（1）桥梁维护管理的相关主体

桥梁的维护管理的相关主体与线路相关主体相同。

（2）桥梁的维护管理的内容

狭义的桥梁维护是指为确保桥梁始终处于正常工作状态，所进行的检查、检测、评估、以及维修加固工作。广义的桥梁养护还包括为保证桥梁安全运营所采取的其他间接措施，如资料档案管理、相关制度规章建设以及应急预案的建立。

桥梁的检查与检测应分为三个等级：经常性检查、定期检测以及因特殊情况触发的检测。经常性检查的周期较短，经常检查主要指对桥面设施、上部结构、下部结构及附属构造物的技术状况进行的检查，经常检查中发现桥梁重要部（构）件的缺损明显达到三、四、五类技术状况时，应立即安排一次定期检查，经常检查中发现桥梁重要部件存在明显缺损时，应及时向上级提交专项报告。定期检测的周期一般较长。根据结构的重要性和复杂程度设置，定期检测的重点是桥梁的结构病害（如上部结构：主梁、主桁梁、主拱圈、横梁、横向联系、主节点、挂梁、联结件等；下部结构：支座、盖梁、墩身、台帽、台身、翼墙、锥坡及河床冲刷情况）。其检测结果采用打分的方法评估桥梁的技术状态（如桥梁的承载力）。因特殊情况触发的检测是指发现桥梁重大病害、地震、火灾、洪水等灾害后，为确定桥梁的技术状态进行的检测，由具有相应检测实力的专业研究机构实施。

桥梁养护工程宜按其工程性质、规模大小、难易程度，划分为小修保养：对桥梁及其一切工程设施进行预防保养和修补其轻微损坏部分，使之经常保持完好状态，通常是按月（旬）安排计划，每日进行的工作；中修工程：对桥梁工程设施的一般性磨损和局部损坏进行定期的修理加固，以恢复原状的小型工程项目，通常按年（季）安排计划并组织实施；大修工程：对桥梁设施的较大损坏进行周期性的综合修理，以全面恢复到原设计标准，或在原技术等级范围内进行局部改善和个别增建以逐步提高其通行能力的工程项目，通常是根据批准的年度计划的工程预算来组织实施；加固、改扩建工程：对桥梁及其工程设施因不适应交通量和载重需要而分期逐段提高技术等级，或通过改善显著提高通行能力的较大工程项目，通常由地区园林机构或省级园林机构根据批准的计划和设计预算来组织实施或招标完成。城市轨道的运营与维护一般是指对城市轨道交通桥梁的小修保养、中修工程、大修工程、加固、改扩建工程，这一般由外部的施工单位来完成。

13.3.2　隧道的管理

城市轨道交通的隧道是区间线轨道工程一种常见的基础形式，是埋置于地层内的工程建筑物。

1. 隧道的组成与分类

隧道的组成：隧道的结构包括主体建筑物和附属设备两部分。主体建筑物由洞身和洞门组成，附属设备包括避车洞、消防设施、应急通信和防排水设施，长大隧道还有专门的通风和照明设备。

隧道的分类：按照隧道的长度分类：分为短隧道（$L \leqslant 500$ m）、中长隧道（$500 < L \leqslant 3000$ m）、长隧道（$3000 < L \leqslant 10000$ m）和特长隧道（$L > 10000$ m），城市轨道交通的隧道一般为特长隧道。

隧道的横断面积的大小划分标准分类：分为极小断面隧道（$2 \sim 3$ m^2）、小断面隧道（$3 \sim 10$ m^2）、中等断面隧道（$10 \sim 50$ m^2）、大断面隧道（$50 \sim 100$ m^2）和特大断面隧道（大于100 m^2），城市轨道交通的区间隧道一般是中等断面的隧道，而车站为超大断面隧道。按照隧道埋置的深度分类：分为浅埋隧道和深埋隧道，城市轨道交通的隧道一般都是深埋隧道。

2. 隧道的维护管理

隧道的维护管理分为隧道检查和隧道养护与修理。隧道检查分为日常检查、定期检查和特殊检查。隧道养护与修理包括四个方面清洁维护、结构检查、保养维修、病害处治。

日常检查是对隧道土建结构外观状况进行的日常巡视检查；主要检查各结构部件的功能是否完好、有效（如隧道照明设施、救援通道等）；发现需改善的设施缺陷和对通行有影响的设施缺陷应做好检查记录，并及时处置；检查日常维修养护状况。

定期检查是按规定周期对隧道土建结构的基本技术状况进行全面检查；由从事隧道养护工作的专业工程师组织，配以必要的仪器进行检查；检查时应填写"设施定期检查表"，记录缺陷状况，并作状态评价；根据定期检查的情况，编写检查报告，发现重大病害、隐患应报有关部门，及时处理。

特殊检查可分为应急检查和专门检查。应急检查是在隧道出现异常事件后，对遭受影响的结构立即进行的详细检查；专门检查是根据定期检查的结果，根据需要而进行的更深入、更有针对性的检查。专门检查应由专业检测单位进行检查，并做出检查报告，对结构整体性能、功能状况作分析鉴定。在进行特殊检查时应充分收集资料，包括竣工图、材料试验报告、施工记录、历次定期检查资料和维修资料。阐述检查部位的损坏原因及程度，并提出结构部件的总体修理、加固和改善方案。

清洁维护：扫除隧道内垃圾、清除结构物脏污、清理（疏通）排水设施，保持结构物外观的干净整洁。

结构检查：发现结构异常情况，系统掌握结构技术状况，判定结构物功能状态，确定相应的养护对策或措施。

　　保养维修：预防性地对结构物进行维护，修复结构物轻微破损，经常保持结构物完好状态。

　　病害处治：修复破损结构，消除结构病害，恢复结构物设计标准，维持良好的技术功能状态。

13.4　车站建筑与土建工程管理

　　车站是城市轨道交通系统的重要建筑物。它是供旅客乘降、换乘和候车的场所，车站均设有运营管理系统的重要设备，从而保证轨道交通的安全运行。

13.4.1　车站建筑的组成

　　车站由站台、站厅、出入口、楼梯、运营站房、服务用房、电力用房、技术用房等组成。车站建筑主体结构由站台、站厅、设备及管理用房、列车运行空间组成；车站的附属结构有出入口、通道和风亭。

13.4.2　车站建筑的结构分类

　　车站结构横断面形式主要根据车站埋深、工程地质、水文地质条件、施工方法、建筑艺术效果等因素决定。车站结构横断面形式主要有以下几种：

　　①矩形断面：矩形断面是车站中最常用的结构形式，一般用于浅埋车站。车站可设计成单层、双层或多层；跨度可选用单跨、双跨、三跨及多跨的形式。

　　②拱形断面：拱形断面多用于深埋车站，有单拱和多跨连拱等形式，单拱断面由于中部起拱，高度较高，两侧拱角处相对较低，中间无柱，因此建筑空间显得高大宽阔，如建筑处理得当，就会得到理想的建筑艺术效果。

　　③圆形断面：圆形断面用于深埋或盾构法施工的车站。

　　④其他类型断面：其他类型断面有马蹄形、椭圆形等。

13.4.3　车站建筑和土建工程的维护管理

　　①车站建筑与土建工程的保养和维修，应保持各项建筑物的完好和使用安全，制订周期修缮和重点整治病害的规定，确保使用安全。

　　②车站建筑与土建工程的保养和维修应以预防为主的原则，采用预防与整修相结合的模式。

　　③车站建筑与土建工程的维修班组，应根据维修场地和维修损坏地段的变化而随机设置。

　　④应建立车站建筑与土建工程维修设备、设施的基础资料档案管理制度，包括：建筑竣工图纸及设计说明，工程维修竣工图纸、房建维修设计、施工技术及操作技能要求等。

　　⑤车站建筑与土建工程维修计划，应根据相关标准、运行状态以及故障情况而制订。

13.5　保护区管理

13.5.1　明确城市轨道交通设施范围

为了适应我市城市轨道交通建设与发展的实际需要,《城轨条例》在旧条例的基础上,进一步明确了城市轨道交通设施的范围:"城市轨道交通设施包括城市轨道交通的路基、轨道、隧道、高架道路(含桥梁)、车站(含出入口、通道)、通风亭、车辆段及控制中心、站场、车辆、机电设备、供电系统、通信信号系统及其附属设施等。"

13.5.2　划定城市轨道交通控制保护区

为了确保城市轨道交通设施设备及其附属设施的安全,《城轨条例》规定:"城市轨道交通沿线设立城市轨道交通控制保护区,其范围包括:(一)地下车站与隧道结构外边线外侧五十米内;(二)地面和高架车站以及线路轨道结构外边线外侧三十米内;(三)出入口、通风亭、车辆段、控制中心、变电站、集中供冷站等建(构)筑物结构外边线外侧十米内;(四)城市轨道交通过江隧道两侧各一百米范围内。"

13.5.3　控制保护区内进行工程作业的限制性规定

在城市轨道交通控制保护区内进行建造、拆卸建(构)筑物、取土、地面堆载、基坑开挖、爆破、桩基础施工、顶进、灌浆、锚杆作业、修建塘堰、开挖河道水渠、采石挖砂、打井取水、敷设管线、设置跨线等架空作业以及在过江隧道段疏浚河道等有可能危害城市轨道交通设施的作业时,若不需要行政许可的,作业单位应在施工前书面告知城市轨道交通经营单位;若需要行政许可的,有关行政管理部门在依照法律、法规进行行政许可时应书面征求城市轨道交通经营单位的意见。

13.5.4　控制保护区内工程作业的安全监督

作业单位在城市轨道交通控制保护区内进行有可能危害城市轨道交通设施的作业时,应当会同城市轨道交通经营单位制订城市轨道交通设施保护方案。

城市轨道交通经营单位可以进入作业单位的施工现场查看,如果发现作业单位的施工活动危及或者可能危及城市轨道交通设施安全的,可以要求作业单位停止作业并采取相应的安全措施。倘若作业单位拒不采纳的,城市轨道交通经营单位应当报告市建设行政主管部门,市建设行政主管部门应当依法处理。

13.5.5　禁止损害、毁坏城市轨道交通设施

《城轨条例》规定,"禁止损害、毁坏城市轨道交通设施",即一切危害城市轨道交通设施的行为都是被禁止的,包括禁止损坏车辆、隧道、轨道、路基、车站等设施设备;禁止损坏机电设备、电缆、通信信号系统;禁止损毁安全、消防、疏散导向、站牌等标志;禁止损坏监视系统等设备。

对于危害城市轨道交通设施的,《城轨条例》规定,城市轨道交通经营单位有权对行为人

进行劝阻和制止，还可以责令行为人离开城市轨道交通设施或者拒绝为其提供客运服务；若损坏行为构成治安违法的，公安部门将依照《中华人民共和国治安管理处罚法》的有关规定给予行政处罚；构成犯罪的，还要依法追究刑事责任。

━━━━━━━━━━━━━━ **重点与难点** ━━━━━━━━━━━━━━

　　重点：(1)掌握土建设施维护管理基本要求；(2)了解城市轨道交通线路的组成与分类；(3)了解城市轨道交通线路维护管理的内容；(4)了解车站建筑组成与结构分类；(5)了解保护区管理的相关内容。
　　难点：(1)土建设施运营管理与维护管理的基本要求；(2)城市轨道交通线路运营与维护管理的相关内容；(3)城市轨道交通线路的组成与分类。

━━━━━━━━━━━━━━ **思考与练习** ━━━━━━━━━━━━━━

　　1.简述土建设施运营与维护管理基本要求。
　　2.简述车站建筑和土建工程的维护管理工作。
　　3.试述城市轨道交通线路的组成与分类。

第 14 章
车辆及其设施管理

14.1　基本要求

城市轨道交通运营宗旨为安全第一，技术装备以可靠性为前提。车辆是城市轨道交通最重要、最关键的设备，它不仅投资大（一般为地铁建设总投资的 10%，约为供电、通信、信号、环控、防灾报警等设备的总和），而且技术复杂，是多专业综合性的产品，涉及机械、电气、电机、控制理论、材料等领域。由于地铁车辆编挂成组运行，有着严格的运行时间表，不可能随时停车检修，只要一辆车发生故障进行修理，就会延长到站时间，甚至清客退出服务，不但影响本列车运行，还会影响整个地铁系统的正常运营。地铁车辆系统一旦发生灾难性的故障，往往会造成重大行车事故，给人民生命和财产带来巨大损失，造成巨大的社会影响。另外，地铁车辆事故往往造成线路阻塞，运输中断，给国民经济带来重大影响。因此对地铁车辆设备提出了更高的要求，如要求车辆运行平稳、设备先进、方便舒适，车上服务设施如空调、通风、照明等系统必须保持状态良好。从地铁运营经济效益而言，必须提高车辆利用率、降低检修成本。

14.1.1　车辆分类

原建设部 1999 年颁布的《城市快速轨道交通工程项目建设标准》根据我国各城市对城轨车辆选型的不同要求和城轨车辆的发展现状提出了 A、B、C 型车的概念，它主要是根据车体宽度来划分的。为了便于车辆的管理和维护，车辆提供商及运营公司对其车辆又进行了分类。如上海地铁车辆 1、2 号线的车辆分为三类，即：A、B、C 类车（与上述按车体宽度分类 A、B、C 型车不同）。A 类车：为拖车，一端设有驾驶室。B 类车：为动车，车顶上装有受电弓。C 类车：为动车，车下装有一套空气压缩机组。广州地铁 1、2、3、4 号线均采用此种分类方法。

14.1.2　车辆组成

1.车体

车体主要是容纳乘客和司机驾驶的地方，又是安装与连接其他设备和部件的基础。近代城轨车辆车体均采用整体承载的钢结构或轻金属结构，以达到满足强度、刚度要求的同时最大限度地减轻自重。它由车顶、底架、端墙、侧墙、车窗、车门等组成。

2. 转向架

转向架安装于车体与轨道之间，用来牵引和引导车辆沿轨道行驶，承受并传递车体与轨道之间的各种载荷并缓和其动力作用。有动力转向架和非动力转向架之分，动力转向架装有牵引电机及传动装置。

3. 车辆连接装置

包括车钩缓冲装置和贯通道，车钩是连接车辆使其编组成列车，并传递纵向力的一套装置。通过车钩还可将车辆之间的电路和空气管路进行连接。贯通道是车辆与车辆之间的客室连接通道。

4. 制动装置

制动装置是保证列车运行安全所必不可少的装置。不管是动车还是拖车都设有制动装置，它可以保证运行中的列车按需要减速或在规定的距离内停车。车辆制动装置除常规的空气制动装置外，还有再生制动、电阻制动和磁轨制动等先进的装置。

5. 受流装置

从接触网或导电轨将电流引入动车的装置称为受流装置或受流器。受电弓受流器属上部受流，弓可升可降，适用列车速度较高的干线电力机车上。上海、广州等地地铁采用这种方式。

6. 车辆设备

车辆设备包括服务于乘客的设备和服务于车辆运行的设备。属于前者的有：照明、广播、通风、取暖、空调、坐椅、吊环、扶手等。服务于车辆运行的设备一般不占车内空间，吊挂于车底的有：蓄电池箱、斩波器、逆变器、继电器箱、主控制箱、接触器箱、空气压缩机组和储风缸等，安装于车顶的有空调单元和受电弓等。

7. 车辆电气系统

车辆电气包括车辆上的各种电气设备及其控制电路。按其作用和功能可分为主电路系统、辅助电路系统和电子与控制电路系统 3 个部分。

14.1.3　车辆标志定义

1. 车端的定义

每辆车的 1 位端按如下定义：A 车 1 位端是带有全自动车钩的一端；B 车 1 位端是与 A 车连接的一端；C 车 1 位端是连接半永久牵引杆的一端。另一端就是 2 位端。

2. 车侧的定义

当观察者位于 2 位端，面对车辆的 1 位端时，观察者右侧的一侧称为该车辆的右侧，另一端就定为该车辆的左侧。

14.2　维修保养管理

14.2.1　维修思想与维修制度

维修实践需要一种思想观念作为指导，称之为维修思想。在一定的维修思想指导下，制订出的一套规定与制度(维修计划、维修类别、维修方式、维修等级、维修组织、维修考核指标体系等)称之为维修制度。

　　维修思想和维修制度大致可分为三个体系："事后维修"的维修思想、"以预防为主"的维修思想和"以可靠性为中心"的维修思想及维修制度。

　　"事后维修"的维修思想是一种比较原始的维修思想，这种维修思想是在设备发生故障以后才进行维修保养，属于非预防修，也称为故障修。

　　"以预防为主"的维修思想要求设备及其零部件在即将磨损到限或损坏之前要及时更换、修理，将维修工作做在故障发生之前。在这种维修思想指导下，形成了以磨损理论为基础的计划预防修的维修制度。这种计划预防维修制度以机械设备故障率曲线（浴盆曲线）中耗损故障期始点来确定大修时机。由于把机件磨损或故障作为时间的函数，因此定时维修、拆卸分解就成为这种维修制度的主要方法。计划预防维修制度的具体实施可概括为"定期检查、按时保养、计划修理"。计划预防维修制度的关键是确定设备及其主要零部件的修理周期，合理划分维修等级和维修周期结构，制订维修规程与规范。

　　"以可靠性为中心"的维修思想及维修制度是在"以预防为主"的维修思想和计划预防修的维修制度的基础上发展起来的。

　　人们在实践中发现，并不是修理越勤、检修范围越大就能减少故障，相反会因为频繁拆装而出现更多的故障。设备的可靠性是由设计制造所确定的，有效的维修只能保持其固有可靠性。对于复杂设备大多只有早期故障期和偶然故障期，没有耗损故障期。也就是说，复杂设备的故障率曲线没有上升的趋势，即可靠性与时间无关，因此定期计划维修对许多故障是无效的。"以可靠性为中心"的维修思想认为，一切维修活动归根结底都是为了保持和恢复设备的固有可靠性。因此在这种思想指导下，所制订的维修制度就是根据设备及其零部件的可靠性状况，以最少的维修资源消耗，运用逻辑决断分析方法来确定所需的维修方式、维修类型、维修间隔期和维修等级，制订出维修大纲，从而达到优化维修的目的。

14.2.2　维修方式

　　维修方式是指设备维修时机的控制。也就是说，对维修时机的掌握是通过采用不同的维修方式来实现的。目前所采用的维修方式基本上可划分为三种：定时维修、视情维修和事后维修。根据目的不同，车辆检修分为预防性维修和故障性维修两大类。

　　1. 预防性维修

　　在故障率没有超过事先确定的指标之前，为了限制故障的产生而对设备采取的维修措施。主要依据是运行时间、千米数、车辆制造者建议等。

　　预防性维修又可分为计划修和状态修两种。

　　（1）计划修

　　计划修以使用时间作为维修期限，只要设备到了预先规定的时间，不管其技术状态如何，都要进行规定的维修工作，这是一种强制性的预防性维修。计划修的关键是如何确定维修周期。正确的大修时机应该是偶然故障期的结束点，即在故障率进入耗损期急剧上升之前。计划修的优点是容易掌握维修时机，便于安排维修计划，维修组织管理工作也比较简单、明确。缺点是其只适用于已知寿命分布规律，且有耗损故障期的设备，这种设备的故障与使用时间有明确的关系。而对于那些没有耗损故障期的复杂设备则不适用。另外，计划修中的大拆大卸方法也不利于发挥机件的固有可靠性。车辆计划修是根据事先制订的计划，当达到一个事先确定的时间，或者车辆运行千米数时，对相关设备进行的检查和处理。如表 14 - 1 所示。

表 14 – 1　车辆计划修

修程	检修周期		扣修时间	维修地点
	里程(万千米)	时间		
日检	—	1 天	1.5 h	各线车厂或停车场
双周检	0.4	2 周	3~4 h	同上
三月检	3	3 月	3 天	同上
年检	12	1 年	5 天	同上
架修	60	约 5 年	约 30 天	维修基地
大修	120	约 10 年	约 40 天	综合维修基地

日检：对与列车行车安全相关的部件进行外观检查和车辆有电功能检查。一般在列车运营结束回车库后进行。

双周检：对车辆行走部检查；对主逆变器相关接触器检查和清洁；对受电弓、空调进行系统检查并更换空调滤网等。为提高车辆利用率，可安排在运营早晚高峰之间的时间段进行。

三月检：对车辆主要部件及系统进行清洁和功能检查，特别是对车门、车钩的清洁、润滑等。

年检：对车辆各系统进行状态检查、检测和功能调整，以及列车全面调试。为提高效率和保证周末上线用车，可合理安排在 5 天完成。

架修：目的是恢复车辆的性能。对转向架、轮对、通道、车钩、制动装置、牵引装置、逆变器、蓄电池等主要部件解体后进行全面和仔细检修，转向架和轮对需要探伤；更换一些橡胶密封件和零部件，最后对车辆各系统进行全面检测、调试及试验。架修尽可能采用部件互换的修理方式，即从车上拆下待修部件整件，用地面上预先修理好的备件装车，使整车能在较短时间内完成修程，专业班组再对拆下来的系统部件进行分解维修，作为下一列车架修的更换备件。

大修：目的是全面恢复车辆的尺寸和性能，是实现车辆设计寿命周期内保持车辆表现稳定的重要的维修形式。在架修的基础上，需要对整列车进行分解、检查、修复，进行全面清洗(包括部件、空气管道等)，压力密封检测、车体重新油漆等；结合技术改造对车体进行系统全面升级改造，对车辆各系统进行全面检测、调试及试验。

(2)状态修

状态修是按照设备实际技术状况来确定维修时机。它不对设备规定维修期限，不固定拆卸分解范围，而是在检查、检测、监控其技术状态的基础上确定设备的最佳维修时机。这种维修方式是靠不断定量分析和监测设备的某些参数和状态数据来决定维修时机和项目。

状态修适用于故障初期有明显劣化征兆，而且故障发展缓慢的设备，同时故障还直接危及安全或有重大经济损失(功能性故障)，并有适当的检测手段，能制定出技术状态标准的情况。显然这种维修方式是一种按需维修的方式。它的优点是针对性强，可以充分发挥设备的工作寿命，提高维修的有效性，减少维修工作量和人为差错。但也有缺点，这种维修方式费用高，需要适当的检测、诊断条件和较高的维修人员素质，因此适用于贵重的关键设备和危及安全的关键机件。

2. 故障性维修

故障性维修是指设备发生故障后，使其恢复到规定状态所进行的维修活动。设备发生故障后的修理(修复性维修)按照是否修理及时可分为及时修理和延迟修理。对于那些不影响安全和生产任务的故障可继续使用，严加监控，延迟修理。随着信息技术的发展，监控手段的提高，逐渐形成了状态监控维修，即从整体上对设备进行连续监控，确定设备的可靠性水平，来决定维修时机。状态监控维修不规定设备的维修时间，因此能最充分地利用设备的寿命，使维修工作量最少，是一种最经济的维修工作。此种维修也可称为监控可靠性水平的视情维修或故障后的视情维修。

3. 维修方式比较

目前，城市轨道交通车辆设备的维修主要还是以预防性维修为主，故障性维修为辅。这几种维修方式各有优缺点，其对比如表 14-2 所示。

表 14-2 预防性维修与故障性维修的比较

维修方式		优点	缺点	适用于
预防性维修	计划修	管理相对简单，计划性强，能保证车辆良好运行状态，能确保运营要求。	维修成本极高，维修周期与深度的合理性一时难以掌握。	无备份且运营要求非常严格的系统和设备。
	状态修	对症下药，故障设备修复周期短，故障设备消除在发生之前，能确保运营要求，维修成本最少。	检测工作量大，要求的检测装备和水平最高，技术管理难度最大；检测周期和深度难确定。	具有自动检测功能的与运营安全密切关联的系统设备。
故障性维修		平时维护工作量最少，维护成本最低。	要考虑备用设备，故初期投资较大，维修周期较长。	对行车无直接联系，设备运行未定且已考虑了足够备份的系统和设备。

重点与难点

重点：(1)了解车辆分类；(2)了解车辆的组成构架；(3)掌握车辆维修保养管理。
难点：掌握车辆的维修思想和维修制度。

思考与练习

1. 城市轨道交通中主要有哪几种载客车辆？
2. 客车车辆分为哪几类？各自有什么特点？
3. 我国现行城市轨道交通车辆检修修程有哪几个等级？

第 15 章
设施设备运行及其维护管理

15.1　基本要求

设施设备包括供电系统、通信系统、信号系统、自动售检票系统和车站机电系统等，设施设备运行及维护管理包括以下内容：

①应建立设备台账，应能反映出设备名称、数量、分布地点、接收时间、预计使用寿命和备品备件清单等内容。

②设施设备保养与维修，应具备必要的基础资料，包括维修保养手册、操作手册、竣工资料、采购合同技术内容、安装调试验交手册、图纸和培训手册等资料。

③应建立日常巡检制度与定期检修制度，并制订维修计划，制订设备维修作业流程，确保维修质量和安全。

④及时填报维修记录，并有专人负责整理、归档。

15.2　供电系统

城市轨道交通供电系统是为城市轨道交通运营提供所需电能的系统，它不仅为电动列车提供牵引用电，还为城市轨道交通运营服务的其他设施提供电能。

城市轨道交通供电电源一般取自城市电网，通过城市电网一次电力系统和城市轨道交通供电系统实现输送或变换，最后以适当的电压等级、一定的电流形式（直流或交流电）供给列车通风、空调、照明、信号、自动售检票、屏蔽门、给排水、防灾报警、电梯、电动扶梯及监控系统等用电设备。

城市轨道交通供电系统一般包括外部电源、主变电所（或电源开闭所）、牵引供电系统、动力照明供电系统、电力监控系统。其中牵引变电系统的功能，是将主变电站输送过来的交流电经降压整流为直流电源后通过接触网提供给电动列车的。

城市轨道交通电动列车供电多采用直流电，通常有直流 750 V、直流 1500 V 等供电电压如图 15 − 1 所示。牵引供电回路是由牵引变电站、馈电线、接触网、电动列车、钢轨回路、牵引变电站等组成的闭合回路，由接触网、馈电线、轨道和回流线组成的闭合回路，由接触网、馈电线、轨道和回流线组成的供电网络总称为牵引网如图 15 −2 所示。钢轨除了作为走行轨外，还兼作直流供电系统的负极。从牵引供电系统的组成看，接触网是向电动列车供电的重

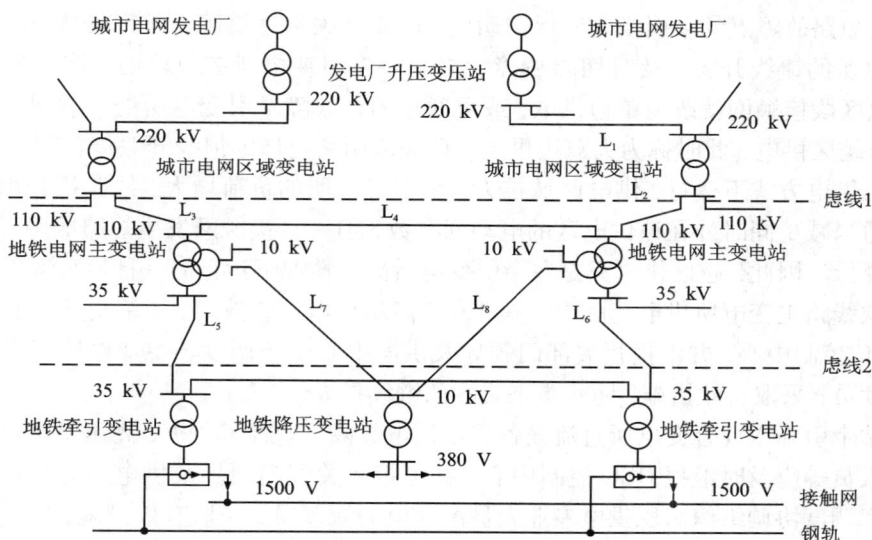

图 15 – 1　城市轨道交通系统外部供电示意图

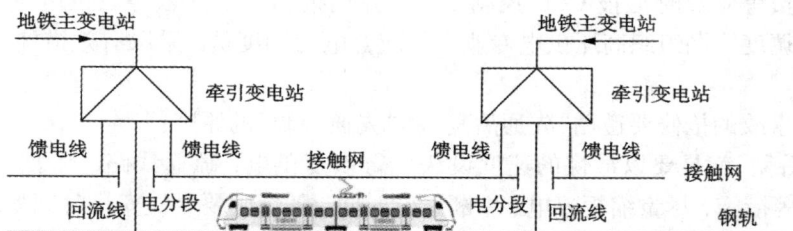

图 15 – 2　牵引供电示意图

要组成部分，是直接影响电动列车安全运行的重要环节。因此，必须使接触网始终处于良好的工作状态，安全可靠地向电动列车供电。

牵引变电所通过接触网向电动列车供电，接触网在每个牵引变电所附近断开，分成两个供电区段。每个牵引变电所仅对其两侧的区段供电。供电距离越长，牵引电流在接触网上的电压下降越大，使末端电压过低及接触网上电能损耗过大；供电距离过短，牵引变电所数目增多，投资增加。供电距离以及接触线截面等与接触网供电方式有关。牵引变电所向接触网供电有单边供电和双边供电两种方式。

每个供电区段也称为一个供电臂，如电动列车只从所在供电臂上的一个牵引变电所获得电能，这种供电方式则成为单边供电。

单边供电时，若有故障，影响范围小，牵引变电所内的保护也较简单。但电动列车所需牵引电流全部由一边流过牵引网，因此，牵引网电压降和电能损耗大。

如果一个供电臂同时从相邻两个牵引变电所获得电源，每个接触网区间均由相邻两个牵引变电所并联供电，则称为双边供电。双边供电时，牵引电流按比例由两边流过牵引网，牵引网电压降和电能损耗相对较小，但是有故障时，影响范围也较大，保护较复杂。

正常双边供电时，牵引变电所馈线开关内设置双边联跳保护装置。一旦接触网发生短路故障，靠近短路故障点的牵引变电所保护动作，馈线开关迅速跳闸，与此同时联动跳开另一侧牵引变电所的馈线开关，及时切除故障。当某一牵引变电所有故障时，该故障所退出运行，此时该区段接触网就改为单边供电，或可通过闭合故障牵引变电所处接触网的联络隔离闸刀，实施越区供电，此时称为大双边供电。两座牵引变电所的馈线开关仍有联跳功能。

在越区供电方式下运行，供电区域扩大，牵引变电所的负荷增大，线路损耗增大，因此视情况要适当减少同时处在该供电区的电动列车数，但一旦接触网发生短路故障，其保护装置灵敏度降低。因此，越区供电只是在牵引变电所故障情况下运行的一种特殊运行方式。

当地铁线路主变电所供电范围内，一旦发生高压供电系统故障，主变电所运行人员应及时汇报 OCC 控制中心，并汇报相关部门领导及供电中心生产调度。主变电所运行人员应配合电力调度员，采取有效措施，防止事态影响的继续扩大。

当车站牵引降压混合变电所直流设备发生供电故障，电客车司机、高压供电巡检人员或车辆检修人员等应及时汇报 OCC 控制中心，并汇报相关部门领导及供电中心生产调度。供电中心生产调度协调组织高压供电专业人员配合电力调度员，采取有效措施，防止事态影响的继续扩大。

当车站降压变电所动力照明设备发生供电故障，车站值班人员、机电中心专业人员及供电中心专业人员等应及时汇报 OCC 控制中心，并汇报相关部门领导及供电中心生产调度。供电中心生产调度协调组织高压供电专业人员配合电力调度员，采取有效措施，防止事态影响的继续扩大。

供电设备事故的抢修要遵循"先通后复"和"先通一线"的原则：

①"先通后复"就是要以最快的速度设法先行恢复供电，疏通线路，必要时采取迂回供电、越区供电等措施，尽量缩短停电、中断运营时间，随后则要尽快安排时间处理遗留工作，使供电设备最快恢复正常运行状态；

②"先通一线"，就是在双线区段，除按上述"先通后复"的原则确定抢修方案外，要集中力量以最快的速度设法使一条线路先开通，尽快疏通列车。

15.2.1 接触网的类型

接触网按其结构可分为架空式、接触轨式和跨座式三大类型（见图 15-3）。架空式接触网可分为柔性接触网和刚性接触网；接触轨式接触网又称为第三轨；跨座式接触网就是把架空式刚性接触网放到侧面。各种类型接触网在我国的使用情况如表 15-1 所示。

表 15-1   各种类型接触网在我国的使用情况表

序号	类型	使用城市	
1	接触轨式	第三轨	北京、武汉
2	架空式	刚性	南京、上海 8 号线，上海 6 号线，广州 2 号线，
		柔性	广州 1 号线，上海 1、2、3、4 号线等
3	跨座式	刚性	重庆

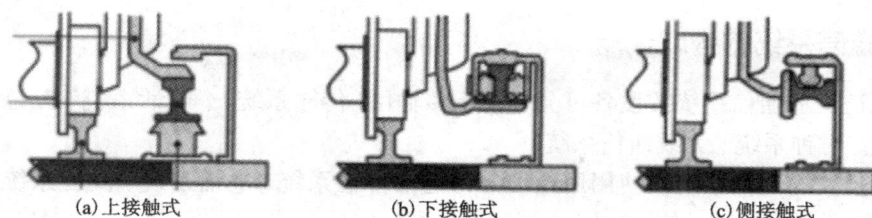

(a)上接触式　　　　　　　(b)下接触式　　　　　　　(c)侧接触式

图 15 – 3　接触网类型图

架空式接触网沿铁路线上方架设，通过与电动列车受电弓可靠地直接滑行接触，将电能持续不断地传送给电动列车，再经过走行轨道回到牵引变电所。架空式接触网是一个庞大的空间机械系统，它用线、索及零部件实现有序地连接和接续，把接触线、支持装置、定位装置、绝缘元件、电气设备以及支柱等连接成一个能传递电能并且有支持功能，同时具备相应机械强度和良好电气性能的整体系统。

接触轨式接触网是沿线路敷设的与轨道平行的附加轨，故也称为第三轨。接触轨与电动列车侧面或底部伸出的受电靴摩擦提供给电动列车电能。

15.2.2　接触网的设备检测

接触网检测是一种应用微机及其先进检测、试验设备，对接触网进行监控的最新技术。其任务是保证接触网更安全可靠供电，向维修人员提供接触网状态信息，试验、研究接触网受流情况，为改善接线悬挂提供必要的技术参数。

接触网检测、试验设备安装在专用的检测车中，通过车顶受电弓上的特殊传感器及其他监视装置，将所测得的信号输入车内的微机系统进行数据处理，最后在输出设备上将接触网状态参数打印出来。通过对打印结果的分析，便可知道接触网工作状态性能。当技术参数超过允许值时，则应立即通知维修部门对接触网进行检修，同时车内监视装置还能对接触网受流状态进行综合评价，如离线率、接触网弹性、弓线间接触压力等。因此，接触网检测车是目前电气化铁道运行线路上必不可少的检查设备。

接触网的检测，就整个系统的信号而论，可分为检测信号、补偿信号和定位信号三种。检测信号是从被检测对象那里摄取的信号信息，这些信息的获取方法是由被检测对象的性质和特点所决定的。

15.3　通信系统

城市轨道交通通信系统是直接为轨道交通运营和管理服务的，是指挥列车运行、进行运营管理、公务联络和传递各种信息的重要手段，是保证列车安全、快速、高效运行的不可缺少的综合系统。

这是一个复杂的大系统，各个部分相互结合、协调，以完成具体的功能。现代城市轨道交通之所以具有快捷、高效、可靠、安全等众多的优点，是与完善而先进的通信系统分不开的。

15.3.1　通信系统的构成

　　城市轨道交通通信系统按设备可分为主干传输网(传输系统)、电话系统、广播系统、电视监控系统、时钟系统、无线通信系统。

　　城市轨道交通通信系统按使用用途可分为通信传输系统、电话系统、调度系统、时钟系统、闭路电视系统、广播系统、商用通信系统和旅客信息系统。

15.3.2　通信系统维护

　　随着城市轨道交通网络化建设的高速发展,移动、联通和电信三大电信运营商通信业务高速增长。已投资建设了大量的民用通信机房、通信设备和配套基础设施。随着线路建设,民用通信网络还将在短时期内迅速扩张,从而给整个新老设备混杂网络的运行维护带来巨大的压力。所以城市轨道交通运营公司针对通信系统的维护逐步采用民用通信系统维护的新模式。

　　地铁安全正常的运营涉及诸多的专业系统,维保模式的合理选择,维保工作的正常、有效的开展是地铁良好运营的保证,直接关系到地铁运行的安全可靠程度。按照目前的市场化程度及维保主题的不同,维保模式基本上可以分为自主维保、完全委外维保和联合维保三种方式。

　　1. 自主维保

　　该模式是传统的设备维护方式,地铁公司成立对应的机构,负责质保期后的设备维护保障工作。该模式在一定程度上避免了维保责任界定等问题,以及人力资源、设备、备品备件与材料的大量投入,但经济性较差,维保效率较低。但成立独立经营的维保实体进行市场化运作,实行自主经营、自负盈亏的运行机制,逐步培养市场竞争意识,在负责地铁民用通信系统维保的同时,向市场要效益,能够激励员工的积极性。

　　2. 完全委外

　　该模式由设备供货商提供人员、技术服务、仪器仪表等,负责质保期后的维保工作。该模式有利于发挥供货商熟悉设备的技术特点,减少中间环节,接报故障的反应速度、故障诊断和排除故障的时间较快,能够使设备长期保持稳定正常的运行状态,满足通信运营商及银行、商铺等用户的使用要求,但要支付给供货商较高的维保费用。

　　3. 联合维保

　　该模式由地铁公司负责日常维护,供货商负责较大故障的维修。采用该模式,地铁公司须要配备一定数量的维保人员、设备和材料等,同时需支付供货商维修费和材料费。双方各司其职,有助于实现双方资源的优势互补。存在问题是:由于日常维护、集中维护由不同的主体负责,不利于维保责任的明确界定和设备故障的及时抢修。

　　目前,上海地铁民用通信2号线、8号线采用的是联合维保的模式,线路上的民用机房和各类系统设备的日常维护由地铁公司人员负责,供货商负责较大故障的抢修;其余线路的日常维护和大故障的抢修,均属于完全委外。采用不同的维保方式能更好地看清在现实的工作环境中两者的利弊,有利于随时借鉴,随时互补。作为地铁公司管理方,根据技术要求、维护频率等因素的不同,坚持以预防为主、强度与性能并重的维修原则,制订了《上海轨道交通民用通信维修规程》、《上海轨道交通民用通信作业指导书》来指导、规范民用通信各专业系统的日常维护工作。地铁公司人员和委外方均严格执行规程和作业指导书的相关内容，主要有：

①日常维护(PM 巡检)：指对各系统专业设备的例行常规性质的维护。根据维护周期不同可分为：日检、月检、半年检及年检。

②故障维修(CM 处理)：指在设备出现故障、无法正常运行时，迅速组织维修队伍，保证设备在最短时间内恢复正常工作状态。

15.4　信号系统

信号系统是城市轨道交通的重要基础设施之一，它是保证列车运行安全，实现行车指挥和列车运行现代化，提高运输效率的关键系统设备。信号设备按区域来划分，可分为正线信号设备和车辆段信号设备。信号系统的主要基础设备包括：轨道电路、信号机、信号继电器、转辙机及其控制设备、计轴设备、应答器(信标)等组成。

1. 轨道电路

轨道电路是以铁路线路的两根钢轨作为导体，两端加以机械绝缘(或电气绝缘)，接上送电和受电设备构成的电路，它用来监督线路的占用情况，以及将列车运行与信号显示等联系起来，即通过轨道电路向列车传递行车信息。轨道电路原理如图 15-4 所示。

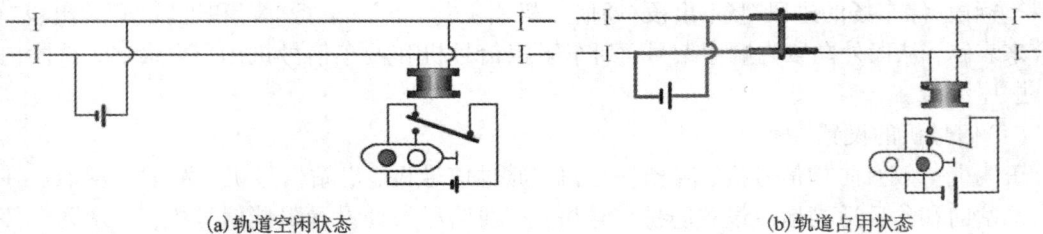

(a)轨道空闲状态　　　　　　　　(b)轨道占用状态

图 15-4　轨道电路原理图

轨道电路的工作原理：当轨道空闲时，电流从轨道电路电源正极→钢轨→轨道继电器→另一股钢轨电源负极。轨道继电器中有电，衔铁吸起，后接点断开，前接点闭合，接通绿灯电路，则绿灯亮。当轨道区间有列车占用时，电流从轨道电路正极→钢轨→轮对→另一股钢轨电源负极。轨道继电器中无电，衔铁释放，前接点断开，后接点闭合，接通红灯电路，则红灯亮。

2. 信号机

信号机是用来指示列车运行及调车作业的信号基础设备。城市轨道交通采用右侧行车制，因此不论在正线还是车辆段，地面信号机应设置于行车方向的右侧，地下部分一般安装在隧道壁上。信号机一般有高柱型和矮柱型两种。

(1)信号机的分类

按机构类型分，信号机主要有透镜式色灯信号机、LED 色灯信号机和组合式色灯信号机这三种类型。

透镜式色灯信号机采用透镜组将光源发出的光束聚集成平行光束，故称为透镜式。这种信号机结构简单，安装方便，控制电路所用电缆芯线少，因此得到广泛应用。

LED 色灯信号机构大小与透镜式色灯信号机相同，机构采用铝合金材料，信号点灯单元由 LED 发光二极管构成。LED 信号显示系统作为一种节能、免维护的新型光源系统被成功运用。

组合式色灯信号机是为了改善曲线区段信号显示连续性而研制的新型信号机，适用于瞭望困难的线路，适用于曲线半径 300～20000 m 的各种曲线和直线轨道上，在距信号机 5～1000 m 距离内得到连续显示。其主要特点是增加了反光镜和偏散镜，采用非球面镜，构成光系统。

（2）信号机的颜色显示

城市轨道交通信号机有三种基本颜色：红色、绿色、黄色。红色灯光为停车信号；黄色灯光为注意和减速信号；绿色灯光为按规定速度运行信号。

信号机还有两种辅助颜色：蓝色、月白色。蓝色灯光作为调车禁止信号使用；白色灯光作为调车容许信号使用。

（3）信号机的命名

一般正线上的信号机上行用"S"表示，下行用"X"表示。防护信号机用"F"命名；阻挡信号机用"Z"命名；复示信号机用"FX"命名。以数字序号作为下标，下行咽喉编为单号，上行咽喉编为双号，从站外向站内顺序编号。

车辆段/停车场的进段/场、出段/场信号机用上行"S"、下行"X"和进段"J"、出段"C"组合来表示，从段外向段内顺序编号；列车阻挡信号机和调车信号机用"D"命名，从段内向段外顺序编号。

（4）信号机的设置

正线上一般有防护信号机、阻挡信号机、通过信号机、出站信号机、发车表示器。在正线道岔岔前和岔后适当地点设置防护信号机；在线路尽头处设置阻挡信号机，表示列车停车位置；为便于驾驶员在 ATP 设备故障时控制列车运行，可根据需要在区间设置通过信号机；车站可根据需要设置进站、出站信号机，通常只设出站信号机，出站信号机设置在车站出口，即列车由车站向区间发车前方，指示列车能否由车站进入区间；车站可在正向出站方向站台一侧，列车停车位置前方适当地点设置发车表示器，向驾驶员表示能否关闭车门及发车时间。

车辆段内一般有进段信号机、出段信号机、调车信号机。在车辆段/停车场的入口，转换轨外方设置进段/场信号机；在车辆段/停车场的出口处设置出段/场信号机；在车辆段/停车场内，根据需要在适当地点设置调车信号机。

（5）信号机的日常养护及检修

信号机的日常养护每月一次，主要作业内容有：

①信号机构、基础、箱盒外观检查，基础牢固，外观无损伤。

②检查设备有无受外界干扰，加锁是否良好。

③检查紧固件及信号锁有无锈蚀，对各部件加油润滑。

④清扫机构内部、透镜玻璃，检查显示情况是否良好，清扫设备周围环境，保持清洁。

信号机的集中检修每季度一次，当进行集中检修作业时，该月的日常养护作业取消。主要作业内容有：

①检查机构、基础、箱盒牢固且完好无损伤。

②清扫机构、保持透镜玻璃干净无污染，检查清扫箱盒、机构内部，显示良好，显示距离不小于 200 m。

③清扫周围环境，检查加锁良好，无锈蚀。

④正线实验主、副灯丝转换及报警，转换正常、报警良好。

⑤正线测试引导信号，能正常开放。

3. 信号继电器

继电器由电磁系统(线圈、固定的铁心和轭铁以及可动的衔铁组成)和接点系统(动接点和静接点组成)构成，是自动控制系统中常用的电器，它用于接通和断开电路，用以发布控制命令和反映设备状态，以构成自动控制和远程控制电器。

继电器的基本工作原理是：在线圈中通入一定数值的电流后，由电磁作用或感应方法产生电磁吸引力，吸引衔铁，衔铁带动接点系统，改变其状态，来反映输入电流的状态如图 15 - 5 所示。

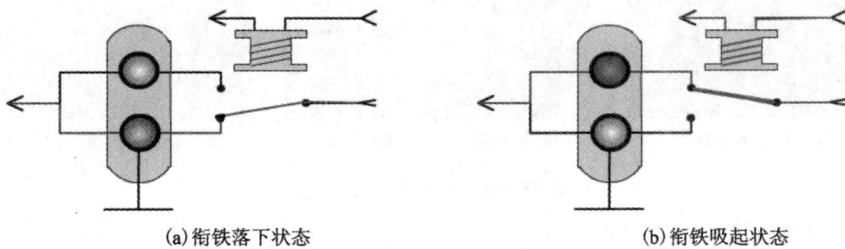

(a)衔铁落下状态　　　　　(b)衔铁吸起状态

图 15 - 5　电磁继电器的基本原理

信号继电器作为信号系统中重要器件，它在运用中安全、可靠与否，直接影响各种信号设备是否能够正常运作。为此，信号系统对继电器提出了极其严格的要求：

①动作必须可靠、准确；

②使用寿命长；

③有足够的闭合和断开电路的能力；

④有稳定的电气特性和实践特性；

⑤在周围介质温度和湿度变化很大的情况下，均能保持很高的电气绝缘强度。

4. 转辙机及其控制设备

转辙机是信号控制系统的执行机构之一，用于控制道岔的转换与锁闭，并实时监督道岔所处的位置和状态。道岔转辙装置的核心和主体是转辙机，除此之外还有各类杆件、安装装置等，转辙机可分为外锁闭道岔和内锁闭装置等，它们共同完成道岔的转换与锁闭。转辙机控制电路由室内控制电路、转辙机动作电路、表示电路组成。转辙机的基本功能有：

①改变道岔的位置，即根据操纵人员意图转于定位或反位；

②正确的反映道岔的位置，即道岔尖轨密贴于基本轨后，才能有相应的表示；

③道岔转到正确位置后,实行机械锁闭,防止外力转动道岔;

④道岔被挤或因故在四开位置时,也应及时有报警表示。

5. 计轴设备

每个区间(两个站之间)划分为若干闭塞区间,在每个闭塞区间的始端和终端都安装记轴设备,目的是检测每个区段的占用情况,其功能与轨道电路相似。计轴设备仅能检测该区段是否被车占用,不能够给出列车具体位置。计轴设备与联锁设备相连接,为进路编排提供基础信息。一般情况下,计轴设备将成为移动闭塞的后备模式下的主要设备。

计轴系统是一种类似轨道电路的列车占用检测设备,所不同的是通过队伍里轮轴的检测,来表示轨道区段的空闲、占用和受扰三种状态。计轴器通常用两个并排紧靠的圆来表示。它由室内 ACE 主机和室外轨旁计轴点设备(见图 15 − 6)组成,计轴点设备包括 SK30H 轨道磁头传感器和 30H 电子盒。室内主机与室外计轴点之间采用 ISDN 数据线进行通信,且电源与通信可以共线传输。每台主机最多可以检测 32 个计轴点、监控 32 个区段。

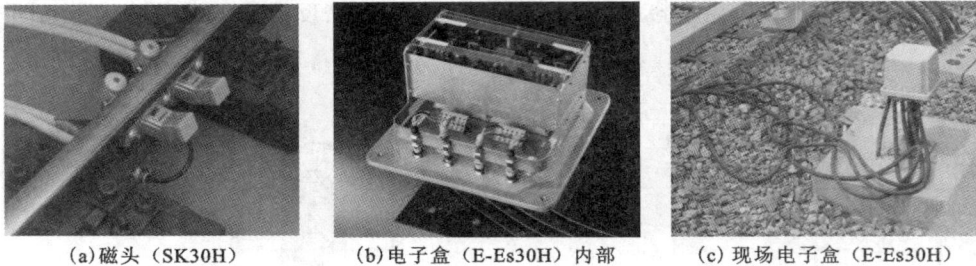

(a)磁头(SK30H)　　　　(b)电子盒(E-Es30H)内部　　　　(c)现场电子盒(E-Es30H)

图 15 − 6　计轴器室外设备

6. 应答器(信标)

应答器(信标)是安装在线路沿线反映线路绝对位置的物理标志,如图 15 − 7 所示。当列车通过这些应答器及信标上方时,它能够在进路地图中将自己的位置重新定义,同时列车接收相应的轨道数据。当然,相应的应答器(信标)拥有一个唯一的、独立的标志符,它能够被列车读出。轨道数据通过应答器(信标)从轨旁发送给列车。发送给列车的数据还包括信号机点灯状态、前方进路情况、停车点的状态(停或不停),每点设置的状态(正向或反向)等。从这些数据中列车按照收到的命令做出相应的操作,并且能够沿着给定的方向运行。由于应答器(信标)提供的位置精度很高,达厘米量级,常用应答器(信标)作为修正列车实际运行距离的手段。采用应答器(信标)定位技术的信息传递是间断的,即当列车从一个信息点火的地面信息后,要到下一个信息点才能更新信息。若期间地面情况发生变化,就无法立即将变化的信息实时传递给列车。因此,应答器(信标)定位技术往往作为其他定位技术的补充手段。

应答器(信标)按照供电方式可分为有源应答器(信标)和无源应答器(信标)两种。

①有源应答器(信标):有单独的外部电源,可以实现车地的双向通信。

②无源应答器(信标):无须任何外部电源,通过列车天线产生能源。在列车经过应答器(信标)所在位置时,车载天线发射的电磁波激励应答器(信标)工作。并传递绝对位置信息给列车。城市轨道交通系统中所使用的应答器(信标)大部分为无源应答器(信标),安装在轨道沿线。

(a)无源应答器（信标）　　　　　　(b)有源应答器（信标）

图15-7　应答器

信号系统是保障地铁安全、正点、可靠运营的重要行车设备之一,使用制度化、规范化、标准化维修作业流程,按周期检修,是保证设备正常运行的重要手段。信号设备的维修分为计划性维修与非计划性维修(状态维修和故障维修)两种方式相结合。

(1)计划性维修

①巡查保养。主要内容包括检查设备外观是否良好,基础是否稳固,螺丝是否紧固,箱体、加锁装置是否完好,设备外部连接杆、件、管线是否完好,动作是否灵活;设备运行是否正常、平稳,有无噪声,温升是否正常等;对设备运行状态、指示、表示进行监测、记录;检查指示是否超标,发现异常及时调校、排除。

②二级维修。主要内容包括对设备定期开盖、开箱检查,设备内、外部清洁,理顺引出(引入)线,检查接线端子;紧固各部螺丝,设备主要电气特性测试,包括绝缘检查或测试,对设备关键、主要部件进行检查、测试、调整,紧固动作部分杆件、塞钉、螺丝强度及紧固度检查;清洗磁头、传感器等,内部加注润滑油等。

③小修。主要内容包括对设备的机械特性与电气特性进行全面测试,引入线对地绝缘的测量,对设备主要、关键部位、部件进行分解、检查、调整,更换易损部件与零小配件;对设备基础、箱体、安装支架等进行平整、调整、稳固、加固,清理设备表面油蚀及防锈处理。

④中修。信号设备的中修要对设备进行全面分解、整修、补强、调整;对关键、主要部件进行修复、更换;对淘汰的设备、器材进行更换,对系统进行全面测试、调整,以保证设备的机械特性与电气特性符合检修标准,达到原设计的技术标准与要求。

⑤大修。在设备机械磨耗超限、强度不足,电气特性不合标准,电缆、配线老化,设备质量下降而不合格,系统设备不合格达一定比例时,应对系统设备进行大修,大修设备应采用标准设计、标准定型器材,经大修的系统设备应在竣工验收完成后方可投入使用。

(2)非计划性维修

①故障维修。是指为了排除设备突发故障而进行的维修。及时排除故障、消除故障隐患,确保设备的正常运行。

②状态维修。在设备运行中或基本不解体的情况下,利用设备产生的不同信息,使用仪器采集、处理、分析信号,判断产生故障的部位和原因,并预测设备使用寿命而开展的设备维修方式。

15.5 自动售检票系统

从国外的经验和发展趋势来看，凡实行计程票价制，绝大多数都相应采取自动或半自动售检票方式。虽然采用自动或半自动售检票方式要增加设备投资，但优点十分明显，譬如能高效、准确的售检票，既节约时间、节省大量劳动力，又避免因人为误解产生纠纷，确保乘客迅速通过售检票口。采用自动或半自动售检票方式还可以加强票务管理，减少人为因素影响，尤其在客流调查方面具有人工售检票无法比拟的优越性。

目前国内城市轨道交通采用的售检票系统有人工售检票和自动售检票两种系统。

15.5.1 自动售检票系统组成结构

具体来说，自动售检票系统主要由中心 AFC 系统、车站 AFC 系统、终端设备和车票四部分组成。

1. 中心 AFC 系统

中心 AFC 系统作为运行在城市轨道交通公司行车调度指挥中心的计算机管理系统，协助管理人员管理和监控整个地铁 AFC 系统的运营，包括票务管理(IC 卡初始化、票价制订、黑名单管理、票卡分发和回收)、运营管理(人员管理、财务管理、业务信息统计分析)、结算管理(数据采集与清算)、设备监控和维护管理等，是 AFC 系统的核心部分。

2. 车站 AFC 系统

车站 AFC 系统是运行在各个车站现场的子系统，管理本车站的票务运营业务，监控终端设备运行状态，保持与中心 AFC 系统及本站各种终端设备的网络通信和数据交换。

3. 终端设备

在车站现场配有各种终端设备，包括有：进出站闸机、自动售票机、自动充值机、车站票务系统、自动验票机。由于使用者是广大乘客，设备是否稳定、可靠、易于操作将直接影响 AFC 系统和地铁的正常运营。

4. 车票

车票是旅客乘车的凭证，包括储值票和单程票，采用非接触式 IC 卡。

5. "一卡通"系统接口

AFC 的中心计算机局域网系统和位于各车站的局域网系统通过地铁专用宽带传输网连接在一起，构成 AFC 网络系统。AFC 系统通过公用数据网接入城市"一卡通"网络系统，将运营交易数据上传"一卡通"结算管理中心，同时接收中心下载的黑名单和其他指令信息。

在城市轨道交通运营管理系统中，AFC 系统是面对社会的最直接窗口，运营公司的经营思想、运营模式主要依靠它来体现，更为重要的是，作为运营公司的收入来源，AFC 系统运行的好坏将直接关系到整个地铁系统的运营效益和投资者的回报，其重要性越来越被地铁运营公司和政府主管部门所认识。

自动售检票系统可对客票跟踪记录，一些客运管理数据如 OD 报告、年月日客流量、换乘客流量、平均乘距、列车满载率、站线网客流量及客运收入、平均票价等，均可及时进行统计分析并打印。这些数据在人工售检票情况下即使动用大量的人力物力也是无法如此精确地得到的。而这些数据正是运营管理部门进行科学的客运管理和行车调度所必需的，可以在数据分析的基础上根据不同的客流曲线进行客运能力(增减投运列车)、客运设施的调整,以达到在更好地为乘客服务的同时,尽可能地降低运营成本。为了吸引客流,在日客流曲线存在明显的峰谷差异时,可以采用弹性空价收费的办法引导客流,使得可以不在高峰时乘车的客流改乘非高峰时段列车,同时也可以价格优惠吸引非高峰时段乘客以提高列车满载率,促进客流增长。随着社会的发展必然会有一些优惠政策,如学生、老人等车票价格优惠等。自动售检票系统在技术上完全能够适应这些措施。因此,它又在促进企业科学管理的同时,体现了社会的进步。

售票工作是客运组织前提和关键,不管是人工售票中的售票窗口还是自动售票系统中的售检票机,其位置和个数都应根据客流量、车站布局、客流走向等进行合理选择,尤其是检票机必须满足高峰小时进出站客流的通过能力。

15.5.2　自动售检票系统日常维修

1. 自动售票机日常维护

自动售票机维护工作按性质分为计划性维护及故障性维护,计划性维护按维修内容可分为日常维护、月检、半年检查、年检,本章主要介绍日常维护。

自动售票机日常维护以设备的清洁为主,其主要内容包括:

(1)设备清洁(每日一次)

①清洁显示屏、触摸屏,做到表面无浮尘、无污渍。

②清洁硬、纸币投币口,表面不得有粘纸和粘物。

③清洁出票机构所有压轮和滚轮,不得有污垢。在清洁过程中,检查紧固件,如有松动及时紧固。

(2)设备检查(每日两次)

显示状态检查:

①触摸屏。

②液晶屏。

③状态指示器。

屏幕显示亮度适中,无笔画缺损,无漂移、色彩和功能缺失等现象,如发现异常,及时调节或更换。

(3)设备所有指示灯检查

如发现以下器件无指示功能,及时调整或更换,严禁故障状态滞留。

①纸币识别器运行指示灯。

②取票口指示灯。

③投币口是否到位。

(4)设备运行状态巡视

①设备是否有异常声响。

②设备是否故障。

③设备运行是否保持稳定(指频繁重复发生故障)。

2. 自动检票机日常维护

为了确保 AFC 设备的运营可靠,严格控制维修质量,力争将故障消灭在萌芽状态,加强预防性维护保养力度，以保证 AFC 设备处于良好的运行状态。检票机维护保养也分为日常维护和周期维护。日常维护有日检维护、双周检维护，周期维护根据部件性能有季维护、半年维护、年维护。

15.6　车站机电系统

车站既是城市轨道交通系统对外提供客运服务的窗口，又是系统内部最主要的生产基地；它是城市轨道交通客运服务的起始点，也是客运提供服务的终止点。同时，城市轨道交通车站是提供乘客上、下车和换乘、候车的场所，它包括供乘客使用、运营管理、安装技术设备和提供生活辅助设施及服务的场所四大部分。无论是车站运营管理还是车站设备配置都应以满足乘客出行需求为基本条件，需要相应的基建设备和服务设备配套，以满足车站向乘客提供满意服务的要求，包括基础设施、服务设施和后勤保障设施等，如环境控制与保护、售检票系统、自动扶梯、车站动力供应系统和应急救援系统等。

中国国内的城市轨道交通机电设备系统的发展大致经历了三个阶段（表 15 – 2）。

表 15 – 2　中国国内城市轨道交通机电设备系统的发展进程

发展阶段	年代	城市	系统构成	技术水准	制造厂商	运营管理
第一阶段	1965—1984	北京	独立分散	传统工艺	国内生产	手工操作为主
第二阶段	1985—1999	上海 广州	部分集成	核心设备采用 最新技术	关键设备 大部分国内	自动化程度低
第三阶段	2000 年以后	各城市	多数集成	广泛采用最新技术	国内为主	自动化程度高

15.6.1　车站机电系统构成

车站机电系统包括环控系统、机电设备监控系统、自动扶梯、照明系统、站台屏蔽门系统、自动灭火系统、通信系统、信号系统以及供电系统。前面已介绍了供电系统、通信系统、信号系统以及自动售检票系统，在此就不再重复。

1. 屏蔽门系统及其检查

屏蔽门主要有两大类：第一类是屏蔽门是全立面玻璃隔墙和活动门，沿车站站台边缘和站台停靠区域分隔开，属于全封闭型。第二类屏蔽门系统是一道栏杆式玻璃隔墙和活动门，属于半封闭型。屏蔽门系统主要由机械和电气两部分构成；机械部分包括门体结构和门机系统，电气部分包括电源系统和控制系统。屏蔽门系统原则上在驾驶室操作，信号系统为屏蔽门系统提供开门、关门控制信号。如果信号系统发生故障则由司机通过 PSL 操作。在控制系统故障的情况下，站务人员可在站台侧用钥匙或由乘客在轨道侧手动将门打开。列车无法定点停车时，乘客可推开应急门。区间疏散时乘客可从端门通过。屏蔽门系统应可实现系统级控制、站台级控制、手动操作三级控制方式。三种控制方式以手动操作优先级最高，系统级最低。系统级控制执行信号命令模式；站台级控制执行站台操作盘发出的命令模式；手动操作即站台工作人员在站台侧门专用钥匙解锁或由乘客在轨道侧门解锁装置打开活动门。

此外，屏蔽门系统还设置有火灾控制模式，在相应的火灾模式下启动相应的操作。同时还有障碍物检测功能，即活动门关闭时检测到障碍物后会退作短暂停以释放夹到的障碍物。

为保证屏蔽门的安全正常使用，在日常管理中应检查所有的屏蔽门是否处于关闭状态，以消除停运后因施工或使用过屏蔽门未关好，在列车通过时产生危险影响设备和人身安全。在 PLC 上对每侧站台屏蔽门进行开关门 3 次，以确保屏蔽门系统在运营中运行可靠。检查 PSA 报警盘界面是否有报警信号和蜂鸣，如有应上报维修部门。

2. 电梯与自动扶梯系统及检查

电梯按用途分为：客梯、货梯、观光梯、专用梯；按运行速度分为：低速梯、快速梯、高速梯、超高速梯；按拖拽系统分为：直流电梯、交流电梯；按操控方式分为：按钮控制、信号控制、并联控制、智能控制。电梯由曳引机、控制机、限速器、轿厢、井道与井底装置、总电源开关、通风设备组成。当轿厢运行时，通过限速钢丝绳带动限速轮旋转，当轿厢向下运行速度超过电梯额定速度的 115% 以上时，限速器上的电气开关先动作，切断电梯控制回路，曳引电动机和制动器的电源失电，制动器动作并抱闸，限速器机械动作，卡住限速钢丝绳，由于轿厢仍会继续向下运行，将安全钳联动装置向上提起，将轿厢紧紧地卡在导轨之间。

自动扶梯按驱动装置位置分类：端部驱动自动扶梯、中间驱动自动扶梯；按自动扶梯扶手外观分类：全透明扶手自动扶梯、半透明扶手自动扶梯、不透明扶手自动扶梯；按自动扶梯梯路线型分类：直线形自动扶梯、螺旋形自动扶梯。自动扶梯由梯路（变型的板式输送机）和两旁的扶手（变形的带式输送机）组成。

自动扶梯的核心部件是两根链条，它们绕着两对齿轮进行循环转动。在扶梯顶部，有一台电动机驱动转动齿轮，以转动链圈。典型的自动扶梯使用 100 马力的发动机来转动齿轮。发动机和链条系统都安装在构架中，构架是指在两个楼层间延伸的金属结构。

为保证电梯和扶梯系统安全运行，操作员应每天在电梯和扶梯正式运行前对它们进行外观检查和运行检查。每月进行一次维修保养以延长电扶梯的使用寿命和确保安全运行。定期配合做好由特种设备检测机构每年一次的电扶梯安全检测。电扶梯使用时应保证电梯的用电、消防、防雷、通风、通道、通讯和报警装置等系统安全可靠。为了自身安全，严格控制承载量。轿厢承载超过额定载荷时会超载报警且电梯不能启动，严重超载时会发生溜梯，造成设备损坏或人身伤害事故。电梯在运载货物时应注意重心。将货物放在轿厢中间，不要放在轿厢一边或某一角落。

3. 综合监控系统及其检查

综合监控系统从集成范围来划分，可分为完全集成、准集成和部分集成 3 种方式；从集成深度来划分，有现场层集成—完全集成（深度集成）、执行层集成—准集成、管理层集成—表层集成（顶层集成）等 3 个集成深度方案。

现代轨道交通的实际运营需要多个专业的协调配合，具有代表性的系统包括：电力监控系统（PSCADA）、环境和机电设备监控系统（BAS）、自动列车监控系统（ATS）、火灾报警系统（FAS）、自动售检票系统（AFC）、通信系统（包括公务通信、调度通信、无线通信、数字传输、广播系统 PA、乘客信息系统 PIS、闭路电视系统。

轨道交通综合监控系统主要是以环境与设备监控系统 BAS 为核心，以电力监控系统 PSCADA 系统为基础，而以信号 ATC 系统为辅助，即对于 BAS 系统和 PSCADA 系统采取深度集成，而对于信号 ATC、FAS、ACS、PSD、PA、CCTV 和 AFC 等其子系统采取互联方式进行集成。

当正常情况下，总调将负责综合监控系统及各子系统的调度与管理工作，协调相关业务台间的工作，共享网上各子系统的运行信息，协调完成相关调度台之间的配合工作，监视各系统设备的相关运行状态。

综合监控系统在日常监控管理模式下，OCC 监控着全线各车站、各有关专业系统。根据预排时序和规定模式定时起停各种设备，并可根据列车运行信息、客流信息、环境探测参数调整供电、照明、环控、引导显示、售检票等系统参数，监控各系统工作状况。

4. 车站其他机电设备系统

火灾自动报警系统(fire alarm system，FAS)由报警主机、外围设备、网管及网络等设备组成。外围设备由手动报警器、模块、电话、探测器等组成。消防报警系统自动捕捉火灾检测区域内火灾发生时的烟雾或热气，发出声光报警，通过输出接地，控制自动灭火系统、事故照明、事故广播、消防给水和排烟等系统，以实现监测、报警和灭火自动化。

环控系统主要由以下几部分组成，区间隧道活塞通风及机械通风系统；车站空调通风系统；其中车站的站厅、站台公共区空调通风系统，简称为车站空调通风大系统；车站管理用房和设备用房空调通风系统以及主变、牵引变通风与空调系统简称为车站空调通风小系统，需要说明的是地面车站、高架地面车站，公共区域由于散热散湿条件好，因此无空调通风系统，只具有小系统。其他还有空调制冷循环水系统；隧道洞口空气幕系统；折返线通风系统等。

车站给排水方式主要由 4 个独立系统组成，即车站生产生活供水系统、消火栓供水系统、水幕系统和空调冷却循环水系统。车站的生产、生活、消防水源源自城市自来水供水管网。地下车站的消防给水根据车站附近城市自来水管网实际情况，采用两路进水方式供消防使用。当车站附近只有一根城市自来水管道，则在城市自来水管道上加一个阀门，并在两侧引出两根进水管道引入车站。总进水管道为 DN200 两路管道，在地面设有水表和阀门。

低压配电所由配电变电所(通常是将电网的输电电压降为配电电压)、高压配电线路(即1000 V 以上电压)、配电变压器、低压配电线路(1000 V 以下电压)以及相应的控制保护设备组成。低压配电系统采用交流操作电源时，相应 PLC 装置的电源也引自此操作电源。当两个低压进线电源同时失电时，交流操作电源也将失电，造成 PLC 装置无法进行通信。牵引降压混合变电所的通讯控制器由直流操作电源屏通过逆变器供电，降压变电所设置 UPS 装置。通过了解中压系统开关设备、配电变压器的状态和低压配电系统通讯故障，判断出低压两个电源故障。低压配电系统的操作电源也可采用直流操作电源，具有电源可靠、故障判断简单等优点。

重点与难点

重点：了解各个设施设备的组成和基本原理；掌握设施设备运行及其维护管理。
难点：供电系统、通信系统、信号系统、自动售检票系统和车站机电系统等的基本原理。

思考与练习

1. 简述通信系统的组成部分。
2. 接触网分为哪些类型?
3. 试述信号机的日常养护及检修工作。
4. 设施设备运行及其维护管理基本要求。

参考文献

[1] 白洋. 调度集中列车运行调整系统的设计与实现[D]. 北京：北京交通大学硕士学位论文，2009.

[2] 北京城市轨道交通网络化运营研究课题组. 北京城市轨道交通网络化运营[M]. 北京：中国铁道出版社，2011.

[3] 宾坚. 城市轨道交通运输组织管理及相关问题的研究[D]. 成都：西南交通大学交通运输规划与管理专业，2006，1-26.

[4] 曹玫. 城市轨道交通与常规公交客流一体化研究[D]. 南京：东南大学交通信息工程及控制专业，2005，1-6.

[5] 陈斌. 有地方特色的 TOD 发展模式——广州的经验[A]，转型与重构——2011 中国城市规划年会论文集[C]，2011，54-74.

[6] 陈聪聪. 成都市地铁 3 号线客流预测研究[D]. 成都：西南交通大学交通运输规划与管理专业，2011，1-65.

[7] 陈东，吴柏青，李永辉. 城际客运专线列车运行调整策略研究[J]. 铁道运输与经济. 2011，33(8)：1-4.

[8] 陈光. 基于 TOD 的城市发展策略初探[D]. 华侨大学，2012，15-21.

[9] 陈晋，香港地铁物业打造地产利用新模式[J]. 投资北京，2007(7)：35-61.

[10] 陈雍君，周磊山. 基于序优化方法的列车运行调整算法研究[J]. 铁道学报，2010，32(3)：1-8.

[11] 段里仁. 一个城市交通的国际典范——巴西库里蒂巴市整合公共交通系统[J]. 城市车辆，2001(1)：10-22.

[12] 范晨鹏，苏继会. 浅析城市商业广场与城市交通的整合[J]. 安徽建筑，2011(3)：16-23.

[13] 方吉祥. 城市轨道交通客流预测及运输组织方案的研究[D]. 北京：北京交通大学交通运输规划与管理专业，2007，1-50.

[14] 房霄虹. 城市轨道交通网络化运输组织协调理论及方法研究[D]. 北京：北京交通大学交通运输规划与管理专业，2010，7-21.

[15] 费安萍. 城市轨道交通行车组织[M]. 成都：西安交通大学出版社，2007.

[16] 冯浚，徐康明. 哥本哈根 TOD 模式研究[J]. 城市交通，2006(2)：8-19.

[17] 付印平，高自友，李克平. 基于元胞自动机模型的地铁列车追踪运行研究[J]. 交通运输系统工程与信息，2008，8(4)：89-95.

[18] 高强周. 城市轨道交通列车运行图设计实现与评价[D]. 北京：北京交通大学硕士学位论文，2008，11.

[19] 顾克东. 公共交通导向的城市土地开发研究[D]. 东南大学，2004，11-23.

[20] 顾新，伏海艳. 东莞市 TOD 应用模式探索[J]. 城市交通，2007(4)：7-12.

[21] 顾新，伏海艳. 以 TOD 理论指导东莞轨道交通与土地利用整合规划[A]. 规划 50 年——2006 中国城市规划年会论文集(上册)[C]，2006，67-98.

[22] 官莹，黄瑛. 轨道交通对城市空间形态的影响[J]. 城市问题，2004(1)：18-23.

[23] 管驰明，崔功豪. 公共交通导向的中国都市空间结构模式探析[J]. 城市规划，2003(10)：12-27.

[24]韩丽.轨道交通对城市空间发展作用的研究[D].南京：南京林业大学，2005，15－31.

[25]何明，过秀成，冉江宇，吴才锐，祝伟，刘超平.基于非集计 MNL 模型的轨道交通方式预测[J].交通运输系统工程与信息，2010(2)：137－142.

[26]何越磊，石嵘.刘志钢.城市轨道交通钢轨伤损检测技术[M].北京：中国铁道出版社，2010.

[27]胡辉.不确定客流条件下轨道交通全日行车计划的决策模拟[J].铁道运输与经济，2011(33)：67－71.

[28]黄荣.城市轨道交通网络化运营的组织方法及实施技术研究[D].北京：北京交通大学交通运输规划与管理专业，2010：1－25.

[29]蒋玉宝.城市轨道交通行车计划优化[J].民营科技，2011(9)：154－154.

[30]金安.LOGIT 模型参数估计方法研究[J].交通运输系统工程与信息，2004(1)：71－75.

[31]金娟.基于移动闭塞原理的列车追踪运行仿真[D].成都：西南交通大学硕士学位论文，2005.

[32]黎三平，陶志祥.TransCAD 在城市轨道交通客流预测中的应用[J].铁道勘测与设计，2007(1)：25－29.

[33]黎伟.基于四阶段法的城市轨道交通客流预测模型研究[D].重庆：重庆大学运筹学与控制论专业，2012，1－28.

[34]李本刚.CBTC 移动闭塞和准移动闭塞列车运行安全间隔时间的计算[J].铁路通信信号工程技术.2008，5(6)：8－11.

[35]李程垒.城市轨道交通 TOD 开发模式研究[D].北京：北京交通大学，2008，9－17.

[36]李家平.基于 MAS 的城市轨道交通列车运行调整方法研究[D].北京：北京交通大学硕士学位论文，2008.

[37]李婕.客运专线列车运行调整模型的研究[J].北京电力高等专科学校学报(社会科学版).2010，27(12)：291－292.

[38]李力.城市轨道交通运营与管理综合应用[M].北京：中国电力出版社，2008.

[39]李萍.重庆市轨道交通 3 号线运营规划[D].成都：西南交通大学交通运输规划与管理，2010，1－42.

[40]李秋韵.整合自行车与轨道交通系统的开发模式(B&TOD)初探[D]：上海：同济大学，2006，15－27.

[41]李颖.城市土地利用与交通系统的协同发展研究[D].大连：大连海事大学，2011，12－24.

[42]李宇辉.城市轨道交通应急处理[M].北京：人民交通出版社，2011.

[43]梁青槐.城市轨道交通客流预测问题分析及建议[J].都市快轨交通，2005(1)：37－41.

[44]刘炯.基于专家系统的城轨 CBTC 列车运行调整研究[D].北京：北京交通大学硕士学位论文，2006.

[45]刘润莉.地铁运营客流量计算模型研究[D].成都：电子科技大学模式识别与智能系统专业，2012，1－15.

[46]刘英，汪希时.移动自动闭塞条件下列车区间运行延误影响分析[J].北方交通大学学报，1998，22(5)：7－11.

[47]陆化普.基于 TOD 的城市综合交通规划及其研究课题[J].中国科学基金，2005(4)：13－21..

[48]罗丽云，吴汶麒.城市轨道交通移动闭塞列车安全间隔时间分析[J].中国铁道科学，2005，26(1)：120－123.

[49]罗佩，毛蒋兴.城市规划与房地产开发互动探析——以广州为例[J].上海城市管理职业技术学院学报，2005(6)：13－24.

[50]马驷，饶咏.城市轨道交通运营管理[M].北京：科学出版社，2014.

[51]毛保华.城市轨道交通系统运营管理[M].北京：人民交通出版社，2006，9－101.

[52]毛荣昌.城市轨道交通客流预测方法研究[D].南京：河海大学交通运输规划与管理专业，2007，1－72.

[53]莫海波.城市轨道交通与常规公交一体化协调研究[D].北京：北京交通大学交通运输规划与管理专业，2005，1－8.

[54]牛惠民，陈明明，张明辉.城市轨道交通列车开行方案的优化理论及方法[J].中国铁道科学.2011，32(4)：128－133.

[55]钱名军.基于粗糙集的列车运行调整方法研究[J].交通运输系统工程与信息.2008,8(4):122-126.

[56]钱蔚.高速铁路与城市轨道交通列车运行控制系统比较[J].铁道通信信号.2002,38(8):23-25.

[57]上海申通地铁集团有限公司轨道交通培训中心.城市轨道交通信号技术[M].北京:中国铁道出版社,2012.

[58]上海申通地铁集团有限公司轨道交通培训中心.城市轨道交通车站客运服务[M].北京:中国铁道出版社,2013.

[59]上海申通地铁集团有限公司轨道交通培训中心.城市轨道自动售检票系统[M].北京:中国铁道出版社,2013.

[60]石雨,杨浩,陈滋顶.基于客运专线运行调整的列车运休模型[J].中国铁道科学.2010,31(6):109-114.

[61]孙松伟.城市轨道交通客流预测模型及方法研究[D].成都:西南交通大学道路与铁道工程专业,2008,1-31.

[62]孙焰,施其洲,赵源,孔庆瑜.城市轨道交通列车开行方案的确定[J].同济大学学报(自然科学版).2004,32(8):1005-10014.

[63]孙有望,李云清.城市轨道交通概论[M].北京:中国铁道出版社,2003.

[64]汤佐群,郑元旺."地铁+物业"模式的项目前期工作策略研究[J].城市轨道交通研究,2013(5):34-62.

[65]田晟.四阶段法在广州开发区公共交通需求预测中的应用研究[J].交通与计算机,2008(4):169-172.

[66]田翔.城轨列车运行监控仿真系统[D].北京:北京交通大学硕士学位论文,2006.

[67]佟罡.张伟.CTC、计算机联锁设备故障非正常情况下的接车列车[M].北京:中国铁道出版社,2011.

[68]汪勇政,储金龙.公共交通主导下城市住区土地利用规划策略[J].安徽建筑工业学院学报(自然科学版),2009(4):23-35.

[69]王琳.城市轨道交通对沿线房地产价格影响研究[D].北京:北京交通大学,2010,19-21.

[70]王敏洁.地铁站综合开发与城市设计研究[D].上海:同济大学,2006,24-32.

[71]王青亚.西安市城市轨道交通运输组织方案探讨[D].成都:西南交通大学交通运输规划与管理专业,2012,1-28.

[72]王婷.基于UML的城市轨道交通列车运行控制系统仿真模型研究[D].北京:北京交通大学硕士学位论文,2005.

[73]王艳荣.城市轨道交通接触网维护[M].北京:人民交通出版社,2012.

[74]王玉萍.城市轨道交通客流预测与分析方法[D].西安:长安大学交通运输规划与管理专业,2011,1-118.

[75]吴安保.铁路工程施工组织[M].北京:人民出版社,2009.

[76]吴金洪.城市轨道交通运营管理[M].北京:国防工业出版社,2012.

[77]吴丽然.高速铁路列车运行调整问题研究[D].成都:西南交通大学硕士学位论文,2011.

[78]吴亮,高建强,穆建成.高速客运专线的追踪间隔控制模型与计算[J].计算机应用,2007,27(11):2643-2645.

[79]吴倩.城市轨道交通客流分担率模型分析[J].交通标准化,2009(208):52-54.

[80]吴洋,王月明,曾理.晚点情况下地铁列车间隔的实时调整方法[J].电力机车与城轨车辆.2003,(5):21-23.

[81]吴尧.TOD理念在我国城市郊区居住区规划中的应用研究[D]:长沙:湖南大学,2008,9-17.

[82]徐林.新线引入条件下城市轨道交通运力资源配置研究[D].北京:北京交通大学系统分析与集成专业,2012,5-32.

[83]徐启禄.运行干扰条件下的列车追踪运行仿真[J].城市轨道交通研究,2011,14(11),72-75.

[84]徐蒨，郜春海，曹芳.考虑乘客流影响的列车运行调整难点研究[J].铁路计算机应用.2011,20(5).

[85]徐瑞华，江志彬，邵伟中，朱效洁.城市轨道交通列车运行延误及其传播特点的仿真研究[J].铁道学报.2006,28(2):7-10.

[86]许红，马建军，龙建成，杨浩，龙昭.城市轨道交通列车运行图编制的数学模型及方法[J].北京交通大学学报.2006.30(3):10-14.

[87]许泽成.大都市的交通与经济发展[D].上海：复旦大学,2005,24-35.

[88]薛华培.轨道交通与我国大城市的空间结构优化[J].城市交通,2005(4):17-23.

[89]严波.城市轨道交通运营组织优化研究[D].南京：东南大学载运工具运用工程专业,2006,27-55.

[90]燕志华.香港地铁为什么能赚钱[N].新华日报,2005,3-4.

[91]杨宏图，石雨.高速铁路追踪列车间隔时间的动态特性研究[J].中国铁路,2011,1:40-44.

[92]杨冉.城市轨道交通客流预测及运营调度方法研究[D].北京：北京交通大学安全技术及工程专业,2011,1-74.

[93]叶阳东，王娟，贾利民.基于模糊时间Petri网的列车运行时间不确定性问题的处理[J].铁道学报,2005,27(1):6-13.

[94]易立富.城市轨道交通列车运行控制系统集成技术的研究[D].成都：西南交通大学硕士学位论文,2007.

[95]永秀.城市轨道交通行车组织[M].北京：中央广播电视大学出版社,2010.

[96]于明.四阶段法在交通规划中的应用[D].成都：西南交通大学道路与铁道工程专业,2008,1-31.

[97]于涛.城市轨道交通票务管理[M].北京：人民交通出版社,2011.

[98]袁磊.基于Agent的城市轨道交通列车运行调整算法研究[D].北京：北京交通大学硕士学位论文,2004.

[99]张国宝.城市轨道交通运营组织[M].上海：上海科学技术出版社,2006.

[100]张巍，王一平.街道的意义——城市住区模式的演进[J].四川建筑科学研究,2010(5):7-19.

[101]张星臣，杨浩，胡思继，胡安洲.京沪高速铁路高中速列车共线运行模式下中速列车晚点影响的仿真分析[J].铁道学报,1998,20(5):1-8.

[102]张兴福.TOD模式与大城市郊区开发[D].成都：西南交通大学,2010,36-39.

[103]张秀媛.城市轨道交通客流分析[M].北京：北京交通大学出版社,2011.

[104]张亦南.基于GA的列车自动调整算法在CBTC系统中的应用研究[D].北京：北京交通大学硕士学位论文,2008.

[105]张昱婷，肖艳阳.TOD对我国居住区规模与结构的影响[J].华中建筑,2009(06):25-28.

[106]赵峰，聂磊.基于晚点的等待时间费用函数及最优缓冲时间设置[J].物流技术.2008,27(4):140-142.

[107]中国城市轨道交通年度报告课题组.中国城市轨道交通年度报告[M].北京：北京交通大学出版社,2013.

[108]周世惊.城市轨道交通车站周围土地合理开发强度研究[D].北京：北京交通大学,2012,16-37.

[109]朱济龙.城市轨道交通车站机电设备[M].北京：机械工业出版社,2012.

[110]Avishai ceder. Public Transit Planning and Operation Theory, Modelling and Practice[M]. Singapore：Elsevier Pte Ltd . 2007.

[111]Francesco Paolucci, Alessio Giorgetti. Enabling transparent lambda services between metro and core networks [J]. Photonic network communications, 2012, 23(2): 65-78.

[112]Hannu Karvonen, Una Aaltonen. Hidden roles of the train driver: A challenge for metro automation[J]. Interacting with computers, 2011, 23(4): 21-46.

[113]Jentsch, Eberhard. Running time inquiry with new elements of the train trip simulation[J]. ZEV Rail Glasers

Annalen, 2003, 127(2): 66 – 71.

[114] Jinkyung Choi, Yong Jae Lee. An analysis of Metro ridership at the station – to – station level in Seoul[J]. Transportation, 2012, 39(3): 125 – 130.

[115] L. Y. Ding, H. L. Yu. Safety risk identification system for metro construction on the basis of construction drawings[J]. Automation in construction, 2012, 27(11): 98 – 112.

[116] Matthew Botelle, Patrick McSheffrey. Dubai Metro: building the world's longest driverless metro[J]. Proceedings of the Institution of Civil Engineers. Civil engineering, 2012, 165(CE3).

[117] Miltos Kyriakidis, Robin Hirsch. Metro railway safety: An analysis of accident precursors[J]. Safety science, 2012, 50(7): 86 – 96.

[118] Tijs Huisman, Richard J. Boucherie. Running times on railway sections with heterogeneous train traffic [J]. Transportation Research Part B, 2001(35): 271 – 292.

[119] Zak Jacek. The methodology of multiple – criteria decision making in the optimization of an urban transportation system: case study of Poznan A city in Poland[J]. International transaction in operational research. 1999(1): 571 – 590.